목회서신 주해

- 데살로니가전·후서, 디모데전·후서, 디도서 주해

철학 박사 김수홍 지음

도서
출판 언약

Exposition

of

the Pastoral Epistles

- I·II Thessalonians, I·II Timothy, Titus

by

Rev. Soo Heung Kim, S.T.M., Ph.D.

Published by
Eonyak Publishing Company
Suwon, Korea
2024

"성경의 원어를 읽든지 혹은 우리 번역문을 읽든지,
성경을 읽는 것은 성부 하나님, 성자 예수님, 성령 하나님을 읽는 것이고,
본문을 아는 것이 하나님을 아는 것이며,
성경 본문을 붙잡는 것이 하나님을 붙잡는 것이고,
성경본문을 연구하는 것이 하나님을 연구하는 것(신학)이다".

▪ 머리말

성경주해(exposition of the Bible)에 관심을 기울인지 어언 43년째다. 그리고 몇몇 신학교에서 공부할 때도 주경신학을 중심으로 연구했고, 이민의 땅에서 30년 동안 목회하면서도 성경 주해를 출판할 것을 준비하며 정열을 쏟았다. 이제 하나님께서 필자에게 합동신학대학원에서 주경신학을 강의할 수 있는 기회를 주셔서 셋째 권의 주석을 세상에 내놓게 되었다. 이 모든 것으로 인해 하나님께 한없는 영광과 감사를 드린다.

필자는 성경을 해석하면서 문법적 해석, 역사적 해석, 그리고 정경적(신학적) 해석을 시도했다. 그러면서 동시에 주님께 성경을 풀어주시기를 간절히 기도했다. 그 이상 더 좋은 주해는 없으리라고 확신한 것이다. 주님은 세상에 계실 때 제자들에게 성경을 풀어주셨다. 사두개인들이 부활을 부인하면서 주님을 시험했을 때 주님은 출애굽기 3:6의 말씀을 들어 부활의 확실함을 논증하셨다. "나는 아브라함의 하나님이요 이삭의 하나님이요 야곱의 하나님이로라"는 말씀을 가지고 놀랍게도 부활을 논증하신 것이다(마 22:23-33; 막 12:18-27; 눅 20:27-38). 예수님은 또 부활하시던 날 엠마오를 향하여 가던 두 제자들에게 성경을 풀어주셨다. 그때 그들의 마음은 뜨거워졌다(눅 24:32). 지금도 예수님께서 성경을 풀어주실 때 우리의 마음이 뜨거워지리라고 생각한다. 세상에 여러 해석법이 있지만, 필자는 예수님께서 풀어주시는 것 이상의 좋은 주해가 없다는 생각으로 주님께 기도하면서 성경을 풀어나갈 것이다. 그리고 다른 학자들의 건전한 깨달음을 인용할 것이다. 다른 학자들의 건전한 깨달음도 그리스도께서 풀어주신 것이니 말이다. 또한 필자는 과거 1970년대에 한국에서의 5년간의 목회 경험과 그 후 미국에서의 30년간의 이민교회 목회 경험을 살려 주해의 적용면을 살릴 것이다.

지금은 참으로 위태한 때이다. 신학사상이 혼탁하고 민족의 윤리가 땅에 떨어졌다. 너무 어두워졌고 너무 음란해졌다. 안상무신(眼上無神), 안하무인의 시대가 되었고 서로 간에 너무 살벌해져서 소름 끼치는 시대를 만났다. 한 치 앞을 분간하기 힘든 때를 만난 것이다. 이때를 당하여 필자는 하루도 쉴 사이 없이 이 땅의 교회들과 민족을 생각하며 성경주해를 써서 내 놓는다. 이 성경주해가 세상에 나가서 세상을 밝혔으면 하는 일념(一念)뿐이다. 주님이시여, 이 나라의 교계와 민족을 살려주옵소서!

2007년 3월
수원 원천동 우거에서
저자 김수홍

1. 성경을 성경으로 해석해야 한다는 원리를 따랐다. 따라서 외경이나 위경에서는 인용하지 않았다.

2. 본 주해를 집필함에 있어 문법적 해석, 역사적 해석, 정경적 해석의 원리를 따랐다. 성경을 많이 읽는 중에 문단의 양식과 구조와 배경을 파악해냈다.

3. 문맥을 살펴 주해하는 일에 심혈을 기울였다.

4. 매절마다 빼놓지 않고 주해하였다. 난해 구절도 모두 해결하느라 노력했다.

5. 매절을 주해하면서도 군더더기 글이 되지 않도록 노력했다. 군더더기 글은 오히려 성경을 더 복잡하게 만들어 놓기 때문이다.

6. 절이 바뀔 때마다 독자의 편의를 위하여 한 줄씩 떼어놓아 눈의 피로를 덜도록 했다.

7. 본 주해를 집필하는 데 취한 순서는 먼저 개요를 쓰고, 다음 한절 한절을 주해했다. 그리고 실생활을 위하여 적용을 시도했다.

8. 매절(every verse)을 주해할 때 히브리어 원어의 어순을 따르지 않고 한글 개역개정판 성경의 어순(語順)을 따랐다. 이유는 우리의 독자들을 위해야 했기 때문이다.

9. 구약 원어 히브리어는 주해에 필요한 때에만 인용했다.

10. 소위 자유주의자의 주석이나 주해 또는 강해는 개혁주의 입장에 맞는 것만 참고했다.

11. 주해의 흐름을 거스르는 말은 각주(footnote)로 처리했다.

12. 본 주해는 성경학자들과 목회자를 위하여 집필했지만 일반 성도들도 얼마든지 이해할 수 있도록 평이하게 집필했다. 특히 남북통일이 되는 날 북한 주민들도 읽고 이해할 수 있도록 가능한 쉽게 집필했다.

13. 영어 번역이 필요할 경우는 English Standard Version(ESV)을 인용했다. 그러나 때로는 RSV(1946-52년의 개정표준역)나 NIV(new international version)나 다른 번역판들(NASB 등)을 인용하기도 했다.

14. 틀린 듯이 보이는 다른 학자의 주석을 반박할 때는 "혹자는"이라고 말했고 그 학자의 이름은 기재하지 않았다. 그러나 단지 필자와 다른 견해를 제시하는 학자의 이름은 기재했다.

15. 성경 본문에서 벗어난 해석들이나 주장들을 반박할 때는 간단히 했다. 너무 많은 지면을 쓰는 것은 바람직하지 않고 독자들을 피곤하게 만들기 때문이다.

16. 성경 장절(Bible references)을 빨리 알아볼 수 있도록 매절마다 장절을 표기했다(예: 창 1:1; 출 1:1; 레 1:1; 민 1:1 등).

17. 가능한 한 성경 장절을 많이 넣어 주해 사용자들의 편의를 도모했다.

18. 필자가 주해하고 있는 성경 책명 약자는 기재하지 않았다(예: 1:1; 출 1:1; 막 1:1; 눅 1:1; 요 1:1; 롬 1:1 등). 제일 앞의 1:1은 욥기 1장 1절이란 뜻이다.

19. 신구약 성경을 지칭할 때는 '성서'라는 낱말을 사용하지 않고 줄곧 '성경'이라는 용어를 사용했다. '성서'라는 용어는 다른 경건 서적에도 붙일 수 있는 용어이므로 반드시 '성경'이라는 용어를 사용했다.

20. 목회자들의 성경공부 준비와 설교 작성을 염두에 두고 집필했다.

21. QT에도 적절하게 사용할 수 있도록 주해했다.

22. 가정 예배의 교재로 사용할 수 있도록 쉽게 집필했다.

23. 오늘날 믿음을 잃은 수많은 젊은이들이 주님 앞으로 돌아오기를 바라면서 주해를 집필하고 있다.

살전-디도서 주해 목차

데살로니가전서 주해
1 Thessalonians

총론

데살로니가 시 데살로니가 시는 오늘날 테살로니키(Thessaloniki)로 알려져 있다. 데살로니가 시는 마게도냐 지방의 주요 도시로서, 갈기디게 반도 서쪽에 있는 데르마만(Thermaic Gulf)의 북동쪽 끝에 위치하고 있다. 이 도시는 원래 아름다운 항구 도시로 몇 개 안 되는 촌락 도시들로 구성되어 있었으나 B.C. 315년경 마게도냐 왕 카산더(Cassander)가 주위 26개의 촌읍 주민을 모아 새로운 도시를 창설하고 알렉산더의 아내인 '테살로니카'의 이름을 따서 '데살로니가'로 이름 붙였다. 그 후 B.C. 167년 마게도냐가 4구분으로 나누어질 때 데살로니가는 제 2구역의 수도가 되었다. 바울 당시 이 도시는 마게도냐 지역의 여러 도시들 중에 가장 인구 밀도가 높은 대도시로 발전하였다. 이 도시는 현재 아테네에 이어 인구 200만에 육박하는 그리스 제 2의 도시이다.

데살로니가 교회 데살로니가 교회는 바울이 제 2차 전도여행 때(A.D. 50년경) 세운 교회다. 바울과 그 일행은 앞서 빌립보에서 선교하던 중 극심한 핍박을 받았음에도 불구하고 마게도냐 선교를 포기하지 않았고 마게도냐의 수도인 데살로니가로 직행하여 복음을 전파했다(행 17:1-9). 처음에 바울은 3주일 동안 회당에서 복음을 전했다. 바울은 밤과 낮으로 일하면서 복음을 전하여 상당한 선교의 결실을 얻었다. 데살로니가 교회는 초대 교회가 모두 그러하듯 야손의 가정집에서 시작되었다(행 17:5).

　데살로니가 교회는 긍정적인 면과 부정적인 면을 가지게 되었다. 1) 교인들이 하나님 앞에서 헌신한 것은 마게도냐 온 지방 교회의 모범이 되었다(1:7). 2) 다른 지역의 성도들에 대한 그들의 사랑은 비상하여 사도의 권면이 필요 없을 정도였다(4:9-10). 3) 그러나 데살로니가 교회 안에도 부정적인 면이 있었다. 어떤 사람들은 바울에 대해 의혹을 품었다(2:3, 5). 4) 또한 교회는 세속에 다시 물들 가능성이 있었고(4:3-8), 5) 어떤 사람들은 생업을 등한히 하기도 했다(4:10-12). 6) 먼저 죽은 성도의 앞날이 어떻게 될지 염려하는 사람들도 생기게 되었다(4:13-18). 데살로니가 교회의 긍정적인 면과 부정적인 면 때문에 바울은 붓을 들어 편지를 쓰게 된 것이다.

저작자 데살로니가전서의 저작자는 바울 사도이다. 이 사실은 성경이 증거하고 있다. 1) 살전 1:1은 바울이 "데살로니가인의 교회에 편지한다"고 말함으로써 바울 저작설을 확인하여 주고 있다(2:18 참조). 2) 본 서신에 나오는 "하나님을 기쁘시게"(2:4, 15; 롬 8:8), "주 예수 안에서"(4:1; 롬 14:14), "너희 손으로 일하라"(4:11; 고전 4:12), "자기와 함께 살게"(5:10; 고후 13:4)라는 문체들은 본서의 저자가 바울이라는 것을 보여주고 있다. 이유는 이런 문체들이 바울이 저작한 다른 서신들에서도 발견되기 때문이다. 3) 본서에 나오는 역사적인 사건들이 사도행전에 기록된 바울의 행적과 일치하는 것을 보면 본서의 저자가 바울임을 의심할 수가 없다.

다음 외증도 가세(加勢)하고 있다. 초대교회의 교부 이레니우스(Irenaeus, A.D. 130-220)나 알렉산드리아의 클레멘트(Clement of Alexandria, A.D. 155년경-220년경), 그리고 대부분의 현대 신학자들까지 본서를 바울의 저작으로 인정하고 있다. 다만 예외적으로 19세기 이후의 쉬레더(Shrader), 바우르(Baur), 및 튜빙겐 학파가 바울 저작설을 부인하였다. 그들은 주로 본서에 바울이 다른 서신에서 자주 다루는 구약 인용이 없다는 것, 그리고 바울이 다른 서신에서 주로 다루는 율법과 복음, 이신칭의 등의 교리가 빠져 있다는 것을 들어 바울 저작설을 부인했다. 그러나 저자가 편지를 쓸 때 지역 교회의 현실을 무시하고 일률적으로 비슷하게 써서는 안 될 것이다. 그 지방 교회의 현실을 감안하여 각각 다르게 써야 할 것이다.

저작 장소 및 기록한 때

1. 저작 장소. 본 서신은 바울이 고린도에 있을 때 기록하였다. 바울이 데살로니가로 파견한 디모데가 고린도로 돌아와서 소망적인 귀환보고를 했을 때 바울은 심히 고무되어 즉시 본서를 기록하였다(3:6-10).

2. 기록한 때. 바울은 본 서신을 주후 51-52년에 기록했다. 바울은 디모데가 고린도에 돌아온 후 즉시 본 서신을 썼다(3:6). 그렇다면 우리도 바울이 본 서신을 제2차 전도 여행이 있었던 주후 49년-52년에 기록한 것으로 보아야 한다. 하지만 또한 우리는 바울이 고린도에 있을 때 유대인의 고발로 아가야 총독 갈리오에게 심문받은 일(행 18:12-17)을 감안해야 한다. 아가야 총독 갈리오는 50-51년이나 혹은 52-53년경에 총독으로 있었으니 바울이 고린도에 머물렀던 기간은 주후 50년 이후 52년 이전이 된다. 그러므로 바울은 주후 51-52년경에 본 서신을 쓴 것으로 보인다.

편지를 쓴 이유 바울은 디모데가 고린도로 돌아와서 놀라운 보고를 하자 곧 본서를 기록했다. 디모데는 1) 데살로니가 성도들은 어려운 중에도 신앙생활을 잘 하고 있다고 보고했고(3:6-10), 2) 데살로니가 교회 안에는 불순한 자들이 있어 바울의 명예를 훼손하고 바울을 의심하는 자들이 있다는 보고를 했으며 (2:1-12), 3) 교인들 중에는 먼저 죽은 사람들이 예수님 재림 때에 어떻게 될는지 의혹을 가지고 있다는 보고를 했다. 그로 인해 바울이 본 서신을 기록했다.

바울은 디모데의 보고를 받고 1) 데살로니가 교회가 영적으로 잘 성장하고 있음을 하나님께 감사하고 이것을 데살로니가 교우들에게 알리고자 해서 본 서신을 기록했고, 2) 바울 일행에 대해서 의혹하고 있는 사람들에게 의혹을 풀게 하기 위해서 본 서신을 썼으며(2:1-3:13), 3) 먼저 죽은 자들의 부활 문제를 알려주고 또한 그리스도의 종말관을 시정하기 위해 본 서신을 썼다 (4:1-5:24).

내용 분해 본 서신의 내용을 분해하면 다음과 같다.

  I. 인사말   1:1
  II. 바울의 감사와 칭찬   1:2-10
     1. 바울의 감사   1:2-6
     2. 바울의 칭찬   1:7-10
  III. 데살로니가 전도를 회고함   2:1-16
     1. 바울의 데살로니가 전도 회고   2:1-12
     2. 데살로니가 성도들이 전도를 잘 받은 것을 회고함   2:13-16

참고도서

1. 박윤선. 『바울서신』. 성경주석. 서울: 영음사, 1987.

2. 벵겔 J. A. 『에베소서-빌레몬서』. 벵겔 신약주석. 오태영역. 서울: 도서출판로고스, 1992.

3. 브루스, F. F. 데살로니가전후서, 45. Word Biblical Commentary. 김철 옮김. 서울: 도서출판 솔로몬, 2000.

4. 이상근. 『살전-디도』. 신약성서주해. 서울: 대한예수교장로회총회교육부, 1970.

5. 강병도 편. 『에베소서-빌레몬서』. 호크마 주석, 서울: 기독지혜사, 1992.

6. 윌슨, 어니스트 스미쓰 토마스, W. 『데살로니가전서, 데살로니가후서』. 정병은 옮김. 서울: 전도출판사, 1995.

7. 칸스터불, 토마스 L. 『데살로니가전후서, 디모데전후서』. In *The Bible Knowledge Commentary*. 김운성 옮김. 두란노강해주석시리즈 27. 서울: 도서출판두란노, 1989.

8. 헨드릭슨, 윌리암. 『데살로니가전후서』. 신약성경주석. 김용섭 역. 서울: 아가페출판사, 1980.

9. Alford, H. *The Greek Testament III*. London: Rivingtons, 1871.

10. Auberlen, C. A. and Riggenbach, C. J. *Two Epistles of Paul to the Thessalonians*, Vol. 2. Lange's Commentary on the Holy Scriptures. Grand Rapids: Zondervan Publishing House, 1969.

11. Barnes, Albert. *Thes-Phil*. Barnes on the New Testament. Grand Rapids:

Baker Book House, 1978.

12. Barclay, William. *The Letters to the Philippians, Colossians and Thessalonians*. The Daily Study Bible. Edinburgh: Saint Andrews, 1959.

13. Calvin, John. *The Epistles of Paul the Apostle to the Romans and to the Thessalonians*. Translated by Ross Mackenzie. Grand Rapids: Eerdmans, 1961.

14. Frame, J. Everett. *A Critical and Exegetical Commentary of St. Paul to the Thessalonians*. The International Critical Commentary. Edinburgh: T. & T. LTD. 1975.

15. Henry, Matthew. *Commentary on the Whole Bible*, vol. VI., New Fleming H. Revell Co., nd.

16. Hiebert, D. E. *The Thessalonians*. Chicago: Moody Press, 1971.

17. Lenski, R. C. H. *The Interpretation of St. Paul's Epistles to the Colossians, to the Thessalonians, to Timothy, to Titus and Philemon*. Mineapolis: Augsburg Publishing House, 1961.

18. Lightfoot, J. B. *Notes on the Epistles of St. Paul*. London: Macmillan, 1895.

19. Marshall I. Howard. *1 and 2 Thessalonians*. The New Century Bible Commentary. Ed. Matthew Black. Grand Rapids: Eerdmans, 1983.

20. McGee, J. V. *1 & 2 Thessalonians*. The Bible Commentary Series. Nashville: Thomas Nelson Publishers, 1991.

21. Morris, Leon. *The Epistles of Paul to the Thessalonians*. New Testament Commentaries. Ed. by R. V. G. Tasker. Grand Rapids: Eerdmans, 1983.

22. Ryrie, Charles Caldwell. *First and Second Thessalonians*. Everyman's Bible Commentary. Chicago: Moody Press, 1968.

23. Thomas, Robert L. "1 Thessalonians" and "2 Thessalonians." In *The Expositor's Bible Commentary*, vol. 11. Grand Rapids: Zondervan Publishing House, 1978.

24. Wiersbe, Warren W. *Be Ready: A Practical Study of 1 and 2 Thessalonians*. Wheaton, Ill.: SP Publications, Victor Books, 1979.

25. 『기독교대백과사전』, 14. 이기문 편집. 서울: 기독교문사, 1980.

제1장

바울의 감사와 칭찬

I. 인사말 1:1

살전 1:1. 바울과 실루아노와 디모데는 하나님 아버지와 주 예수 그리스도 안에 있는 데살로니가인의 교회에 편지하노니 은혜와 평강이 너희에게 있을지어다.

바울은 본 서신을 써서 보내면서 "바울과 실루아노와 디모데는 하나님 아버지와 주 예수 그리스도 안에 있는 데살로니가인의 교회에 편지한다"고 말한다(살전 1:1). 바울은 세 사람이 함께 편지를 썼다고 말한 것은 아니다. 다만 그는 데살로니가 교인들도 잘 알고 있는 두 사람의 이름을 거론함으로써 그들과 더욱 친밀해지려는 의도를 표현한 것이다.

바울은 자신을 '사도'라는 호칭을 빼고 그냥 "바울"이라고만 부른다. 바울이 이렇게 쓴 경우는 빌립보서와 본 서신뿐이다. 바울이 사도의 호칭을 뺀 것은 빌립보 교회나 데살로니가 교우들 모두가 바울을 잘 알고 있었기 때문이었다. 바울은 로마 교회나 갈라디아 교회, 그리고 고린도 교회 같은 곳에 편지를 할 때는 '사도'라는 칭호를 넣었다(롬 1:1; 고전 1:1; 갈 1:1).

실루아노(Siluanus)는 실라(Silas)의 로마식 이름이다(행 15:22; 17:10; 고후 1:19; 살후 1:1; 벧전 5:12). 실루아노는 로마 시민권을 가진 유대인으로(행 16:20, 37) 예루살렘 교회의 선지자 중 한 사람이었다(행 15:22, 32). 그는 바울과 바나바가 서로 결별한 후에(행 15:40) 바울과 함께 빌립보 전도를 하면서 매를 맞고 감옥에 갇히기도 했으며(행 16:19-25), 데살로니가에서 바울과 함께 전도하다가 핍박을 받았고(행 17:1-9), 베뢰아에 가서 사역한 후(행 17:10)에 고린도에 이르러 바울과 함께 동역했다(행 18:5).

디모데는 부친이 헬라인이었고, 모친은 유대 여자 유니게였으며(행 16:1), 그 자신은 신실한 사람이었다(행 16:2). 디모데의 믿음은 그 외조모 로이스의 영향이 컸던 것으로 알려졌다(딤후 1:5). 디모데는 바울의 가장 사랑하는 제자였다(고전 4:17; 딤전 1:2, 18; 딤후 1:2). 그는 바울의 제 2차 전도 여행 시에 동행하였고(행 17:14; 18:5; 살전 3:2), 3차 전도 여행 시에도 수종하였다(행 19:22; 롬 16:21; 고전 4:17; 고후 1:1).

바울은 수신자 교회를 언급하면서 "하나님 아버지와 주 예수 그리스도 안에 있는 데살로니가인의 교회"라고 말한다. 즉 '데살로니가인의 교회는 하나님 아버지와 주 예수 그리스도 안에 있다'는 말이다. "안에 있다"는 말은 '하나님과 연합되어 있다,' '그리스도와 연합되어 있다'는 뜻이다(3:8; 4:16; 롬 6:23; 8:39; 고전 15:31; 엡 1:15; 3:11; 살후 3:4). 데살로니가 교회는 성령의 역사에 의해 성부 하나님과 성자 예수님과 연합하게 된 것이다. 다시 말해 하나님 아버지와 주 예수 그리스도를 믿고 있다는 것이다.

바울은 수신자 교회인 데살로니가 교회에 "은혜와 평강이 … 있기를" 기원한다(롬 1:7; 엡 1:2). "은혜"란 말은 '하나님께서 그리스도를 통하여 우리들에게 주시는 호의'를 지칭하고, "평강"이란 말은 '은혜를 받은 결과 마음속에 임하는 평안함'을 뜻한다. 바울이 성도들을 위해 은혜와 평강을 기원했듯이 우리 역시 사람들을 향하여 은혜와 평강을 기원해야 한다. 하나님은 우리의 기원을 들으신다(약 5:13-18).

II. 바울의 감사와 칭찬 1:2-10

인사를 마치고 난 바울은 데살로니가 교회의 미덕을 생각하고, 하나님께 감사하며(2-6절) 또 그들을 칭찬한다(7-10절).

1. 바울의 감사 1:2-6

바울은 데살로니가 교인들의 미덕을 생각하며 그렇게 되게 하신 하나님께 감사를 드린다.

살전 1:2. 우리가 너희 무리를 인하여 항상 하나님께 감사하고 기도할 때에 너희를 말함은.

바울 사도와 실루아노, 디모데 세 사람은 데살로니가 교회의 미덕 때문에 항상 하나님께 감사했다(롬 1:8; 엡 1:16; 몬 1:4). "감사하고"(εὐχαριστοῦμεν)는 현재형으로, 세 사람은 데살로니가 교회의 장점들을 생각하며 하나님께 계속 감사했다. 우리도 범사에 끊임없이 하나님께 감사해야 한다(5:18). 그리고 세 사람은 기도할 때 그들(교회)을 말했다. "말함"(μνείαν ποιούμενοι)이란 말(롬 1:9; 몬 1:4)은 데살로니가 교회를 위해 '중보기도(代禱)'한 것을 지칭한다. 그들은 데살로니가 교회의 영적인 강건함과 성장을 위해 기도한 것이다. 그들은 기도를 통해 각 교회에 영적인 유익을 끼칠 수 있었으며, 또 각 교회를 다스릴 수 있었다. 오늘날 교인들을 대표해서 기도를 드리는 사람들은 대표 기도를 드리기 전에 개인 기도를 많이 드려야 한다.

살전 1:3. 너희의 믿음의 역사와 사랑의 수고와 우리 주 예수 그리스도에 대한 소망의 인내를 우리 하나님 아버지 앞에서 쉬지 않고 기억함이니.

바울이 항상 하나님께 감사하는 이유는 데살로니가 교회의 "믿음의 역사와 사랑의 수고와 우리 주 예수 그리스도에 대한 소망의 인내"를 생각했기 때문이었다. "믿음의 역사"($\tau o\hat{u}$ $\check{\epsilon}\rho\gamma o\upsilon$ $\tau\hat{\eta}\varsigma$ $\pi\acute{\iota}\sigma\tau\epsilon\omega\varsigma$)란 '믿음으로 행한 선행'이란 뜻이다(3:6; 요 6:29; 갈 5:6; 살후 1:3, 11; 약 2:17). 사람이 그리스도를 믿으면 필연적으로 선한 일을 행하게 된다. 선행이 없다면 믿음이 없는 것이다(약 2:14-26). "사랑의 수고"는 '하나님을 사랑하고 사람을 사랑하기 때문에 수고하는 것'을 뜻한다(롬 16:6; 히 6:10). 성도들을 사랑하면, 필연적으로 그들을 위해 수고하게 된다. 이웃을 위해서 고생을 하지 않는 사람은 사랑이 없는 사람이다. 데살로니가 교인들은 자선을 많이 행했고(4:9-10), 복음을 전파하는 일에 열정을 다했다(고후 8:3-5). "우리 주 예수 그리스도에 대한 소망의 인내"란 '우리 주 예수 그리스도의 재림에 대한 소망 때문에 인내하는 것'을 지칭한다. 데살로니가 교인들은 그리스도의 재림을 기다리고 있었다(10절). 누구든지 그리스도의 재림을 소망하는 삶을 살면, 이 세상에서 어떤 환난이 닥쳐도 인내할 수 있게 된다. 데살로니가 교회의 성도들은 성도로서 마땅히 갖추고 있어야 할 세 가지 요소를 갖추고 있었다(5:8; 롬 5:1-5; 고전 13:13; 갈 5:5-6; 골 1:4-5; 히 6:10-12; 10:22-24; 벧전 1:21-22). 오늘의 교회도 믿음으로 말미암아 선을 행해야 하고 사랑 때문에 고생을 해야 하며 그리스도를 바라보기 때문에 인내해야 한다.

바울은 데살로니가 교우들의 세 가지 미덕을 "우리 하나님 아버지 앞에서 쉬지 않고 기억하고" 있었다(2:13). 곧 세 가지 장점을 생각하고 쉬지 않고 감사했다는 것이다. 바울은 그들을 생각하면서 감사할 때 "하나님 아버지 앞에서" 감사했다. 곧 '진심으로' 감사한다는 것이다. 우리는 마음에 없는 감사가 아니라 진심으로 감사하는 사람들이 되어야 한다.

살전 1:4. 하나님의 사랑하심을 받은 형제들아 너희를 택하심을 아노라.
바울은 데살로니가 교인들이 믿음으로 말미암아 선을 행하는 것과 하나님을 사랑하고 사람을 사랑하기 때문에 뼈아픈 수고를 하는 것과 예수 그리스도의 재림을 소망하기 때문에 이 땅에서 인내하는 것(3절)을 목격하면서 그들이 "하나님의 사랑하심을 받은" 사실을 확인했고 또 만세전에 하나님의 선택을 받은 사실을 확인하게 되었다(엡 1:4; 골 3:12; 살후 2:13). "하나님의 사랑하심을 받은"(ἠγαπημένοι)이란 말은 현재완료 분사로서 데살로니가 교인들이 이미 그리스도를 통하여 하나님의 사랑하심을 받았으며 현재까지도 계속하여 받고 있다는 것을 의미한다. 데살로니가 교인들은 역사상에서 그리스도를 통하여 하나님의 사랑을 받았을 뿐 아니라, 역사 이전에 곧 만세전에 하나님의 택함을 받았다는 것이다. 데살로니가 사람들의 장점은 그들에게서 난 것이 아니라 하나님의 택하심 때문이며 또한 역사상에서 이루어진 하나님의 사랑 때문이라는 것이다. 우리 역시 우리에게 있는 미덕들은 우리에게서 난 것이 아니라 하나님의 선택과 하나님의 사랑 때문인 것으로 알아야 한다.

살전 1:5. 이는 우리 복음이 말로만 너희에게 이른 것이 아니라 오직 능력과 성령과 큰 확신으로 된 것이니 우리가 너희 가운데서 너희를 위하여 어떠한 사람이 된 것은 너희 아는 바와 같으니라.

바울은 "이는"(ὅτι)이란 말, 곧 '왜냐하면'이란 말로 시작하여 본 절과 다음 절(6절)이 데살로니가 교인들이 구원받기로 택함 받았다는 확언(4절)의 이유임을 밝힌다. 그렇게 확언할 수 있는 이유는 첫째 사도 측에서 "능력과 성령과 큰 확신으로" 데살로니가 사람들에게 전도했기 때문이다(막 16:20; 고전 2:4; 4:20; 고후 6:6). "능력"은 '성령의 역사로 말미암은 영력,' 혹은 '성령의 감화력'을 뜻한다. "성령"은 앞에 기록된 "능력"과 바로 뒤에 기록된 "큰 확신"의 근원이다. 그리고 "큰 확신"은 문자적으로 '충만,' '풍부,' '최대의 확신'을 의미한다. 큰 확신, 곧 최대의 확신은 바울에게 임했던 주관적인 심리 상태였다. 바울은 성령께서 주시는 최대의 확신에 차서 데살로니가 사람들에게 복음을 전했다. "능력"이나 "성령"이나 "큰 확신" 중에 성령께서 다른 두 가지 현상의 원인이기 때문에 중앙에 위치하게 되었다(Lange). 전도자는 성령으로 말미암은 감화력도 있어야 하고, 또 주관적으로 큰 확신에 이르러야 한다.

사도의 복음 전도는 데살로니가 사람들에게 말로만 이른 것이 아니었다. 즉 그것은 성령께서 역사하셔서 능력 있게 전파되었고 놀라울 정도로 큰 확신에 차서 전파되었던 것이다. 성령님의 역사에 의하여 능력 있게 전파되었으므로 데살로니가 사람들에게 변화가 생기게 된 것이다.

바울은 "우리가 너희 가운데서 너희를 위하여 어떠한 사람이 된 것은 너희 아는 바와 같다"고 말한다(2:1, 5, 10-11; 살후 3:7). 다시 말해 그가 이렇게 성령님의 놀라운 감화력과 확신을 가지고 전도했던 것을 데살로니가 교인들도 잘 알고 있다는 것이다. 객관적으로 증명이 가능한 일이라는 말이다. 성령님의 역사 없는 전도, 그것은 거의 무용한 것이다.

살전 1:6. 또 너희는 많은 환난 가운데서 성령의 기쁨으로 도를 받아 우리와
주를 본받은 자가 되었으니.

데살로니가 사람들이 만세 전에 택함 받았다는 또 하나의 확언의 이유는 성도들
이 "많은 환난 가운데서 성령의 기쁨으로 도를 받아 우리와 주를 본받은 자가
되었기" 때문이었다. 데살로니가 사람들은 그리스도를 믿기 때문에 많은 핍박과
환난에 직면해 있었다(2:14; 3:3, 5, 7; 행 17:5-9). 그런 환난 중에 데살로니가
사람들은 사도의 복음 전파 때에 성령으로 말미암은 기쁨으로(행 5:41; 히
10:34) 복음을 받아 사도들과 주님을 본받게 되었다(고전 4:16; 11:1; 빌
3:17). 그들이 이처럼 성령으로 말미암은 기쁨으로 복음을 받은 것은 만세
전에 선택받은 증거이다. 선택받은 사람은 누구든지 결국에는 그리스도의 복음
을 영접하게 된다(엡 1:3-14).

2. 바울의 칭찬 1:7-10

바울은 지금까지 데살로니가 사람들의 미덕 때문에 하나님께 감사했는데
(2-6절) 이제부터는 그들을 칭찬한다(7-10절).

살전 1:7. 그러므로 너희가 마게도냐와 아가야 모든 믿는 자의 본이 되었는지라.
바울은 "그러므로," 곧 '데살로니가 사람들이 성령의 기쁨으로 복음을 받아
사도와 주님을 본받은 자들이 되었으므로'(6절) 데살로니가 사람들을 칭찬한다.
데살로니가 사람들은 사도와 주님을 본받았기에 "마게도냐와 아가야," 곧 전체

헬라 세계에 살고 있는 그리스도인들에게 신앙의 본이 되었다. "마게도냐와
아가야"는 B. C. 146년 이후 헬라 지경의 두 개의 거대한 주로서 로마의
지배하에 있었다. 마게도냐의 수도는 데살로니가였고 아가야의 수도는 고린도
였다. 데살로니가 사람들은 사도의 전도를 받을 때 사람의 말로 받지 아니하고
하나님의 말씀으로 받아(2:13) 사도와 주님을 본받으므로 마게도냐와 아가야의
모든 믿는 자들의 모범이 되었다. 오늘 성도들도 모든 믿는 사람들의 모범이
되어야 할 것이다. 그것은 주님을 본받으므로 되는 것이다.

살전 1:8. 주의 말씀이 너희에게로부터 마게도냐와 아가야에만 들릴 뿐 아니라
하나님을 향하는 너희 믿음의 소문이 각처에 퍼진 고로 우리는 아무 말도 할
것이 없노라.

본 절 초두의 "왜냐하면"(γὰρ)이란 접속사는 본 절이 앞 절의 이유임을 말해주
고 있다. 곧 데살로니가 사람들이 넓은 지역에 걸쳐 칭찬을 듣고 있는 이유를
본 절이 기록하고 있다. 바울은 "주의 말씀이 너희에게로부터 마게도냐와 아가
야에만 들릴 뿐 아니라 하나님을 향하는 너희 믿음의 소문이 각처에 퍼졌다"고
말한다(롬 1:8; 10:18; 살후 1:4). 다시 말해 "주의 말씀," 곧 '주님의 복음'이
데살로니가 신자들에 의해서 마게도냐와 아가야 지역에 전파되었을 뿐만 아니
라 또한 하나님을 향한 "믿음의 소문," 곧 '이방신을 버리고 하나님에게 돌아온
소문이' 각처에 퍼졌다는 것이다. 그래서 바울은 더 이상 "아무 말도
할 것이 없게" 되었다는 것이다. 더 이상 칭찬을 말할 필요가 없게
되었다는 것이다.

살전 1:9. 저희가 우리에 대하여 스스로 고하기를 우리가 어떻게 너희 가운데

들어간 것과 너희가 어떻게 우상을 버리고 하나님께로 돌아와서 사시고 참되신 하나님을 섬기며.

바울은 데살로니가 교회를 더 선전할 필요가 없게 되었다고 말한다. "저희," 곧 '각처의 신자들이' 바울에게 고(告)하기를 "우리(바울이)가 어떻게 너희 가운데 들어간 것1)과 너희가 어떻게 우상을 버리고 하나님께로 돌아와서 사시고 참되신 하나님을 섬기는" 사실을 알렸다는 것이다. 바울이 "어떻게 데살로니가에(너희 가운데) 들어간 것," 즉 '능력과 성령과 큰 확신으로' 전도한 사실(5절; 2:1)과 또 데살로니가 사람들이 "어떻게 우상을 버리고 하나님께로 돌아와서 사시고 참되신 하나님을 섬긴" 사실을 각처의 신자들이 바울에게 와서 고했기에 더 이상 데살로니가 교회를 선전할 필요가 없게 되었다는 것이다. "돌아와서"(ἐπεστρέψατε)는 부정(단순)과거형으로 과거에 단번에 돌아온 사실을 지칭한다. 데살로니가 사람들은 사도의 전도를 듣고 즉시 하나님께로 돌아왔다. 성령님의 놀라운 역사였다. 각처의 신자들은 바울의 놀라운 전도를 듣고 데살로니가 사람들이 회심한 것에 크게 감명을 받고 바울에게 와서 말하므로 바울은 더 이상 데살로니가 사람들의 미덕을 선전할 필요가 없게 되었다.

각처의 신자들은 데살로니가 사람들이 우상을 버리고 하나님께로 돌아온 후에 계속해서 "사시고 참되신 하나님을 섬기는" 사실도 바울에게 고했다. 하나님은 "사시고 참되신" 신이시다(삼하 7:28; 렘 10:10; 롬 3:4; 계 6:10). 하나님은 우상(신상)과 달리 살아계신 신이시며 또 허탄하고 비실재적인 우상과 달리 참되신 신이시다. 데살로니가 사람들은 회심한 후에 사시고 참되신 하나님

---

1) 여기 "어떻게 너희 가운데 들어간 것"이라는 말을 2:1과 연계하여 들어갈 때의 어려웠던 환경 자체로 보는 것 보다는 차라리 바울의 놀라운 성령에 의한 전도로 보는 것이 더 옳을 것이다. 각처의 신자들이 중요하게 생각하는 것은 바울의 놀라운 전도 자체이기 때문이다. William Hendriksen, 『데살로니가 전후서』, 김용섭 역, (서울: 아가페출판사, 1980), p. 77.

을 섬겼다. "섬긴다"(δουλεύειν)는 말은 '노예가 상전을 섬기는 것,' 혹은 '종이 주인을 섬기는 것'을 의미한다. 데살로니가 사람들은 과거에는 신상을 섬겼으나 하나님께로 돌아온 후로는 마음으로 하나님께 복종하고, 섬기게 되었다(롬 12:11). 그들은 하나님의 종이 되어(요 8:34-36; 롬 8:15) 예배하며 봉사했다.

살전 1:10. 또 죽은 자들 가운데서 다시 살리신 그의 아들이 하늘로부터 강림하심을 기다린다고 말하니 이는 장래 노하심에서 우리를 건지시는 예수시니라. 각처의 신자들은 데살로니가 성도들의 회심과 섬김에 대해서만 들은 것이 아니라 동시에 그리스도의 재림을 간절히 기다리고 있다는 사실을 바울에게 보고한 고로 바울로서는 더 이상 데살로니가 성도들을 칭찬할 필요가 없게 되었다는 것이다.

각처의 신자들은 데살로니가 교회 성도들이 "죽은 자들 가운데서 다시 살리신 그의 아들이 하늘로부터(4:16; 행 1:11; 살후 1:7) 강림하심을 기다리는" 삶을 살고 있다고 바울에게 보고했다. 데살로니가 교회 성도들이 이렇게 죽은 자들 가운데서 다시 살아나신 그리스도(행 2:24)를 기다리게 된 것은 과거에 바울이 데살로니가 지역 전도 중에 그리스도의 십자가와 부활을 증거했기 때문이었다(행17:30). 데살로니가 교회 성도들은 성령의 역사에 의하여 그리스도의 십자가와 부활 신앙이 그들의 마음속에 각인되었기에(5-6절) 십자가에 달려 죽었다가 다시 살아나신 하나님의 아들을 기다리게 된 것이다(롬 2:7; 빌 3:20; 딛 2:13; 벧후 3:12; 계 1:7). "기다린다"(ἀναμένειν)는 말은 '절실하게 기다린다'는 뜻이다. 기다림 자체가 그들의 삶의 방식이 되었다.

바울은 데살로니가 교회 성도들이 기다리는 예수님을 "장래 노하심에서

우리를 건지시는 예수시니라"고 설명한다(5:9; 마 3:7; 롬 5:9). "장래 노하
심"(τῆς ὀργῆς τῆς ἐρχομένης)을 직역하면 "지금 오고 있는 노하심," 혹은
"현재 오고 있는 진노"라고 번역된다. "장래"(ἐρχομένης)는 현재분사로 "지금
오고 있는," 혹은 "현재 오고 있는"이란 뜻이다. 예수님은 현재 오고 있는
하나님의 진노에서 우리를 건지시는 분이시다. 또 본문의 "건지시는"(ῥυόμενον)
이란 말도 역시 현재분사로 그리스도께서는 현재 끊임없이 우리를 하나님의
노하심에서 건지시는 분이시라는 것이다. 그리스도는 앞으로 임할 많은 환난과
7년 대 환난으로부터 우리를 건지실 것이다. 우리는 예수님을 영원한 우리의
구원자로 믿어야 한다.

제2장

전도자의 수고는 헛되지 않다

III. 데살로니가 전도를 회고함 2:1-16

바울은 데살로니가 전도를 회고한다. 먼저 바울 사도가 어떻게 전도했는지를 회고하고(1-12절), 다음으로 데살로니가 성도들이 전도를 잘 받은 사실을 회고한다(13-16절). 이 두 가지 회고는 1장에 기록된 내용과 잘 부합한다(1:5-6). 2:1-12의 것은 1:5과 부합하고, 2:13-16의 내용은 1:6과 잘 부합한다.

1. 바울의 데살로니가 전도 회고 2:1-12

바울은 데살로니가 전도를 회고하면서 먼저 데살로니가 전도는 헛되지 않았다고 말하고(1-2절), 하나님께서 인정하시는 전도였으며(3-5절) 또 유순한 자세로 전도했고(6-8절), 그는 육신적으로 심히 애썼으며(9절) 윤리적으로도 흠 잡힐 일이 없었고(10절), 아버지의 마음을 가지고 전도했다는 사실을 말한다(11-12절).

살전 2:1. 형제들아 우리가 너희 가운데 들어감이 헛되지 않은 줄을 너희가 친히 아나니.

본 절과 다음 절(2절)은 데살로니가 전도는 헛되지 않았다는 것을 역설한다. 그런데 본 절 초두에는 헬라어 원문에 "왜냐하면"(γὰρ)이라는 이유 접속사가 있어서 본 절이 앞부분(1:9-10)의 이유를 설명하고 있음을 알 수 있다. 곧 데살로니가 성도들이 우상을 버리고 하나님께로 돌아와서 하나님을 섬기게 되고 또 그리스도의 다시 오심을 간절히 기다리게 된 것은 우연한 것이 아니라 사도 일행의 데살로니가 전도가 헛되지 않았기 때문이라는 것이다.

바울은 "우리가 너희 가운데 들어감이 헛되지 않은 줄을 너희가 친히 안다"고 확언한다. '데살로니가 성도들 스스로가 바울의 데살로니가 전도가 헛되지 않았다는 사실을 잘 알고 있다'는 것이다. "헛되지 않은"(οὐ κενὴ γέγονεν)이란 말은 '열매가 없지 않은,' 혹은 '공허하게 되지 않은'이란 뜻이다. 그리고 "되다"라는 동사(γέγονεν)는 완료형으로 헛되지 않게 된 것이 지금까지 계속되고 있다는 것이다. 바울은 성령님의 놀라운 힘을 입어 데살로니가 전도를 감당했던 것이다(1:5). 다시 말해 그가 하나님을 힘입어(2절) 데살로니가 전도를 감당했기에 많은 환난 중에도 전도에 성공하여 데살로니가 사람들이 주 앞으로 나아왔고 주님의 재림을 기다리는 신실한 성도들이 되었으니 데살로니가 전도가 헛되지 않은 것이다(1:6-10). 교회를 개척하여 부흥시키며 혹은 약한 교회에 부임하여 성장시키는 일은 성령을 힘 입으로만 가능한 것이다.

살전 2:2. 너희 아는 바와 같이 우리가 먼저 빌립보에서 고난과 능욕을 당하였으나 우리 하나님을 힘입어 많은 싸움 중에 하나님의 복음을 너희에게 말하였노라.

데살로니가 성도들은 바울 사도 일행이 빌립보에서 고난과 능욕을 당한 사실과 또 데살로니가 지역에서 많은 싸움 중에 하나님을 힘입어 복음을 담대히 전한 사실을 잘 알고 있다는 것이다. 데살로니가 사람들은 바울 일행이 빌립보에서 "고난과 능욕을 당한" 사실을 잘 알고 있었다. 고난은 '육신상으로 받는 고통'이고 "능욕"은 '인격적으로 받는 치욕(恥辱)이다.2) 바울과 실라는 빌립보에서 귀신들린 여종을 고쳐 주었었다. 그런데 그들은 수익을 더 얻을 수 없게 된 여종의 주인한테 고소를 당하여 모진 매를 맞았다(행 16:23). 그리고 로마 시민권자인 그는 합당한 판결도 받지 못하고 옥에 갇히게 되었다(행 16:37). 이것은 그에게 큰 치욕이었다.

이런 어려움이 있었음에도 불구하고 그는 바로 옆 도시 데살로니가로 가서 다시 복음을 전하였다. 바울은 데살로니가에서 "하나님을 힘입어 많은 싸움 중에 하나님의 복음을 … 말했다." 바울은 어디서나 "하나님을 힘입어," 곧 '성령을 힘입어'(1:5) 복음을 전한 것이다(행 17:2). 그리고 그는 데살로니가에서 "많은 싸움 중에" 복음을 전하였다(빌 1:30; 골 2:1). "싸움"(ἀγῶνι)은 '격렬한 투쟁,' '경기자의 일등을 위한 분투'라는 뜻이다. 바울은 고난과 능욕을 이기기 위해 분투하면서 복음을 전하였다. 바울은 복음을 전하는데 있어서 한시도 소홀히 할 수 없었다. 이유는 그 복음이 "하나님의 복음"(τὸ εὐαγγέλιον τοῦ θεου), 곧 '하나님이 창시하시고 바울에게 주신 복음'이기 때문이었다.3) 바울은 하나님께서 주신 복음을 담대하게 전파하였다. "말하였노라"(ἐπαρρη-

---

2) 박윤선, 『바울서신』, 성경주석, (서울: 영음사, 2001), p. 407.

3) 바울은 복음을 묘사할 때 때로는 "하나님의 복음"이라고도 하고(2절; 롬 1:1; 고후 11:7; 살전 2:8) 때로는 "우리 복음"이라고도 하며(1:5; 고후 4:13; 살후 2:14) 때로는 "나의 복음"이라고도 하였다(롬 16:25). "하나님의 복음"이라고 말한 것은 그 복음의 창시자가 하나님이시라는 뜻이며 "우리 복음"이라고 한 것은 '우리가 전하는 복음'이라는 뜻이고 또 "나의 복음"이라고 표현한 것은 '내가 전하는 복음'이라는 뜻이다.

σιασάμεθα)는 말은 부정(단순)과거로 과거에 '솔직하게 말했다,' 혹은 '담대하게 말했다'는 뜻이다. 바울은 데살로니가에서 하나님의 복음을 솔직하게, 숨김 없이 전했다. 우리도 복음을 담대하게 전할 수 있도록 성령의 힘을 입어야 한다.

살전 2:3. 우리의 권면은 간사에서나 부정에서 난 것도 아니요 궤계에 있는 것도 아니라.

바울은 본 절부터 5절까지에 걸쳐 하나님께서 인정하시는 전도를 했다고 회고한다. 헬라어 원문에 의하면 본 절 초두에 "왜냐하면"(γὰρ)이란 말이 나온다. 바울이 2절에서 말하는 것처럼 담대하게 복음을 전하게 된 이유는 복음을 전하는 동기가 그 어떤 "간사에서나 부정에서 난 것도 아니며 궤계로" 전하는 것이 아니었기 때문이라는 것이다(5절; 고후 7:2; 벧후 1:16). 누구든지 부끄러움을 가지고 복음을 전하면 담대하게 전할 수 없다.

본문의 "권면"(παράκλησις)은 '격려'나 '권유' 혹은 '호소'라는 뜻이고, "간사"(πλάνης)는 '오류'라는 뜻이다. 바울과 실라 그리고 디모데의 권유는 오류에서 난 것이 아니라 하나님에게서 비롯된 진리였다. "부정"(ἀκαθαρσίας)은 '물질적인 탐욕'을 뜻한다(5절). 혹자는 여기 "부정"을 성적인 부정으로 해석하나 문맥에 의하여 물질적인 탐욕으로 해석하는 것이 더 옳을 것이다(5절). "궤계"(δόλῳ)란 말은 '속임수,' '기만'이란 뜻이다. 바울은 데살로니가 성도들을 향하여 "거룩하고 옳고 흠 없이 행했다"(10절). 그러므로 속임수로 행했다고 주장하는 원수들의 말은 당치 않은 말이었다. 바울의 권유는 어떤 잘못된 가르침에서 나온 것도 아니었고, 물질적 욕심이 나서 한 것도 아니며, 속임수를 사용한 것도 아니었다. 우리는 '전도자에게 금기(禁忌)시되는 교훈적인 오류,

물질적 탐욕, 속임수', 이 세 가지를 절대적으로 피해야 한다. 세 가지 중 한 가지만 섞어도 전도는 실패한다. 우리의 전도의 동기가 순수하고 또 성령님의 역사가 있을 때 승리한다.

살전 2:4. 오직 하나님의 옳게 여기심을 입어 복음 전할 부탁을 받았으니 우리가 이와 같이 말함은 사람을 기쁘게 하려 함이 아니요 오직 우리 마음을 감찰하시는 하나님을 기쁘시게 하려 함이라.

바울은 앞 절에서 자신의 복음 전파의 동기가 어떤 잘못된 가르침에서 나온 것도 아니었고 물질적인 것이 욕심나서 한 것도 아니며 속임수를 사용한 것도 아니라고 강하게 부정하고 나서 이제 본 절에서는 "오직 하나님의 옳게 여기심을 입어 복음 전할 부탁을 받았다"고 말한다. 바울은 본 절 초두에 "오직"(ἀλλα) 이란 말, 곧 강한 반의어(反意語)를 사용하여 앞 절의 말을 강하게 다시 한 번 부정한다. 바울은 "하나님의 옳게 여기심을 입어 복음 전할 부탁을 받았다." "옳게 여기심을 입어"(δεδοκιμάσμεθα)는 완료형 수동태로 '이미 인정을 받아서'라는 뜻이다(고전 7:25; 딤전 1:11-12; 벧전 1:7). 바울은 자신이 하나님 으로부터 인정을 받아 복음 전할 부탁을 받았다(행 9:1-31; 고전 9:17; 갈 2:7; 딛 1:3). 전도자는 반드시 하나님으로부터 인정을 받아야 한다. "위탁을 받았으니"(πιστευθῆναι)란 말은 '신임되었으니,' '위임되었으니'란 뜻이다. 복음을 전하도록 신임을 받았다는 말이다. 즉 위임되었다는 뜻이다. 전도자는 하나님으로부터 인정을 받아 복음을 전하도록 위임을 받아야 한다.

바울은 자신이 복음을 전하도록 하나님으로부터 위임을 받았으므로 복음을 전할 때에 "사람을 기쁘게 하려 하지 않고 오직 우리 마음을 감찰하시는 하나님 을 기쁘시게 하려 한다"고 말한다(잠 17:3; 롬 8:27). 바울은 사람들에게 친절을 다했지만(고전 13:4), 복음을 전할 때에는 사람의 마음을 기쁘게 하려하지 않고, 사람의 마음을 살피시는 하나님을 기쁘게 하려 했다. 우리는 하나님을 기쁘시게 하는 일에 총력을 기울어야 한다(갈 1:10). 그럴 때 다른 사람들에게도 유익이 있게 된다.

살전 2:5. 너희도 알거니와 우리가 아무 때에도 아첨의 말이나 탐심의 탈을 쓰지 아니한 것을 하나님이 증거하시느니라.

바울은 본 절을 쓰면서 "왜냐하면"(γάρ)이란 말로 시작한다. 본 절은 앞 절의 말씀, "사람을 기쁘게 하려 함이 아니라 … 하나님을 기쁘시게 하려 한다"는 말의 이유를 설명한다. 바울은 데살로니가 사람들도 아는 바이고 또 하나님이 증거하시는 것처럼 아무 때에도 아첨의 말을 한 적이 없고 또 탐심의 가면을 쓴 적이 없이 하나님을 기쁘시게 했다(행 20:33; 고후 2:17; 4:2; 7:2; 12:17). "아첨"(κολακείας)이란 '다른 사람에게 안도감을 주어 자신의 이익을 달성하려는 행위'를 뜻한다. 따라서 "아첨의 말"은 '자기의 사욕을 채우기 위해 다른 사람의 기분을 맞추어 주는 말'을 지칭한다. "탐심의 탈"은 '탐심을 채우기 위하여 사실을 은폐하는 가면'을 뜻한다. 곧 '탐심을 채우기 위하여 겉으로 성결한척하는 가식적인 행위'를 뜻한다. 아첨하는 말이나 탐심을 채우기 위해 얼굴에 가면을 쓰는 행위는 전도자를 금방 망하게 하는 행위이다. 전도자는 아첨의 말을 입에 잠시라도 담지 말 것이며, 탐심을 품고 겉으로는 안 그런 척 하는 행위를 잠시라도 취해서도 안 될 것이다. 하나님이 바울과 실라 그리고 디모데의 행위를 "증거해" 주셨던 것처럼 오늘 우리의 윤리를 증언해 주실 수 있도록 우리 측의 바른 처신이 필요하다(롬 1:9; 고후 1:23; 갈 1:20; 빌 1:8).

살전 2:6. 우리가 그리스도의 사도로 능히 존중할 터이나 그러나 너희에게든지 다른 이에게든지 사람에게는 영광을 구치 아니하고.

바울은 본 절부터 8절까지에 걸쳐 유순한 전도자가 되어 전도했음을 회고한다. 바울은 "우리," 곧 '바울과 실라 그리고 디모데'가 "그리스도의 사도들"이라고 말한다(고전 9:1-2, 5). "사도"란 첫째 그리스도의 지상 사역에 동참한 자(행 1:21), 둘째 그리스도의 부활을 목격한 자(행 1:21), 셋째 주님으로부터 친히 임명받은 자(마 4:19)를 지칭했으나 때로는 넓은 의미로 바나바(행 14:4, 14), 실라(본절)까지도 사도의 범주에 포함되었다. 바울은 바울 자신과 실라 그리고 디모데가 사도의 입장에서 "능히 존중해야 할" 사람들이라고 말한다(고후 11:9; 12:13-14; 살후 3:8). 즉 그들은 물질적으로 사도가 받는 대접을 받아야 마땅하다는 것이다(9절). 예를 들어 선교 여행 시에 여비나 식사를 제공받는 일이라든지 혹은 구제 헌금을 받는 일(행 4:35) 등의 대접을 받을 수 있다는 것이다(눅 10:8; 고전 9:4, 6, 12, 18; 살후 3:9; 몬 1:8, 9). 그러나 바울 일행은 "너희에게든지 다른 이에게든지 사람에게는 영광을 구치 아니했"고 말한다(요 5:41, 44; 12:43). 곧 물질적으로 짐을 지우지 않았다는 것이다. 전도자는 때로 교우들에게 마땅히 할 수 있는 말도 하지 않아야 하며, 마땅히 쓸 만한 권리도 쓰지 않아야 한다.

살전 2:7. 오직 우리가 너희 가운데서 유순한 자 되어 유모가 자기 자녀를 기름과 같이 하였으니.

바울 사도 일행은 데살로니가 전도 중에 물질적인 짐을 지우지 않았을 뿐 아니라, 오히려 어머니가 자기 자녀들을 기르듯 그들을 양육하였다고 말한다. "유순한"이라는 말에 해당된 헬라어 단어는 두 개이다. 어떤 사본에는 "유순한"

이라는 뜻을 가진 "에피오이"(ἤπιοι)가 사용되었고(A. E. K. L. P), 다른 사본에는 "어린 아이"라는 뜻을 가진 "네피오이"(νήπιοι)가 사용되었다(a. B. D. C. G. F). 사본의 권위로 볼 때는 "어린 아이"(νήπιοι)가 더 옳으나, 문맥상으로는 "유순한"(ἤπιοι)이란 말이 더 타당한 것 같다. 바울 사도 일행이 어린 "아이가 되어" 사역했다고 풀면, 뒤에 나오는 "유모가 자기 자녀를 기름과 같이 하였다"는 말과 잘 어울리지 않는다. "유순한 자가 되어 유모가 자기 자녀를 기름과 같이 하였다"는 말이 더 어울린다. 바울과 실라 그리고 디모데는 데살로니가에서 유순한 유모가 되어 성도들을 아끼고 사랑하며 돌보았다(고전 2:3; 9:22; 고후 13:4; 딤후 2:24). 전도자의 심정은 유모가 자기의 아이들을 사랑하고 돌보는 심정과 같아야 한다.

살전 2:8. 우리가 이같이 너희를 사모하여 하나님의 복음으로만 아니라 우리 목숨까지 너희에게 주기를 즐겨함은 너희가 우리의 사랑하는 자 됨이니라. 바울은 서신을 쓰는 현재에도 데살로니가 성도들을 사랑하고 있다고 말한다. "사모하여"(ὁμειρόμενοι)는 현재분사로 바울 사도와 동역 자들이 복음을 전할 때뿐 아니라 지금도 데살로니가 사람들을 계속해서 사랑하고 있음을 의미한다. 바울은 그들을 사랑하는 마음으로 "복음"만 아니라 "목숨"(ψυχάς), 곧 '육신적인 생명'까지도 주기를 즐겨했다(사 49:15; 롬 1:11; 15:29). 다시 말해 바울은 자신의 육신적인 생명만 아니라 자신의 전 인격을 주기를 즐겨했다(고후 12:15). 그들은 목숨을 걸고 복음을 증거한 사람들이다. "즐겨했다"(εὐδο-κοῦμεν)는 말은 미완료 과거형(were willing)으로 과거에도 즐겨했고 또 지금까지도 즐겨한다는 말이다. 바울이 이처럼 자신의 전체를 주기를 즐겨했던 이유는 데살로니가 성도들이 "사랑하는 자 되기" 때문이었다. 바울은 본 절 초두에도 "이같이 너희를 사모한다"고 말하고 이제는 또 다시 한번 "사랑하는 자 되기" 때문이라고 말한다. 바울은 그들을 참으로 사랑하였고 또 사랑하고 있었다.

살전 2:9. 형제들아 우리의 수고와 애쓴 것을 너희가 기억하리니 너희 아무에게도 누를 끼치지 아니하려고 밤과 낮으로 일하면서 너희에게 하나님의 복음을 전파하였노라.

바울은 데살로니가 전도에서 육신적으로 애쓴 것을 데살로니가 사람들이 기억할 것이라고 확언한다. 본 절 초두에 있는 이유 접속사(γάρ)가 앞 절의 "너희가 우리의 사랑하는 자가 된다"는 말에 대한 하나의 실례(實例)를 제공한다. 곧 밤낮(밤의 일부와 낮의 일부)으로 일하면서 사례금을 받지 않고 자비량 전도를 한 것은 데살로니가 사람들에 대한 사랑 때문이라는 것이다(행 20:34; 고전 4:12; 고후 11:9; 살후 3:8).

"수고"(κόπον)는 '고된 육체노동'을 뜻하고 "애쓴 것"(μόχθον)은 '고달픔'을 의미한다. 바울이 "수고하고 애쓴 것"을 장막 만드는 일(행 18:3)에만 연관시키는 것은 적절하지 않으므로, 주야로 일하면서 복음을 전한 것과 연관시켜야 한다. 바울 일행이 주야로 일하면서 복음을 전한 것은 참으로 놀라운 희생이었다. 그가 노동을 하면서 복음을 전한 이유는 "아무에게도 누를 끼치지 아니하려" 했기 때문이었다(고후 12:13-14).

바울은 데살로니가뿐 아니라 어디서든지 자급 전도를 하였다. 바울이 자급 전도를 한 것은 전도자가 반드시 자급 전도를 해야 한다는 것을 의미하지는 않는다. 그것은 전도자가 사례금을 받는 것이 복음 전도에 장애가 되는 경우에는 자급 전도를 할 수 있다는 실례를 제공한 것뿐이다. 바울은 전도자가 사례금을 받는 것이 당연하다고 말하곤 했다(고전 9:9-10; 딤전 5:18). 또한 성경은 전도자가 다른 일에 매이지 말고 기도하고 말씀 전하는 데 전력을 다하라고 말씀한다(행 6:3-4).

살전 2:10. 우리가 너희 믿는 자들을 향하여 어떻게 거룩하고 옳고 흠 없이 행한 것에 대하여 너희가 증인이요 하나님도 그러하시도다.

바울은 데살로니가 성도들 가운데서 전도하는 중에 흠이 없이 행했다고 확언한다(고후 7:2; 살후 3:7). 바울 일행이 하나님 앞에서 "거룩하게" 행했고, 사람들 앞에서 "옳고 흠 없이" 행한 것을 데살로니가 사람들도 증거하고 하나님도 증언하신다(1:5). 전도자의 행실이나 성도의 행실이 하나님 보시기에 거룩하고, 사람 보기에도 옳고 흠이 없기 위해서는 성령의 충만함이 필요하다. 성령의 지배를 받아서 생각하고 말하며 행할 때 부끄러움이 없이 행할 수 있다.

살전 2:11. 너희도 아는 바와 같이 우리가 너희 각 사람에게 아비가 자기 자녀에게 하듯 권면하고 위로하고 경계하노니.

바울은 본 절과 다음 절(12절)에 걸쳐 아버지의 마음을 가지고 데살로니가 성도들을 돌보았다고 말한다. 바울은 자신이 아버지의 마음을 가지고 그들을 돌보았다는 사실을 데살로니가 사람들도 잘 알고 있다고 회고한다(1, 2, 5, 9, 10절). 바울은 유모의 심정으로 기도했지만(7절), 또 한편으로 아버지의 마음을 가지고 "각 사람에게 아비가 자기 자녀에게 하듯 권면하고 위로하고 경계했다"고 말한다. "권면한다"(παρακαλοῦντες)는 말은 '특별한 행동 지침을 줄때 권위 있게 가르쳐서 실행하도록 하는 것을 의미한다(고전 7:6). "위로한다"(παραμυθούμενοι)는 말은 '낙심한 사람을 일으키기 위해 격려하는 것'을 뜻한다. "경계한다"(μαρτυρόμενοι)는 말은 '잘못된 사람을 엄하게 훈계하는 것'을 뜻한다. 바울은 성도들을 권면하고 위로하고 경계함으로써 그들로 하여금 하나님 앞에서 더욱 신앙적으로 살도록 만들었다. 전도자는 말씀을 전파하는 데는 유모가 되어야 하고(7절), 한 사람 한 사람을 대할 때는 아버지가 되어 각 사람의 형편 따라 권면하고 위로하고 경계해야 한다. 성령의 인도를 따를 때 선별적 지도를 할 수 있다.

살전 2:12. 이는 너희를 부르사 자기 나라와 영광에 이르게 하시는 하나님께 합당히 행하게 하려 함이니라.

바울 사도가 아버지의 마음을 가지고 성도들을 권면하고 위로하고 경계한(앞 절) 목적은 데살로니가 성도들로 하여금 "하나님께 합당히 행하게" 하려는 것이었다(4:1; 엡 4:1; 빌 1:27; 골 1:10). 즉 '하나님의 마음에 맞게 행하게 하려고' 그랬다. 그리스도인의 삶은 하나님의 마음에 들어야 한다.

　바울은 성도의 표준이신 하나님은 "너희를 부르사 자기 나라와 영광에 이르게 하시는 하나님"이시라고 말한다(5:24; 고전 1:9; 살후 2:14; 딤후 1:9). 하나님의 "나라"는 '장차 다가올 나라로서 그리스도께서 오실 때에 세우실 영광의 나라'를 지칭한다(고전 15:23-28; 살후 1:5). "영광"이란 '성도들이 미래에 이루어질 하나님의 나라에 참여하여 누릴 영광'을 의미한다(롬 5:2; 8:18; 고전 15:43; 벧전 1:7). 그런데 이 두 낱말은 하나의 관사(τὴν ἑαυτοῦ βασιλείαν καὶ δόξαν)로 묶여 있다. 이는 두 개념이 동일시될 수 있음을 시사한 것이다. 하나님의 나라는 영광이고, 또 영광이란 다른 데 있는 것이 아니라 하나님의 통치와 그 나라에 있는 것이다. 성도는 사람들을 불러서 하나님 나라와 영광에 이르게 하시는 하나님께 합당하게 살도록 만들어야 한다.

2. 데살로니가 성도들이 전도를 잘 받은 것을 회고함 2:13-16

바울은 데살로니가 성도들이 바울의 말씀을 받을 때 사람의 말로 받지 않고 하나님의 말씀으로 받은 것을 회고하며 끊임없이 감사했다(13절). 또한 그는 데살로니가 성도들이 유대에 있는 하나님의 교회들을 본받아 이방인들의 핍박을 잘 견딘 사실을 회고하며 감사했다(14-16절).

살전 2:13. 이러므로 우리가 하나님께 쉬지 않고 감사함은 너희가 우리에게 들은바 하나님의 말씀을 받을 때에 사람의 말로 아니하고 하나님의 말씀으로 받음이니 진실로 그러하다 이 말씀이 또한 너희 믿는 자 속에서 역사하느니라. 바울은 "이러므로," 곧 '데살로니가 성도들이 하나님 나라와 영광에 이르게 되었으므로'(앞 절) "우리가 하나님께 쉬지 않고 감사한다"고 말한다(1:3). 그런데 헬라어 원문에 보면 "우리가"라는 낱말 앞에 "또한"(καὶ ἡμεῖς)이란 단어가 있으므로 "우리도 또한"(we also)이라고 번역해야 한다. 곧 데살로니가 성도들뿐만 아니라 바울과 실라와 디모데도 또한 데살로니가 성도들이 하나님 나라와 영광에 이르게 되었기 때문에 쉬지 않고 하나님께 감사한다는 것이다.

문제는 바울이 데살로니가 성도들이 하나님 나라와 영광에 이르게 되었기에 감사하는 것이냐(12절), 아니면 그들이 하나님의 말씀을 받아서 성장하는 것을 생각하고 감사하는 것이냐는 것이다. 이 문제는 어렵지 않다. 바울은 앞 절(12절)에서 데살로니가 성도들이 하나님 나라와 영광에 이르게 된 사실을 감사하고, 그 사실을 13절-16절에서 더욱 자세하게 설명하면서 또 감사하고 있다. 그러니까 바울이 데살로니가 성도들이 하나님 나라에 이르게 된 것을 감사하는 것이나, 그들이 하나님의 말씀을 잘 받아서 핍박을 이기는 삶을 살고 있는 것을 감사하는 것이나 똑같은 것이다.

바울은 데살로니가 성도들이 "우리에게 들은바 하나님의 말씀을 받을 때에 사람의 말로 아니하고 하나님의 말씀으로 받았으므로" 감사한다(마 10:40; 갈 4:14; 벧후 3:2). 다시 말해 바울은 데살로니가 성도들이 하나님의 말씀을 "받을 때에"(παραλαβόντες-외형적인 받음) 사람의 말로 여기지 않고 하나님의 말씀으로 알고 기뻐하며 "받았기에"(ἐδέξασθε-내심의 영접) 끊임없이 감사한다는 것이다. 우리는 전도자의 말씀을 들을 때 사람의 말로 받지 말고, 마음속 깊이 하나님의 말씀으로 받아야 한다.

바울이 또 감사한 것은 하나님의 말씀이 데살로니가 성도들의 심령 속에서 역사하고 있기 때문이었다. 바울은 "이 말씀이 또한 너희 믿는 자 속에서 역사 하느니라"고 말한다. 그들 속에서 하나님의 말씀이 역사했기에 그들은 핍박을 잘 견딜 수 있었다(14-16절).

살전 2:14. 형제들아 너희가 그리스도 예수 안에서 유대에 있는 하나님의 교회들을 본받은 자 되었으니 저희가 유대인들에게 고난을 받음과 같이 너희도 너희 나라 사람들에게 동일한 것을 받았느니라.

바울은 데살로니가 성도들을 "형제들아"라는 애칭으로 부르면서 "너희가 그리스도 예수 안에서 유대에 있는 하나님의 교회들을 본받은 자 되었다"고 말한다(갈 1:22). 바울은 "유대에 있는 교회들"을 설명하면서 다른 이교집단들과 구별하기 위하여 두 가지 설명 구를 붙인다. 하나는 "그리스도 예수 안에서"(τῶν ἐκκλησιῶν τοῦ θεοῦ τῶν οὐσῶν ἐν τῇ Ἰουδαίᾳ ἐν Χριστῷ Ἰησοῦ)이고, 또 하나는 "하나님의"이다. "그리스도 안에서"는 교회가 '예수님과 분명히 연합되었고 따라서 그리스도를 신앙하는' 단체임을 뜻한다. "하나님의"는 그 교회를 다른 집단들과 구분시킨다.

바울은 "저희가," 곧 '유대 교회 성도들이' "유대인들에게 고난을 받음과 같이 너희도 너희 나라 사람들에게 동일한 것을 받았다"고 말한다. 유대 교회 성도들이 유대인들에게 고난을 받은 것처럼(15-16절; 히 10:33-34) 데살로니가 사람들은 또 그들 나름대로 동족들, 곧 남편들이나 친척들이나 이방인들한테 핍박을 받았다는 것이다(행 17:5, 13). 핍박은 항상 따르는 법인데 데살로니가 사람들은 그것을 견뎌냈다. 바울 일행은 그 사실을 알고 하나님께 감사했다. 그 핍박은 바울 일행이 데살로니가를 떠난 후에 닥쳐왔다(3:4).

살전 2:15. 유대인은 주 예수와 선지자들을 죽이고 우리를 쫓아내고 하나님을 기쁘시게 아니하고 모든 사람에게 대적이 되어.

바울은 이제 유대인들의 악랄한 핍박 행위를 설명하면서 데살로니가 성도들도 계속해서 핍박을 잘 견디도록 권하고 있다. 유대인들의 핍박은 여러 가지였다. 첫째 "주 예수와 선지자들을 죽였다." 유대인들은 인류의 주(主) 예수를 죽였고 (행 2:23; 3:15; 5:30; 7:52). 또 구약의 선지자들을 죽였다(왕상 19:10; 마 5:12; 21:33-39; 23:34, 37; 눅 13:33-34; 행 7:52). 유대인들이 구약의 선지자들을 죽인 것이 역사적으로 먼저 있었던 일이지만 바울은 더 큰 죄부터 말하기 위해 예수님을 죽인 일부터 말한다. 둘째 유대인은 "우리," 곧 '바울 일행'을 쫓아냈다(행 17:5-10; 17:13-14; 18:6). 유대인들이 이처럼 예수님을 죽이고 선지자들을 죽이며 또 사도들과 전도자들을 쫓아낸 것은 복음을 대적한 것이므로 "하나님을 기쁘시게 아니한" 행동이었다(롬 2:1-3:8). 그런데 바울이 여기서 "기쁘시게 아니하고"(μὴ ἀρεσκόντων)란 말을 현재분사 형으로 기록한 것은 바울이 편지를 쓰던 당시에도 유대인들은 여전히 하나님을 기쁘시게 아니하고 있다는 것을 보여주기 위함이었다. 그리고 바울은 유대인들이 "모든 사람의 대적이 되었다"고 말한다. 유대인들이 모든 사람의 대적이 되었다는 말은 그들 특유의 선민사상 때문에 다른 민족들을 미워했으며 배타적이었다는 뜻은 아니었다. 그보다는 다음 절에서 밝힌 바처럼 바울 일행이 다른 민족에게 복음을 전하는 일까지 방해했다는 것을 의미했다. 하나님의 종들을 핍박하고 복음 전파를 반대하는 일은 죄 중에서도 큰 죄로 간주된다.

살전 2:16. 우리가 이방인에게 말하여 구원 얻게 함을 저희가 금하여 자기 죄를 항상 채우매 노하심이 끝까지 저희에게 임하였느니라.

유대인들은 "우리가," 곧 '바울'이 이방인에게 복음 전하는 것을 금했다(눅 11:52; 행 9:23; 13:45, 50; 14:2, 5, 19; 17:5, 13; 18:12; 19:9; 22:21-22). 복음을 전하는 것을 금하는 행위는 "죄를 항상 채우는" 행위다(창 15:16; 마 23:32-36). 유대인들은 구약 시대부터 바울 때까지 계속해서 죄를 축적한 민족이었다. 오늘도 죄를 계속해서 채우는 사람들이 있다. 복음 전하는 일을 방해하고 교회를 파괴하며 주의 종들을 핍박하는 무리들이 있다. 그들은 하루도 쉬지 않고 죄를 축적하는 사람들이다.

바울은 죄를 계속해서 채우는 유대인들에게 "노하심이 끝까지 저희에게 임하였다"고 선언한다(마 24:6, 14). '하나님의 노하심(1:10)이 양껏(충분히) 유대인들에게 임하였다'는 것이다. "임하였다"(ἔφθασεν)는 말은 부정(단순) 과거로 쓰여 있어서 이미 하나님의 진노가 임했음을 의미한다. 학자들은 그 말에 여러 해석을 가해왔다. 첫째, 바울 사도가 이 글을 쓰던 당시보다 이전에 벌써 하나님의 진노가 임한 것을 의미한다. 둘째, 이 본문은 바울 사도 이후에 어떤 사람이 삽입한 것이어서 "임하였다"는 표현은 잘못된 표현이다. 셋째,

유대인들이 하나님의 버림을 받아서 강퍅해졌음을 의미한다(롬 1:28-32). 이
중에 첫째 해석과 둘째 해석은 합당치 않다. 셋째 해석은 합당한 해석이긴
하나 거기에 육신에 임하는 진노와 국가적으로 임하는 진노를 포함해야 한다.
그러나 조심할 것은 유대인들에게 임하는 하나님의 진노는 인류의 종말에
임하는 종말적인 진노라고 보기는 어렵다. "그 이유는 롬 11:25이 가리키는
대로, 유대인은 이 세상 종말에 이르러는 회개하고 구원받을 소망이 있기
때문이다."⁴⁾ 그러므로 "임했다"를 인류의 종말이 임하기 전에 유대인들이
국가적으로 심각한 여러 가지 진노를 받을 것으로 해석해야 할 것이다. 사실
유대인들은 신약시대 이후 2,000년 동안 국가적으로 적지 않은 진노를 받아왔
다.

특히 더 조심해야 할 것은 "임하였다"(ἔφθασεν)는 부정(단순)과거이지만,
예언적 단순과거로 취급될 수도 있다는 것이다. 다시 말해 "임하였다"는 말은
'심판의 완벽성과 확실성'을 뜻하는 것으로 보아야 할 것이다. 모리스(Morris)는
"부정(단순)과거는 여기서 심판이 완벽하게 올 것과 또 틀림없이 올 것을 강조한
다"고 말한다.⁵⁾ 그러므로 바울 사도가 선언한 "노하심이 끝까지 저희에게
임하였다"는 말은 바울 당시를 표준하여 앞으로 하나님의 진노가 완벽하게
그리고 확실하게 임할 것을 의미한다.

4) 박윤선, 『바울서신』, 성경주석, (서울: 영음사, 2001), p. 418.
5) Leon Morris, *The Epistles of Paul to the Thessalonians,* New Testament Commentaries, ed. by R. V. G. Tasker (Grand Rapids: Eerdmans, 1979), p. 57.

IV. 데살로니가 성도들에게 쏠리는 사랑의 심정 2:17-3:13

바울은 데살로니가 전도를 회고하고 나서 이제는 데살로니가 성도들에 대한 애틋한 사랑의 심정을 표현한다. 먼저 바울은 데살로니가 사람들을 뜨겁게 사랑하여(17절) 심방할 계획을 발표한다(18-20절). 그리고 우선 데살로니가에 디모데를 파송하는 동기를 말한다(3:1-5). 그리고 디모데가 돌아와서 선교보고를 하는 것을 듣고 기뻐하며(3:6-10) 바울이 기도한다(3:11-13).

1. 바울의 사모함과 심방계획 2:17-20

바울은 부득이 하여 데살로니가 성도들을 떠난 후 그들을 심히 사모하였고 그들에게 가고자 계속해서 원했다고 말한다.

살전 2:17. 형제들아 우리가 잠시 너희를 떠난 것은 얼굴이요 마음은 아니니 너희 얼굴 보기를 열정으로 더욱 힘썼노라.

바울은 데살로니가 형제들을 향하여 "우리가 잠시 너희를 떠난 것은 얼굴이요 마음은 아니라"고 말한다. 바울은 잠시 데살로니가 성도들을 "떠난 것은" 얼굴이지(고전 5:3; 골 2:5), 마음은 안 떠나 있다고 말한다. 여기 "떠난 것"(ἀ-πορφανισθέντες)이란 말은 부정(단순)과거 수동태 분사형으로 '박탈되다,' '빼앗기다,' '사별되다'라는 뜻이다. 바울은 자기가 원해서 그들과 서로 헤어진 것이 아니라, 강제로 떠나게 되었음을 밝힌다. 그래서 바울은 데살로니가 사람들의 얼굴을 잠시 떠난 것이지 마음은 결코 떠나지 않았다고 말한다. 그리고 바울은 "너희 얼굴 보기를 열정으로 더욱 힘썼노라"고 말한다(3:10). "열정으로"($\epsilon\nu$ $\pi o\lambda\lambda\hat{\eta}$ $\epsilon\pi\iota\theta\upsilon\mu\iota\alpha$)란 '큰 열정으로'란 뜻이다. "더욱"($\pi\epsilon\rho\iota\sigma\sigma o\tau\epsilon\rho\omega\varsigma$)이란 '더욱 열심히,' '더욱 극렬하게'란 뜻이다. 바울은 데살로니가 성도들의 얼굴 보기를 더욱 열정을 가지고, 그리고 더욱 극렬하게 힘썼다고 말한다. 바울이 이렇게까지 큰 열정을 가지고 극렬하게 보기를 원한 이유는 데살로니가 성도들은 예수님께서 재림하실 때 바울의 소망이며 기쁨이며 자랑의 면류관이기 때문이다(19절).

살전 2:18. 그러므로 나 바울은 한번 두번 너희에게 가고자 하였으나 사단이 우리를 막았도다.

"그러므로," 곧 '바울이 데살로니가 성도들을 보기를 심히 원했으므로' "한번 두 번," 곧 '거듭거듭 반복해서' 데살로니가 성도들한테 가고자 했다는 것이다. 혹자는 여기 "한번 두 번"을 '두 번'으로 보고 바울이 두 번 데살로니가에 갈 시도를 했었다고 말한다. 한번은 베뢰아에서(행 17:10), 또 한 번은 아덴에서 실라와 디모데를 기다리며 시도했다고 말한다(행 17:16). 그러나 데살로니가 사람들을 사모하던 바울이 두 번만 시도했다고 보기는 어렵고 수시로 가고자 했다고 보는 것이 더 자연스러울 것이다. 이렇게 데살로니가에 가기를 원했던 바울은 아직까지 그 뜻을 이루지 못했다. 그 이유는 "사단이 우리를 막았기" 때문이었다(롬 1:13; 15:22). 사단이 막는 방법은 여러 가지다. 때로는 사람들을 동원하여 막고, 때로는 육신의 병을 일으켜서 막고, 때로는 주위에 어떤 사고를 일으켜서 막기도 한다. 사단이 바울 사도의 길을 막은 방법은 무엇이었는지 알 수 없다. 사단이 때로 우리를 막아도 하나님의 뜻이면 결국 하나님께서 열어주신다.

살전 2:19. 우리의 소망이나 기쁨이나 자랑의 면류관이 무엇이냐 그의 강림하실 때 우리 주 예수 앞에 너희가 아니냐.

본문은 바울이 데살로니가 사람들을 방문하려던 이유를 보여준다. 바울은 말하기를 "우리의 소망이나 기쁨이나(고후 1:14; 빌 2:16; 4:1) 자랑의 면류관이 무엇이냐(잠 16:31)"고 말한다. 바울 일행의 소망이나 기쁨이나 자랑의 면류관이나, 오늘 전도자의 소망이나 기쁨이나 자랑의 면류관이 무엇이냐에 대해 윌리암 헨드릭슨(William Hendriksen)은 다음과 같이 말한다. "선교사들은 자신들이 선교활동에서 쏟은 노력의 결실이 눈앞에 전개됨을 보며 그리스도의 오른 편에서 기뻐하며 감사하며 찬미하면서 자신들의 '소망'이 마침내 실현되었음을 볼 것이요, 더할 나위없는 '기쁨'을 체험하게 될 것이다. 바울 일행 선교사들에게 이는 '영광의 꽃다발'이요 자랑스러운 승자의 목걸이가 될 것이다."[6] "자랑"이란 교만스런 자랑이 아니라 "은혜로 받는 영광을 생각함이다."[7]

바울 일행의 소망이나 기쁨이나 자랑의 면류관은 예수님께서 "강림하실 때 우리 주 예수 앞에 너희(데살로니가 성도들)"라고 말한다. "강림"(παρουσία)이란 말은 고위관라나 왕, 혹은 통치자가 방문하는 것을 지칭했는데 신약성경에서는 예수 그리스도의 재림을 지칭하는 말로 사용되었다(고전 15:23; 살전 3:13; 4:15; 5:23; 살후 2:1, 8; 계 1:7; 22:12). 바울은 자기가 이루어놓은 전도의 열매들에 대한 주님의 칭찬의 때를 주님의 재림 때로 미루어놓고 있다(고전 4:4-5). 우리도 전도의 열매에 대한 주님의 칭찬을 그리스도의 강림의 때에 받기로 해야 한다

---

6) 윌리암 헨드릭슨, 『데살로니가 전후서』, 신약성경주석, 김용섭 역, (서울: 아가페출판사, 1980), pp. 107-108

7) 박윤선, 『바울서신』, p. 420.

살전 2:20. 너희는 우리의 영광이요 기쁨이니라.

본 절 초두의 "왜냐하면"(γάρ)이란 본 절이 말은 앞 절(19절)의 이유임을 밝힌다. 바울이 데살로니가 사람들을 그토록 사모하는 이유는 그들이야말로 전도자 바울 일행의 "영광"이요 "기쁨"이기 때문이라는 것이다. 전도를 받은 사람들은 전도를 담당했던 전도자들에게 항상 영광이고 기쁨이 아닐 수 없다. 데살로니가 사람들은 예수님의 재림 때는 말할 것도 없고 지금도 영광이고 기쁨이다. 그래서 바울은 그들을 보기를 간절히 소원했다. 전도의 수고가 적나라하게 나타나는 그리스도의 재림의 날에 전도자는 영광을 얻게 되고 기쁨을 얻게 된다. 그날을 바라보며 뛰어야 한다.

제3장

교회를 위한 염려는 기쁨을 가져온다

2. 디모데를 파송하는 이유를 말함 3:1-5

바울 사도는 자신이 데살로니가 교회를 방문할 길이 열리지 않자 더 참을 수 없어 디모데를 파송한다(1-5절). 파송 이유는 환난 중에 데살로니가 사람들의 믿음이 흔들리지 않게 하려한 것이다.

살전 3:1. 이러므로 우리가 참다못하여 우리만 아덴에 머물기를 좋게 여겨. "이러므로"(διὸ), 곧 '바울이 데살로니가 성도들을 열렬하게 보고 싶어 하기 때문에' 바울은 데살로니가 성도들이 환난 중에 믿음이 흔들리지나 않을까 심히 염려하여 더 견딜 수가 없게 되었다(5절). "참다못하여"(μηκέτι στέγοντες)란 말은 현재분사로 참지 못함이 계속되고 있음을 뜻한다. 그래서 바울은 아덴에 혼자 머물기로 하고 디모데를 데살로니가로 파송했다(행 17:15). 사실 디모데 없는 사역은 고독한 사역이었고 따라서 그를 데살로니가에 보낸다는 것은 큰 희생이었다. 바울은 자신을 희생하고 데살로니가를 더 생각했던 것이다. 행 17:14-16에 보면 바울은 실라와 디모데를 베뢰아에 머물게 하고 혼자 아덴으로 가서 두 사람으로 하여금 속히 오도록 명령하고 아덴에서 두 사람을 기다리고 있었다. 그러나 뒤에 그 계획을 변경하고 디모데에게 데살로니가 교회 방문을 명령하고 자기는 아덴에서 그들을 기다렸다(행 17:5). 그리고 그는 고린도로 가서 머무는 동안 데살로니가로부터 돌아온 디모데와 베뢰아로부터 돌아온 실라를 만났다(행 18:5).

본문에 "우리만"이란 말은 문학적 복수가 아니라 실제의 복수로 보는 것이 옳다고 할 수 있다. 바울이 실제로 혼자 있었다면 "우리 홀로 외롭게"란 표현을 쓸 수 없었을 것이다. 다시 말해 디모데를 떠나보내고 혼자 남았다면, 바울은 당연히 "나 홀로"라고 썼을 것이다. 그러므로 "우리만"은 실라를 포함한 말이었던 것 같다. 만일 바울이 실라와 함께 있으면서 디모데를 파송했다면 이야기는 이렇게 전개되어야 할 것이다. 바울이 유대인들의 핍박으로 인해 베뢰아에서 아덴까지 먼저 온 후에 실라와 디모데가 바울의 뒤를 좇아 아덴까지 오게 되었을 것이다(행 17:13-15). 그런 다음 디모데는 데살로니가 교회의 사정을 알아보기 위하여 다시 데살로니가로 파송되었고 그 후에 실라도 마게도냐로 파송되었을 것이다. 디모데를 먼저 데살로니가로 보내고, 그 후 실라도 마게도냐로 보낸 다음에 바울은 아덴에 잠시 머물다가 바로 고린도로 가서 그곳에서 실라와 디모데와 합류하게 되었을 것이다. 바울은 고린도에서 데살로니가로부터 돌아온 디모데의 소식을 듣고 본 서신을 쓰게 된 것이다.

살전 3:2. 우리 형제 곧 그리스도 복음의 하나님의 일군인 디모데를 보내노니 이는 너희를 굳게 하고 너희 믿음에 대하여 위로함으로.
바울은 디모데를 데살로니가로 파송하는 목적을 말한다. 바울은 디모데를 "형제," 또 "그리스도 복음의 하나님의 일군"으로 부른다. "형제"는 '그리스도를 믿음으로 말미암아 하나님의 자녀가 된 믿음 공동체의 일원'을 의미한다. "하나님의 일군"은 '하나님의 종,' '하나님을 시중드는 사람'을 지칭한다. 디모데는 데살로니가 성도들에게는 형제이며 하나님 앞에서는 복음 전파에 시중드는 종이었다(롬 16:21; 고전 16:10; 고후 1:19). 오늘 우리도 성도들과의 관계는 형제이며 하나님 앞에서는 복음을 전하는 종이어야 한다.

바울이 디모데를 파송하는 목적은 데살로니가 교인들을 "굳게 하고 ... 믿음에 대하여 위로하기" 위해서였다. "굳게하다"(στηρίξαι)는 '확고하게 고정하다,' '확립하다'란 뜻이다. 바울은 데살로니가 교인들의 믿음이 흔들리지 않기를 소원했다. 예수님은 베드로에게 형제들을 굳게 하라고 명령하신 적이 있었다(눅 22:32). 바울은 데살로니가 성도들의 믿음을 굳게 하기 위해 디모데를 파송했다. "믿음에 대하여 위로한다"는 말은 '믿음의 성장을 위하여 권면하고 격려하는 것'을 뜻한다. 우리의 믿음은 강건해져야 하고 또 성장되도록 권면을 받고 격려되어야 한다.

살전 3:3. 누구든지 이 여러 환난 중에 요동치 않게 하려 함이라 우리로 이것을 당하게 세우신 줄을 너희가 친히 알리라.

바울이 디모데를 데살로니가에 파송하는 목적은 "누구든지 이 여러 환난 중에 요동치 않게 하려는" 것이었다(엡 3:13). 데살로니가 사람들은 살전 2:14에 있는 대로 무시로 환난을 만났다. 남편에게 당했고, 친척에게 당했으며, 동족들로부터 핍박을 받았다. 예수님을 믿는 사람들은 고금을 물론하고 무시로 환난과 핍박을 당한다. 그런 환난 중에 "요동치 않아야 한다", 즉 동요하지 않아야 한다.

바울은 "우리로 이것을 당하게 세우신 줄을 너희가 친히 알리라"고 말한다 (행 9:16; 14:22; 20:23; 21:13; 고전 4:9; 딤후 3:12; 벧전 2:21). 곧 '우리가 이것을 위하여 세움 받은 줄을 너희가 친히 알 것이라'는 말이다. "세우신 줄"(κείμεθα)이란 말은 '지명되다,' '작정되다'(appointed, destined)라는 뜻이다. 그리스도를 믿는 사람이라면 환난은 당하게 되어 있다(요 16:33; 행 14:22; 롬 5:3; 8:35-39; 12:12; 고후1:4; 7:4; 딤후 3:12). 바울도 데살로니가에 있을 때 환난이 올 것이라고 미리 말해두었다(4절). 환난은 성도들을 훈련시키기 위해 반드시 찾아오는 훈련교관이다. 우리는 환난을 피하려고 해서는 안 되고 환난을 통하여 훈련 받기로 작정해야 한다. 잘 통과하기로 결심하고 기도해야 한다.

살전 3:4. 우리가 너희와 함께 있을 때에 장차 받을 환난을 너희에게 미리 말하였더니 과연 그렇게 된 것을 너희가 아느니라.
바울은 데살로니가에서 전도할 때 장차 환난이 반드시 찾아올 것이라고 미리 말해주었다(행 20:24). 그런데 바울이 말해준대로 그렇게 환난이 찾아온 줄을 데살로니가 사람들이 알게 되었다.

성경은 미리 말해주는 책이다. 성경이 말해주는 대로 모든 것은 그렇게 된다. 성도에게 환난이 찾아온다고 미리 말해주는 대로 반드시 환난이 찾아오고, 죄를 지으면 벌이 찾아온다고 미리 말해주는 대로 반드시 벌이 찾아온다. 기도하면 반드시 응답된다고 미리 말해준대로 실제로 기도하면 반드시 응답된다. 예수님이 재림하신다고 미리 말해준대로 예수님은 반드시 다시 오실 것이다.

살전 3:5. 이러므로 나도 참다못하여 너희 믿음을 알기 위하여 보내었노니 이는 혹 시험하는 자가 너희를 시험하여 우리 수고를 헛되게 할까 함일러니. "이러므로," 곧 '환난이 찾아온다고 미리 말한 것처럼 환난이 닥쳤으므로' 바울도 "참다못하여 너희 믿음을 알기 위하여 보냈다"고 말한다(1절). 바울은 데살로니가 성도들의 신앙을 알고 격려하기 위해서 디모데를 파송했다고 말한다.

바울이 디모데를 보낸 이유는 "혹 시험하는 자가 너희를 시험하여 우리 수고를 헛되게 할까" 염려되어서라는 것이다(고전 7:5; 고후 11:3). "시험하는 자"(ὁ πειράζων)는 '그 시험하는 자라는 뜻으로 사단을 지칭한다(2:18; 마 4:3). 사단이 "너희를 시험하여 우리 수고를 헛되게 할까" 염려해서 디모데를 파송한다는 것이다(갈 2:2; 4:11; 빌 2:16). 바울은 사단이 데살로니가 성도들의 믿음을 흔들어 세상에 빠지게 하거나 아니면 다시 옛날로 회귀하도록 만들면 자기 일행의 수고가 헛것이 되기 때문에 염려하여 사람을 파송했다는 것이다.

3. 디모데의 선교보고를 듣고 기뻐함 3:6-10

바울은 디모데의 선교보고를 듣고 기뻐한다. 바울은 디모데를 통하여 데살로니가 교회의 성도들의 믿음의 역사와 사랑의 수고에 대하여 듣고, 또 성도들이 바울 일행을 간절히 보고자 한다는 말을 듣고(6절), 큰 위로를 받는다(7절). 그리고 바울은 데살로니가 성도들을 향하여 주 안에 굳게 서라고 부탁한다(8절). 그리고 바울은 하나님께 크게 감사한다(9절). 그러면서 바울은 데살로니가 성도들을 방문하여 믿음이 부족한 것을 보충하기를 소원한다(10절).

살전 3:6. 지금은 디모데가 너희에게로부터 와서 너희 믿음과 사랑의 기쁜 소식을 우리에게 전하고 또 너희가 항상 우리를 잘 생각하여 우리가 너희를 간절히 보고자 함과 같이 너희도 우리를 간절히 보고자 한다 하니.

바울은 "지금은 디모데가 너희에게로부터 왔다"고 말한다. '이제 막 디모데가 너희에게로부터 왔다'는 말이다(행 18:1, 5). 그래서 선교보고를 듣고 본 서신을 쓴다는 것이다. 디모데는 돌아오자 바울에게 두 가지를 보고했다. 하나는 데살로니가 성도들의 "믿음과 사랑의 기쁜 소식을 전했다." 또 하나는 데살로니가 성도들이 "항상 우리를 잘 생각하여 우리가 너희(데살로니가 교인들)를 간절히 보고자 함과 같이 너희(데살로니가 교인들)도 우리를 간절히 보고자 한다"고 보고했다(빌 1:8). 데살로니가 성도들의 "믿음"이란 '데살로니가 성도들의 믿음의 역사(役事)'를 지칭한다(1:3). 다시 말해 데살로니가 성도들이 그리스도를 믿기 때문에 선을 행하고 있다는 것이다. 그리고 "사랑"이란 '사랑의 수고'를 염두에 둔 말이다(1:3). 하나님을 사랑하고 이웃을 사랑하기 때문에 수고하는 것을 말한다. 데살로니가 사람들이 이웃을 위해 고생하고 있다는 보고가 바울 일행을 크게 기쁘게 했다. 얼마나 기뻤던지 바울은 좀처럼 쓰지 않는 단어를 사용했다. 즉 '복음 전파'라는 뜻을 지닌 단어 "기쁜 소식을 전하고"(εὐαγγελι-σαμένου)라는 낱말을 사용해서 자기의 기쁨을 표현했다. 디모데의 보고가 마치 복음이나 되는 듯 바울은 기뻐한 것이다. 이 단어는 '그리스도에 의한 구원 소식을 표현할 때에만 사용되었을 뿐 그 뜻 외에 사용된 것은 본 절뿐이다. 그리고 데살로니가 성도들은 선교사들을 사모하고 있었다. 바울을 비롯한 선교사들은 일방적인 짝 사랑을 하고 있었던 것은 아니었다. 서로 간에 사모하고 있었다. 참으로 믿는 사람들은 다른 믿는 사람들을 사모하는 법이다. 그런데 불행하게도 오늘 교회 안에는 다른 사람을 비난하고 정죄하는 무리들이 적지 않다. 비난하는 마음, 중상 모략하는 마음, 정죄하는 마음은 믿는 사람들의 마음이 아니다. 때로 어떤 성도들은 진리를 위하여 싸운다고 말하나, 사실 그들은 내심 믿음을 잃어버려 악한 심령이 되어 서로 싸우는 것이다.

살전 3:7. 이러므로 형제들아 우리가 모든 궁핍과 환난 가운데서 너희 믿음으로 말미암아 너희에게 위로를 받았노라.

"이러므로," 곧 '디모데를 통하여 기쁜 소식을 들었으므로' 바울은 "우리가 모든 궁핍과 환난 가운데서 너희 믿음으로 말미암아 너희에게 위로를 받았다"고 말한다(고후 1:4; 7:6-7, 13). "궁핍"(ἀνάγκη)은 '물질적인 가난'을 뜻하고, "환난"(θλίψει)은 '압박하는 것,' 혹은 '누르는 것'을 의미한다. 바울은 고린도에서 본서를 쓸 때 참으로 힘든 상황을 만났었다. 그는 유대인들의 방해로 인해 복음을 전하지 못하게 되었고(행 18:6), 총독 갈리오에게 끌려가서 고소를 당하기도 했다(행 18:12-17). 그는 이런 어려움 가운데서 데살로니가 성도들의 흔들리지 않는 굳건한 믿음으로 말미암아 큰 위로를 받았다. 데살로니가 교회의 기쁨은 곧 바울의 기쁨이었고 교회의 슬픔은 곧 바울의 슬픔이었다. 우리는 교회가 튼튼해지도록 기도하고 힘써야 한다.

살전 3:8. 그러므로 너희가 주 안에 굳게 선즉 우리가 이제는 살리라.

"그러므로," 곧 '데살로니가 성도들의 굳건한 신앙 때문에 위로를 받았으므로' 바울은 "너희가 주 안에 굳게 선즉 우리가 이제는 살리라"고 말한다(빌 4:1). '너희가 주 안에서 신앙생활을 잘 하면 우리가 이제는 기쁘고 즐겁게 살겠다'는 뜻이다. 주 안에 "굳게 서다"(στήκετε)는 '굳건히 서 있다'는 말이다(고전 16:13; 갈 5:1; 빌 1:27). 성도들은 스스로의 힘으로는 굳건히 설 수 없다. 오직 "주 안에" 뿌리를 박으므로 튼튼하게 설 수 있다. 주 안에 서 있는 사람은 결코 흔들리지 않는다.

"살리라"(ζῶμεν)는 말은 현재형으로 '기쁘고 즐거우며 행복할 것이라'는 뜻이다. 바울은 데살로니가 성도들의 신앙이 흔들리지 않고 성장한다는 소식을 듣고 마음에 흐뭇함과 삶의 보람을 느꼈다. 전도자의 행복은 성도들의 신앙과 사랑의 여부에 달려 있다.

살전 3:9. 우리가 우리 하나님 앞에서 너희를 인하여 모든 기쁨으로 기뻐하니 너희를 위하여 능히 어떠한 감사함으로 하나님께 보답할꼬.

바울은 "우리가 우리 하나님 앞에서 너희를 인하여 모든 기쁨으로 기뻐한다"고 말한다. 바울의 기쁨은 "하나님 앞에서"의 기쁨이었다. 다시 말해 그 기쁨은 어떤 인간적인 성공에서 오는 기쁨이 아니라 하나님께서 복되게 해주셔서 가지는 기쁨이었다. 오늘 우리의 기쁨도 하나님께서 형통케 해주셔서 기뻐하는 기쁨이어야 한다.

바울의 기쁨은 "너희를 인한" 기쁨이었다. 곧 '데살로니가 성도들을 인한' 기쁨이었다. 바울은 데살로니가 성도들이 환난 중에도 믿음이 흔들리지 않고 이웃을 사랑하며 선교사들을 사모하는 것 때문에 기쁨을 갖게 되었다. 바울은 또 "모든 기쁨으로 기뻐한다"고 말한다. "모든 기쁨"은 '강렬한 기쁨,' '감출 수 없는 기쁨'이란 뜻이다.

바울은 데살로니가 성도들 때문에 하나님 앞에서 형언할 길 없는 기쁨을 가지게 되어 "너희를 위하여 능히 어떠한 감사함으로 하나님께 보답할꼬"라고 말한다(1:2). 바울은 데살로니가 성도들의 믿음과 선행과 사랑 때문에 기뻐할 뿐만 아니라 하나님께 크게 감사할 수밖에 없다고 말한다(1:2). 바울은 그 모든 기쁜 일을 자기의 공로로 돌리지 않고 하나님의 은혜로 돌리고 하나님께 감사했다.

살전 3:10. 주야로 심히 간구함은 너희 얼굴을 보고 너희 믿음의 부족함을 온전케 하려 함이라.

바울은 하나님 앞에서 기뻐하고 또 하나님께 감사를 드린 다음 이제는 데살로니가 성도들의 믿음의 부족함을 위하여 주야로 심히 간구한다고 말한다. "주야로" 기도하는 것은 쉬지 않는 기도다(시 77:2; 막 6:46; 살전 5:17; 딤후 1:3). "심히"(ὑπερεκπερισσοῦ)라는 말은 '측량할 길 없이,' '굉장한 분량으로,' '아주 열심히'라는 뜻이다. "간구한다"(δεόμενοι)는 말은 '필요한 것을 간절히 요청한다'는 뜻이다. 바울이 주야로 쉬지 않고 아주 열심히 데살로니가 성도들을 위해 간절히 요청하는 것은 다름 아니라 데살로니가 성도들의 "얼굴을 보고 믿음의 부족함을 온전케 하기 위해서이다." 기도의 첫째 목적은 '얼굴을 보는 것'이었다(2:17). 둘째 목적은 '데살로니가 성도들의 믿음의 부족함을 온전케 하는 것'이었다(고후 13:9, 11; 골 4:12). 데살로니가 성도들의 믿음은 흔들리지 않았고 멀리 소문이 날만큼 열성적이었지만 그래도 부족한 면이 있었다. 곧 그들에게는 도덕적 결함이 있었고(4:2-6, 11-12), 그리스도의 재림에 관한 올바른 지식이나 죽은 자의 부활에 대한 지식도 부족했다(4:13-17). 바울은 그들의 부족한 점을 "온전케 하기를 원했다." "온전케하다"(καταρτίσαι)란 말은 '수선하다,' '바로잡다,' '정비하다'라는 뜻이다. 바울은 그들의 부족한 점을 온전하게 채워주기를 원했다. 전도자는 사람을 그리스도 앞으로 데려오는 것으로 그치지 말고, 끝까지 돌보아 온전케 해야 한다(골 1:28).

4. 바울의 기도 3:11-13

바울은 자기 일행이 데살로니가 교회 방문이 가능하도록 하나님께 기도하며 (11절), 데살로니가 성도들의 사랑이 풍성하여지도록 기도하고(12절), 그들이 그리스도께서 재림하실 때 흠 없는 성도들이 되도록 기도한다(13절).

살전 3:11. 하나님 우리 아버지와 우리 주 예수는 우리 길을 너희에게로 직행하게 하옵시며.

바울은 앞 절(10절)에서 데살로니가 성도들을 위해서 기도한다고 했는데 이제는 그 기도 내용을 기록하여 보낸다. 바울은 기도 내용까지 써서 보내는 사랑의 사도였다. 오늘 우리도 자세한 사람들이 되어야 한다.

헬라어 원문에는 본 절 초두에 "하나님 아버지와 우리 주 예수"라는 말씀을 강조하는 단어(αὐτὸς-"자신")가 있다. 우리말로 "하나님 아버지와 우리 주 예수 자신께서"라고 해석할 수 있을 것이다. 바울은 첫째로, 하나님 아버지께서 바울 일행의 길을 열어주시기를 기도하되 우리 주 예수님을 통하여 열어주시기를 기원한 것이다. 우리의 모든 기도는 그리스도를 통하여 응답된다. 기도 내용은 "우리 길을 너희에게로 직행하게 하옵시며"였다(막 1:3). 개역개정판에는 "우리 길을 너희에게로 갈수 있게 하시오며"라고 되어 있다. "직행하게 하옵시며"(κατευθύναι)란 '똑바로 하다,' '향하게 하다,' '올바로 인도하다'라는 뜻이다. 바울은 데살로니가 교회 심방 길이 형통하게 열리기를 하나님께 기도한 것이다(2:18). 성도는 한 걸음 한 걸음 기도하면서 전진해야 한다. 그렇게 기도하면서 전진할 때 사단의 방해공작도 제거되고, 또한 환경도 잘 조성된다.

살전 3:12. 또 주께서 우리가 너희를 사랑함과 같이 너희도 피차간과 모든 사람에 대한 사랑이 더욱 많아 넘치게 하사.

바울은 두 번째로, 일행이 데살로니가 성도들을 사랑함과 같이 성도 상호간에 무한 사랑을 실천하고, 또 모든 사람에게까지 사랑을 확대되도록 기도한다 (4:10). "주께서"란 말이 그리스도를 지칭한다는 주장도 있으나 기도의 대상으로서의 "주(主)"이니까 '하나님'으로 해석하는 것이 더 옳을 것이다. 바울은 자신들이 데살로니가 성도들을 사랑한 것을 데살로니가 사람들이 본받아 서로 사랑하고(4:9; 5:15; 벧후 1:7), 불신자들에게까지 사랑을 확대하도록 기도한 것이다. 바울은 자신들이 데살로니가 성도들을 사랑한 것을 자랑하는 것이 아니라 하나님의 은혜로 그렇게 사랑하게 된 것을 내세운다. 그는 데살로니가 성도들도 하나님께서 은혜 주셔서 서로 사랑하고 또 불신자들에게까지 무한한 사랑을 실천하도록 기도한다. 성도는 하나님으로부터 구속의 은총을 받았으므로 사람들을 향하여 끝까지 사랑을 실천해야 한다(마 5:44-48; 18:21-22; 롬 13:8-10). 그리고 성도는 사랑을 실천할 수 있도록 하나님께 기도하고 하나님을 의지해야 한다. "모든 사람"은 '데살로니가 성도들만을 지칭하지 않고 모든 인류'를 지칭한다. 우리는 하나님의 희생적 사랑을 본받아 모든 사람을 사랑하는 데까지 나아가야 한다.

살전 3:13. 너희 마음을 굳게 하시고 우리 주 예수께서 그의 모든 성도와 함께 강림하실 때에 하나님 우리 아버지 앞에서 거룩함에 흠이 없게 하시기를 원하노라.

바울은 세 번째로, 데살로니가 성도들의 마음이 흔들림 없이 견고하게 되고 거룩함에 흠이 없기를 위해 기도한다. 바울은 하나님께서 데살로니가 성도들의

"마음을 굳게 하시기를" 기도한다. "마음을 굳게 한다"는 말은 '마음을 굳건하게 만든다'는 말이다. 앞 절에 말한 대로 사랑이 풍성해지면 결국 마음이 굳건하게 된다. 다시 말해 마음에 두려움, 공포심이 없게 된다. 본 절을 이처럼 앞 절(12절)과 연결해서 해석해야 할 이유는 헬라어에서 본 절은 앞 절(12절)의 목적절로 되어 있기 때문이다. 전도자는 성도들의 사랑이 풍성하여 그리스도의 재림 때에 마음에 두려움이 없이 든든함을 가질 수 있게 해야 한다.

그리고 바울은 "우리 주 예수께서 그의 모든 성도와 함께 강림하실 때에 하나님 우리 아버지 앞에서 거룩함에 흠이 없게 하시기를 원하노라"고 기도한다(5:23; 고전 1:8; 빌 1:10; 살후 2:17; 요일 3:20-21). 바울은 예수 그리스도께서 그의 "모든 성도"와 함께 강림하신다고 말한다(슥 14:5; 유 1:14). "성도"(ἁγίων)를 혹자는 '천사'로 보기도 하나 바울 사도는 한 번도 그의 서신에서 "성도"(ἁγίων)를 '천사'라는 뜻으로 사용하지 않았다. 그는 그 말을 언제나 '구속받은 성도'라는 뜻으로 사용했다.[8]

그리고 바울은 예수님께서 다시 세상에 오실 때 그의 "모든" 성도와 함께 오실 것이라고 말한다. 하늘에 있는 성도는 하나도 빠지지 않고 다 예수님과 함께 와서 육신과 결합할 것이다. 바울은 예수님께서 재림하실 때 데살로니가 성도들이 하나님 우리 아버지 앞에서 "거룩함에 흠이 없게 하시기를" 기도한다. "거룩함"이란 '구별,' '분리'라는 뜻이다. 앞 절(12절)에서 말한 대로 성도 상호간에 사랑하고 불신자들에게까지 사랑을 풍성히 베풀면 결국은 거룩함에 있어서 흠이 없는 사람들이 된다. 사랑을 실천하면 결국에는 거룩함에 흠이 없는 사람들이 되지만, 바울은 또 그렇게 되기를 기도한다. 우리는 예수님의 재림 때를 생각하면서 기도해야 한다. 우리 자신의 노후와

---

8) 윌리암 헨드릭슨, 『데살로니가 전후서』, p. 130.

자녀들과 나라와 민족만 아니라 인류의 종말에 이루어질 일을 위해서도 지금
기도해야 한다.

제4장

성도의 합당한 삶과 죽은 성도의 장래에 대한 교훈

V. 성도의 합당한 삶 4:1-12

바울은 본서의 전반부(1:2-3:13)에서 데살로니가 교회 때문에 하나님 앞에 많이 감사하고, 이제 후반부(4:1-5:24)로 들어와서 성도가 행해야 할 실천적인 교훈을 주고 있다. 바울은 먼저 거룩한 삶을 살라고 부탁하고(1-8절), 다음으로 형제를 계속해서 사랑할 것을 주문하며(9-10절), 또 근면한 삶을 살라고 명령한다(11-12절).

1. 거룩한 삶을 살라 4:1-8

살전 4:1. 종말로 형제들아 우리가 주 예수 안에서 너희에게 구하고 권면하노니 너희가 마땅히 어떻게 행하며 하나님께 기쁘시게 할 것을 우리에게 받았으니 곧 너희 행하는 바라 더욱 많이 힘쓰라.

바울은 앞에서 본론(1:2-3:13)을 말한 다음 이제 "종말로," 곧 '끝으로'라고 말하면서 결론을 맺는다. 그리고 바울은 "종말로"란 말 다음에 "그러므로"(οὖν) 란 말을 넣어 뒷말을 앞 말과 관련짓는다. 그는 예수님의 재림 때에 데살로니가 성도들이 마음이 든든하고 또 거룩함에 흠이 없는 사람들이 되도록 기도했는데 (3:13) "그러므로" 그들이 실제로 거룩한 삶을 살아야 한다고 말한다.

바울은 "우리가 주 예수 안에서 너희에게 구하고 권면한다"고 말한다. "주 예수 안에서"란 말은 바울의 권면이 바울 개인의 권면이 아니라 주 예수 그리스도의 권위로 권하는 것임을 드러낸다. 즉 그 말은 바울의 권면이 곧 예수님의 권면이라는 것을 드러낸다.

바울은 "너희가 마땅히 어떻게 행하며 하나님께 기쁘시게 할 것을 우리에게 받았으니 곧 너희 행하는 바라 더욱 많이 힘쓰라"고 말한다(빌 1:27; 골 2:6). 바울은 데살로니가 성도들이 바울 일행에게서 사는 방법(2:12) 또 하나님을 기쁘시게 하는 방법(골 1:10)을 배운 대로 지금 실행하고 있으니 앞으로도 더욱 힘쓰라고 격려한다. 위대한 지도자는 피지도자들을 채찍질만 하지 않고, 칭찬하여 더 잘 하도록 격려한다.

살전 4:2. 우리가 주 예수로 말미암아 너희에게 무슨 명령으로 준 것을 너희가 아느니라.

바울은 "주 예수로 말미암아 너희에게 무슨 명령으로 준 것을 너희가 아느니라" 고 말한다. 바울의 명령은 바울 개인의 명령이 아니라 "주 예수로 말미암아," 곧 '주 예수께로부터' 받은 것이다. 즉 '주 예수께서 성령의 감화로' 준 말이다. 바울은 자기가 준 명령의 기원을 그리스도에게 두어서 성도들로 하여금 그 명령을 실천토록 만든다. 사도의 권면과 명령은 그리스도의 권면이요 명령이다. 우리는 사도의 명령을 그리스도의 명령으로 알고 받아야 한다.

살전 4:3. 하나님의 뜻은 이것이니 너희의 거룩함이라 곧 음란을 버리고.

"하나님의 뜻은 이것이라"는 말(롬 12:2; 엡 5:17)과 "너희의 거룩함이라"는
말(엡 5:27)은 동격이다. 하나님의 우리에게 향하신 소원은 우리의 거룩함이다.
우리가 거룩하게 사는 것이 하나님의 명령이다. "거룩함"은 '구별되게 사는
것'을 뜻한다. 성도는 그리스도를 믿고 의롭다함을 받고 난 후 계속해서 거룩하
게 살아야 한다. 곧 성화되어야 한다. 그러면 하나님께서 당시 데살로니가
성도들에게 요구하셨던 거룩한 삶은 무엇이었을까?

첫째, "음란을 버리는 것"이었다(고전 6:15, 18; 엡 5:3; 골 3:5). "음란"(πορ-
νείας)은 '부정한 성관계'를 뜻한다(마 19:9; 행 15:20, 29; 21:25; 고전 5:1).
바울은 데살로니가 성도들을 향해 거룩한 삶을 살 것을 명령하면서 제일 먼저
부정한 성관계를 버릴 것을 명령했다. 당시 헬라지역에서는 결혼한 사람 이외의
사람들과 성관계를 맺는 것이 허용되어 있었다. 그래서 난교(亂交-상대를 가리
지 않고 성관계를 가지는 것) 등의 무질서한 성범죄가 성행하고 있었다. 그런
환경 속에서 이제 교인이 된지 얼마 되지 않은 성도들은 옛 생활에 다시 휩쓸릴
수 있었다. 그래서 바울은 그들에게 음란을 버리라고 명령한다.

살전 4:4-5. 각각 거룩함과 존귀함으로 자기의 아내 취할 줄을 알고.

둘째, "거룩함과 존귀함으로 자기의 아내를 취하라"는 것이다(롬 6:19; 고전
6:15, 18). 거룩함과 존귀함으로 자기의 아내를 대하는 것이 거룩한 삶이다.
본문의 자기의 "아내"(σκεῦος)란 말에 대한 해석이 크게 두 가지로 갈린다.
이 말이 본래 '그릇'이나 '기구'라는 뜻이므로(막 11:16) '몸'을 지칭한다는
학자들이 있고(고후 4:7), '아내'로 해석하는 학자들도 있다(벧전 3:7). 첫 번째
의 해석은 문법적으로는 틀린 해석으로 볼 수는 없으나 문맥을 살필 때 두

번째의 해석을 채택하는 것이 옳을 것이다. 문맥을 살피면, 1) 이 부분은 거룩한 삶을 다루는 부분이므로 "자기의 그릇"이라는 말을 '자기의 몸'이라고 해석하기 보다는 '자기의 아내'로 해석하는 것이 옳을 것이다. 2) 바울이 "자기의 그릇"이 라고 말할 때 "자기의"(ἑαυτοῦ)라는 강세형 소유격을 쓴 것은 6절에 암시된 다른 사람의 아내와 대조시키려는 의도로 보이므로 "자기의 그릇"을 '자기의 아내'로 해석하는 것이 옳을 것이다. 그리고 베드로도 "그릇"이란 말을 '아내'라 는 뜻으로 사용했다(벧전 3:7). "이 어휘는 또 랍비들에 의해 '아내'(wife) 의 뜻으로 사용된다."9) 성도는 자기의 아내와 성관계를 가질 때 '거룩하 게' 해야 하고 '존귀하게' 해야 한다(엡 5:25; 히 13:4). 부부관계는 언제나 주 안에서 이루어져야 한다.

하나님을 모르는 이방인과 같이 색욕을 좇지 말고.

"이방인"이란 말은 바로 앞에 붙여진 말 "하나님을 모르는"이라는 말에 의해서 정의된다. 바울은 하나님을 모르는 사람을 "이방인"으로 불렀다(고전 15:34; 갈 4:8; 엡 2:12; 4:18; 살후 1:8). 바울은 성도들이 이방인과 같이 "색욕을 좇지 말라"고 말한다(롬 1:24, 26; 골 3:5). 이방인은 성관계를 죄 되게 행한다. 일부일처의 원칙을 지키지 않고, 이 사람 저 사람과 성관계를 가진다. 그리고 이방인은 상대자의 의지를 무시하고 또 절제할 줄 모른다. 성도는 이방인과 같이 색욕을 좇을 것이 아니라(엡 4:17-18) 주 안에서 아내를 거룩하게 대하고 존귀하게 대해야 한다.

살전 4:6. 이 일에 분수를 넘어서 형제를 해하지 말라.

셋째, 바울은 "이 일에 분수를 넘어서 형제를 해하지 말라"고 말한다(레 19:11,

---

9) 윌리암 헨드릭슨, 『데살로니가전후서』, 김용섭 역, p. 141.

13; 고전 6:8). 곧 '성적인 문제에 있어서 경계선을 넘어서 다른 사람의 아내를 취하지 말라'는 말이다. "이 일"이란 일반 상업상의 '장사'나 '거래'를 의미한다 기 보다는 문맥상 지금까지 말해온 '성적인 문제'로 보아야 할 것이다. 그리고 "분수를 넘어서"(ὑπερβαίνειν)라는 말은 '경계선을 넘다'는 뜻으로 결혼이라 는 경계선을 넘는 것을 지칭한다. 거룩함이란 것은 자기의 배우자를 제쳐놓고 경계를 넘어 다른 사람을 성적으로 범하지 않는 것을 가리킨다.

이는 우리가 너희에게 미리 말하고 증거한 것과 같이 이 모든 일에 주께서 신원하여 주심이니라.

아무도 음란하지 않아야 할 이유는 하나님의 벌이 따르기 때문이다. 바울은 성적으로 음란한 사람들에게 하나님의 벌이 임한다고 데살로니가에 있을 때 미리 말했고 또 증거했다는 것이다. "신원"(ἔκδικος)이란 '보수자'(an avenger) 또는 '행악자를 심판하는 자'라는 뜻이다(시 94:1; 98:9; 미 5:15; 나 1:2; 롬 12:19). 하나님은 성적인 문란 죄를 심판하신다(히 13:4). 하나님은 성도의 죄에 대해서는 일찍이 벌하시고(벧전 4:17), 불신자의 죄에 대해서는 그리스도 의 재림의 날, 심판 날에 심판하신다(요 5:22; 고후 5:10; 살후 1:8).

살전 4:7. **하나님이 우리를 부르심은 부정케 하심이 아니요 거룩케 하심이니.**
성도들이 거룩해야 하는 이유는 하나님의 무서운 심판 때문이기도 하지만(6절), 또 한편으로 하나님께서 우리를 부르신 목적 때문이기도 하다. 바울은 "하나님 이 우리를 부르심은 부정케 하심이 아니요 거룩케 하심이니"라고 말한다. "부정 케 하심"(ἐπὶ ἀκαθαρσία)이란 '부정으로 들어가게'라는 뜻이다. 그러니까 하나님께서 우리를 성적인 부정 속으로 들어가도록 부르신 것이 아니라는 것이다. 오히려 하나님께서 우리를 부르신 목적은 "거룩케 하시기"(ἐν

ἁγιασμῷ) 위함이라고 한다. 곧 '거룩 속으로 들어가게 하시기' 위해서 부르셨다(레 11:44; 19:2; 롬 1:7; 고전 1:2; 히 12:14; 벧전 1:14-15). 성도는 거룩하게 살아야 한다. 하나님의 벌도 무섭거니와 하나님의 부르심이 너무 고귀하기 때문이다.

살전 4:8. 그러므로 저버리는 자는 사람을 저버림이 아니요 너희에게 그의 성령을 주신 하나님을 저버림이니라.

바울은 3-7절의 결론을 본 절에서 맺는다. 거룩하게 살라는 명령을 저버리는 사람은 그 명령을 전달한 사람을 저버림이 아니라, 성도를 거룩하게 살도록 불러주시고 성령을 주신 하나님을 저버리는 것이다(고전 2:12; 7:40; 요일 3:24). "저버리는 자"(ἀθετῶν)는 현재 분사형으로 계속해서 '거절하는 사람,' '무시하는 사람'이라는 뜻이다(눅 10:16). 전도자의 명령을 거역하는 것은 참으로 위험천만한 일이다. 하나님을 저버리는 결과를 초래하는 것이기 때문이다. 우리는 전도자의 말씀 전파의 배후에는 성령님을 주신 하나님이 계심을 알아야 한다.

2. 사랑을 계속하라 4:9-10

살전 4:9. 형제 사랑에 관하여는 너희에게 쓸 것이 없음은 너희가 친히 하나님의 가르치심을 받아 서로 사랑함이라.

바울은 형제를 사랑하라(롬 12:10; 히 13:1; 벧전 1:22)는 말을 데살로니가 성도들에게 더 이상 쓸 필요성을 느끼지 않는다고 말한다(5:1). 큰 지도자는 지도를 받는 사람들을 칭찬하면서 격려한다. 바울 사도가 더 이상 사랑하라고 부탁할 필요가 없는 이유는 데살로니가 성도들이 "친히 하나님의 가르치심을 받아 서로 사랑하기" 때문이다(렘 31:34; 요 6:45; 14:26; 히 8:11; 요일 2:20, 27). "하나님의 가르치심"(θεοδίδακτοι)이란 '성령께서 성도 안에 내주 하셔서 가르치시는 것'을 지칭한다(8절). 과거에 바울 일행의 가르침을 받았을 뿐만 아니라 이들이 떠난 후에도 성령께서 그들 속에 내주하시며 계속해서 가르치심으로 그들은 형제애를 실천할 수 있었다. 누구든지 성령님의 계속적인 가르침을 받아야 형제애를 실천 할 수 있다(마 22:39; 요 13:44; 15:12; 엡 5:2; 벧전 4:8; 요일 3:11, 23; 4:21). 계속해서 가르침을 받지 않으면, 심령이 강팍해져서 하나님의 명령을 실천할 수 없게 된다.

살전 4:10. 너희가 온 마게도냐 모든 형제를 대하여 과연 이것을 행하도다 형제들아 권하노니 더 많이 하고.

바울은 먼저 데살로니가 성도들이 마게도냐 지방의 모든 형제들에게 형제애를 베푸는 것을 인정하고 칭찬한다(1:7). 마게도냐 지역에는 최소한 세 교회가 있었다. 데살로니가 교회, 빌립보 교회, 베뢰아 교회 등이다. 데살로니가 교회의 성도들의 형제애는 이 세 교회에 영향을 끼쳤다. 아마도 그들은 마게도냐 지역의 가난한 교우들을 구제한 것으로 보인다.

　바울은 데살로니가 성도들에게 "형제들아 권하노니 더 많이 하라"고 권한다 (3:12). 형제애는 한없이 행할 수 있다는 것이다. 박윤선목사는 "기독신자의 사랑은 넓이와 깊이에 있어서 거의 한도가 없어야 한다. 넓이로 말하면, 세계의 인류를 다 사랑했더라도 만족할 것 없고, 깊이로 말하면 한 친구를 위해 목숨을 버리기까지 (요 15:13) 요구된다(롬 13:8 참조). 그러므로 그리스도인은 사랑하는 일에 있어서 항상 계속적으로 '더 많이' 실행하기를 힘써야 된다"고 말한다.

우리는 더 많이 행하는 사람들이 되어야 한다.

3. 근면한 삶을 살라 4:11-12

데살로니가 성도들은 형제애에 열심을 다하는 사람들이었지만, 일부 게으른 사람들도 있었다. 그래서 바울은 근면한 삶을 살라고 권면한다.

살전 4:11. **또 너희에게 명한 것같이 종용하여 자기 일을 하고 너희 손으로 일하기를 힘쓰라.**

바울은 데살로니가 성도들에게 과거에 근면하라고 명령한 일이 있었다. 성경은 하나님의 자녀가 된 사람들은 현세에서 근면해야 한다고 가르친다(창 3:19). 바울은 이제 또 편지로 "종용하여 자기 일을 하고 너희 손으로 일하기를 힘쓰라" 고 부탁한다. 바울은 세 가지를 힘쓰라고 부탁한다.

첫째, "종용하기를 힘쓰라"(φιλοτιμεῖσθαι ἡσυχάζειν)고 말한다. "종용하기를 힘쓰라"는 말은 '조용하기를 열망하라,' '고요하기를 힘쓰라'는 뜻이다. 데살로니가 성도들 중에는 바울 일행을 통하여 그리스도의 복된 소식을 들은 다음 그리스도를 영접하고 새로운 세계로 들어섰지만, 그러나 아직도 성적인 문란한 삶을 완전히 청산하지 못하고 그리스도의 재림에 대한 몰지각 때문에 공연히 일만 만들고 돌아다니는 사람들이 있었다. 그래서 바울은 공연히 일만 만들고 돌아다니지 말며, 또 남의 말을 누설이나 하고 돌아다니지 말며, 공연히 남의 일을 참견하지 말고 조용히 자신을 돌아보라고 부탁한다. 사람이 공연히 우왕좌왕하는 것보다는 종용하기를 힘쓰는 것이 더 나은 것이다.

둘째, "자기 일을 하기를 힘쓰라"고 부탁한다(살후 3:11; 벧전 4:15). 데살로니가 교회에는 공연히 남의 일을 간섭하고 돌아다니며, 일을 게을리 하는 사람들이 있었는데 그런 사람들은 '자기의 일을 하기를 힘써야 한다'는 것이다. 사실 자기 일도 제대로 하지 못하는 사람은 남의 일도 제대로 돕지 못한다.

셋째, "손으로 일하기를 힘쓰라"고 부탁한다(행 20:35; 엡 4:28; 살후 3:7-8, 12). 성도들은 이 땅에 살면서 노동을 해야 한다고 성경은 말씀한다(창 2:15; 3:19). 바울 사도는 일하면서 복음을 전하였다(행 18:3). 우리는 일하면서 살아야 한다(엡 4:28). 성도들 중에는 복권을 사서 재미를 보려는 사람들이 있다. 그러나 하나님은 그런 방식으로 성도들에게 복을 주시지 않는다. 어떤 사람들은 복권이 당첨되도록 기도를 한다. 그러나 하나님은 그런 기도에 응답하시지 않는다. 일을 해서 복을 받도록 해 놓으셨기 때문이다. 크리스천은 아예 놀고먹으려는 생각을 버려야 한다.

살전 4:12. 이는 외인을 대하여 단정히 행하고 또한 아무 궁핍함이 없게 하려 함이라.

성도가 자기 손으로 일하기를 힘써야 하는 이유는 두 가지이다. 첫째는 "외인을 대하여 단정히 행하기" 위해서이다(롬 13:13; 고후 8:21; 골 4:5; 벧전 2:12). "외인"이란 말은 교회 밖의 사람들을 지칭한다. 곧 불신자들을 말한다(고전 5:12, 13; 골 4:5; 딤전 3:7). "단정히"(εὐσχημόνως)란 말은 성경 다른 곳에서 '적당하게'(고전 14:40), '이치에 합하게'(고전 7:35), '아름다운'(고전 12:23-24), '존귀한'(막 15:43)이란 뜻으로 번역되었다. 이 뜻을 종합해 보면 "단정히"란 말은 '예의 있는,' '존경할만한'이란 뜻이다. 성도가 일하기를 힘쓰면 결국 불신자들에게 예의 있게 보이고 존경스럽게 보인다는 것이다. 오늘 우리는 불신자들에게 본이 되고 있는지 스스로를 살펴보아야 한다. 둘째는

"아무 궁핍함이 없게 하려"는 것이다. "궁핍함이 없다"(μηδενὸς χρείαν ἔχητε) 는 말은 '누구에게도 의존하지 않는다'는 뜻이다. 성도는 일하기를 힘쓰므로 불신자들에게 의존하지 않아야 한다. 물질적으로 궁핍해서 누구에게 의존한다는 것은 성도로서 부끄러운 일이다.

VI. 죽은 성도 때문에 슬퍼하지 말라 4:13-18

바울은 앞에서 성도들로 하여금 하나님을 기쁘시게 하는 삶을 살라고 부탁하고(1-12절), 이제 성도들 중에 예수님을 믿고 먼저 세상 떠난 성도들 때문에 슬퍼하는 유족들을 위로하기 위하여 교훈을 준다. 아마도 그 유족들은 예수님께서 재림하실 때 살아있는 사람들만 재림을 맞이한다고 생각하고, 그리스도를 믿다가 먼저 죽은 성도들은 어떻게 될 것인지 염려했던 것 같다. 그래서 바울은 먼저 그들을 향하여 세상 불신자들처럼 슬퍼하지 말라고 말하고(13절), 하나님께서 죽은 사람의 영혼을 데리고 오실 것이라고 말한다(14절). 또 살아있는 성도들보다 죽은 사람들이 먼저 부활하여 일어날 것이라고 말한다(15-16절). 결국은 부활한 성도들이 살아있었던 성도들과 함께 구름 속으로 끌어 올려 공중에서 그리스도를 영접하여(17a), 항상 주님과 함께 있게 될 것이라고 교훈한다(17b). 바울은 마지막으로 이런 교훈을 말함으로써 서로 위로하라고 부탁한다 (18절).

살전 4:13. 형제들아 자는 자들에 관하여는 너희가 알지 못함을 우리가 원치 아니하노니 이는 소망 없는 다른 이와 같이 슬퍼하지 않게 하려 함이라.

바울은 새로운 주제를 가지고 말하기 위해 "형제들아"라는 호칭으로 부르면서 교훈을 이어간다. "자는 자들"이란 말은 '죽은 사람들'을 지칭한다(신 31:16; 왕상 2:10; 단 12:2; 마 9:24; 27:52; 요 11:11; 행 7:60). 죽은 사람들을 이렇게 잠잔다고 표현한 이유는 잠자는 사람들이 다시 깨는 때가 있는 것처럼 죽은 영혼들이 부활할 때가 있을 것을 염두에 둔 것이다. 바울은 예수님을 믿다가 먼저 죽은 사람들에 대해서 "너희가 알지 못함을 우리가 원치 아니하노니"라고 말한다. 다시 말해 '알기를 원한다'는 간절한 표현이다(롬 1:13; 11:25; 고전 10:1; 12:1; 고후 1:8). 바울은 데살로니가 성도들이 꼭 알기를 원하는 것이 있었는데 그것은 "소망 없는 다른 이와 같이 슬퍼하지 않는 것"이었다. 세상 사람들은 "소망 없는" 것이 특징이다(엡 2:12; 히 2:15). 곧 '내세의 소망이 없다'는 말이다. 죽으면 끝이라는 생각뿐이고, 죽으면 그 영혼이 구천(황천)에 떠다녀서 다시 부활한다는 소망이 없다. 그러나 믿는 성도들은 그리스도 안에서 죽은 사람들, 곧 그리스도를 믿고 죽은 사람들이 부활할 것이므로 그들 때문에 과도히 슬퍼하지 않아야 한다(고전 15:12-28). 만일 그리스도를 믿다가 죽은 사람들을 위하여 살아있는 성도가 지나치게 슬퍼하는 것은 그리스도를 불신앙하는 것임을 알아야 한다.

살전 4:14. 우리가 예수의 죽었다가 다시 사심을 믿을진대 이와 같이 예수 안에서 자는 자들도 하나님이 저와 함께 데리고 오시리라.

예수님을 믿다가 죽은 사람들을 위하여 과도하게 슬퍼하지 않아야 하는 첫째 이유는 예수님을 믿다가 죽은 사람들을 "하나님이 데리고 오시기" 때문이다. 예수님을 믿다가 죽은 사람들이 다시 살게 되는 근거는 "예수의 죽었다가 다시 사심을 믿는 것"이다(고전 15:13). 예수님의 죽음은 성도들의 죽음이고 또 예수님의 부활은 성도의 부활이라고 성경은 말씀한다(고전 15:1-19).

바울은 "이와 같이 예수 안에서 자는 자들도 하나님이 저와 함께 데리고 오시리라"고 말한다(고전 15:18, 23). "예수 안에서 자는 자들," 곧 '예수님과 연합되어 살다가 죽은 성도들,' 다시 말해 '예수님을 믿다가 죽은 성도들'을 하나님이 데리고 오시리라는 것이다. 그런데 여기 "예수 안에서"라는 말이 "자는 자들"이란 말에 관련되어 "예수 안에서 자는 자들"이라는 말로 되어야 하는가, 아니면 "예수 안에서"라는 말이 "데리고 오시리라"와 관련되어 "예수 안에서 데리고 오시리라"로 되어야 하는가 하는 문제가 있다. 둘 다 문법적으로는 가능하지만 문맥을 살필 때 "예수 안에서 자는 자들"이라고 연결해야 더 옳을 것이다. 데살로니가 교회의 성도들 중에 믿다가 죽은 사람들의 문제가 어떻게 되느냐 하는 것이 관심사이기 때문이다. 또 16절에도 "그리스도 안에서 죽은 자들이"란 말이 다시 나오기 때문이다. 바울은 예수님을 믿다가 죽은 성도들을 "하나님께서 데리고 오실 것"이라고 말한다. 곧 하나님께서 예수님의 재림 시에 성도들을 예수님과 함께 오게 하신다는 것이다. 죽은 성도들은 예수님 재림 시에 살아있는 성도들이 있는 곳까지 다시 온다. 그리스도 안에서 죽은 영혼들은 예수님의 재림 시에 예수님과 함께 다시 이 땅에 와서 육체와 함께 부활체가 될 것이다.

살전 4:15. 우리가 주의 말씀으로 너희에게 이것을 말하노니 주 강림하실 때까지 우리 살아남아 있는 자도 자는 자보다 결단코 앞서지 못하리라.

바울은 예수님의 재림 시까지 살아있는 성도들이 먼저 죽은 성도들보다 더 유리한 점이 아무것도 없다는 말로 유족들을 위로한다. 다시 말해 한 집단의 성도들이 다른 집단의 성도들보다 더 유리한 입장을 점령하지 못한다는 것이다

(예수님은 참으로 공정한 분이시다).

　"주의 말씀으로"란 바울 사도가 예수님으로부터 직접 받은 말씀을 지칭한다 (왕상 13:17-18; 20:35). 바울은 예수님으로부터 직접 계시를 받은 적이 있었다 (고전 15:51; 고후 12:1-4; 갈 2:2). 혹자는 "주의 말씀"을 '그리스도께서 말씀하신 말씀들 중에 복음서들 속에 기록되지 못하고 구전되어 내려오던 말씀으로 본다. 그러나 복음서 기자들이 이렇게 중요한 계시를 빠뜨렸을 가능성은 희박한 것으로 보인다. 그러므로 "주의 말씀"은 바울 사도가 그리스도로부터 직접 받은 말씀으로 보는 것이 타당하다.

　바울은 "주 강림하실 때까지 우리 살아남아 있는 자도" 자는 자보다 결단코 앞서지 못하리라고 말한다(고전 15:51-52). "주 강림하실 때까지 우리 살아남아 있는 자"는 누구를 지칭하는 것인가. 혹자는 '주 강림하실 때까지 바울과 당대의 사람들이 살아남아 있을 것으로 믿었다고 본다. 바꾸어 말하면 '바울과 당대의 사람들이 죽지 않고 그리스도의 재림을 맞이할 것이라고 믿었다고 보는 것이다. 그러나 "주의 말씀," 곧 '주의 계시'를 받아 계시를 말해주는 바울이 바울 당대(當代)에 예수님께서 재림하실 것이라는 계시를 받았을 것이라고는 믿어지지 않는다. 따라서 "주 강림하실 때까지 우리 살아남아 있는 자"는 다른 사람들이 아니라 '그리스도의 재림 때까지 살아남아 있을 그리스도인들'을 가리킨다고 보아야 한다. 그러니까 바울과 당대의 사람들을 포함하여 그 누구든지 그리스도의 재림 때까지 살아남아 있을 그리스도인들을 지칭하는 말이다. 예수님께서 어느 때에 재림하실지 하늘에 있는 천사들도, 아들도 모르고 아버지만 아신다(마 24:36; 막 13:32). 그런 만큼 "주 강림하실 때까지" 살아남아 있을 그리스도인이 누구일지 아무도 모른다. 그러므로 "주 강림하실 때까지 우리 살아남아 있는 자"는 바울을 포함하여 그 누구든지 예수님의 재림 시까지 살아있을 그리스도인 전체를 지칭한다고 보아야 할 것이다. 바울은 예수님께서 재림하실 때까지 살아남는 그리스도인이라고 해서 죽은 그리스도인들보다 더 좋을 것은 없다고 말한다. "결단코 앞서지 못하리라"는 말은 '결단코 목적지에 먼저 도착하지 못하리라'는 말이다. 곧 먼저 부활하지 못한다는 것이다.

살전 4:16. 주께서 호령과 천사장의 소리와 하나님의 나팔로 친히 하늘로 좇아 강림하시리니 그리스도 안에서 죽은 자들이 먼저 일어나고.

예수님을 믿다가 죽은 사람들을 위하여 과도하게 슬퍼하지 말아야 하는 둘째 이유는(첫째 이유는 14절에 있음) 죽은 사람들이 먼저 부활하기 때문이다. 주님께서 "호령과 천사장의 소리와 하나님의 나팔로 친히 하늘로 좇아 강림하실" 터인데(마 24:30-31; 행 1:11; 살후 1:7) 그 때 그리스도 안에서 죽은 사람들이 먼저 일어난다. 곧 먼저 부활한다는 것이다. 예수님은 세 가지 소리와 함께 강림하신다. 첫째 소리는 "호령"이다. "호령"이란 '그리스도께서 죽은 사람들을 깨우기 위해 내는 큰 소리'를 가리킨다(요 5:25). 둘째 소리는 "천사장의 소리"이다. "천사장의 소리"는 '사단을 멸하는 천사장 미가엘의 소리'를 지칭할 것이다(유 1:9; 계 12:7).[10] 예수님 재림 때는 사단을 멸해야 함으로 천사장 미가엘의 소리가 필요하다. 셋째 소리는 "하나님의 나팔"이다. "하나님의 나팔"이란 '하나님을 봉사하는 데 사용되는 나팔'을 지칭한다(고전 15:52).

---

10) 유대인들은 일곱 천사가 있어 자신들을 보호하고 있다고 믿고 있다. 그 일곱 천사의 이름을 들어보면 '우리엘'(Uriel)-그는 세상과 타르타루스(지옥의 가장 깊은 곳)를 지배하는 자요, '라파엘'(Raphael)-그는 인간의 영혼을 다스리는 자요, '라구엘'(Raguel)-그는 발광체들의 세계를 돌보는 자요, '미가엘'(Michael)-그는 인류의 가장 좋은 부분과 혼돈을 지배하는 자요, '사라카엘'-그는 영으로 범죄 하는 영들을 지배하는 자요, '가브리엘'(Gabriel, 단 8:16; 눅 1:19)-그는 낙원과 뱀과 스랍을 다스리는 자요, '레미엘'(Remiel)-그는 하나님이 넘겨준 부활한 자들을 다스리는 자다. 『기독교대백과사전』, vol. 14, 이기문 편집, 서울: 기독교문사, 1980.

하나님은 하나님께서 쓰시는 이 나팔로 하나님의 명령을 그리스도인들에게 전달하여 회집시키신다(사 27:13; 욜 2:1, 15; 슥 9:14; 마 24:31; 고전 15:51). 그런데 그 나팔은 누가 부는 것인지는 알 수 없다. 아마도 하나님 앞에 봉사하는 천사가 불게 될 것이다(시 47:5; 슥 9:14). 이런 위엄 속에서 예수님의 재림이 이루어질 것이다.

바울은 데살로니가 사람들에게 예수님의 재림 시에 "그리스도 안에서 죽은 자들이 먼저 일어난다"고 말한다(고전 15:23, 52). 그리스도를 믿다가 죽은 사람들은 잊히는 존재가 아니라 오히려 먼저 부활한다는 것이다. 그 후에 살아남은 사람들이 변화한다고 다음 절은 말한다. 오늘 우리는 어느 그룹에 속할는지 모른다. 먼저 죽는 그룹 속에 속할는지 아니면 예수님의 재림 때까지 살아남을 사람들이 될지 모른다. 그러나 그런 것은 아무 문제가 되지 않는다. 죽은 성도가 먼저 부활하고 살아있는 사람들은 곧 변화할 것이기 때문이다.

살전 4:17. 그 후에 우리 살아남은 자도 저희와 함께 구름 속으로 끌어 올려 공중에서 주를 영접하게 하시리니 그리하여 우리가 항상 주와 함께 있으리라. 예수님을 믿다가 죽은 사람들을 위하여 과도하게 슬퍼하지 않아야 하는 셋째 이유(첫째 이유는 14절, 둘째 이유는 15-16절에 있음)는 죽은 성도들이 부활한 후 예수님의 재림 시가지 살아있던 성도들과 "함께 구름 속으로 끌어 올려 공중에서 주를 영접하게 될 것"이기 때문이다. "그 후에"란 말은 '먼저 죽었던 성도들이 부활한 후에'라는 뜻이다. 먼저 죽었던 성도들이 부활한 후에 예수님 재림 시가지 살아있던 성도들이 순식간에 변화한다고 성경은 말씀한다(고전 15:51). 순식간에 변화하는 성도들은 먼저 죽었던 성도들의 부활체와 함께 "구름 속으로 끌어 올림"을 당할 것이다(행 1:9; 계 11:12). 그리고 두 그룹이 함께 예수님을 "영접하게" 될 것이다. 두 그룹은 하나가 되어 구름 속으로 끌어올림을 당하여 주님을 만나게 될 것이다. 그러므로 먼저 세상 떠난 성도들이 손해 볼 것은 아무 것도 없는 것이다.

여기서 "구름 속으로 끌어올림"을 당한다는 것은 무엇을 의미하는가. "구름" 이란 하나님께서 나타나실 때마다 항상 동반되었던 현상이었다(출 19:16; 출 24:15-18; 출 40:34; 막 9:7; 행 1:9). 예수님께서 재림하시는 시간에도 역시 구름이 나타난다. 두 그룹은 함께 구름 속으로 "끌어올림"을 당할 것이다(행 8:39; 고후 12:2-4; 계 12:5). "끌어 올려"(ἁρπαγησόμεθα)란 말은 미래 수동태로 '갑작스럽게 강제로 끌어올려지다,' '강제로 운송되다'라는 뜻이다(영어로는 'caught up', 라틴 성경에서는 '랍투레(rapture),' 한자어로는 '휴거'(携擧)로 표현됨). 두 그룹의 성도들은 강제로 구름 속으로 끌어올려질 것이다. 구름 속으로 끌어 올려진 후 "공중에서 주를 영접하게 하실 것"이다. "공중"(ἀήρ)이란 사단의 거처로(엡 2:2) 예수님은 공중에 오심으로 사단을 완전히 정복하시는 분으로 인식되기에 충분하다. 두 그룹의 성도들은 공중에서 주님을 환영하게 될 것이다.

예수님을 믿다가 죽은 사람들을 위하여 과도하게 슬퍼하지 않아야 하는 넷째 이유(첫째 이유는 14절, 둘째 이유는 15-16절, 셋째 이유는 17a에 있음)는 먼저 세상을 떠났던 성도들이나 예수님께서 재림하실 때까지 살아 있던 성도들이나 똑같이 예수님을 영접한 후에는 "항상 주와 함께 있게 되기 때문"이다(요 12:26; 14:3; 17:24). 우리가 공중에서 주와 함께 있다는 의미가 아니라 어디서든지 영원히 함께 있게 된다는 말이다. 그리스도와 함께 있는 것만큼 복된 일은 없다(계 21:1-7).

여기서 잠시 세대주의의 휴거에 대하여 살펴 볼 필요가 있을 것이다. 세대주의는 예수님께서 재림하실 때 지상에 있는 성도들을 모두 공중으로 끌어 올려(휴거) 공중에서 7년 동안 연회를 가지시는 동안 땅위에서는 불신자들이 7년 대 환난을 겪는다고 주장한다. 다시 말해 성도들은 땅 위에 있을 7년 대 환난을 면제 받고 공중에서 지내게 된다는 것이다. 과연 이 주장이 옳은 주장인가. 성경은 성도들이 7년 대 환난을 면한다고 말씀하고 있지 않다. 살후 2:7-8은 "불법의 비밀이 이미 활동하였으나 지금 막는 자가 있어 그 중에서 옮길 때까지 하리라. 그 때에 불법한 자가 나타나리니 주 예수께서 그 입의 기운으로 저를 죽이시고 강림하여 나타나심으로 폐하시리라"고 말한다. 예수님의 재림 때까지 인류 최후의 적그리스도, 곧 불법한 사람이 활동한다는 것이다. 그러다가 예수님의 입 기운으로 불법한 사람을 죽이시고 강림하신다는 것이다. 성도는 이 불법의 사람, 곧 인류 최후의 적그리스도에 의해 고통을 받다가 예수님을 맞이한다. 계 13:5-8은 인류 최후의 원수인 적그리스도가 성도들과 싸운다고 말한다. 그리고 계 13:9-10에 "누구든지 귀가 있거든 들을지어다. 사로잡는 자는 사로잡힐 것이요 칼로 죽이는 자는 자기도 마땅히 칼에 죽으리니 성도들의 인내와 믿음이 여기 있느니라"고 말한다. 성도들이 지구상의 7년 대 환난을 면제 받는다는 성경 구절은 없다. 이런 환난을 통과하고 나서 예수님을 맞이하게 될 것이다. 그러나 성도들은 그리스도께서 주시는 믿음과 인내로써 넉넉히 이길 것이다.

살전 4:18. 그러므로 이 여러 말로 서로 위로하라.
바울은 죽은 자들의 유족들에게 "주의 말씀," 곧 '계시의 말씀'을 주었으므로 이제는 이 여러 가지 부활 소망에 관한 말씀들을 가지고 서로 위로하라고 말한다(5:11). 사람은 혼자 신앙생활을 영위하기 힘들다. 서로 위로해야 한다.

그래서 성경에 서로 위로하라는 말이 많이 나온다(5:11; 고후 2:7). 성도들은 서로 헐뜯을 것이 아니고 서로 위로하고 격려해야 할 것이다.

제5장

그리스도의 재림의 날을 준비하라

VII. 재림의 날을 맞이하는 성도의 자세는 어떠해야 하는가 5:1-11

바울은 죽은 성도가 예수님의 재림의 날에 어떻게 될 것인가에 대해 앞장에서 교훈했고(4:13-18), 이제는 살아있는 성도들이 재림을 어떻게 준비해야할 것을 교훈한다. 바울은 먼저 불신자는 그리스도의 갑작스런 재림의 날에 멸망을 피하지 못하는 반면 성도에게는 그리스도의 재림의 날이 갑자기 임하지않는다고 말한다(1-5절). 그리고 다음으로 성도들은 어떻게 재림을 준비해야하는지를 교훈하고 있다(6-11절).

1. 재림의 날을 앞둔 불신자와 성도의 차이 5:1-5

재림의 날은 불신자에게는 갑작스런 사건이어서 멸망 받는 날이 되는 반면(1-3절), 성도에게는 갑작스럽게 임하지 않는다(4-5절).

살전 5:1. 형제들아 때와 시기에 관하여는 너희에게 쓸 것이 없음은.

바울은 새로운 주제를 말하기 위하여 "형제들아"라는 애칭으로 부르고 말을 이어간다(2:1, 9, 14, 17; 4:1, 13; 5:12, 14, 25). 바울은 그리스도의 재림의 "때와 시기에 관하여는 너희에게 쓸 것이 없다"고 말한다(행 1:7). "때"(χρόνων, times, duration-periods)란 말은 '일반적인 의미의 시간'을 뜻하고, "시기"(καιρῶν, appropriate seasons)란 말은 '특별한 사건이 발생하는 결정적인 시점'을 지칭한다(마 24:3, 36; 행 1:7). 바울은 이미 데살로니가 성도들에게 주님의 재림의 때(χρόνων)가 언제쯤일지 그리고 주님의 재림의 시기에 일어날 만한 사건들(καιρῶν)이 어떤 것일지를 말해주었다. 그래서 바울은 데살로니가 성도들에게 '종말의 때'와 '종말의 사건들'에 대해서 더 이상 쓸 필요가 없게 되었다(4:9). 오늘 성도들에게도 더 이상 종말의 때와 종말의 사건들에 대해서 말씀할 필요가 없다. 다만 우리는 세상의 불신자들에게는 주님의 재림의 때와 종말의 사건들에 대해서 말해야 한다.

살전 5:2. 주의 날이 밤에 도적 같이 이를 줄을 너희 자신이 자세히 앎이라.

바울 사도가 데살로니가 성도들에게 "주의 날(살후 2:2; 벧후 3:10)," 곧 '주님의 재림의 날이 불신자들에게는 "밤에 도적 같이 이를 것이라"(마 24:43-44; 25:13; 눅 12:39-40; 벧후 3:10; 계 3:3; 16:15)는 사실을 자세히 알려주었다는 것이다.11) 다시 말해 불신자들에게는 주님의 재림의 날은 밤에 도적같이 임한다는 것이다(마 24:37; 눅 17:28-30). 도적들이 밤에 가정집에 침입하겠다는 사실을 알려주지 않듯이 그리스도의 재림의 날이 불신

---

11) "주의 날"은 "그리스도의 날"(빌 1:10; 2:16), "그리스도 예수의 날"(빌 1:6), "우리 주 예수의 날"(고후 1:14), "우리 주 예수 그리스도의 날"(고전 1:8), "그날"(고전 3:13; 살후 1:10; 히 10:25)로도 불린다.

자들에게는 갑작스러운 사건이 될 것이라는 것이다. 오늘을 살고 있는 불신자들에게도 주님의 재림은 갑작스러운 사건이 될 것이다.

살전 5:3. 저희가 평안하다, 안전하다 할 그 때에 잉태된 여자에게 해산 고통이 이름과 같이 멸망이 홀연히 저희에게 이르리니 결단코 피하지 못하리라.

불신자들이 예수님의 재림을 위한 징조들을 깨닫지 못하고 안전 불감증에 걸려 "평안하다, 안전하다"(렘 6:14; 8:11; 마 24:37-39)고 말할 때에 예수님께서 갑작스럽게 임하심으로 멸망이 저들에게 임할 것이라(사 13:6, 9; 눅 17:27-29; 21:34-35; 살후 1:9)는 말이다. "평안하다"(εἰρήνη)는 말은 '마음이 평안하다'는 뜻이며 "안전하다"(ἀσφάλεια)는 말은 '외부의 위협으로부터 안전하다는 뜻이다. 불신자들은 어지러운 세상을 살아가면서도 평안하다, 안전하다고 느끼며 산다. 그러나 잉태된 여자들이 갑자기 해산의 고통을 만나듯이(사 13:8; 21:3; 렘 4:31; 13:21; 호 13:13; 미 4:9) 그처럼 불신자들은 갑작스럽게 멸망을 당한다. 오늘 우리들에게는 그리스도의 재림을 알리는 무수한 종소리가 들린다. 예언된 대로 사람의 인심이 말이 아니다. 자연재난이 점점 더 많아지고 더욱 무서워지고 있다. 그럼에도 지금 안전 불감증에 걸린 사람들이 수없이 많다. 웰빙(well-being) 바람이 불어서 잘 입고 잘 먹고 잘 사는 데만 신경을 쓰고 있다.

살전 5:4. 형제들아 너희는 어두움에 있지 아니하매 그 날이 도적 같이 너희에게 임하지 못하리니.

바울은 앞 절에서(3절) 불신자들의 불행에 대해서 말하다가 이제는 성도들에게 말하기 위해서 "형제들아"라는 애칭을 사용하고 성도들의 복을 말해준다. 바울은 "너희는 어두움에 있지 아니하매 그 날이 도적 같이 너희에게 임하지 못한다"고 말한다(롬 13:12-13; 요일 2:8). 불신자들은 영안이 어두워서 그리스도의 재림의 징조들을 보지 못하지만 성도들은 어두움에 있지 않다. 다시 말해 성령으로 거듭났고 또 성령의 빛이 심령 속에 있으므로 어두움 속에 있지 않다. 그래서 "그날," 곧 '주님의 재림의 날'이 오는 것을 알게 되니 재림의 날이 도적같이 임하지 않는다. 성도들은 재림의 날자는 몰라도 재림의 때는 어느 정도 알고 대비하는 입장에 서게 되었다.

살전 5:5. 너희는 다 빛의 아들이요 낮의 아들이라 우리가 밤이나 어두움에 속하지 아니하나니.

바울은 데살로니가 성도들을 향하여 "너희는 다 빛의 아들이요 낮의 아들이라"고 말한다(엡 5:8). "빛의 아들"이란 '그리스도로부터 빛을 받아 가진 자들'이란 뜻이다. 곧 '그리스도께 속하여 진리, 생명, 의를 받은 자들'(박윤선)을 지칭한다 (요 12:36; 엡 5:8). 그리고 "낮의 아들"이란 말도 똑같은 의미를 가진다.

바울은 데살로니가 사람들만 아니라 바울 자신을 포함하여 "우리가 밤이나 어두움에 속하지 아니하나니"라고 말한다. 바울은 여기서도 역시 "밤"이란 말과 "어두움"이란 말을 반복 사용하여 강조하고 있다. 다시 말해 예수님에게서 빛을 받은 사람들, 곧 예수님으로부터 성령을 받아 예수님을 믿는 사람들은 심령이 어둡지 않다. 우리는 항상 성령충만에 이르러 밝은 삶을 살아야 한다(엡 5:18).

2. 그리스도의 재림의 날을 준비하라 5:6-11

바울은 앞에서 재림의 날을 앞둔 불신자와 성도의 차이를 설명했고(1-5절), 이제는 성도들을 향하여 재림의 날을 준비하라고 권고한다(6-11절).

살전 5:6. 그러므로 우리는 다른 이들과 같이 자지 말고 오직 깨어 근신할지라. "그러므로"($\breve{\alpha}\rho\alpha$ $o\breve{\upsilon}\nu$), 곧 '성도는 예수님으로부터 빛을 받았으므로' "다른 이들과 같이 자지 말라"는 것이다(마 25:5). 다시 말해 성령을 받았으니 영적으로 자지 않아야 한다는 것이다. 여기 "다른 이들"은 불신자들을 지칭한다. "잔다"($\kappa\alpha\theta\epsilon\acute{\upsilon}\delta\omega\mu\epsilon\nu$)는 말은 '영적으로 자는 것'을 뜻한다. 영적으로 자는 사람들은 도덕적으로 무감각한 상태에 빠지고 죄의 위험함을 느끼지 못한다. 세상의 불신자들은 그리스도로부터 빛을 받지 않았기 때문에 영적으로 깊은 잠에 빠지게 되고 도덕적으로도 무감각 속에서 살게 된다.

바울은 우리 성도는 영적으로 잠을 자지 말고 "오직 깨어 근신해야 한다"고 권면한다(마 24:42; 25:13; 롬 13:11-13; 벧전 5:8). 여기 "깬다"($\gamma\rho\eta\gamma\circ\rho\hat{\omega}\mu\epsilon\nu$)는 말은 '영적으로 깨는 것'을 뜻한다(마 24:42, 43; 25:13; 막 13:35, 37; 행 20:31; 고전 16:13; 골 4:2; 벧전 5:8; 계 3:2-3; 16:15). 영적으로 깬다는 말은 영적으로 민감한 것을 지칭한다. 우리가 영적으로 깨어있기 위해서는 기도하고(벧전 4:7) 하나님의 뜻대로 살아야 한다(롬 13:11-14). "근신하라"($\nu\acute{\eta}\phi\omega\mu\epsilon\nu$)는 말은 '세상에 취하지 않고 물들지 않은 것'을 뜻한다(눅 21:34-36). 우리는 세상에 물들지 않고 도덕적으로 단정한 삶을 살아야 한다. 오늘 우리는 혼탁한 세상에 살고 있다. 영적으로 각성하기 위해 쉬지 말고 기도해야 할 것이며 세상에 물들지 말고 절제해야 한다.

살전 5:7-8. **자는 자들은 밤에 자고 취하는 자들은 밤에 취하되.**
잠자는 사람들은 밤에 자고 술 취하는 사람들은 밤에 취한다는 것이다(눅
21:34, 36; 행 2:15; 롬13:13; 고전 15:34; 엡 5:14). 이런 습관들은 세상
사람들에게 익숙하다. 바울은 그의 논리를 전개하기 위하여 일상의 습관들을
인용한다. 예수님도 때로는 세상에서 진행되는 일들을 예화로 쓰셨다(마
6:26-28).

우리는 낮에 속하였으니 근신하여.

바울은 세상 사람들의 일반적인 습관을 들어 그의 논리를 전개한다. 곧
성도들은 잠을 자지 않는 "낮에 속했고" 또 술 취하지 않는 "낮에 속하였으니
근신하라"는 것이다. "낮" 시간은 잠자는 시간이 아니고 술 취하는 시간이
아니다. 성도는 영적으로 잠을 자지 말고 세상에 취하지 말고 "근신해야"
한다. "근신한다"는 말에 대해서는 6절의 "근신한다"는 말의 뜻을 참조하라.

믿음과 사랑의 흉배를 붙이고 구원의 소망의 투구를 쓰자.

바울은 낮에 속한 성도는 세상에 물들지 않는 것만으로는 충분하지 않고
"믿음과 사랑의 흉배를 붙이고 구원의 소망의 투구를 써야 한다"고 말한다(사
59:17; 엡 6:14-17). "믿음과 사랑의 흉배(θώρακα)를 붙이자"는 말은 '믿음과
사랑의 가슴받이를 붙이자'는 뜻이다. 곧 '믿음이라는 가슴받이, 사랑이라는
가슴받이를 붙이자'는 말이다. 성도는 죄와 싸우고 사단과 싸우는 군인으로서
가슴받이를 붙여야 하는 것이다. 믿음은 성도에게 흉배 역할을 하는 것이고
또 사랑도 성도에게 흉배 역할을 한다. 성도에게는 그리스도를 믿는 믿음이
있어야 하고 또 사람을 사랑하는 사랑이 있어야 마귀와의 싸움에 승리할 수
있다. 또 바울은 성도는 "구원의 소망의 투구를 써야한다"고 권한다. 다시
말해 '구원의 소망이라는 투구를 써야 한다.' 투구를 쓰지 않으면 전쟁에서

위험하듯이 성도는 구원의 소망이 있어야 한다. 바울은 여기서 믿음, 사랑, 소망 세 가지를 말한다. 성도라면 누구에게나 있어야 하는 것은 믿음 소망 사랑이다. 이 세 가지가 있어야 죄와의 싸움에서 승리하고 또 사단과의 싸움에서 승리할 수 있다. 이 세 가지가 없으면 언제나 패배자가 될 수밖에 없다.

살전 5:9. 하나님이 우리를 세우심은 노하심에 이르게 하심이 아니요 오직 우리 주 예수 그리스도로 말미암아 구원을 얻게 하신 것이라.

바울은 앞 절(8절)에서 우리 성도에게는 "구원의 소망"이 있어야 한다고 말했는데 본 절에서는 "구원"은 하나님께서 예수 그리스도를 통하여 주시는 것이라고 말한다. 바울은 먼저 "하나님이 우리를 세우심은 노하심에 이르게 하심이 아니라"고 말한다(1:10; 롬 9:22). 하나님이 우리를 "세우심(ἔθετο)," 곧 '목적하심,' '의도하심'(designed) 혹은 '예정하심'(destined)은 "노하심에 이르게 하심이 아니라"는 것이다. 하나님께서 우리를 위하여 목적하신 바는 우리가 '현세나 말세의 진노를 당하게 하심이 아니라는 것'이다.12) 오히려 "우리 주 예수 그리스도로 말미암아 구원을 얻게 하신 것이라"는 것이다(살후 2:13-14). '우리 주 예수 그리스도의 공로로 말미암아 구원을 소유하게 하신 것이라'는 것이다. "얻게 하신 것"(περιποίησιν)이란 '소유하게 만드신 것'이란 뜻으로, 문맥으로 보아 능동적인 소유를 말하는 것이 아니라 수동적인 소유를 뜻한다. 이유는 이 구원이 예수 그리스도로 말미암아 얻어지기 때문이다.

살전 5:10. 예수께서 우리를 위하여 죽으사 우리로 하여금 깨든지 자든지 자기와

---

12) 여기 "노하심"이란 말에 대해 주석가들은 거의 '말세의 진노'로 보나 '현세의 진노'를 간과하면 안 될 것이다. 이유는 그리스도는 우리를 현세의 수많은 진노에서 끊임없이 구원해주시기 때문이다.

함께 살게 하려 하셨느니라.

바울은 앞 절에서(9절) 그리스도로 말미암은 구원을 말했다. 이제 그는 구원의 다른 측면, 곧 그리스도와 함께 영원히 사는 것이 구원이라고 말한다. 바울은 "예수께서 우리를 위하여 죽으셔서" 구원을 이루셨다고 말한다(롬 14:8-9; 고후 5:15). 바울은 데살로니가 지방에서 복음을 전할 때도 그리스도의 죽음에 대해서 가르쳤다(행 17:2-3).

예수님은 우리를 위하여 죽으셔서 우리로 하여금 "깨든지 자든지" 예수님과 함께 살게 하려 하셨다. "깨든지 자든지"(εἴτε γρηγορῶμεν εἴτε καθεύδωμεν) 란 말은 '예수님께서 재림하실 때까지 우리가 살아있든지 아니면 재림 전에 죽든지'라는 뜻이다. 예수님은 이 두 그룹의 신자들, 곧 예수님 재림 때까지 살아있는 성도들을 변화시키실 것이다(고전 15:50-53). 그분은 또 재림 전에 죽은 모든 성도들을 부활시켜서 함께 예수님을 영접하게 하셔서 영원히 함께 살게 하려 하신다는 것이다. 우리는 예수님의 대신 죽으신 공로를 힘입어 예수님과 함께 영원히 살 것이다.

살전 5:11. 그러므로 피차 권면하고 피차 덕을 세우기를 너희가 하는 것같이 하라.

"그러므로," 곧 '그리스도로 말미암아 진노하심에서 구원을 얻고 또 영원히 그리스도와 함께 살 것이므로' 두 가지를 하라고 말한다. 첫째, "피차 권면하라" 는 것이다(4:18). "피차 권면하라"는 말은 '피차 위로하라'는 말이다(4:18). 그리고 둘째, "덕을 세우라"는 것이다. "덕을 세운다"(οἰκοδομεῖτε)는 말은 '집을 세운다'는 뜻이다. 피차 덕을 세운다는 것은 '상대방의 신앙이 성장하도록 북 돋운다'는 말이다. 우리는 피차 위로하고 또 피차 신앙이 성장하도록 격려해야 한다.

그리고 바울은 "너희가 하는 것같이 하라"고 말한다. 그 동안에 피차 위로하고 피차 격려를 잘한 것같이 앞으로도 피차를 위해서 힘쓰라는 말이다. 참 지도자는 남들이 잘 하는 일을 보고 칭찬하고 격려한다. 그러나 잘못된 지도자는 남들을 향하여 계속해서 야단만 친다.

VIII. 여러 가지 권면과 끝 인사 5:12-28

바울은 앞에서 재림의 날을 준비해야 할 것을 말했고(1-11절), 이제는 편지를 마감하기 전에 여러 가지를 권면한다(12-28절). 바울은 먼저 성도들에게 교회의 지도자들을 알아주고 존경할 것을 권하고(12-13절), 다음으로 정상적으로 신앙생활을 하지 못하는 형제들을 잘 대해 줄 것을 부탁하며(14절), 또 모든 사람에게 악을 악으로 갚지 말고 선행을 하도록 격려한다(15절). 그리고 바울은 16-22절에서 개인적으로 지켜야 할 신앙생활의 여러 규범들을 말한다. 곧 항상 기뻐할 것(16절), 쉬지 말고 기도할 것(17절), 범사에 감사할 것(18절), 성령의 감화를 소멸치 말 것(19절), 예언을 멸시치 말 것(20절), 범사에 선한 것을 취하고 모든 악을 버릴 것(21-22절) 등을 권한다. 그리고 바울은 데살로니가 사람들의 거룩을 위해 기도하고(23-24절), 바울 일행을 위하여 기도할 것을 부탁하며(25절), 모든 형제에게 문안할 것을 부탁하고(26절), 모든 형제에게 본 서신을 읽어줄 것을 부탁하고는(27절), 마지막으로 그리스도의 은혜를 기원하면서 편지를 마감한다(28절).

살전 5:12. 형제들아 우리가 너희에게 구하노니 너희 가운데서 수고하고 주 안에서 너희를 다스리며 권하는 자들을 너희가 알고.

바울은 이제 다시 "형제들아"라는 애칭으로 부르면서 또 다른 권면을 한다. 바울은 "우리가 너희에게 구한다"고 말한다. "구하노니"($\epsilon\rho\omega\tau\hat{\omega}\mu\epsilon\nu$)란 '청구하다,' '간청하다'란 뜻이다. 바울은 명령 대신 간청하고 있다. 그는 겸손한 사도였다.

바울은 "너희 가운데서 수고하고 주 안에서 너희를 다스리며 권하는 자들을 너희가 알라"고 권한다(고전 16:18; 빌 2:29; 딤전 5:17; 히 13:7, 17). "수고하고 … 다스리며 … 권하는 자들"($\tau o\grave{\nu}\varsigma$ $\kappa o\pi\iota\hat{\omega}\nu\tau\alpha\varsigma$ … $\pi\rho o\ddot{\iota}\sigma\tau\alpha\mu\acute{\epsilon}\nu o\nu\varsigma$ … $\nu o\nu\theta\epsilon\tau o\hat{\nu}\nu\tau\alpha\varsigma$)이란 세 낱말은 모두 현재분사로 되어 있으며 또한 한 개의 관사($\tau o\grave{\nu}\varsigma$)로 연결되어 있다. 현재분사로 되어 있는 것은 현재 계속해서 '수고하고 있으며 다스리고 있으며 권하고 있다'는 것이다. 그리고 한 개의 관사로 연결되어 있다는 것은 어떤 한 부류의 사람들이 '수고하고 있으며 다스리고 있고 또 권하고 있다'는 것이다. 이 세 가지 일을 하고 있는 사람들은 장로(감독)들이다(행 11:30; 14:23). 데살로니가 교회의 장로들은 "수고하고 있었다." 곧 '하나님 나라의 확장(갈 4:11; 골 1:29)과 성도들의 신앙을 지도하기 위해서 수고하고 있었던 것'이다. 그리고 장로들은 역시 "주 안에서 … 다스리고 있었다." '주님을 의지하여 치리하고 있었다'(딤전 5:17)는 말이다. 그리고 장로들은 "권하고 있었다." 곧 '교회 공동체 회원들의 잘못된 점을 시정해 주고 있었다'는 것이다.

바울은 교회의 성도들을 향하여 장로(=감독)들을 "알라"($\epsilon\grave{\iota}\delta\acute{\epsilon}\nu\alpha\iota$)고 말한다. "알라"는 말은 '참된 가치를 인정하라'는 뜻으로 장로들을 '알아주라'는 말이다. 다른 말로 해서 '존경하라'는 것이다. 성도들은 오늘도 교회의 지도자들을 알아주고 존경해야 한다. 말씀 사역자들을 존경하는 것은 곧 바로 말씀을 존경하는 것이다. 말씀 사역자들과 대치하는 것은 곧 바로 하나님의 말씀과 대치하는 것이다. 하나님의 말씀과 대치하는 것은 무서운 죄악이다.

살전 5:13. 저의 역사로 말미암아 사랑 안에서 가장 귀히 여기며.
바로 앞 절(12절)에서는 알아주라고 했고 본 절에서는 장로들을 "가장 귀히 여기라"고 부탁한다. 장로들을 가장 귀하게 여길 이유는 "저의 역사" 때문이라고 말한다. 장로들은 바로 앞 절에서 말한 대로 교회의 확장과 교우들의 지도에 수고하였고, 또 교인들을 치리하는 일을 하였으며, 교회 공동체 회원들의 잘못된 점을 시정해 주었다. 성도들은 수고하는 교역자들을 사랑 안에서 가장 귀하게 여겨야 한다. 하늘 아래에서는 수고하는 교회 지도자 이상 더 존경할만한 사람은 없다.

너희끼리 화목하라.
바울은 성도들에게 교회의 지도자들을 알아주고 가장 귀하게 여기라고 부탁하고는 바로 뒤에 "너희끼리 화목하라"고 부탁한다(막 9:50; 롬 12:18; 14:19; 고후 13:11; 엡 4:3; 골 3:15; 딤후 2:22; 히 12:14). 윌리암 헨드릭슨은 "늘 지도자들을 비판하는 대신에 그들의 지시에 따르라. 그러면 평강(여기서는 충돌 없는 의견의 합치)이 올 것이라"고 충언한다.[13] 교회는 지도자들을 알아주고 귀하게 여길 때 서로의 화목이 가능하다. 지도자들을 존경치 않는 교회는 지리멸렬하게 된다. 하나님의 말씀을 맡은 지도자들을 귀하게 여기지 않는다는 것은 곧 바로 하나님의 말씀 자체를 귀하게 여기지 않는 것이다. 하나님의 말씀을 귀하게 여기지 않는 교회는 별 수 없이 분쟁할 수밖에 없다.

---

13) 윌리암 헨드릭슨, 『데살로니가전후서』, 김용섭 역, p. 187.

살전 5:14. 또 형제들아 너희를 권면하노니 규모 없는 자들을 권계하며 마음이
약한 자들을 안위하고 힘이 없는 자들을 붙들어 주며 모든 사람을 대하여 오래
참으라.

바울은 또 "형제들아"라고 부르고는 다른 교훈을 더 심어준다. 바울은 정상적으
로 신앙생활을 하지 못하는 성도들을 잘 다루라고 말한다. 바울은 교회의
지도자들에게만 이런 권면을 하는 것이 아니라 교우 전체를 상대하여 권면을
주고 있다고 보아야 할 것이다. 그 이유는 "형제들아"라고 부르는 것을 보아
짐작할 수 있다.

첫째, "규모 없는 자들을 권계하라"고 말한다(살후 3:11-12). "규모 없
는"(ἀτάκτους)이란 말은 군사용어로 '대열에서 이탈한'이란 뜻이다. 교회
공동체 대열에서 이탈한 성도들을 "권계하라"는 것이다. 다시 말해 교회의
질서와 규범을 깨뜨리고 혼란케 하는 성도들을 경고하고 책망하라는 것이다.
오늘의 교회는 교회의 질서를 파괴하고 교회를 어지럽히는 사람들을 경고하고
책망하고 징계하지 못하고 있다. 그래서 교회는 더욱 혼란에 혼란을 거듭하고
있다. 잘못된 교우를 경고하고 징계할 때 혹시 그가 반항하고, 혹은 다른 교회로
옮길 수도 있다. 그렇다 해도 어려움을 감수하고 하나님의 말씀대로 실행할
때 하나님께서 그 교회를 더욱 붙들어주실 줄 알아야 할 것이다.

둘째, "마음이 약한 자들을 안위하라"고 말한다(히 12:12). "마음이 약한
자들"(ὀλιγοψύχους)이란 말은 '쉽게 낙심하는 사람들'을 지칭한다(잠 14:29;
사 54:6). 예를 들면 다른 성도들의 죽음으로 낙심하는 사람들(4:13), 핍박이
닥칠 때 쉽게 넘어지는 사람들, 혹은 그 외의 어려움을 만날 때 좌절하는
사람들을 가리킨다. "안위한다"(παραμυθεῖσθε)는 말은 '위로한다,' '격려한
다'는 뜻이다. 성도들은 다른 성도들이 낙심하고 좌절할 때 위로하고 격려하여

붙들어주어야 한다.

셋째, "힘이 없는 자들을 붙들어" 주라고 말한다(롬 14:1; 15:1; 갈 6:1-2). "힘이 없는 자들"(ἀσθενῶν)이란 '믿음이 약한 자들'을 지칭한다(롬 14:1-2; 고전 8:7, 11-12). "붙들어주며"(ἀντέχεσθε)란 말은 '붙잡아주다,' '지지하다' 란 뜻이다(롬 15:1). 교회 안에는 믿음이 약한 사람들이 많이 있다. 우리는 그런 사람들을 향하여 멸시하거나 혹은 정죄하지 말고 믿음을 북돋우고 격려해 야 한다.

넷째, "모든 사람을 대하여 오래 참으라"고 말한다(갈 5:22; 엡 4:2; 골 3:12; 딤후 4:2). 교회 공동체 안에는 여러 층의 성도들이 있기 마련인데 그런 사람들에 대해서 오래 참으라는 것이다. 하나님은 오래 참으시는 분이며(출 34:6; 시 103:8), 또 오래 참으라고 말씀하시고(고전 13:4), 또 서로 오래 참고 용납하라고 말씀한다(엡 4:2; 골 1:11; 3:12). 우리는 세상의 불신자들에게 도 오래 참아야 한다. 공동체 생활에서 오래 참기만큼 힘든 것은 없다. 성령의 충만을 구하여 오래 참는 성도들이 되어야 한다(갈 5:22).

살전 5:15. 삼가 누가 누구에게든지 악으로 악을 갚지 말게 하고 오직 피차 대하든지 모든 사람을 대하든지 항상 선을 좇으라.

바울은 성도들에게 복수하지 말고 선행을 추구하라고 명령한다. 바울은 "누가 누구에게든지 악으로 악을 갚지 말게 하라"고 명령한다(레 19:18; 잠 20:22; 24:29; 마 5:39, 44; 롬 12:17; 고전 6:7; 벧전 3:9). '악을 행한 가해자에게 복수하지 말게 하라'는 것이다. 악을 행한 가해자에게는 하나님께서 갚으시도록 맡기고(롬 12:17-19), 피해자를 향해서는 도리어 선행을 하도록 권장해야 한다 는 것이다.

바울은 "피차 대하든지 모든 사람을 대하든지 항상 선을 좇으라"고 부탁한다. "피차 대하든지," 곧 '같은 신자끼리' 대하든지, "모든 사람을 대하든지," 곧 '신자나 불신자나 누구나' 대하든지 "항상 선을 좇으라"는 것이다(3:12; 갈 6:10). 여기 "선"(ἀγαθὸν)이란 말은 '도움이 되는 것,' '유익이 되는 것,' '선행'을 뜻한다. 성도가 피해자가 되었을 경우 가해자에게 선을 실행해야 한다. 원수를 갚지 말고 하나님께 부탁하고 성도 개인으로는 선행을 실행할 때 하나님으로부터 받는 복이 큰 것을 알아야 한다. 세 가지 복이 임한다. 하나는 복수하지 않아서 마음에 평안이 있는 것이다. 또 하나는 하나님께서 실제로 복수해 주시는 것을 보고 하나님을 찬양하게 되는 것이다. 셋째는 하나님의 말씀을 실천한 자신에게 놀라운 복이 임하니 하나님을 찬양하게 되는 것이다.

살전 5:16. 항상 기뻐하라.

바울은 본 절부터 22절까지 개인적으로 지켜야 할 신앙생활의 법칙을 말한다. 먼저 "항상 기뻐하라"고 말한다(고후 6:10; 빌 4:4). "기뻐하라"(χαίρετε)는 말은 현재명령형으로 '계속적으로 기뻐하라,' '계속적으로 기쁨으로 가득 차 있으라'는 뜻이다. 슬플 때나 기쁜 때나 그 어느 때나 항상 기뻐하라는 것이다. 하나님께서는 우리 성도에게 항상 기뻐할 수 있는 모든 조건을 주셨다. 아들을 대속 제물로 주셨고, 성령을 주셨으며, 구원의 소망을 주셨고, 또한 기뻐할 수 있는 방법까지도 주셨다. 기뻐할 수 있는 방법으로는 첫째, 이웃에게 관용하는 것이다(빌 4:5). 둘째, "아무 것도 염려하지 말고 오직 모든 일에 기도와 간구로 구할 것을 감사함으로 하나님께 아뢰면 되는" 것이다(빌 4:6-7). 만일 성도가 기뻐하지 않고 우울하고 낙심하며 좌절한다면 하나님을 불신하고 있는 것이다.

살전 5:17. 쉬지 말고 기도하라.

쉬지 말고 기도하라는 말(눅 21:36; 골 4:2; 벧전 4:7)은, 1)시간을 정해놓고 규칙적으로 기도하라는 말이고, 2)일상 사무를 보는 중에도 기도의 제목과 기도의 내용을 마음에 품고 기도하는 심정으로 하라는 것이다. 예수님은 눅 18:1에서 "항상 기도하고 낙망치 말라"고 교훈하신다. 바울은 롬 12:12에 "기도에 항상 힘쓰라"라고 말하고, 엡 6:18에서는 "무시로 성령 안에서 기도하라"고 말씀한다. 우리는 항상 하나님께 의지하는 자세를 취해야 한다. 세계의 신앙인들이 증언하기를 우리가 기도한 만큼 사람이 되고 일이 된다고 한다. 이 진리를 모르는 사람들은 교회 안에서 많은 문제를 일으킨다. 이유는 기도는 하지 않고 일을 처리하려할 뿐 아니라 기도하는 사람들을 비난하기 때문이다.

살전 5:18. 범사에 감사하라.

"범사"(ἐν παντι)에 감사하라는 말은 '모든 환경을 만나서' 하나님께 감사하라는 말이다(엡 5:20; 골 3:17). 기쁘지 않은 환경, 불행한 듯이 보이는 환경을 만나서도 하나님께 감사하라는 것이다. 성도에게는 모든 것이 합력하여 선을 이루기 때문이다(롬 8:28). 모든 일이 합력하여 선이 된다는 말은 모든 일이 영적으로 좋은 일로 결론 난다는 말이다. 사업이 도산했을 때 더 좋은 기업이신 예수님을 만나기도 하며, 건강을 잃었을 때 우리의 최고의 의원이신 예수님을 발견케 되기도 하니 감사해야 한다. 성도는 또 남이 잘 되었을 때에도 감사해야 한다. 남이 잘 되게 된 것도 하나님의 은혜 중에 된 일이니 하나님께 감사해야 하고, 또 감사할 때 내 기쁨도 더해지게 되니 감사해야 한다. 또 감사할 때나도 은혜를 더 받으니 범사에 감사해야 한다.

이는 그리스도 예수 안에서 너희를 향하신 하나님의 뜻이니라.

"이는"(τοῦτο), 곧 '기뻐하는 것과 기도하는 것, 그리고 감사하는 것' 세 가지가 "그리스도 예수 안에서 성도들을 향하신 하나님의 뜻이라"는 것이다. 다시 말해 '성도들이 지키도록 그리스도 예수 안에서 계시하신(보여주신) 하나님의 뜻(소원)'이란 말이다. 성경 말씀은 모두 예수님을 통하여 하나님께서 계시하신 뜻이지만 특별히 세 가지는 성도들이 지키도록 그리스도를 통하여 보여주신 하나님의 뜻이라는 것이다. "이"(τοῦτο)란 말이 비록 단수(單數)이지만 문맥으로 보아 바로 앞의 세 가지, 곧 기뻐하는 것, 기도하는 것, 감사하는 것 세 가지를 다 포함하는 것으로 보아야 한다. 바울은 이 세 가지를 한 묶음의 말씀으로 주었다.

살전 5:19. 성령을 소멸치 말며.

"성령을 소멸치 말라"는 말은 '성령의 감동을 무시하지 말라'는 말이다(엡 4:30; 딤전 4:14; 딤후 1:6). "소멸하다"(σβέννυτε)는 말은 '불을 끈다'는 뜻이다. 성경은 성령을 불로 묘사한 실례가 많이 있다(마 3:11; 눅 3:16; 행 2:3). 성도는 성령의 감동이 있을 때 무시해서는 안 된다. 또 다른 이가 받은 성령의 감동도 무시해서는 안 된다. 아마도 데살로니가 교회의 성도들이 성령의 감동을 소멸치 않았더라면 자기 일을 게을리 하는 사람은 없었을 것이다(4:11). 성령은 우리를 성화시키기 위해서 끊임없이 감동하신다. 우리는 성령의 감동에 순종해서 성화를 이루어야 한다.

살전 5:20. 예언을 멸시치 말고.

본 절의 "예언"(προφητείας)이란 초대 교회에 있었던 선지자들(행 11:27;
21:10)의 '예언들'을 지칭한다. 초대교회의 선지자들은 하나님으로부터 직접
계시를 받아 말하기도 했으며, 혹은 구약의 선지자들이나 신약 시대의 사도들의
교훈을 해석하여 가르치기도 했다(Lenski). 바울이 이처럼 예언을 멸시치 말라
고 한 것을 보면 데살로니가 교회 안에서 선지자들의 예언을 멸시하는 풍조가
있었던 것으로 보인다. 바울은 초대 교회에 있었던 선지자들의 '예언'의 능력을
중요하게 여겼다(고전 14:1, 39). 예언은 성령님께서 주시는 것이므로 바울은
성령을 소멸치 말라고 교훈하였을 뿐 아니라 성령의 은사로서의 예언을 멸시치
말라고 부탁한다. 오늘은 직접적인 예언은 없다고 해도 전도자들이 구약 성경이
나 신약 성경을 성령으로 깨달아 가르치는 말씀을 성도들이 중요하게 여겨야
한다. 간혹 교회에서 성도들이 설교자의 말씀을 듣고 비판하고 무시하는 것은
예언을 멸시하는 행위로 아주 위험한 일이다.

살전 5:21. 범사에 헤아려 좋은 것을 취하고.

"범사"(πάντα)란 말은 바로 앞 절(20절)에서 말한 '예언들'을 지칭한다. 바울은
예언들을 "헤아리라"(δοκιμάζετε)고 말한다(고전 2:11, 15; 요일 4:1). 곧
'시험하라,' '검사하라'는 말이다. 예언들이 하나님으로부터 왔는지 아닌지를
검사하라는 것이다. 초대 교회 성도들 중에는 영분별의 은사가 있었기 때문에(고
전 12:10) 무비판적으로 수용하지 말고 '검사해보라'는 것이다. 예언을 멸시해
서도 안 되지만, 그렇다고 무비판적으로 받아드려서는 안 되기 때문에 그
예언이 그리스도를 높이고 있는 것인지 혹은 교회의 덕을 세우는 예언인지
살피라는 것이다. 그렇게 예언을 분별하여 "좋은 것을 취하라"고 말한다(빌

4:8). 곧 '옳은 예언을 취하라'는 것이다.

살전 5:22. 악은 모든 모양이라도 버리라.

바울은 앞 절(21절)에서 옳은 예언들을 취하라고 했지만 그러나 "악은 모든 모양이라도 버리라"고 말한다(4:12). "모양"(εἴδους)이란 말은 '종류'(kind, species)란 뜻이다. 예언들을 검토해보고 악한 종류의 모든 예언을 버리라는 것이다.

살전 5:23. 평강의 하나님이 친히 너희로 온전히 거룩하게 하시고 또 너희 온 영과 혼과 몸이 우리 주 예수 그리스도 강림하실 때에 흠 없게 보전되기를 원하노라.

바울은 데살로니가 성도들의 현세의 거룩한 삶을 위해 기도할 뿐 아니라 예수님 재림하실 때에 영과 혼과 몸이 흠 없게 보전되기를 기원한다.[14] 본 문의 "평강의 하나님"이란 말은 '하나님이 모든 복의 근원이 되신다는 사실'을 지칭하는 말이다(롬 16:20; 고후 13:11; 빌 4:9; 살후 3:16; 히 13:20).[15] 하나님은 최후의 평강을 창출하는 분으로 성도들을 거룩하게 하실 수 있으신 분이시다.

바울은 먼저 데살로니가 성도들의 현세의 거룩한 삶을 위해 기원한다. 바울은 데살로니가 성도들로 하여금 "온전히 거룩하게 하시기"를 기원한다 (3:13). 우리가 아무리 힘을 써도 온전히 거룩해지지는 못한다. 다만 평강의

---

14) 혹자는 23절의 바울의 기도를 하나로 본다. 즉 뒤의 기도는 앞의 기도의 반복 설명으로 본다. 그러나 23절의 기도를 두 구분으로 보는 것이 옳을 것이다. 이유는 중간에 "또"라는 말이 있기 때문이다.

15) F. F. 브루스, 『데살로니가전후서』, Word Biblical Commentary, 45, 김철 옮김, (서울: 도서출판 솔로몬, 2000), p. 231.

하나님만이 가능하시다. 그래서 바울은 기원하는 것이다. 오늘 우리 역시 우리 자신들의 성화를 위해 평강의 하나님께 기도해야 한다.

바울은 다음에 "또 너희 온 영과 혼과 몸이 우리 주 예수 그리스도 강림하실 때에 흠 없게 보전되기를 원하노라"고 기원한다(고전 1:8). 바울은 데살로니가 성도들의 "영"과 "혼"과 "몸"이 그리스도의 재림 시에 흠이 없이 보전되기를 기원한다. 바울은 여기서 인간이 세 부분(영, 혼, 몸)으로 되었다고 주장하는 것이 아니다. 히 4:12절도 역시 인간이 세 부분으로 되었다고 주장하기 위해서 말하는 것이 아니라 성도의 전인격(全人格)을 지칭하는 말일 뿐이다. 성경은 인간이 두 부분(영혼, 육체)으로 되었다고 분명히 말하고 있다(전 12:7; 마 10:28; 고전 2:14-15; 5:3, 5; 15:44-46).[16] 바울은 데살로니가 성도들의 영육 즉 전 인격이 온전히 보전되기를 기원한 것이다.

살전 5:24. 너희를 부르시는 이는 미쁘시니 그가 또한 이루시리라.

바울은 그의 기원이 분명히 이루어지기를 확신하고 있다. 그것은 데살로니가 성도들을 "부르시는 이는 미쁘시기" 때문이라는 것이다(고전 1:9; 10:13; 살후 3:3). "부르시는"(καλῶν)이라는 말은 현재분사로 하나님은 지금도 사람들을 불러내어 구원하신다는 뜻이다. "미쁘시다"(πιστὸς)는 말은 '신실하다'는 뜻이다. 신실하신 하나님은 성도들의 성화를 이루시는 하나님이라고 못 박아 말한다. 한번 시작하신 하나님은 끝까지 이루신다

---

16) 인간의 삼분설은 초대 교회의 교부들에 의해서 지지를 받았었다. 그리고 알렉산드리아 와 헬라문명권의 교부들에게 폭넓은 지지가 있었다. 그리고 후대에 이르러 독일과 영국의 상당수의 신학자들이 지지한바 있다. 그에 반해 이(二)분설은 어거스틴으로부터 시작하여 라틴 교회를 거쳐 중세 교회를 지배했던 학설로서 종교개혁자들과 현대의 유력한 신학자들도 채택하고 있는 학설이다. 그러나 사실 이분설은 새로운 학설이라기보다는 성경에 있는 말씀이 라는 것을 유의해야 할 것이다.

(빌 1:6).

살전 5:25. 형제들아 우리를 위하여 기도하라.

데살로니가 성도들을 위하여 대도(代禱-중보기도)한 바울은(23-24절) 이제 자신들(바울, 실라, 디모데)을 위하여 기도해달라고 부탁한다(롬 15:30-32; 엡 6:19; 골 4:3; 살후 3:1-2; 몬 1:22). 영적으로 탁월한 사도가 일반 성도들을 향하여 기도를 부탁한 것은 의미심장하다. 첫째, 일반 성도들도 전도자들을 위하여 기도해야 한다는 것을 보여준다. 둘째, 영적으로 탁월한 전도자들도 일반 성도들에게 기도를 부탁해야 한다는 것을 보여준다. 셋째, 믿는 사람들의 교제의 방법은 기도가 제일이라는 것을 보여준다. 넷째, 기도는 최고의 전도 방법이라는 것을 보여준다. 바울이 일반 성도들에게 부탁한 내용을 살피면 주로 효과적인 전도를 위하여 기도를 부탁했다(롬 15:30; 엡 6:19; 골 4:3; 살후 3:1-2). 곧 하나님 나라의 확장을 위하여 기도해달라는 것이었다. 성도들은 하나님 나라의 확장을 위하여 기도해야 한다.

살전 5:26. 거룩하게 입맞춤으로 모든 형제에게 문안하라.

우리의 본문은 성도들끼리 인사하는데 있어서 두 가지 특기할 사항을 말하고 있다. 하나는 인사법으로 "거룩한 입맞춤"을 가지면서 인사하라는 것이다(롬 16:16). 음란한 생각 없이 순전히 사랑하고 우애한다는 생각만으로 거룩하게 입을 맞추라는 것이다. 둘째의 특기 사항은 "모든 형제에게" 문안하라는 것이다. 자기가 좋아하는 사람이든, 혹은 별로 좋아하지 않는 사람이든 누구에게나 인사를 하라는 것이다. 자기가 좋아하는 사람에게만 인사하면 불신자 수준이라고 성경은 말씀한다(마 5:46-47).

입맞춤은 유대인들과 페르시아인 등 고대 동방에서 있었던 인사법이었다. 이런 인사법이 교회로 들어와 교인들의 인사법으로 채택되었다. 남자는 남자끼리, 그리고 여자는 여자끼리 입을 맞추었다(Justin, A. D. 2세기 경, *First Apology*, LXI, LXV).[17] 당시 관습으로는 높은 직위의 사람에게는 손이나 가슴에 입을 맞추고 똑같은 직위의 사람에게는 입을 서로 맞추었다. 이런 인사법이 2-3세기에 접어들면서 이성간의 접촉에 따른 부작용 때문에 서서히 소멸되었다. 오늘날 우리나라에는 악수법이 서양으로부터 들어와서 웬만한 사람이면 다 악수하면서 인사하고 있다. 이제는 점점 남녀 간에도 교회에서 악수를 하고 있는데 허용할만한 인사법으로 생각한다. 우리는 할 수만 있으면 모든 교인들에게 인사를 해야 할 것이다.

살전 5:27. 내가 주를 힘입어 너희를 명하노니 모든 형제에게 이 편지를 읽어 들리라.

바울 사도는 "내가 주를 힘입어 너희를 명하노니"라고 말하면서 강하게 밀어붙인다. 거기에는 분명 무슨 이유가 있을 것이다. 아마도 교회의 지도자들만이 서신을 읽고 다른 성도들에게는 읽어주지 않을 가능성이 있었기 때문이었을 것이다(Calvin). 아니면 다른 무슨 특별한 이유가 있어서 교우들 앞에서 본 서신이 읽혀지지 않을 가능성이 있었던 것 같다. 만일 하나님의 말씀이 전

---

17) 남자는 남자끼리 여자는 여자끼리 인사하던 법은 교회의 문헌에 남아 있다. 교회에서 여러 가지 행사를 마치고 난 후 "남자는 남자끼리, 여자는 여자끼리 주의 입맞춤으로 입맞추어라"고 말하고 있다(*Constitutions of the Holy Apostles*, A. D. 3세기 경-II. vii). "그리고 집사로 하여금 모든 사람에게 '거룩한 입맞춤으로 피차 문안하라'고 말하게 하여라. '그리고 사제는 감독에게 문안하게 하고 평신도 남자들은 남자에게 그리고 여자들은 여자들에게 문안하게 하여라.' 그리고 어린 아이들은 독경대 옆에 서게 하고 다른 집사로 하여금 그들 옆에 서서 혼란과 소동을 일으키지 않게 하여라"고 말한다(*Constitutions of the Holy Apostles*, VIII. xi).

교인에게 읽혀지지 않는다면 하나님의 말씀이 퍼지지 않을 가능성이 있었기에 이렇게 강하게 밀어붙였을 것이다.

"주를 힘입어"라는 말은 '주님의 권세를 의지하고,' '주님의 권위를 의지하고'라는 뜻이다. "명하노니"($\dot{\epsilon}\nu o\rho\kappa\acute{\iota}\zeta\omega$)라는 말은 '... 에게 엄명하다,' '간원하다,' '탄원하다'라는 뜻이다. 바울은 본 서신이 하나님의 말씀임을 확신하고 (2:13; 고전 14:37) 교인 전체 앞에서 큰 소리로 읽도록 명령한 것이다. 바울은 자기의 권위로 명령하지 않고 주님의 권위를 의지하여 명령했다. 이 일이야말로 너무 중요한 일이기 때문이었다.

"읽어 들리라"($\dot{\alpha}\nu\alpha\gamma\nu\omega\sigma\theta\hat{\eta}\nu\alpha\iota$)는 말은 수동태로 '인지되다,' '분별되다,' '읽혀지다'라는 뜻이다(골 4:16; 살후 3:14). 바울은 아마도 공적인 예배 때에 모든 교인들 앞에서(계 1:3) 이 서신이 읽혀지기를 명령했던 것으로 보인다. 하나님의 말씀은 교회의 교역자들만 읽을 것이 아니라 모든 교우가 읽어야 한다. 땅위에 사는 모든 사람들은 하나님의 사랑의 편지를 매일 읽어야 한다.

살전 5:28. 우리 주 예수 그리스도의 은혜가 너희에게 있을지어다.
바울은 편지를 마감하면서 "예수 그리스도의 은혜"가 있기를 기원한다(롬 16:20; 갈 6:18; 빌 4:23; 살후 3:18). 바울은 서신 처음에도(1:1) 은혜가 있기를 기도했다. 사도는 시종일관 은혜를 기원한다. 사람은 은혜로만 산다는 것을 보여준다. "은혜"란($\chi\acute{\alpha}\rho\iota\varsigma$) '하나님께서 그리스도를 통하여 우리에게 주시는 호의(好意)'를 말하는데 성도들은 누구든지 은혜가 아니면 살 수 없다. 축도 문 가운데 가장 완비된 형식은 고후 13:13에 나타나 있다.

우리 모두는 하나님의 은혜가 아니면 한 시도 평안히 살 수 없다. 우리는 다른 사람들도 하나님의 은혜로 살아가는 줄 알고 은혜를 구해주어야 한다.

가족들을 위하여 은혜를 구하고, 친척들을 위하여 은혜를 구하며, 모든 사람들을 위하여 은혜를 구해주어야 한다.

─데살로니가전서 주해 끝

데살로니가후서 주해

2 Thessalonians

총론

저작자 본서의 저작자는 바울 사도이다. 이 사실은 성경이 증거하고 있고 고대교회의 교부들도 증거하고 있다.

1. 내증. 1) 바울은 1:1에서 실루아노와 디모데와 함께 "데살로니가인의 교회에 편지한다"고 말하고 있다. 편지하는 사람이 편지를 썼다고 보는 것은 당연하다. 2) 바울 사도가 본서에서 데살로니가 성도들의 믿음의 성장과 사랑의 풍성, 그리고 환난 중에도 그리스도에 대한 인내를 잃지 않은 사실 때문에 하나님께 계속해서 드린 감사(1:3)와 데살로니가 전서에서 표현했던 감사(살전 1:2-3)는 동일하다. 데살로니가 전서의 저자가 바울임으로 후서의 저자도 바울 사도라고 말하는 것은 합당하다. 3) 바울이 본서에서 데살로니가 성도들에게 표현했던 관심(1:11-12; 3:3-5)과 데살로니가 전서에서 표현했던 관심(살전 2:11-12, 17; 3:10)이 동일하다. 4) 바울은 그 자신과 또 일행을 위해 성도들에게 기도해 달라고 부탁한 본서의 말씀(3:1)과 데살로니가 전서에서 기도해 주기를 부탁한 어투(살전 5:25)가 닮았다. 5) 바울은 3:17에서 "나 바울은 친필로 문안한다"고 말하고 있다.

2. 외증. 고대 교부들의 증거도 한 몫하고 있다. 1) 순교자 Justinus, A.D. 100-165)이나 폴리갑(Polycarp, A.D. 70년경-155년 순교)도 본서를 인용하면서 바울의 글이라고 말했다. 2) 이레니우스(Irenaeus, A.D. 130-220)가 본서 2:8-9를 인용하며 바울의 글이라고 말했다(*Hear.*, III. 7. 2), 3) 알렉산드리아의 클레멘트(Clement of Alexandria, A.D. 155년경-220년경)도 본서 3:1-2을 인용하면서 바울 사도의 글이라고 했다(*Strom.* 5, 3), 4) 터툴리안(Tertullian, A.D. 160/170년경-215/220년경)도 본서 2:2-3을 인용하면서 바울 사도의 글이라고 하였다(*Against Marcion*, V. 1, V, XV).

내증과 외증이 탄탄함에도 불구하고 본서의 바울 저작설을 부인하는 다양한 이론들이 제기되었다.

1) 데살로니가 전서에서는 예수님의 재림이 임박한 것으로 표현되어 있으나 후서에는 "불법의 사람"(2:3)이 나타난 다음에 재림이 있을 것으로 말하고 있으므로 본서의 저자는 바울이 아니라고 주장한다. 그러나 이런 관찰은 성경을 깊이 상고하지 않은 채 주장하는 말이다. 살전 4:15의 말씀은 예수님의 재림이 금방 있을 것으로 말한 것이 아니다. 살전 4:15에 보면 "주 강림하실 때까지 우리 살아남아 있는 자도 자는 자보다 결단코 앞서지 못하리라"라고 한 말씀은 바울 사도와 데살로니가 성도들이 예수님의 재림 때까지 살아남아 있으리라고 말한 것이 아니다. "주 강림하실 때까지 우리 살아남아 있는 자"는 다른 사람들이 아니라 그 누구든지 '그리스도의 재림 때까지 살아남아 있을 그리스도인 전체'를 가리킨다고 보아야 한다. 그러므로 "우리 살아남아 있는 자"는 바울과 당대의 사람들을 포함하여 그 누구든지 그리스도의 재림 때까지 살아남아 있을 그리스도인들을 지칭하는 말이다. 예수님께서 어느 때에 재림하실지 하늘에 있는 천사들도, 아들도 모르고 아버지만 아신다(마 24:36; 막 13:32). 그런

만큼 "주 강림하실 때까지" 살아남아 있을 그리스도인이 누구일지 아무도 모른다. 그러므로 "주 강림하실 때까지 우리 살아남아 있는 자"는 바울을 포함하여 그 누구든지 예수님의 재림 시까지 살아있을 그리스도인 그룹 전체를 지칭한다고 보아야 한다. 데살로니가전서는 결코 그리스도의 재림이 금방 있을 것이라고 주장하지 않았다. 그리고 후서가 "불법의 사람"(2:3)의 출현이 있은 후에 예수님께서 재림하시리라고 언급한 것은 예수님의 재림 전에 있을 현상을 말한 것이다.

2) 바울 저작설을 부인하는 사람들은 데살로니가전서에는 예수님의 신성을 부각시키는 말이 없고 후서에는 예수님의 신성을 부각시키는 말("그리스도"라는 말)이 있다는 것을 그 근거로 든다(2:16; 3:6; 살전3:11-13). 그러나 바울은 전서에서 예수님을 은혜의 근원으로 말했고(살전 1:1; 5:28), 기도의 대상으로 말했다(살전 3:11-12). 전서나 후서는 똑같이 예수님을 그리스도로 말하고 있다.

3) 본서의 바울 저작설을 부인하는 사람들은 본서에 전서와 비슷한 재료가 많이 있으므로 누군가가 전서를 모방하여 본서를 집필하였다고 주장한다. 그러나 전서의 수신자나 후서의 수신자나 똑같이 데살로니가 교회이니 비슷한 부탁이나 권면, 혹은 명령들이 있을 수 있지 않은가.

4) 본서의 바울 저작설을 부인하는 사람들은 전서의 내용은 뜨겁고 후서의 내용은 냉정하니 본서의 저자는 바울 사도가 아니라고 주장한다. 그러나 어떤 시간을 두고 편지할 때 편지를 받는 쪽의 형편을 따라 분위기가 달라질 수도 있지 않은가.

5) 본서의 바울 저작설을 부인하는 사람들은 본서의 사상이나 문체, 그리고 어조에 있어서 전서와 차이가 있으므로 본서를 바울의 저작이라고 말할 수

없다고 말한다. 그러나 바울 사도가 전서를 집필한 다음 시간이 어느 정도 흐른 뒤 교회의 상황이 달라졌다는 것을 염두에 두면 문제는 해결될 것이다.

저작 장소 바울 사도가 데살로니가 전서를 기록했던 고린도에서 역시 본서를 기록했다(행 18:5). 전서를 기록할 때에도 세 사람이 함께 있었는데(살전 1:1) 본서를 기록할 때에도 세 사람이 함께 고린도에 체류하고 있었다(1:1). 아마도 바울이 고린도에 1년 반 동안 체류하는 중에 기록한 것으로 보인다(행 18:11).

기록한 때 바울은 본서를 주후 52-53경에 기록한 것으로 보인다. 바울은 고린도에 체류하는 중에 데살로니가 교회를 방문했던 디모데로부터 데살로니가 교회의 여러 가지 장점들을 듣고 기쁜 심정으로 데살로니가전서를 기록했다. 반면, 그는 그 누구인가로부터 데살로니가 교인 중 바울의 설교나 혹은 편지를 받고 오해하여 그리스도의 재림이 이미 왔다고 생각하고 게으르게 행하고 말만하고 돌아다니는 사람이 있다는 슬픈 보고를 받고 본서를 쓴 것으로 보인다. 따라서 전서를 쓴 때부터 얼마간의 세월이 지난 주후 52-53경에 본서를 기록한 것으로 보인다.

편지를 쓴 이유 편지를 쓴 이유는 다음 두 가지로 요약할 수가 있다.

　1. 바울은 데살로니가 교회의 성도들이 심각한 박해를 받고 있다는 소식을 듣고 그들을 위로하기 위해 본서를 썼다. 바울은 박해하는 사람들은 벌을 받고 반대로 박해를 받는 성도들은 상급이 주어진다는 말씀으로 위로하면서 고난의 상황에서 더욱 인내할 것을 부탁하고 있다(1:3-10).

　2. 바울은 데살로니가 성도들 중에 이미 종말이 왔다고 주장하는 사람들의

오해를 풀기 위해 본서를 썼다. 바울은 예수님의 재림 전에 일어날 일들이 있다는 것을 말하기 위해 본서를 쓴 것이다. 동시에 예수님의 재림이 이미 왔다고 주장하며 일도 하지 않고 게으르며 또 돌아다니면서 다른 성도들도 일할 필요가 없다고 선동하는 사람들을 교정시키기 위해 본서를 기록했다 (3:6-12).

내용 분해 본 서신의 내용을 분해하면 다음과 같다.

참고도서

1. 박윤선.『바울서신』. 성경주석. 서울: 영음사, 1987.

2. 벵겔 J. A.『에베소서·빌레몬서』. 벵겔 신약주석. 오태영 역. 서울: 도서출판로고스, 1992.

3. 브루스, F. F.『데살로니가전후서』, 45. Word Biblical Commentary. 김철 옮김. 서울: 도서출판 솔로몬, 2000.

4. 이상근.『살전·디도』. 신약성서주해. 서울: 대한예수교장로회총회교육부, 1970.

5. 『에베소서·빌레몬서』. 호크마 주석, 강병도 편. 서울: 기독지혜사, 1992.

6. 윌슨, 어니스트 스미쓰 토마스, W.『데살로니가전서, 데살로니가후서』. 정병은 옮김. 서울: 전도출판사, 1995.

7. 칸스터불, 토마스 L.『데살로니가전후서, 디모데전후서』. In *The Bible Knowledge Commentary*. 김운성 옮김. 두란노강해주석시리즈 27. 서울: 도서출판두란노, 1989.

8. 헨드릭슨, 윌리암.『데살로니가전후서』. 신약성경주석. 김용섭 역. 서울: 아가페출판사, 1980.

9. Alford, H. *The Greek Testament III*. London: Rivingtons, 1871.

10. Auberlen, C. A. and Riggenbach, C. J. *Two Epistles of Paul to the Thessalonians*, Vol. 2. Lange's Commentary on the Holy Scriptures. Grand Rapids: Zondervan Publishing House, 1969.

11. Barnes, Albert. *Thes-Phil*. Barnes on the New Testament. Grand Rapids:

Baker Book House, 1978.

12. Barclay, William. *The Letters to the Philippians, Colossians and Thessalonians*. The Daily Study Bible. Edinburgh: Saint Andrews, 1959.

13. Calvin, John. *The Epistles of Paul the Apostle to the Romans and to the Thessalonians*. Translated by Ross Mackenzie. Grand Rapids: Eerdmans, 1961.

14. Frame, J. Everett. *A Critical and Exegetical Commentary of St. Paul to the Thessalonians*. The International Critical Commentary. Edinburgh: T. & T. LTD., 1975.

15. Henry, Matthew. *Commentary on the Whole Bible*, vol. VI., New Fleming H. Revell Co., nd.

16. Hiebert, D. E. *The Thessalonians*. Chicago: Moody Press, 1971.

17. Lenski, R. C. H. *The Interpretation of St. Paul's Epistles to the Colossians, to the Thessalonians, to Timothy, to Titus and Philemon*. Mineapolis: Augsburg Publishing House, 1961.

18. Lightfoot, J. B. *Notes on the Epistles of St. Paul*. London: Macmillan, 1895.

19. Marshall I. Howard. *1 and 2 Thessalonians*. The New Century Bible Commentary. Ed. Matthew Black. Grand Rapids: Eerdmans, 1983.

20. McGee, J. V. *1 & 2 Thessalonians*. the Bible Commentary Series. Nashville: Thomas Nelson Publishers, 1991.

21. Morris, Leon. *The Epistles of Paul to the Thessalonians*. New Testament Commentaries. Ed. by R. V. G. Tasker. Grand Rapids: Eerdmans, 1983.

22. Ryrie, Charles Caldwell. *First and Second Thessalonians*. Everyman's Bible Commentary. Chicago: Moody Press, 1968.

23. Thomas, Robert L. "1 Thessalonians" and "2 Thessalonians." In *The Expositor's Bible Commentary*, vol. 11. Grand Rapids: Zondervan Publishing House, 1978.

24. Wiersbe, Warren W. *Be Ready: A Practical Study of 1 and 2 Thessalonians*. Wheaton, Ill.: SP Publications, Victor Books, 1979.

제1장

핍박 중에서 인내하는 성도들을 위한 격려

I. 인사, 1:1-2

살후 1:1. 바울과 실루아노와 디모데는 하나님 우리 아버지와 주 예수 그리스도 안에 있는 데살로니가인의 교회에 편지하노니.

바울은 데살로니가에 편지를 쓰면서 실루아노와 디모데 두 사람의 이름을 공동 송신자로 쓰고 있다(고후 1:19). 그는 자신의 이름만을 쓰지 않고 다른 사람을 배려하는 겸손한 사도였다. "실로아노"와 "디모데"에 대해서는 살전 1:1의 주해를 참조하라.

바울은 편지를 받는 "데살로니가인의 교회"를 언급하면서 "하나님 우리 아버지와 주 예수 그리스도 안에 있는 데살로니가인의 교회"라고 묘사한다(살전 1:1). 곧 '하나님 우리 아버지와 주 예수 그리스도와 연합되어 있는 데살로니가인의 교회'란 말이다. 다시 말해 '하나님 우리 아버지와 주 예수 그리스도를 신앙하고 있는 데살로니가인의 교회'라는 뜻이다. "데살로니가인의 교회"에 대해서는 데살로니가 전서 총론 '데살로니가 교회'를 참조하라.

살후 1:2. 하나님 아버지와 주 예수 그리스도로부터 은혜와 평강이 너희에게 있을지어다.

바울은 성부, 성자로부터 데살로니가 성도들에게 "은혜와 평강"이 있기를 기원한다(고전 1:3). 곧 그리스도를 통하여 하나님의 "은혜와 평강"이 있기를 기원한 것이다. "은혜"(χάρις)란 '하나님께서 그리스도를 통하여 거저 주시는 모든 호의'를 지칭한다(엡 2:8). "평강"(εἰρήνη)이란 '은혜를 받은 결과로 찾아오는 마음의 안정감'을 말한다. 우리는 다른 사람들에게 은혜와 평강이 있기를 기원해야 한다.

II. 하나님께 감사 1:3

살후 1:3. 형제들아 우리가 너희를 위하여 항상 하나님께 감사할지니 이것이 당연함은 너희 믿음이 더욱 자라고 너희가 다 각기 서로 사랑함이 풍성함이며.

바울은 편지의 수신자들에게 인사한(1-2절) 후 성도들의 믿음이 크게 성장하고 또 서로 희생적으로 사랑하는 것 때문에 하나님께 감사한다. 바울은 형식적으로 하나님께 감사하는 것이 아니라 "항상 하나님께 감사하고 있다"(2:13; 살전 1:2-3; 3:6, 9). 끊임없이 감사한다는 것이다. 그리고 바울은 "이것이 당연하다"고 말한다. 곧 '항상 감사하는 것이 당연하다'는 말이다. 그는 형식적으로 감사하는 사람이 아니었다.

　바울이 이렇게 항상 감사하는 것은 "너희 믿음이 더욱 자라고 너희가 다 각기 서로 사랑함이 풍성"하기 때문이다. 감사의 이유가 두 가지다. 하나는 데살로니가 성도들의 "믿음이 더욱 자라났기" 때문이었다. 바울은 데살로니가

전서를 쓸 때 그들의 "믿음의 역사"가 있었다고 말한(살전 1:3) 후에 계속해서 그들의 믿음이 자라난 것을 듣고 감사했다. "더욱 자라다"($\dot{v}\pi\epsilon\rho\alpha\nu\xi\acute{\alpha}\nu\epsilon\iota$)란 말은 '대단히 자라다(increase exceedingly)'라는 뜻이다. 데살로니가 사람들은 자신들을 전혀 의지하지 않고 예수님만 의지한 것이다. 좀 더 구체적으로 말하면 백부장처럼 자신을 완전히 부인하고 예수님의 말씀에 전적으로 의존했고(마 8:5-13), 가나안 여인처럼 자신을 철저히 낮추고 예수님만 전적으로 의존한 것이다(마 15:21-28). 우리도 하루하루 자신을 부인하고 예수님만 의지하는 성도가 되어야 한다.

바울이 하나님께 또 감사한 것은 데살로니가 성도들이 각자 "서로 사랑함이 풍성"하기 때문이었다. 바울은 데살로니가 전서를 쓰면서 그들의 "사랑의 수고"(살전 1:3)가 있었다고 했는데 세월이 지남에 따라 사랑의 수고가 줄어들지 않고 더욱 풍성해진 것이다. "풍성함"($\pi\lambda\epsilon o\nu\acute{\alpha}\zeta\epsilon\iota$)이란 말은 '과도하게 가지다,' '풍성하게 가지다,' '풍부하다'라는 뜻이다. 데살로니가 사람들의 사랑은 '서로간의 사랑'이었고 또 '풍성했다.' 곧 자신을 더욱 희생했고 이웃을 더욱 생각하여 더더욱 수고하기에 이르렀다. 오늘은 이기주의 시대이다. 자신을 위해서는 이웃을 마구 희생시키고 더 나아가서 이웃을 죽인다. 우리는 이 세대를 역류해야 한다. 나를 희생하고 이웃을 생각해서 수고하여 하나님을 기쁘시게 하고 복을 크게 받아야 한다.

III. 핍박 중에서 인내하는 사람들을 위한 바울의 격려 1:4-12

바울은 데살로니가 교회 때문에 하나님께 감사한(3절) 후 이제는 데살로니

가 성도들이 핍박을 받는 중에도 인내하는 것을 듣고 여러 가지로 격려한다(4-12
절). 먼저 바울은 그들 때문에 여러 교회에서 자랑한다고 했고(4절), 또 그들을
박해하는 사람들은 앞으로 하나님의 공의로운 심판을 받을 것이라고 말하고
(5a), 데살로니가 사람들은 그 핍박을 받으므로 하나님 나라에 합당한 신자가
된다고 말하며(5b), 또 하나님께서는 환난을 받게 하는 사람들에 대해서는
환난으로 갚으시며, 환난을 당하는 성도들에게는 안식으로 갚으신다고 말씀한
다(6-7a). 그리고 바울은 핍박하는 사람들은 종말에 심판을 받을 것이라고
말하고(7b-9절), 반면에 예수님은 성도들로부터 영광을 받으실 것이라고 말한
다(10절). 그리고 바울은 핍박을 받는 데살로니가 성도들을 위하여 기도한다
(11-12절).

1. 인내하는 사람들 때문에 여러 교회에서 자랑함 1:4

살후 1:4. 그리고 너희의 참는 모든 핍박과 환난 중에서 너희 인내와 믿음을
인하여 하나님의 여러 교회에서 우리가 친히 자랑함이라.

바울은 첫째로, 데살로니가 성도들이 핍박을 받고 또 환난을 당하는 중에도
인내하고(2:14) 계속해서 그리스도를 믿는 것을 생각하며 여러 교회에서 자랑한
다고 말하여 성도들을 격려한다. "너희의 참는"이란 말은 '지금도 참고 있는
것'을 뜻한다. 그들은 과거에만 참은 것이 아니라 지금도 끊임없이 참고 있었다.
"핍박"(διωγμοῖς)이란 말은 '그리스도를 믿는다는 이유로 괴롭히는 것'을
뜻하고 "환난"(θλίψεσιν)이란 말은 '핍박 때문에 당하는 어려움을 포함한
일반적인 시련'을 뜻한다(살전 2:14). 그러나 본문의 "환난"이란 말은 "핍박"이
라는 말과 비슷한 뜻으로 사용되고 있다(6-7절). 데살로니가 성도들은 외부의

핍박과 사회적인 시련이나 경제적인 시련 등(1:6) 여러 가지 시련 중에도 인내했다. "인내"(ὑπομονῆς)란 '끝까지 참아내는 것,' '끝까지 버티는 것'을 지칭한다(살전 1:3). 그들은 "믿음"이 있었기에 끝까지 인내할 수 있었다(살전 1:3). 그리스도를 믿는 믿음이 없는 인내란 불가능했다. 바울 사도가 여기서 "인내"와 "믿음"을 겸하여 말한 것은 그들의 인내라는 것이 그리스도를 믿는 믿음이 아니고는 있을 수 없는 것이기 때문이다. 따라서 바울은 여기서 데살로니가 사람들이 그리스도를 믿는 중에 인내한 것을 말한다. 다시 말해 그리스도를 소망한 것을 말한다(고전 13:13; 골 1:4-5; 살전 1:3).

바울은 "하나님의 여러 교회에서 우리가 친히 자랑한다"고 말한다(고후 7:14; 9:2; 살전 2:19-20). 여기 "여러 교회"란 '마케도니아에 있는 여러 교회(빌립보, 베뢰아)와 아가야에 있는 여러 교회'를 지칭했을 것이다(롬 16:1). 바울이 이처럼 여러 교회에서 자랑한다는 말을 하므로 데살로니가 성도들을 격려하고 있다. 우리는 될 수 있는 한 다른 성도들을 격려해야 한다.

2. 핍박행위는 하나님의 심판을 받을 분명한 증거이다 1:5a

살후 1:5a. 이는 하나님의 공의로운 심판의 표요.
바울은 앞 절(4절)에서 데살로니가 성도들이 핍박을 잘 견디고 있어서 여러 교회에서 자랑한다고 말하여 격려했다. 그는 이제 두 번째로 불의하게 성도들을 핍박하는 사람들은 앞으로 반드시 하나님의 심판을 받을 것이라고 말하여 격려한다.

"이는"이란 말은 문맥으로 보아 앞에 나온 "핍박과 환난"을 지칭한다. 핍박과 환난이라는 것이 "하나님의 공의로운 심판의 표"가 된다는 말이다(빌

1:28). "표"(ἔνδειγμα)란 말은 '표시,' '명백한 증거'라는 뜻이다. '현재 핍박자들이 데살로니가 성도들을 핍박하는 것은 앞으로 하나님의 심판이 임할 것을 말해주는 표'라는 말이다. 다시 말해 '핍박은 앞으로 하나님의 심판이 불의한 자들에게 임할 것을 말해주는 표식'이다. 빌 1:28에도 핍박하는 자들의 대적행위가 대적자들에게는 멸망의 빙거이며 핍박을 받는 성도들에게는 구원의 빙거가 된다고 말한다. "구원의 빙거"라는 말은 '구원받을 증거'란 말이다. 핍박을 받는 자체가 공로가 되어 구원에 이른다는 말이 아니라 핍박을 받는 것을 보니 구원 받을 사람이라는 말이다.

3. 핍박을 받는 성도들은 큰 유익을 본다 4:5b

살후 1:5b. 너희로 하여금 하나님 나라에 합당한 자로 여기심을 얻게 하려 함이니 그 나라를 위하여 너희가 또한 고난을 받느니라.

바울은 세 번째로(첫 번째는 4절에 있고, 두 번째는 5절 상반절에 있음) 핍박을 받고 있는 성도들을 격려하고 있다. 핍박과 환난은 결코 무의미한 것이 아니라 "하나님 나라에 합당한 자로 여기심을 얻게"하는 것이라고 말한다. "하나님 나라"는 넓은 의미로 하나님의 통치가 미치는 하나님의 나라와, 좁은 의미로 예수님께서 재림하신 이후에 이루어질 새 하늘과 새 땅을 지칭한다. 본 절은 문맥으로 보아 후자의 의미로 사용되었다(7a-9절). 핍박과 환난은 성도들로 하여금 하나님 나라에 합당한 자로 만든다. 핍박을 받고 환난을 겪음으로 인내하고 소망을 가지게 된다(롬 5:3-5). 또한 점과 흠이 없는 사람이 되고(딤전 6:14; 벧후 3:14), 하나님 앞에서 칭찬과 영광과 존귀를 받게 된다(벧전 1:7).

　바울은 "그 나라를 위하여 너희가 또한 고난을 받느니라"고 말한다(살전

2:14). 여기 "너희가 또한"이란 말이 무엇과 관련되는지 분명치 않다. 혹자는 그리스도께서 고난을 받으신 것과 같이 '너희도 역시' 고난을 당하고 있다고 해석하기도 한다. 혹자는 데살로니가 성도들이 과거에 고난을 받은 것처럼 현재도 역시 고난을 받는 것이라고 말하기도 한다. 또 혹자는 그 좋은 고난을 데살로니가 사람들도 받고 있다고 해석하기도 한다. 그러나 바울과 실라와 디모데와 또 다른 사람들도 고난을 받고 있는 것처럼 '데살로니가 성도들도 역시' 고난을 받는다고 해석하는 것이 제일 합당하다. 바울이 살전 2:14에서 유대에 있는 교회들이 유대인들에게 고난을 당한 것같이 너희도 너희 나라 사람들에게 동일한 고난을 당하고 있다고 말했기 때문이다.

4. 하나님께서 갚으신다고 말하여 격려함 1:6-7a

바울은 데살로니가 성도들에게는 하나님의 두 가지 종류의 갚으심이 있다고 말하여 격려한다. 하나님께서 성도들을 환난 받게 하는 자들에게 환난으로 갚으신다는 말씀이 격려가 된다. 또 환난을 받는 성도들에게는 안식으로 갚으신다는 말씀도 격려가 된다.

살후 1:6. 너희로 환난 받게 하는 자들에게는 환난으로 갚으시고.
바울은 데살로니가 성도들로 하여금 환난을 당하게 하는 자들에게 하나님께서 환난으로 갚으신다고 말한다(계 6:10). 이 말씀은 성도들에게 임하는 네 번째(첫 번째는 4절, 두 번째는 5절 상반절, 세 번째는 5절 하반절에 있음)의 격려의 말이다. 성도들은 하나님의 소유이니(벧전 2:9) 하나님의 소유를 건드리는 사람들을 하나님께서 반드시 벌주신다. 하나님은 성도들을 눈동자같이 지키신다(신 32:10; 시 17:8). 성도들은 하나님께서 갚아주실 줄 믿고 하나님을 기다려야 한다. 우리는 하나님보다 앞서 나가면 안 된다. 그런데 어떤 성도들은 원수 갚으러 나섰다가 죄를 지어 하나님의 벌을 받는다.

살후 1:7a. 환난 받는 너희에게는 우리와 함께 안식으로 갚으시는 것이 하나님의 공의시니.
바울은 이제 다섯 번째(네 번째는 6절에 있음)로 데살로니가 성도들을 격려한다. 환난을 받고 있는 성도들에게는 하나님께서 안식으로 갚으신다고 말한다(계 14:13). "우리와 함께"라는 말은 '바울과 그의 일행'을 염두에 둔 말이다. "안식"(ἄνεσιν)이란 말은 '압박의 상태로부터 풀어주는 것,' '압제의 어려움으로부터 풀어주는 것,' '쉼,' '안정'이라는 뜻이다. 하나님은 핍박을 받는 성도들에게 참된 안식과 평안을 주신다는 것이다. 바울은 하나님께서 환난을 조장한 사람들에게는 환난으로 갚으시고 핍박을 받은 성도들에게는 안식을 주실 것이라고 말한다. 그것이 바로 "하나님의 공의"라고 말한다(요 5:30; 롬 2:2; 계 15:3). 하나님은 종말을 맞이하여 성도들을 핍박한 모든 악인들을 심판하시고 또한 그들의 핍박을 받은 성도들에게는 안식과 평안을 주실 것이다. 우리 앞에는 하나님께서 주시는 안식이 있을 것이다(고후 7:5-6; 9:13).

5. 핍박하는 악도들은 종말에 심판을 받을 것이라고 말함 1:7b-9

바울은 이제 여섯 번째(다섯 번째는 7절 상반절에 있음)로 핍박을 받는 성도들을 위로한다. 악도들이 형벌을 받고 영원히 멸망한다는 것이다. 주님의 형벌이 그들에게 내려진다는 것은 성도들에게 큰 격려가 되는 말씀이 아닐 수 없다.

살후 1:7b. 주 예수께서 저의 능력의 천사들과 함께 하늘로부터 불꽃 중에 나타나실 때에.

성도들을 핍박하던 악도들이 그리스도의 재림 때 형벌을 받아 영원한 멸망을 받을 것이라는 말씀도 역시 성도들을 격려하는 말이다. 여기 "저의 능력의 천사들과 함께"라는 말은 '예수님의 권세 아래서 시중들면서 예수님의 능력을 나타내 보이는 천사들과 함께'라는 뜻이다(마 13:41-42, 49-50; 24:31; 25:31; 살전 4:16; 유 1:14). 예수님은 재림 시에 천사들을 사용하여 그의 능력을 보이실 것이다.

예수님은 "하늘"(οὐρανοῦ)로부터 나타나실 것이다. 예수님께서 부활하신 후 승천하신 바로 그 "하늘"(마 5:16; 계 3:12), 곧 '하나님의 보좌'(시 11:4; 마 23:22)로부터 나타나실 것이다. 예수님께서 나타나실 때에는 "불꽃 중에 나타나실" 것이다(출 3:2; 신 4:11; 사 66:15; 계 1:13-15). 예수님께서 "불꽃 중에 나타나실 것"이라는 말은 '그의 거룩함과 놀라운 영광, 그리고 위엄 중에 나타나신다'는 뜻이다. 우리는 천사들에게 둘러싸여 불꽃 중에 나타나실 예수님을 볼 수 있을 것이다. 우리가 그 때까지 살아 있다면 말이다! 그러나 우리가 죽어 영혼이 천국에 들어간다면 예수님과 함께 지구상에 내려 올 것이다. 아무튼 예수님은 하나님의 보좌로부터 재림하실 때 천사들과 함께 불꽃 중에 나타나실 것인데 그 때 성도들은 큰 영광에 참예하게 될 것이다(10-12절).

살후 1:8. 하나님을 모르는 자들과 우리 주 예수의 복음을 복종치 않는 자들에게 형벌을 주시리니.

여기 "하나님을 모르는 자들"은 '이방인들'을 지칭하고 "우리 주 예수의 복음을
복종치 않는 자들"은 '유대인들'을 지칭한다(시 79:6; 살전 4:5). 유대인들은
하나님의 복음이신 예수님을 복종치 않는 자들이었다(롬 2:8). 혹자는 이 두
부류의 사람들을 같은 종류의 사람들이라고 주장하나 합당해보이지 않는다.
이 두 종류의 사람들은 다름 아니라 데살로니가 교회를 핍박하던 사람들이다.
데살로니가 교회를 핍박하던 사람들은 유대인들과 이방인들이었다(행 17:5;
살전 2:14). 하나님은 이 두 종류의 사람들에게 "형벌"(ἐκδίκησιν)을 주실
것이다(신 32:35; 롬 12:19; 히 10:27; 벧후 3:7; 계 21:8). 예수님은 하나님으로
부터 심판권을 받아 교회를 핍박하는 무리들을 공의로 심판하실 것이다(요
5:22).

살후 1:9. 이런 자들이 주의 얼굴과 그의 힘의 영광을 떠나 영원한 멸망의
형벌을 받으리로다.

"이런 자들," 곧 '하나님을 모르는 자들과 우리 주 예수의 복음을 복종치
않는 자들'(8절)이 "주의 얼굴과 그의 힘의 영광을 떠나" 형벌을 받는다는
것이다. "주의 얼굴"이란 '주 예수의 자비로운 존전(尊前)' 혹은 '주님의 임재'를
의미한다. 예수님의 자비로운 존전에서 떠난다는 것은 불행을 의미한다(시
11:7; 17:15; 마 18:10; 히 12:14; 계 22:4). 예수님 재림 시에 예수님의
존전에서 떠난다는 것은 곧 지옥으로 간다는 말이다. "그의 힘의 영광"(τῆς
δόξης τῆς ἰσχύος αὐτοῦ)이란 말은 '주님의 힘의 찬란한 광채'라는 말이다
(2:8; 신 33:2; 사 2:19). 구체적으로 말하면 '주님의 구원 능력의 광채'라는
뜻이다. 천국과 교회는 '주님의 구원 능력의 찬란함'이 있는 곳이고, 지옥은
'주님의 구원 능력'이 없는 곳이다.

바울은 하나님을 모르는 자들과 주 예수의 복음을 복종치 않는 자들은 주님의 자비로운 존전과 구원의 능력을 떠나 "영원한 멸망의 형벌을 받을 것이라"고 말한다(빌 3:19; 벧후 3:7). "멸망"(ὄλεθρον)이란 말은 '지옥에 떨어짐,' '파멸'이란 뜻이고(고전 5:5), "형벌"(δίκην)이란 말은 '재판상의 형벌,' '복수,' '앙갚음'이란 뜻이다. 그러니까 그들은 영원한 지옥에 떨어지는 앙갚음을 받는다는 것이다. 교회를 핍박한다는 것, 주님의 종들을 핍박한다는 것, 그것은 영원한 비참을 의미한다.

6. 예수님은 성도들로부터 영광을 받으심 1:10

바울은 이제 일곱 번째(여섯 번째는 7절 하반절에 있음)로 핍박을 받는 성도들을 위로한다. 주님께서 재림하셔서 성도들을 구원해주심으로 성도들이 주님께 영광을 돌리게 된다고 하니 얼마나 큰 격려가 되겠는가.

살후 1:10. 그 날에 강림하사 그의 성도들에게서 영광을 얻으시고 모든 믿는 자에게서 기이히 여김을 얻으시리라 (우리의 증거가 너희에게 믿어졌음이라). 바울은 예수님께서 "그 날," 곧 '재림의 날'에 "강림하사 그의 성도들에게서 영광을 얻으신다"고 말한다(시 89:7). 곧 예수님께서 재림하셔서 성도들을 완전히 구원해주시니 성도들로부터 영광과 찬양을 받으신다는 것이다(시 8:1, 9; 68:35; 92:4). 그리고 바울은 예수님께서 "모든 믿는 자에게서 기이히 여김을 얻으시리라"고 말한다(시 68:35). 바울은 앞에 말한 내용을 다시 한 번 말하여 강조한다. "모든 믿는 자"란 말은 바로 앞에 나온 "그의 성도들"과 같은 사람들을 지칭한다. "모든 믿는 자"란 말속에는 이미 죽은 성도와 아직 죽지 않은 모든 성도가 포함된다. 다시 말하면 데살로니가의 모든 성도들이 포함된다는 말이다. 그리고 "기이히 여김을 받으시리로다"란 말도 바로 앞에 나온 말 "영광을 얻으시고"란 말과 같은 뜻이다. 성도들은 주님의 구원과 주님의 모습이 너무 놀라워서 기이히 여기게 된다는 것이다. 사람들이 미국의 그랜드 캐니언 (Grand Canyon-Arizona주 Colorado강의 대 계곡)을 보고도 놀란다면 예수님의 구원과 영광을 보고서야 어찌 가만히 있으랴. 당연히 기이히 여기고 찬양하게 된다.

바울은 그 동안 데살로니가 성도들도 다 구원에 동참한다는 말씀을 여러 번 했는데 또 다시 "우리의 증거가 너희에게 믿어졌음이라"고 말하여 데살로니가 성도들도 구원에 동참하게 되리라고 확언한다. 다시 말해 '우리의 복음 증거를 너희가 믿었으니 너희들도 다 구원에 동참하게 되어 예수 그리스도께 영광을 돌리게 될 것이라'고 확언한다. 바울은 데살로니가 성도들이 핍박과 환난 중에 있지만 앞으로 예수님의 재림 때에 결코 구원에서 제외되지 않고 반드시 구원에 동참하여 큰 영광을 돌리게 될 것이라고 말한다. 바울 일행의 복음 증거가 데살로니가 성도들에게 믿어졌기 때문이다. 복음을 믿는다는 것, 그리스도를 믿는다는 것, 그것은 위대한 결과를 가져온다.

7. 핍박을 받는 데살로니가 성도들을 위한 바울의 기도 1:11-12

바울은 이제 데살로니가 성도들을 위하여 기도함으로 핍박 아래에 있는 성도들을 격려한다. 이 말씀은 데살로니가 성도들에게 주는 여덟 번째(일곱 번째는 10절에 있음)의 격려의 말이다.

살후 1:11. 이러므로 우리도 항상 너희를 위하여 기도함은 우리 하나님이 너희를 그 부르심에 합당한 자로 여기시고 모든 선을 기뻐함과 믿음의 역사를 능력으로 이루게 하시고.

"이러므로," 곧 '데살로니가 성도들은 심판의 날에 하나님 나라에 들어가기에 합당한 자로 여겨질 것이요 또 안식을 얻을 것이며 그리스도의 온전한 구원에 동참하여 그리스도께 영광을 돌릴 것이므로'(5b-10절), 바울과 실라와 디모데도 데살로니가 성도들을 위하여 항상 기도한다는 것이다. 사도 일행은 하루도 거르지 않고 데살로니가 성도들을 위하여 감사했고(3절), 하루도 빼지 않고 기도했다(본 절). 참으로 대단한 사랑이다. 사도 일행은 본 절과 다음 절(12절)에 걸쳐 다섯 가지를 위해 기도한다. 첫째, 하나님이 데살로니가 성도들을 "그 부르심에 합당한 자로 여기시기를" 위해 기도한다(5절). 바로 데살로니가 성도들의 삶이 하나님의 부르심에 합당한 자가 되게 하기 위해 기도한 것이다. 성도는 천국에 가게 되었다고(5b) 현세에서 마구 살아서는 안 된다. 하나님께서 불러주신 부름에 합당하게 살아야 한다(엡 4:1; 빌 1:27; 골 1:10; 살전 2:12). 하나님은 우리를 만세 전에 택하셨고(엡 1:4) 부르셨다(롬 11:29; 고전 1:26).

둘째, 데살로니가 성도들로 하여금 "모든 선을 기뻐하도록" 기도했다. 다시 말해 '모든 선(善)을 소원하도록' 기도한 것이다. 선(도덕적인 선, 윤리적인 선)을 행하기 위해서는 선을 원하는 간절한 마음이 있어야 한다. 믿는 사람 속에는 선을 행하려는 마음과 악(惡)을 행하려는 마음이 함께 자리하고 있다(롬 7:18-24). 그러므로 성도는 항상 모든 선을 기뻐하도록 기도해야 한다.

셋째, 바울은 데살로니가 성도들의 "믿음의 역사를 능력으로 이루게 하시"기를 위해 기도했다(살전 1:3). 바울은 데살로니가 성도들의 "믿음의 역사," 곧 '믿음에서 나오는 선한 행실'이 이루어지지 않는 것을 안다. 그래서 그는

데살로니가 성도들의 살아있는 믿음에서 나오는 선한 행실(살전 1:3)이 하나님
의 능력을 받아 이루어지기를 위해서 기도한 것이다. 우리는 자신에게나 이웃에
게나 믿음이 있는 것으로 족한 줄로 생각하지 말고 믿음에서 나오는 선행이
하나님의 능력으로 이루어지도록 기도해야 한다.

살후 1:12. 우리 하나님과 주 예수 그리스도의 은혜대로 우리 주 예수의 이름이
너희 가운데서 영광을 얻으시고 너희도 그 안에서 영광을 얻게 하려 함이니라.
넷째, 바울은 "우리 하나님과 주 예수 그리스도의 은혜대로 우리 주 예수의
이름이 너희 가운데서 영광을 얻으시기를" 위해 기도한다(벧전 1:7; 4:14).
"우리 하나님과 주 예수 그리스도의 은혜대로"란 말은 하나님과 예수 그리스도
의 은혜가 있어야 모든 일이 성취됨으로 데살로니가 성도들에게 은혜가 임하기
를 소원한 것이다. 은혜가 임한만큼 일이 성취되는 것이다. 바울은 "주 예수의
이름," 곧 '주님 자신'이 데살로니가 성도들 가운데서 영광을 받으시기를 위해
기도한다.[1] 곧 예수님 자신이 찬송을 받으시고 높임을 받으시도록 기도한
것이다. 은혜가 임하면 그만큼 영광을 돌리게 마련이다.

  다섯째, 바울은 데살로니가 성도들도 "그 안에서 영광을 얻도록" 기도한다.
바울은 데살로니가 성도들이 성부, 성자에게 영광을 돌림과 동시에 성도들이
주님과 연합된 중에서 영광을 얻도록 기도한다(롬 6:11, 23; 고전 1:5). 예수님의
재림의 날에 성도는 그리스도 안에서 모든 영광을 누린다. 자녀의 영광, 보호의
영광, 복의 영광, 안식의 영광 등 한없는 영광을 누릴 것이다. 사실은 지금도
누리고 있다.

---

  1) 여기 "이름"이란 "그 이름을 가진 자의 인격, 성격, 행위, 명예 및 그에 관한 그 밖의 모든
것을 나타낸다." 토마스 L. 칸스터볼, 『데살로니가전후서. 디모데전후서』, The Bible Knowledge
Commentary 27, 김운성 옮김, (서울: 두란노서원, 1989), p. 93.

제2장

그리스도의 재림을 앞둔 성도의 삶

IV. 재림의 날에 대한 명확한 교훈 2:1-12

핍박을 받고 있는 데살로니가 성도들을 격려한(1:4-12) 바울은 이제 재림의 날에 대한 잘못된 생각을 교정한다(2:1-12).

1. 재림의 날에 대한 잘못된 정보에 현혹되지 말라 2:1-2

살후 2:1. 형제들아 우리가 너희에게 구하는 것은 우리 주 예수 그리스도의 강림하심과 우리가 그 앞에 모임에 관하여.

바울은 새로운 주제를 말하기 위하여 "형제들아"라고 부른다. 그리고 "너희에게 구한다"고 말한다. 그들에게 미숙한 것이 있어서 시정하기를 원하는 것이 있다는 말이다. 바울은 "우리 주 예수 그리스도의 강림하심과 우리가 그 앞에 모임"에 관하여 교정할 것이 있다고 말한다(살전 4:16). "강림하심"(παρουσι-´ας)이란 말은 '주님의 재림'을 지칭하는 말이다(마 24:3, 27, 37, 39; 살전

1:10; 2:19; 3:13). 바울은 데살로니가 성도들 중에 몇몇 사람이 가지고 있는 예수 그리스도의 재림의 날에 대한 잘못된 생각을 교정하기를 원하고 있다. 그리고 바울은 "우리가 그 앞에 모임"에 관하여 성도들의 잘못된 견해에 대해 교정하기를 원하고 있다(마 24:31; 막 13:27; 살전 4:17). "모임"(ἐπισυναγω-γῆς)이란 말은 '예수님의 재림 때에 성도들이 주님의 호령과 천사장의 소리와 하나님의 나팔 소리를 듣고 주님 앞에 모일 것'을 지칭하는 말이다. 데살로니가 성도들은 예수님의 재림의 날이 벌써 임했다고 어수선했다(2절). 바울은 그것을 교정하기를 원했다.

살후 2:2. 혹 영으로나 혹 말로나 혹 우리에게서 받았다 하는 편지로나 주의 날이 이르렀다고 쉬 동심하거나 두려워하거나 하지 아니할 그것이라.

바울은 데살로니가 성도들에게 예수님의 재림의 날이 닥쳐왔다고 주장하는 잘못된 선전에 동요되지 말라고 간곡히 부탁한다. 바울은 "혹 영으로나 혹 말로나 혹 우리에게서 받았다 하는 편지로나 주의 날이 이르렀다고" 떠드는 사람들의 말에 동요되지 말라는 것이다(마 24:4; 엡 5:6; 요일 4:1). "영으로"(διὰ πνεύματος)란 말은 '거짓 선지자들의 거짓된 영으로'라는 뜻이다(요일 4:1). 곧 신약 시대에 있었던 거짓 선지자들이(2:18; 마 24:5, 24; 행 20:30; 딤전 4:1; 벧후 2:1; 요이 1:7) 자기네들의 영의 계시에 의하여 그리스도의 재림의 날이 왔다고 선전했다. 바울은 이런 흑색선전에 동요되지 말라고 부탁한다. "말로"(διὰ λόγου)란 '바울 사도의 말로나 혹은 다른 사도들의 말로'란 말인데 어떤 사람들이 바울 사도로부터 들은 말을 곡해하고 혹은 다른 사도들로부터 들은 말을 곡해하여 예수님의 재림의 날이 왔다고 헛소문을 퍼뜨렸다. 바울은 이런 말에도 동요되지 말라고 부탁한다. 그리고 "우리에게서 받았다하는 편지로나"라는 말은 '바울 사도에서 받았다고 하는 편지로나 혹은 바울의 이름을 빌려 쓴 어떤 위조 편지로나'라는 뜻이다. 곧 바울에게서 받은 편지를 읽고 잘못 해석하여 주님의 재림의 날이 왔다고 선전하는 사람들도 있었을 것이며, 혹은 바울의 이름을 빌려 쓴 위조 편지를 받아서 읽고 주님의 재림의 날이 왔다고 주장하는 사람들이 있었을 것이다. 바울은 이런 사람들의 잘못된 주장에 정신을 잃지 말라고 부탁한다.

이 세 종류의 경로를 통하여 데살로니가 성도들의 귀(ears)속에 들어간 헛소문의 공통점은 "주의 날이 이르렀다"는 것이다. "이르렀다"(ἐνέστηκεν)는 말은 완료형으로 '이미 왔다,' '당장 와 있다'는 뜻이다. 핍박이 심하고 환난이 심하며 세상이 어려운 것을 목격하던 데살로니가 성도들은 그 헛소문을 믿고 이제는 세상이 끝났다고 생각했을 것이며 혹은 이제는 심판받을 일이 큰일이라고 생각했을 것이다. 그들은 마음에 동요가 일어났고 공포가 일어났다. 그래서 바울은 "쉬 동심하거나 두려워하거나 하지 말라"고 부탁한다. "동심하다"(ἀπὸ τοῦ νοὸς)라는 말은 '마음으로부터 이탈하다,' '지성으로부터 이탈하다'라는 뜻이다. 이것은 마치 배가 닻으로부터 떨어져 나가 바람이나 파도에 밀려 요동하는 모습을 지칭한다. "두려워하다"(θροεῖσθαι)라는 말은 현재 수동태로 '동요하다,' '안정을 잃다,' '놀라다'라는 뜻이다. 바울은 데살로니가 성도들에게 헛소문을 듣고 정신을 잃거나 안정을 잃지 말라고 부탁한 것이다. 오늘도 그리스도의 재림이 임박했다고 종종 흑색선전을 퍼뜨리는 사람들이 있다. 우리는 그리스도의 재림 전에 있을 모든 징조들을 잘 관찰하고 넘어가지 말아야 한다. 오래 전부터 있어온 징조들(지진, 재난 등)을 살피는 것도 중요하지만 아직 찾아오지 않은 징조들, 예를 들면 복음이 아직 세상 끝까지 전파되지 않은 것(마 24:14)과 최후의 적그리스도가 임하지 않은 점(살후 2:3) 등을 살피고 더욱 신앙생활에 박차를 가해야 한다.

2. 재림의 날이 이르기 전에 생길 일들 2:3-5

살후 2:3. 누가 아무렇게 하여도 너희가 미혹하지 말라 먼저 배도하는 일이 있고 저 불법의 사람 곧 멸망의 아들이 나타나기 전에는 이르지 아니하리니. 바울은 "누가 아무렇게 하여도 너희가 미혹하지 말라"고 부탁한다(마 24:4; 엡 5:6). 바울은 누군가가 앞 절에서(2절) 말한 것보다 더 많은 종류의 헛소문을 퍼뜨리더라도 데살로니가 성도들은 기만당하지 말라는 것이다. "미혹하지 말라"(μή ἐξαπατήσῃ)는 말은 '속임을 당하지 말라,' '현혹되지 말라'는 뜻이다 (롬 7:11; 16:18; 고전 3:18; 고후 11:3; 딤전 2:14). 바울은 어떤 종류의 사람들이 더욱 많은 헛소문을 퍼뜨려도 절대로 현혹되지 말라고 말한다. 속임을 당하지 않아야 할 이유는 예수님의 재림의 날이 이르기 전에 두 가지 일이 발생하기 때문이다. 하나는 "배도하는 일이 있을" 것이라는 것이다(딤전 4:1). 또 하나는 "불법의 사람"이 임하리라는 것이다(단 7:25; 요일 2:18; 계 13:11). "배도"(ἡ ἀποστασία)란 직역하면 "그 배도"로 '인류역사상에 단 하나밖에 없는 큰 범위의 반란'이란 뜻이다(마 24:10; 딤전 4:1-3). 지금도 세계적으로 하나님을 등지는 사람들이 많이 있으나 앞으로 예수님께서 재림하시기 전에 전무후무하게 많은 사람들이 그리스도를 등지고 교회를 등질 것이다. 그리고 그리스도께서 재림하시기 전에 "불법의 사람 곧 멸망의 아들"이 나타날 것이다. "불법의 사람"(ὁ ἄνθρωπος τῆς ἀνομίας)이란 말은 직역하면 '불법의 그 사람'이라고 번역된다. 이 불법의 그 사람은 1) 어떤 단체도 아니고 국가도 아니고 '한 개인'이다. 2) 그는 "불법의 사람"이니 불법을 일삼는 사람으로

'하나님을 대항하는 극악한 사람'이다(4절). 3) 그는 "멸망의 아들"이니 영원히 존재하는 자가 아니고 '망하기로 예정된 자'이다(8절; 요 17:12). 그는 말세에 나타나기로 된 적그리스도(요일 2:18)로 한 동안 존재하다가 멸망으로 들어갈 자이다. 지금은 아직 그리스도의 재림 전에 등장할 적그리스도가 나타나지 않았다. 이 사람이 나타나면 그리스도의 재림의 날이 임박했음을 알아야 한다. 이 불법의 사람, 곧 적그리스도에 대해 많은 해석이 있었다. 혹은 공산주의라고 하기도 하고 혹은 유럽 공동체라고도 했으나 빗나간 추측들이었다.

살후 2:4. 저는 대적하는 자라 범사에 일컫는 하나님이나 숭배함을 받는 자 위에 뛰어나 자존하여 하나님 성전에 앉아 자기를 보여 하나님이라 하느니라. 본 절은 앞 절(3절)에 나온 "불법의 사람 곧 멸망의 아들"을 좀 더 자세히 설명하고 있다. 그는 1) "대적하는 자"이다. 하나님과 성도들을 대적하는 자라는 것이다(딤전 5:14). 2) 그는 "자존하는" 자이다. "범사에 일컫는 하나님이나 숭배함을 받는 자 위에 뛰어나 자존(自尊)하는" 자이다. "범사에 일컫는 하나님"(πάντα λεγόμενον θεὸν)이란 말은 '이방신들뿐만 아니라 참되신 하나님까지도 포함하는 모든 신'을 지칭한다(Bruce). 곧 '신이라고 불리는 모든 것'을 말한다(개역개정판). 그리고 "숭배함을 받는 자"(σέβασμα)란 말은 '숭배함을 받는 것'(개역개정판)이란 뜻이다. 사람들이 확실히 알지도 못하고 섬기는 대상들을 지칭한다(행 17:23). 그러니까 최후의 적그리스도는 세상에 신(神)이라고 불리는 모든 신 보다 더 높다고 스스로를 높이고 또 세상에서 가장 숭배를 받는 대상보다 자신이 더 높다고 스스로를 높이면서 큰소리치는 자라는 것이다. 3) "하나님 성전에 앉아 자기를 보여 하나님이라고 하는" 자이다(사 14:13; 겔 28:2, 6, 9; 단 7:25; 11:36; 고전 8:5; 계 13:6). 앞으로 인류 최후의 적그리스

도는 성도들과 그들의 모임인 교회(고전 3:17; 엡 2:20-22)에서 자기가 하나님
이라고 큰소리치며 자기에게 예배하기를 강요할 것이다. 이렇게 큰소리를 치기
때문에 많은 사람이 그 사람에게 미혹될 것이다(막 13:14). 우리는 앞으로
누구든지 큰소리를 치는 사람이 일어난다면 그가 그리스도를 높이는지 자기를
높이는지를 살펴야 할 것이다. 세례 요한은 자기를 낮추고 그리스도를 높이고
갔다. 그는 말하기를 "그(예수)는 흥하여야 하겠고 나는 쇠하여야 하리라"고
말하고는 역사의 무대에서 사라졌다(요 3:30). 그는 큰 인물이었다(마 11:11).

**살후 2:5. 내가 너희와 함께 있을 때에 이 일을 너희에게 말한 것을 기억하지
못하느냐.**
바울은 편지를 쓰면서 "내가 너희와 함께 있을 때에 이 일을 너희에게 말한
것을 기억하지 못하느냐"고 반문한다. 다시 말해 '내가 데살로니가에서 전도할
때에 이 일들(ταῦτα), 곧 예수님의 재림문제에 관한 일들을 계속해서 말한
것을 기억하지 못하느냐'는 것이다. "말한 것"(ἔλεγον)이란 말은 미완료시제
로서 '계속해서 말한 것'이란 뜻이다. 바울 사도가 한두 번 말한 것이 아니라
계속해서 말했는데 예수님의 재림의 날에 대한 오해가 또 생기니 기가 막힌다는
것이다. 그러나 바울은 다시 부드럽게 그들에게 과거를 회상하며 말하고 있다.
우리는 진리에 관한 것에 대해서는 말하고 또 말해야 할 것이다.

3. 불법의 사람의 출현이 늦어지는 이유 2:6-7

바울 사도는 예수님의 재림 전에 나타날 적그리스도의 출현이 늦어지는
이유를 설명한다. 늦어지는 이유는 하나님께서 그 출현을 막기 때문이라고

말한다.

**살후 2:6. 저로 하여금 저의 때에 나타나게 하려 하여 막는 것을 지금도 너희가
아나니.**

바울은 불법의 사람으로 하여금 "저의 때에," 곧 '불법의 사람이 나타나야
할 적시(適時)에' 나타나게 하려고 하나님께서 지금 막고 계시는 것을 데살로니
가 성도들이 알고 있다고 말한다. 그런데 "막는 것"(τὸ κατέχον – 중성분사임)
의 주체가 누구냐를 놓고 학자들은 많은 해석을 시도했다. "막는 것"이란
표현이 오늘 우리에게는 불분명한 표현일지라도 데살로니가 성도들은 "막는
것"이란 말이 무엇을 의미하는지 잘 알고 있었다. 바울이 데살로니가 성도들에
게 전도할 때에 그리스도의 재림에 관한 일들에 대해서 계속해서 말했으니,
그들이 그것에 대해 잘 알고 있었다(5절). 또 본 절에서도 바울은 "지금도
너희가 아나니"라고 말한 것을 보아 그들은 막는 것의 주체가 누구인지 잘
알고 있었다. 그렇다면 그들이 잘 알고 있는 주체가 누구인가? 로마 제국이나
로마 제국의 법률과 정치, 유대인이나 유대국가, 혹은 이방 선교를 담당하고
있는 바울이라고 주장하는 해석은 틀린 해석이다. 이유는 그 주체들이 이미
사라졌는데도 불법의 사람이 나타나지 않은 것을 보면 그 해석에 문제가 있는
것을 알 수 있다. 그리고 혹자는 교회가 불법의 사람을 막고 있다고 주장하는
해석도 틀린 해석이다. 교회가 사단을 이길 힘이 있는가. 교회는 오직 하나님을
의지하고 그리스도를 의지하며 성령을 의지하는 한에 있어서 힘이 있는 것이지
교회 자체에는 힘이 없다. 결국 적그리스도가 나타나지 못하도록 막고 있는
주체는 하나님, 예수님, 성령님이시다. 하나님은 사단을 그의 권능으로 주장하
신다(욥 1:6-12; 2:1-6). 따라서 하나님은 사단의 심부름꾼 곧 불법의 사람을

그의 장중에 두고 계신다. 하나님은 복음이 온 천하에 전파되도록 오늘도 적그리스도를 막고 계신다. 적그리스도가 나타나면 복음 전파에 큰 장애를 줌으로 복음이 온 세상에 전파될 때까지(마 24:14) 하나님께서 막으실 것이다.

살후 2:7. 불법의 비밀이 이미 활동하였으나 지금 막는 자가 있어 그 중에서 옮길 때까지 하리라.

바울은 "불법의 비밀이 이미 활동하였다"고 말한다(요일 2:18; 4:3). 다시 말해 불법의 사람이 은밀하게 활동하기 시작했다는 것이다. 불법의 사람은 각 교회에 거짓 교사나 이단을 일으켜서 활동한다. 이것은 시작일 뿐이다. 이것은 은밀한 활동일 뿐이다. 적그리스도가 이렇게 은밀하게 활동하는 이유는 "지금 막는 자가 있기" 때문이다. 지금 불법의 사람의 적극적인 활동을 막으시는 하나님, 예수님, 성령님 때문이다. 하나님은 막으시는 활동을 "그 중에서 옮길 때까지 하리라"고 바울은 말한다. 곧 하나님께서 막으시던 자리에서 옮기실 때까지 계속 하신다는 말이다. 하나님께서 옮기시기 전까지는 막으시고 옮기시면 적그리스도가 본격적으로 활동할 것이다.

4. 재림의 날에 예수님은 불법의 사람을 죽이심 2:8

살후 2:8. 그 때에 불법한 자가 나타나리니 주 예수께서 그 입의 기운으로 저를 죽이시고 강림하여 나타나심으로 폐하시리라.

"그 때에," 곧 '불법의 사람의 출현을 막으시는 하나님께서 그 막으시는 행동을 중단하실 때에' "불법한 자가 나타날" 것이라는 말이다. 그 불법한 자가 나타나서 활동할 때 "주 예수께서 그 입의 기운으로 저를 죽이신다"는 것이다(단

7:10-11). 다시 말해 주님께서 "그 입의 기운," 곧 '주님의 말씀'으로 죽이실 것이라는 말이다(욥 4:9; 사 11:4; 호 6:5; 계 3:16; 19:15, 20-21). 사실은 예수님께서는 그의 입에서 나온 기운만으로도 엄청난 힘을 발휘하여 적그리스도를 죽이실 수 있다. 예수님은 불법의 사람을 죽이실 뿐 아니라 "강림하여 나타나심으로"(τῇ ἐπιφανείᾳ τῆς παρουσίας) 적그리스도를 폐하실 것이다(1:8-9; 히 10:27). "강림"(παρουσίας)이라는 말이나 "나타나심"(ἐπιφανείᾳ)이란 두 낱말은 다 같이 재림을 뜻하는 말로 바울은 두 낱말을 사용하여 그리스도의 재림을 강조하고 있다. 예수님은 재림하셔서 사단의 세력을 완전히 "폐하실 것이다." "폐하다"(καταργήσει)는 말은 '완전히 멸망시켜서 힘을 쓰지 못하게 하다,' '무용하게 만들다'는 뜻이다. 예수님은 재림하셔서 사단의 세력을 완전하게 제어하시고 승리하실 것이다.

5. 불법의 사람이 나타나는 목적 2:9-10

바울 사도는 앞에서(2-8절) 불법의 사람에 대해서 계속해서 말해왔는데 이제 불법의 사람이 나타나는 목적에 대해서 언급하므로 성도들로 하여금 적그리스도의 출현을 앞두고 조심하기를 바라고 있다.

살후 2:9. 악한 자의 임함은 사단의 역사를 따라 모든 능력과 표적과 거짓 기적과.

바울은 "악한 자의 임함은 사단의 역사를 따라" 임한다고 말한다(요 8:41; 엡 2:2; 계 18:23). 적그리스도가 나타나서 일하게 되는 것은 자기의 힘으로 하는 것이 아니라 사단의 활동으로 하는 것이라고 말한다. "사단의 역사"(ἐνέργειαν τοῦ Σατανᾶ)란 말은 '사단의 활동'이라는 뜻이다. 사단의 활동이 있기에 불법의 사람이 큰일을 할 수 있게 된다. 바울은 적그리스도의 활동을 묘사하는데 세 가지 용어, 곧 "능력," "표적," "기적"이라는 용어를 사용한다(마 24:24; 계 13:13; 19:21). 적그리스도는 모든 "능력"(δυνάμει)을 행할 것이고, "표적"(σημείοις)을 행할 것이며, "거짓 기적"(τέρασιν ψεύδους)을 행할 것이다. 이 세 가지 용어는 예수님께서 행하신 이적을 묘사하는데도 사용되었다(행 2:22). 똑같은 초자연적인 이적을 지칭하는데 있어서 그 초자연적 이적이 엄청난 능력으로 되었음을 나타내기 위하여 "능력"이라는 표현을 사용했고 그 초자연적 이적을 보고 사단의 위대함을 생각하도록 하기 위해서 "표적"이라는 표현을 사용했으며 또 사람들의 경이감을 촉발한다는 뜻에서 "기적"이라는 표현을 사용했다. 그러니까 한 가지 초자연적인 이적을 묘사하는데 있어서 세 가지 표현 중 아무 표현이나 사용할 수 있게 되어 있다. 적그리스도는 초자연적인 무슨 이적을 행해도 거짓된 목적으로 행하기 때문에 그의 이적은 모두 거짓이다. 그래서 마지막 표현, "기적"이란 말에만 "거짓"이란 말이 붙어야 할 것이 아니라 세 가지 표현 모두에 "거짓"이라는 낱말이 붙어야 한다. 그러니까 불법의 사람은 "거짓 능력과 거짓 표적과 거짓 기적"을 행할 것이라고 말해야 한다(박윤선, 이상근, Alford, Ellicott, Lillie, Lightfoot, Milligan, Vincent). 불법의 사람은 앞으로 세상에 나타나서 시종일관 '모든 거짓된 능력과 거짓된 표적과 거짓된 기적'을 행할 것이다. 지금 불법의 사람이 은근하게 나타나서 활동하는데도 이 세 가지 용어가 다 들어맞는다. 이단들을 보라. 한결같이 거짓되지 않은가.

살후 2:10. 불의의 모든 속임으로 멸망하는 자들에게 임하리니 이는 저희가 진리의 사랑을 받지 아니하여 구원함을 얻지 못함이니라.

불법의 사람이 행하는 또 한 가지 사역이 나온다. 그것은 불의의 속임으로 망하게 될 사람에게 임하게 하는 것이다. 적그리스도는 능력과 표적과 기적만 행하는 것이 아니라 "불의의 모든 속임으로 멸망하는 자들에게 임하게 한다." "불의의 모든 속임으로"라는 말은 '불의에서 나온 모든 속임'이란 뜻이다. 결코 '불의한 속임'이란 뜻이 아니다. 만일 '불의한 속임'이라고 해석한다면 올바른 속임도 있다는 말이 성립된다. 윌리암 헨드릭슨은 "악한 자가 임할 때엔 '불의에서 비롯되는 모든 속임이 뒤따라 나타난다"고 말한다.2) 어니스트 윌슨은 "불의의 모든 속임이란 표현은 비록 그 뜻이 방대하지만, 특히 말하고 숨 쉬는 신상과 666표시와 관련된 계시록 13:14-18의 둘째 짐승의 활동을 암시한다"고 말하고 있다.3) 적그리스도가 행하는 모든 기적은 거짓된 것이고 그의 행하는 모든 것도 불의에서 나온 것이다. 거짓된 기적은 외부로 나타났고 불의는 적그리스도의 내부에 있는 것이다.

그런데 적그리스도의 불의에서 나온 모든 속임은 아무에게나 임하는 것이 아니라 "멸망하는 자들에게 임한다"는 것이다(고후 2:15; 4:3). 곧 멸망하게 되어 있는 사람들에게 속임이 임한다는 것이다. "저희가 진리의 사랑을 받지 아니하여 구원함을 얻지 못하기" 때문이다. 곧 멸망할 사람들은 "진리의 사랑을 받지 않는다." "진리의 사랑"이란 '그리스도의 사랑'이고(요 14:6; 고후 11:10) '복음의 사랑'(갈 2:5; 골 1:5)을 말한다. 그들은 그리스도의 사랑을 받지 아니하여 구원함을 받지 못하는 사람들이다. 누구든지 그리스도의 사랑을 물리치면 구원받지 못한다. 우리는 지금 그리스도의 십자가 사랑을 받고 있는가.

---

2) 윌리암 헨드릭슨, 『데살로니가전후서』, 신약성경주석, 김용섭 옮김, p. 260.
3) 어니스트 윌슨, 토마스 W. 스미쓰, 『데살로니가전서, 데살로니가후서』, 정병은 옮김, (서울: 전도출판사, 1995), pp. 207-208.

6. 하나님께서 불법의 사람이 나타나게 하시는 이유 2:11-12

바울은 진리를 거부하는 사람들의 운명을 서술한다. 그리스도의 복음을 거부하면 결국은 거짓을 믿게 된다. 그들이 거짓을 믿게 되는 것은 하나님이 하시는 일이다. 그래서 그들은 드디어 심판을 받게 된다.

살후 2:11. 이러므로 하나님이 유혹을 저의 가운데 역사하게 하사 거짓 것을 믿게 하심은.

"이러므로," 곧 '망하게 될 사람들이 그리스도(복음)의 사랑을 받지 아니하므로'(10절) 하나님께서 "유혹을 저의 가운데 역사하게 하사 거짓 것을 믿게 하신다"는 것이다(겔 14:9; 롬 1:24). "유혹을 저의 가운데 역사하게 하신다"(πέμπει αὐτοῖς ... ἐνέργειαν πλάνης)는 말은 '강력한 미혹을 그들에게 보낸다'는 뜻이다. 하나님께서 보내시는 미혹은 강하다. 아무도 그것을 막을 사람은 없다. 결국 진리를 사랑하지 않는 사람들은 불가항력적으로 미혹의 역사를 당할 수밖에 없다. 하나님은 거기서 멈추시지 않고 결국은 그들로 하여금 "거짓 것을 믿게 하신다"(마 24:5, 11; 딤전 4:1). 다시 말해 '모든 불의를 믿게 하신다.' 진리를 믿지 않는 사람은 거짓을 믿게 되어 있다. 이것이 심판이다. 우리 주위에 수많은 사람들을 보라. 하나님을 믿지 않다가 결국은 세상의 각종 덫에 말려드는 것을 볼 수가 있다. 진리를 거부한다는 것, 그것은 참으로 무서운 것이다.

살후 2:12. 진리를 믿지 않고 불의를 좋아하는 모든 자로 심판을 받게 하려 하심이니라.

진리를 거부하는 사람들로 하여금 하나님께서 거짓 것을 믿게 하시는 이유는(11 절) "심판을 받게 하려 하심이니라"는 것이다. 곧 '심판에 이르게 하시기 위해서' 라는 것이다. 하나님은 사람들로 하여금 진리를 사랑하여 구원을 얻어 살기를 원하시지만(딤전 2:4-6), 기어코 거짓을 좋아하고 불의를 사랑한다면 그냥 그 쪽으로 가게 두신다(롬 1:18-25, 32). 우리 주위에 예수 그리스도를 끝까지 믿지 않고 불의를 따르는 사람들을 보라. 하나님은 그들을 그냥 두신다. 그것이 심판이다. 그들은 이 현세의 심판 외에 또 종말의 심판을 기다리며 살고 있다.

V. 재림을 기다리는 성도들에게 주는 권고와 기도 2:13-17

사도는 앞에서 데살로니가 성도들에게 그리스도의 재림을 앞두고 적그리스 도를 따르지 말 것을 부탁하고는(1-12절) 이제 사도의 교훈을 따라 살 것을 당부한다(13-15절). 그리고 바울은 데살로니가 성도들을 위하여 기도한다 (16-17절).

1. 사도의 전통을 지키라는 권고 2:13-15

살후 2:13. 주의 사랑하시는 형제들아 우리가 항상 너희를 위하여 마땅히 하나님 께 감사할 것은 하나님이 처음부터 너희를 택하사 성령의 거룩하게 하심과 진리를 믿음으로 구원을 얻게 하심이니.

바울은 이제 새로운 주제를 말하기 위해 "주의 사랑하시는 형제들아"라고 부른다. 그런데 다른 곳과는 달리 그냥 "형제들아"라고 부르지 않고 "주의 사랑하시는"이라는 말을 첨가한다. 앞에서(1-12) 말한 심판받을 사람들과는 달리 데살로니가 성도들은 주님의 사랑을 받은 사람이라는 것을 드러내기 위한 것이다. 이렇게 애정 섞인 호칭으로 부르고는 바울은 데살로니가 교회를 생각하면서 감사한다고 말한다. 바울은 하나님께 감사하되 "항상 너희를 위하여 마땅히 하나님께 감사해야 할 것이라"고 말한다(1:3).

바울이 하나님께 감사하는 이유는 첫째, "하나님이 처음부터 너희(데살로니가 성도들)를 택하신 것" 때문이었다(엡 1:4; 살전 1:4). 둘째, "성령의 거룩하게 하심" 때문이고(눅 1:75; 벧전 1:2), 셋째, "진리를 믿음으로 구원을 얻게 하심" 때문이었다. "처음부터 택했다"는 말은 '만세 전에 하나님께서 데살로니가 성도들을 택하셨다'는 말이다(고전 2:7; 엡 1:4). "성령의 거룩하게 하심"이란 말은 '성령께서 중생시키신 사실'을 지칭한다(요 3:5-8; 엡 5:26). "진리를 믿음으로 구원을 얻게 하심"이란 예수님(요 14:6)을 믿음으로 구원을 받은 것을 뜻한다. 오늘 우리도 자신을 생각할 때나 가족을 생각할 때나 교회를 생각할 때에 감사할 일이 한두 가지가 아니다. 우리가 감사하려면 시간이 부족할 정도이다.

살후 2:14. 이를 위하여 우리 복음으로 너희를 부르사 우리 주 예수 그리스도의 영광을 얻게 하심이니라.

"이를 위하여," 곧 '데살로니가 성도들이 구원을 받게 하기 위하여' "우리 복음으로 너희를 부르셨다"는 것이다. "우리 복음"이란 말은 '우리가 전파한 복음'이란 뜻이다. 1:8에서는 "우리 주 예수의 복음"이라고 묘사되어 있다. "복음"이란 낱말 앞에 어떤 수식어가 붙어도 내용은 똑같은 것이다. 데살로니가 사람들은 바울이 데살로니가에서 복음을 전파할 때 부름을 받았다. 하나님은

이렇게 바울 사도의 복음 전파사역을 통하여 데살로니가 사람들을 부르셔서
"주 예수 그리스도의 영광을 얻게 하려 하신다"(요 17:22; 살전 2:12; 벧전
5:10). "주 예수 그리스도의 영광"이란 말은 '주 예수 그리스도의 부활 승천'을
지칭한다. 다시 말해 예수님의 부활하심과 하늘 기업을 취하신 것을 말한다.
하나님께서는 우리를 그리스도의 복음을 믿게 하심으로 우리로 하여금 그리스
도의 영광에 동참하게 하신다(롬 8:17-18). 우리가 그리스도의 복음을 믿음으로
지금도 영광에 참여하였고 앞으로 온전한 영광에 참예하게 될 것이다. 우리
앞에는 큰 영광이 기다리고 있다.

**살후 2:15. 이러므로 형제들아 굳게 서서 말로나 우리 편지로 가르침을 받은
유전을 지키라.**

"이러므로," 곧 데살로니가 성도들이 구원을 받았음으로' "굳게 서서 말로나
우리 편지로 가르침을 받은 유전을 지켜야" 한다고 말한다. 먼저 "굳게 서는
것"이 중요하다(고전 16:13; 빌 4:1). "굳게 선다"(στήκετε)는 말은 현재
능동태로 '계속해서 굳게 서야 한다'는 뜻이다. 그러니까 어떤 시험이나 환난이
와도 흔들리지 않으며 적그리스도가 도래하여도 꿈쩍하지 않는 자세가 중요하
다. 그리고 바울은 사도 일행이 전해준 복음을 지키고 또 편지로 전해진 말씀을
지키라고 부탁한다. "유전들"(παραδόσεις)이란 말은 '가르침이라는 방법을
통하여 전해진 것,' '전통,' '세대로부터 세대로 전해져 내려온 것'이란 뜻이다
(3:6; 고전 11:2). 사도의 유전은 사도의 것이 아니다. 예수님으로부터 받은
것이다. 예수님으로부터 받은 것을 사도는 데살로니가 성도들에게 전해주었다.
지금 우리는 4,000년 전의 구약의 말씀을 전승받았고 또 2,000년 전의 예수님의
말씀을 사도들을 통하여 받았다. 이렇게 역사적으로 내려오는 교훈을 유전이라

고 바울은 말한다. 우리 역시 "유전"을 지켜야 한다. 다시 말해 '전통'을 지켜야
한다. 이 전통을 비켜가려는 것이 자유주의의 특색이다. 비켜 가면 무슨 새것이
나올 줄 아나 황당한 것밖에 나오는 것이 없다.

2. 사도의 기도 2:16-17

유전을 지키라고 말한 바울은 이제 그 유전을 지키고 살아야 할 성도들을
위해서 기도한다. 바울은 그들을 위하여 두 가지를 하나님께 부탁한다.

살후 2:16. 우리 주 예수 그리스도와 우리를 사랑하시고 영원한 위로와 좋은
소망을 은혜로 주신 하나님 우리 아버지께서.
바울의 기도의 대상은 성자와 성부이시다(1:1-2). 바울은 기도의 내용을 말하기
(다음 절) 전에 기도의 대상이 되시는 하나님의 성품을 서술한다. 하나님은
첫째, 우리를 "사랑하시는" 분이시라는 것이다(요일 4:10; 계 1:5). "사랑하시
는"(ἀγαπήσας)이란 말은 과거동사로 하나님께서 벌써 데살로니가 성도들을
사랑하셨다는 것이다. 그리스도를 보내셔서 십자가에서 대속의 죽음을 죽게
하시고 벌써 구원사역을 완료하셨다는 뜻이다. 하나님은 우리를 벌써 사랑하셔
서 만세 전에 택하셨고 또 불러주셨으며 중생시켜 주셨고 성화시켜 주셨으며
구원으로 이끌고 계신다. 둘째, 하나님은 "영원한 위로와 좋은 소망을 은혜로
주신 하나님"이시라는 것이다. "영원한 위로"란 말은 하나님께서 우리들에게
베푸시는 위로가 어떤 짧은 기간의 위로가 아니라 영원 전부터 시작하여 영원까
지 이를 것을 지칭한 말이다. "좋은 소망"이란 말은 천국에 가는 소망을 말한다
(벧전 1:3). "은혜로 주신"이란 말은 '하나님의 호의로 주신' 것을 뜻한다.

우리가 선(善)하고 복을 받을 만해서가 아니라 하나님께서 우리 죄인들에게 모든 좋은 것들을 은혜로 주신다. 우리 역시 기도할 때 전적으로 하나님의 은혜로운 속성을 근거하고 기도해야 한다.

본 절에 바울이 기도의 대상을 말함에 있어 성자 예수님을 성부보다 먼저 기술한 것은 성자께서 은혜의 통로이시며 또한 성부 성자께서 동등함을 보여주기 위해서일 것이다.

살후 2:17. 너희 마음을 위로하시고 모든 선한 일과 말에 굳게 하시기를 원하노라. 이제는 기도의 내용이 나온다. 첫째, 바울은 데살로니가 성도들의 "마음을 위로하시기를" 위해 기도한다. "마음을 위로하시기를" 기도한 것은 데살로니가 성도들이 당한 현재의 처지가 어려웠기 때문이다. 박해와 환난이 심한 상태에서 (1:4) 위로가 필요했고(고후 1:3-7), 죽은 자의 미래를 알지 못해 슬펐기 때문에 위로가 필요했으며(살전 4:13), 그리스도의 재림이 이미 임했다는 거짓 교사들의 헛소문으로 마음이 흔들렸기 때문에 위로가 필요했다(2:1-2). 오늘 우리도 하나님의 위로가 필요하다. 세상에서는 무수한 상처를 받으면서 살아가는 형편이 아닌가. 하나님으로부터 위로를 받지 아니하면 위로 받을 데가 없다. 사람을 바라볼수록 실망감이 더 크다. 둘째, 바울은 데살로니가 성도들의 "모든 선한 일과 말에 굳게 하시기를" 위해 기도한다(고전 1:8; 살전 3:13; 벧전 5:10). "모든 선한 일과 말"이란 '하나님의 영광을 높이는 일과 말을 지칭한다.[4] "일"은 "주를 위한 일"이고 "말"은 "복음을 변명하고 확정하기 위하여 하는 말"을 뜻한다.[5] 바울은 데살로니가 성도들의 하나님의 영광을 높이는 일과

---

4) 윌리암 헨드릭슨, 『데살로니가전후서』, p. 267.
5) 토마스 L. 칸스터불, 『데살로니가전후서, 디모데전후서』, p. 107

말에 "굳게 하시기를" 기도했다. "굳게 한다"(στηρίξαι)는 말은 '튼튼하게 하다,' '확립하다,' '확고부동하게 하다'라는 뜻이다. 우리는 주님의 영광을 높이는 일과 주님의 뜻을 전하는 우리의 말에 주님의 은혜가 함께 하여 성공되기를 기도해야 할 것이다.

제3장

기도 부탁과 마지막 권면

VI. 사도 일행을 위한 기도부탁과 바울의 기도 3:1-5

바울은 앞에서(2:1-17) 그리스도의 재림을 앞두고 성도는 적그리스도를 따르지 말고 사도의 교훈을 따라 살 것을 당부하고는 이제 그 교훈을 근거하여 3장에서는 여러 가지 교훈을 준다. 바울은 먼저 성도들에게 기도를 부탁하고 (1-2절), 또 바울도 그들을 위해 기도했음을 알리면서(3-4절) 그들을 위해 기도한다(5절).

1. 사도 일행을 위한 기도 부탁 3:1-2

살후 3:1. 종말로 형제들아 너희는 우리를 위하여 기도하기를 주의 말씀이 너희 가운데서와 같이 달음질하여 영광스럽게 되고.

바울은 본 절과 다음 절(2절)에 걸쳐 데살로니가 성도들에게 바울 일행을 위해 기도해달라고 부탁한다(롬 15:30; 고후 1:11; 엡 6:19; 빌 1:19; 골

4:3; 살전 5:25). 바울은 서신의 끝 부분에 와서 "종말로," 곧 '끝으로'라고 말하면서(고후 13:11; 빌 4:8)[6] 기도도 부탁하며 또한 여러 가지 권면을 한다.

바울은 한동안 말했던 주제로부터 새로운 말씀을 하기 위해 "형제들아"라는 애칭으로 부르며 말을 이어간다. 바울의 첫 번째 기도 부탁은 "너희는 우리를 위하여 기도하기를 주의 말씀이 너희 가운데서와 같이 달음질하여 영광스럽게 되게 해 달라고" 부탁한다. 바울은 데살로니가 지방에서 "주의 말씀이 너희 가운데서와 같이 달음질했던" 것을 상기시킨다. "달음질하다"(τρέχη)란 말은 '경주하다,' '빠르게 전진하다'란 뜻이다. 데살로니가 지역에서 하나님의 말씀은 참으로 빨리 퍼져나갔다. 데살로니가 사람들은 바울 일행이 전한 말씀을 받을 때에 사람의 말로 받지 않고 하나님의 말씀으로 받았다(살전 2:13). 또한 그들은 성령의 기쁨으로 말씀을 받아 사도와 주님을 본받기까지 했고(살전 1:6) 마게도냐와 아가야에만 아니라 각처에 말씀을 전파했다(살전 1:8). 그처럼 지금도 사도 일행을 통하여 말씀이 빨리 퍼지기를 위해 기도해 달라는 것이다. "영광스럽게 되고"란 말은 달음질을 잘 한 사람이 면류관을 얻는 것처럼 말씀이 퍼져서 사람들이 은혜를 받고 변화되어 말씀의 원천이신 그리스도께 영광돌리기를 위해 기도해달라는 것이다. 오늘 우리는 다른 성도들에게 무슨 기도를 부탁하는가. 복음이 빨리 퍼지기를 위해 기도를 부탁하는가. 그리고 복음이 퍼져서 그리스도께 영광이 돌아가기를 위해 기도를 부탁하는가. 아니면 내 사사로운 일을 위해 기도를 부탁하는가.

살후 3:2. 또한 우리를 무리하고 악한 사람들에게서 건지옵소서 하라 믿음은

---

6) "종말로"란 말은 꼭 '마지막으로,' '끝으로'라는 뜻으로만 사용된 것은 아니다. 그렇지 않은 경우도 있다. 새로운 주제를 내 세울 때 종종 사용되었다(빌 3:1; 살전 4:1). 그러나 본 절에서는 '끝으로'라는 뜻으로 사용되었다.

모든 사람의 것이 아님이라.

바울 사도의 두 번째 기도부탁이다. 바울은 "우리를 무리하고 악한 사람들에게서 건지옵소서"라고 기도해 달라고 부탁한다(롬 15:31). "무리하고"(ἀτόπων)란 말은 '어떤 장소에서 벗어난,' '불합리한'이란 뜻이다. 바울은 복음을 전하면서 도처에서 무리하고도 악한 사람들, 곧 복음 전파를 방해하는 방해꾼들을 많이 만났다(행 18:6, 12-17; 롬 15:31; 살전 2:14-16). 그러므로 바울이 지금은 고린도에 있지만 앞으로 계속해서 복음을 전해야 할 처지이니 복음의 방해꾼들로부터 구원해 달라고 기도를 부탁한 것이다. 그는 개인의 영달을 위해서가 아니라 복음을 위해서 기도를 부탁했다.

바울은 많은 방해꾼들을 의식하면서 "믿음은 모든 사람의 것이 아니라"고 말한다(행 28:24; 롬 10:16). "믿음"(ἡ πίστις)이란 말은 '그 믿음'이란 뜻이다. 곧 막연한 믿음을 지칭하는 것이 아니라 예수님을 구주로 믿는 그 믿음이란 뜻이다. 예수님은 눅 18:1-7에서 낙심하지 말고 항상 기도하라고 교훈하시고 난후 "그러나 인자가 올 때에 세상에서 믿음을 보겠느냐"고 하셨는데 "믿음"이란 말은 '그 믿음'이란 뜻이다. 곧 '기도하는 믿음'을 보겠느냐고 탄식하신 것이다. 다시 말해 구체적인 믿음을 지칭한 것이다. 바울은 모두 사람이 다 믿는 것은 아니라고 말한다. 방해꾼들이 많은데 그 사람들은 다 믿지 않는 사람들이라는 것이다. 예수님은 믿는 사람이 적다는 의미로 "적은 무리여 무서워 말라"고 하셨다(눅 12:32). 어떤 사람들은 교회에서 대표기도를 인도하면서 "이 도시에 이렇게 믿지 않는 사람이 많은데 우리가 다른 곳에 가서 전도하는 것이 무슨 큰 의미가 있겠습니까?"라고 부르짖는다. 그러나 우리는 한 도시에 있는 사람들이 다 믿을 사람은 아니라는 것을 명심하고 다른 도시, 다른 나라로 가서 복음을 전해야 한다.

2. 바울의 확신 3:3-4

바울은 성도들에게 기도해 주기를 부탁한(1-2절) 후 이제는 자신이 데살로니가 성도들을 위하여 기도한 것(1:2; 2:16-17)이 분명히 응답되리라는 확신을 발표한다. 그가 기도하지 않았더라면 아무런 확신도 발표할 수 없었을 것이다.

살후 3:3. 주는 미쁘사 너희를 굳게 하시고 악한 자에게서 지키시리라.
세상의 수많은 사람들이 믿음이 없지만(2절) 예수님은 "미쁘사," 곧 '신실하셔서'(고전 1:9; 10:13; 살전 5:24) "너희를 굳게 하시고 악한 자에게서 지키시리라"고 바울은 확신한다(요 17:15; 벧후 2:9). 바울은 데살로니가 성도들을 안심시키기 원하여 이런 확신을 발표한 것이다. 바울의 확신은 두 가지다. 하나는 하나님께서 데살로니가 성도들을 "굳게 해주실" 것이라는 확신이다. 바울은 데살로니가 성도들이 흔들리지 않고 확고히 설 것을 확신한다. 바울이 이런 확신이 있었던 것은 데살로니가 성도들을 위해 기도했기 때문이다(2:17). 그리고 바울의 두 번째 확신은 하나님께서 데살로니가 성도들을 "악한 자에게서 지키시리라"는 확신이다(마 6:13). "악한 자"(τοῦ πονηροῦ)란 말은 '악'(evil)으로도 번역될 수 있지만 데살로니가 전후서 전체의 문맥으로 보아 '악한 자(the evil one), 곧 '사단'으로 보는 것이 옳을 것이다. 사단의 하수인 적그리스도는 아직 출현하지 않았지만 그 영향력은 계속해서 나타나고 있다. 바울 주위에도 항상 "악한 자들"이 있었고(2절) 데살로니가 성도들 주위에도 사단의 일군들인 악한 자들이 있었다(살전 2:14). 바울은 그들을 위해 기도했으므로 (2:17) 이런 확신이 있게 되었다. 우리는 기도 없이 공연히 확신을 남발하지 말아야 한다. 우리가 주님께 기도하면 주님은 미쁘셔서 주님 홀로 모든 일을 이루신다. 얼마나 감사한 일인지 모른다.

살후 3:4. 너희에게 대하여는 우리의 명한 것을 너희가 행하고 또 행할 줄을
우리가 주 안에서 확신하노니.

바울의 세 번째의 확신은 데살로니가 성도들이 바울이 전한 말씀대로 현재
순종하고 있으며 또 앞으로도 계속해서 순종할 것이라는 것이다(고후 7:16;
갈 5:10). 바울의 이 확신은 다른 데서 온 것이 아니고 "주 안에서" 온 것이다.
곧 주님께서 데살로니가 교회를 시작하셨으니 끝까지 그들을 지키실 것이고
그들이 복음을 순종할 것이라는 것이다(롬 14:14; 갈 5:10; 빌 1:6). 우리는
무분별하게 확신을 발표해서는 안 된다. 주님께서 이루실 것을 확신하고 주님께
서 역사하시리라는 확신을 가지고 사람들에게 확신을 표해야 한다. 우리의
확신이 사람들에게 위로가 되고 격려가 되어야 한다.

3. 바울의 기도 3:5

살후 3:5. 주께서 너희 마음을 인도하여 하나님의 사랑과 그리스도의 인내에
들어가게 하시기를 원하노라.

바울은 성도들에게 기도를 부탁하고(1-2절), 또 데살로니가 성도들을 위하여
확신을 발표한(3-4절) 후 이제는 그들을 위해 기도한다. 그는 한두 번의 기도로
만족하지 않고 항상 기도하는 사람이었다. 바울은 데살로니가 성도들의 "마음을
인도하시기를" 위해 하나님께 기도한다(대상 29:18). "인도한다"(κατευθύναι)
는 말은 '곧게 만들다,' '올바로 인도하다'란 뜻이다. 주님은 우리의 마음을
지으셨고, 또 마음을 아시며(잠 24:12; 막 3:5; 7:6; 7:21), 마음을 인도하신다(잠

17:3; 21:1). 우리는 주님께 우리의 마음을 인도해 주시기를 기도해야 한다. 우리 마음을 우리도 어찌 못하는 때가 얼마나 많은가.

바울은 여기서 두 가지를 위해 기도한다. 먼저 그는 데살로니가 성도들이 "하나님의 사랑"(τὴν ἀγάπην τοῦ θεου) 속으로 들어가기를 위해 기도한다. "하나님의 사랑"이란 문법적으로 '하나님께서 사람을 사랑하시는 사랑'으로 해석할 수도 있고 또 '사람 측에서 하나님을 사랑하는 사랑'으로 볼 수도 있다. 바울 사도의 어법으로 보아 후자의 가능성이 더욱 크다(1:3). 곧 바울은 데살로니가 성도들의 마음이 '하나님을 사랑하는 사랑' 속으로 인도받기를 위해 기도한 것이다. 다시 말해 바울은 데살로니가 사람들이 하나님을 사랑하는 사람들이 되도록 기도한 것이다.

그리고 그는 데살로니가 성도들이 "그리스도의 인내에 들어가게 하시기를" 기도한다. "그리스도의 인내"(τὴν ὑπομονὴν τοῦ Χριστου)도 역시 문법적으로 '성도들을 향한 그리스도의 인내'로 해석할 수 있고 '그리스도의 재림을 기다리는 성도들의 인내'로도 해석할 수가 있다. 두 가지 다 가능하나 데살로니가 전후서가 재림을 다루고 있는 점을 감안하면 후자의 가능성에 무게가 더 실린다. 곧 바울은 데살로니가 성도들이 그리스도의 재림을 더욱 잘 기다리는 사람들이 되도록 기도한 것이다. 데살로니가 성도들이 사도의 교훈을 지키려면 (4절) 하나님을 사랑하는 사랑이 필요하고 또 그리스도의 재림을 기다리는 인내가 필요했다. 우리는 하나님을 참으로 사랑하는 사람이 되도록 기도해야 할 것이며 또한 그리스도의 재림을 기다리는 인내심 있는 사람들이 되기를 위해 기도해야 할 것이다.

VII. 게으른 자들을 경계하라 3:6-15

바울은 앞에서 사도 일행을 위해 기도해 달라고 부탁하고 또 자기가 친히 성도들을 위하여 기도한(1-5절) 후 이제는 데살로니가 교회 안에 게으르게 행하며 일만 만드는 교우들을 대하는 방법을 말한다(6-10절, 13-15절). 또 한편 게으른 자들을 향하여 조용히 일을 하여 자기 양식을 먹으라고 엄하게 명령한다(11-12절).

살후 3:6. 형제들아 우리 주 예수 그리스도의 이름으로 너희를 명하노니 규모 없이 행하고 우리에게 받은 유전대로 행하지 아니하는 모든 형제에게서 떠나라. 바울은 다른 주제를 말하려고 "형제들아"라고 부르고 말을 이어간다. 바울은 "우리 주 예수 그리스도의 이름으로 너희를 명하노니"라고 말한다. 바울의 명령은 '그리스도의 이름을 배경한 명령'이라는 것이다. 다시 말해 '그리스도의 명령'을 말한다는 것이다. 바울은 "규모 없이 행하고 우리에게 받은 유전대로 행하지 아니하는 모든 형제에게서 떠나라"고 명령한다(14절; 2:15; 롬 16:17; 고전 5:11, 13; 요이 1:10). "규모 없이"(ἀτάκτως)란 말은 '질서 없이,' '무질서 하게'란 뜻(11절; 살전 5:14)으로 "규모 없이 행한다는 것"은 문맥으로 보아 '일을 하지 않고(8-10절) 일을 만들기만 하는 것(11절)'을 지칭한다. 그리고 본문에 나오는 "유전"이란 말에 대해서는 2:15의 주해를 참조하라. "떠나라"(στέλλεσθαι)는 말은 '탈퇴하다,' '대열을 이탈하다,' '피하다'라는 뜻이다. "떠나라"는 말은 아주 교회를 떠나라는 말이 아니라 어떤 경계선을 두고 경계하며 사귀지 말라는 말이다(14절). 그러니까 바울을 통한 그리스도의 명령은 일하지 않고 일만 만드는 사람들, 곧 바울 사도를 통하여 전래된 전통대로 행하지 않는 모든 형제와는 성도들이 사귀지 말고 경계해야 한다는 것이다. 그렇게 함으로써 게으른 사람이 각성할 수 있게 된다는 것이다. 만약 게으른 사람들을 아무런 제재 없이 그냥 놓아둔다면 게으름이 전염병처럼 다른 교인들에게 번져 나갈 수도 있으니 단호하게 조처해야 한다는 것이다. 오늘 이 명령을 그대로 명하는 교회가 있는가. 그리고 실제로 이 명령을 지키는 교인이 있는가. 명하는 지도자도 없거니와 지키는 교인도 없다. 현대 교회는 참으로 많이 타락했다. 개혁을 시도한다면 이런 것들도 성경대로 개혁해야 하지 않을까.

살후 3:7. 어떻게 우리를 본받아야 할 것을 너희가 스스로 아나니 우리가 너희 가운데서 규모 없이 행하지 아니하며.

본 절 초두의 "왜냐하면"(γὰρ)이란 이유 접속사는 본 절이 앞 절 내용의 이유임을 말해준다. 곧 데살로니가 교회가 게으른 사람들을 경계해야 하는 이유는 바울 사도 일행이 데살로니가 교회에서 사역할 때 친히 부지런히 일해야 한다는 모본을 보였기 때문이라는 것이다. 바울은 본 절부터 9절까지에 걸쳐 데살로니가 지역에서 전도할 때 친히 모본을 보인 것을 말하고 있다. 바울은 "어떻게 우리를 본받아야 할 것을 너희가 스스로 안다"고 말한다(고전 4:16; 11:1; 살전 1:6-7). "어떻게 우리를 본받아야 할 것을"(πῶς δεῖ μιμεῖσθαι ἡμᾶς)이란 말은 '우리를 본받는 것이 얼마나 필요한 것인지를'이란 뜻이다. 데살로니가 성도들은 바울 사도 일행을 본받는 것이 얼마나 필요한 것인지를 "스스로 알고 있다"는 것이다. 잘 알고 있는데 실천을 못하는 그들에게 바울은 실제로 실천할 것을 촉구한다. 바울 사도 일행은 데살로니가 성도들과 함께 있을 때 "규모 없이 행하지 아니했다"고 말해준다(살전 2:10). 곧 '무질서하게 행하지 않았다,' '게으르게 행하지 않았다'는 것이다. 바울은 여기저기 돌아다니면서 복음을 전파하면서도 주야로 일하여 좋은 본을 끼쳤다는 것이다(고후 11:7-9).

살후 3:8. 누구에게서든지 양식을 값없이 먹지 않고 오직 수고하고 애써 주야로 일함은 너희 아무에게도 누를 끼치지 아니하려 함이니.

바울은 데살로니가에서 전도할 때 "양식을 값없이 먹지 않고 오직 수고하고 애써 주야로 일했다"고 말한다(행 18:3; 20:34; 고후 11:9; 살전 2:9). "값없이"(δωρεὰν)란 말은 '무료로,' '공짜로'라는 뜻이다. "양식을 값없이 먹지 않았다"는 말은 '식사를 공짜로 하지 않았다'는 뜻일 뿐만 아니라 '생계 자체를 공짜로 꾸려가지 않았다'는 뜻이다(삼하 9:7). 바울은 "오직 수고하고 애써 주야로 일했다"고 말한다. 바울은 교회에 누를 끼치지 않기 위해서 수고했고 주야로 일을 했다. 곧 장막을 만들어 생계를 유지했다(행 18:3). 바울은 데살로니가에서만 일을 한 것이 아니라 여기저기서 일을 하며 전도했다(고전 9:12, 18). 바울은 한편 노동을 하며, 또 한편 그리스도를 전파한 사도였다. 바울 사도가 여기서 그리스도를 전파하며 일을 했다는 것을 자랑으로 하는 것이 아니라 게으르게 행하고 말만 만들며 돌아다니는 사람들에게 조용히 일하여 자기 양식을 먹도록 권고하기 위해서 말한 것뿐이다.

바울 사도가 이처럼 수고롭게 주야로 일을 한 이유는 "아무에게도 누를 끼치지 않기 위해서"였다. '아무에게도 폐를 끼치지 않기 위해서'라는 말이다. 오늘도 교회를 막 개척한 경우 교회에 누를 끼치지 않기 위해서 자비량을 하든지 아니면 다른 기관의 보조를 받아야 한다. 혹 오늘 평신도들 중에는 이 구절을 이용하여 교역자들이 교회에서 사례비를 받아서는 안 된다고 주장하는 사람들이 있다. 그렇게 주장하는 것은 성경을 잘 못 보았기 때문이고 또 한편으로 인색한 마음이 심해서 그런 것이다.

살후 3:9. 우리에게 권리가 없는 것이 아니요 오직 스스로 너희에게 본을 주어 우리를 본받게 하려 함이니라.

바울은 "우리에게 권리가 없는 것이 아니라"고 말한다(고전 9:6; 살전 2:6). 곧 '교회로부터 경제적인 지원을 받을 권리가 없는 것이 아니라'는 말이다. 바울은 교역자가 교회로부터 경제적인 지원을 받을 권리가 있다고 주장했다(고전 9:8-10). 교역자가 교회에서 사례비를 받는 것이 당연하지만 데살로니가 교회로부터 아무 것도 받지 아니한 것은 "오직 스스로 너희에게 본을 주어 우리를 본받게 하려 하기 위해서"였다(7절). '열심히 일을 해서 자기 양식을 먹는 본을 보여주기 위해서'였다. 바울은 그리스도의 재림의 날이 왔다고 오해하고 일도 하지 않고 돌아다니며 일만 만드는 자들에게 본을 끼치기 위해서 열심히 일을 했다. 전도자의 모본은 중요하다. 성도들은 전도자를 향하여 욕을 하면서도 또 한편으로 닮는 것이다.

그러나 오늘 교역자 중에는 본을 끼치기 위해서가 아니라 사업이 좋아서 이런저런 사업을 하면서 전도를 부업으로 하는 이들이 있다. 하나님으로부터 부름을 받은 전도자는 다른 일에 신경 쓰지 말고 기도하는 일과 말씀 전하는 일을 전무해야 한다(행 6:1-6). 전도자가 다른 일에 신경을 쓰면 결국 교회를 황폐화시키고 교역자의 이름에 먹칠을 하며 하나님의 이름을 더럽게 된다. 크게 자성하고 주님의 몸 된 교회와 하나님의 나라 확장을 위하여 최선을 다해야 한다.

살후 3:10. 우리가 너희와 함께 있을 때에도 너희에게 명하기를 누구든지 일하기

싫어하거든 먹지도 말게 하라 하였더니.

바울 사도는 데살로니가에 있을 때 "누구든지 일하기 싫어하거든 먹지도 말게
하라"고 명령한 사실을 상기시킨다. 바울은 구약 성경에서 열심히 일하라는
하나님의 명령을 들어 데살로니가 성도들에게 명령했을 것이다. 창 3:19에는
하나님께서 아담에게 "네가 얼굴에 땀이 흘러야 식물을 먹을 것이라"고 하셨고
또 창 1:28에는 하나님께서 인류 최초의 조상 두 사람에게 "생육하고 번성하여
땅에 충만하라, 땅을 정복하라, 바다의 고기와 공중의 새와 땅에 움직이는
모든 생물을 다스리라"고 하셨다. 이 모든 것들을 다스리는 것은 큰 수고가
아닐 수 없다. 그리고 출 20:9에 하나님께서 "엿새 동안은 힘써 네 모든 일을
행할 것이라"고 하셨다(제 4계명). 시 128:2에는 "네가 네 손이 수고한 대로
먹을 것이라"고 교훈했다(잠 10:4). 게으름은 하나님의 명령을 어기는 죄이다.

바울은 "누구든지 일하기 싫어하거든 먹지도 말게 하라"는 말을 한번만
한 것이 아니라 여러 번 하곤 했다(창 3:19; 살전 4:11). 여기 "하였더니"(παρηγ-
γέλλομεν)란 말은 미완료 형(imperfect)으로 '말하곤 했다,' '명령하곤 했다,'
'권면하곤 했다'는 뜻이다. 바울은 같은 말을 여러 차례 계속해서 말했다.
여러 차례 말해도 듣지 않는 사람들이 있다. 그래도 또 말해야 한다.

**살후 3:11. 우리가 들은즉 너희 가운데 규모 없이 행하여 도무지 일하지 아니하고
일만 만드는 자들이 있다 하니.**

바울은 바울 일행의 모본(7-9절)과 전에 명령했던 사실(10절)을 근거하여 본
절과 다음 절(12절)에서 열심히 일하여 자기가 벌은 양식을 먹으라고 명령한다.
바울은 지금도 "우리가 듣고 있다"고 말한다. 곧 바울은 데살로니가로부터
고린도로 온 여행객들을 통하여 데살로니가 교회의 문제를 잘 듣고 있었다.

좋은 소식도 듣고 안 좋은 소식도 듣고 있었다. 데살로니가 교회 안에는 "규모 없이 행하여 도무지 일하지 아니하고 일만 만드는 자들이 있다"는 소식을 들었다(살전 4:11; 딤전 5:13; 벧전 4:15). "규모 없이 행한다"는 말은 '게으르게 행한다'는 말이다(6절). 게으르게 행하는 것은 1) 그 자체가 벌써 죄악이고(10절), 2) 남에게 폐를 끼치는 행동이며, 3) 교회에 누를 끼치는 행위이다.

"일만 만드는 자들"(περιεργαζομένους)이란 말은 '남의 일을 참견하는 자들,' '과도하게 남의 일에 관심을 가지는 사람들'이란 뜻이다. 데살로니가 교회 안에는 예수님의 날이 이미 왔다고 하며 일도 하지 않고 공연히 돌아다니면서 다른 사람들을 향하여 재림 준비나 하라고 하여 교회를 혼란케 하던 교인들이 있었다. 이런 사람들은 오늘도 여기저기서 말썽을 피우고 있다. 종종 재림의 날이 임한다고 집을 팔고 논밭을 팔며 사업을 중단하며 학교를 중퇴하는 학생들이 있다. 우리는 일만 만드는 사람들의 말에 귀를 기울이지 말고 그들을 선도해야 할 것이다.

살후 3:12. 이런 자들에게 우리가 명하고 주 예수 그리스도 안에서 권하기를 종용히 일하여 자기 양식을 먹으라 하노라.

바울은 "이런 자들에게," '곧 게으른 자들에게' "우리가 명하고 주 예수 그리스도 안에서 권하기를 종용히 일하여 자기 양식을 먹으라"(엡 4:28; 살전 4:11)고 권한다. 바울은 게으름을 발본색원하기 위해 '명령하고' 또 '그리스도의 권위를 가지고 권한다'고 말한다. "종용히"(μετὰ ἡσυχίας)란 말은 '조용히(개역개정판)', '고요하게'라는 뜻이다. 데살로니가 성도들 중에 일부는 예수님의 재림의 날이 왔다고 일도 하지 않고 돌아다니면서 말참견이나 하기 때문에 바울은 조용하게 일을 해서 자기가 번 양식을 먹으라고 권한 것이다. 하나님은 조용하게 일을 하는 사람에게 복을 주신다.

살후 3:13. 형제들아 너희는 선을 행하다가 낙심치 말라.

바울은 게으른 사람을 향하여 간절히 권고하다가 이제는 옳게 행하는 많은 형제들을 향하여 권고하려고 "형제들아"라는 애칭으로 부른다. 바울은 "너희는 선을 행하다가 낙심치 말라"고 말한다(갈 6:9). 여기 "선을 행한다"(καλο-ποιοῦντες)는 말은 '훌륭하고 명예롭고 아름다운 일을 행한다'는 뜻이다(막 14:6).[7] 다시 말해 하나님께 영광 돌리는 훌륭한 일, 아름다운 일을 하는 것을 지칭한다(롬 7:21; 고후 13:7; 갈 6:9). "낙심치 말라"(μὴ ἐγκακήσητε)는 말은 '마음이 약해지지 말라,' '무기력해지지 말라'는 뜻이다. 데살로니가 교회의 성도들은 게으르고 말만 만드는 성도들을 볼 때 낙심될 가능성이 있었다. 성도는 어떤 환경을 만나서도 낙심해서는 안 된다. 그리스도를 바라보고 전진해야 한다(빌 3:14).

살후 3:14. 누가 이 편지에 한 우리 말을 순종치 아니하거든 그 사람을 지목하여 사귀지 말고 저로 하여금 부끄럽게 하라.

바울은 "이 편지에 한 우리 말(τῷ λόγῳ ἡμῶν διὰ τῆς ἐπιστολῆς),"곧 '데살로니가 후서를 통하여 전달한 바울의 명령'을 순종치 않는 사람을 징계하라고 부탁한다. 다시 말해 게으른 사람을 징계하라는 것이다. 바울은 게으른 사람을 어떻게 취급해야 할 것인가를 놓고 상세히 말했다(6-13절). 그 게으른 사람들을 징계하라는 것이다. 혹자는 "이 편지에 한 우리 말"을 '데살로니가후서에 기록한 우리 명령 전체'로 보나 문맥으로 보아(6절) '데살로니가후서를

---

7) 윌리암 헨드릭슨, 『데살로니가전후서』, 김용섭 옮김, p. 286.

통하여 전달한 바울 사도의 명령, 곧 게으른 사람을 어떻게 대해야 할 것인지에 대한 명령'으로 보는 것이 타당하다.

징계란 다름 아니라 "그 사람을 지목하여 사귀지 말고 저로 하여금 부끄럽게 하라"는 것이다(6절; 마 18:17; 고전 5:9, 11). "지목하다"(σημειοῦσθε)라는 말은 '표시하다,' '주목하다(note),' '어떤 사람을 주목하다'란 뜻이고 "사귀지 말라"는 말은 '친밀하게 교제하지 말라'는 뜻이다. 당시의 형편으로 보아 교회의 공식행사에서 제외시키고 친밀하게 교제하는 장소에도 초청하지 말라는 것이다. 이렇게 사람을 지목하여 친밀하게 교제하지 말라는 이유는 "저로 하여금 부끄럽게 하기 위한" 것이다. '수치를 당하게 하기 위한' 것이다. 부끄럽게 하여 자신이 지은 죄를 깨닫게 하려는 것이다. 오늘의 교회는 죄를 깨닫게 하는 사역을 감당치 못하고 있다. 심지어 "죄"라는 단어를 사용치 않고 그저 '부정적인 것'이란 낱말로 대치하기도 한다. 우리는 성령을 힘입어 죄를 알게 하는 사역을 잘 감당해야 한다. 조나단 에드워즈(Jonathan Edwards)가 지옥에 관한 설교를 했을 때 많은 사람들이 감동을 받아 지옥으로 떨어질까 교회 기둥을 붙들었다.

살후 3:15. 그러나 원수와 같이 생각지 말고 형제 같이 권하라.
앞 절에 이어 말씀을 순종치 않는 사람을 징계할 때는 "원수 같이 생각지 말고 형제 같이 권하라"고 한다(레 19:17; 살전 5:14). 죄를 지은 사람들을 원수같이 대하거나 혹은 출교시키지 말고 교회의 공동체의 일원으로 대하라는 것이다(고전 5:13참조). 그러다가 죄를 자복하면 형제처럼 대해야 하는 것이다. 우리는 권징을 시행할 때 사랑으로 행해야 한다.

VIII. 기원, 문안, 축도 3:16-18

살후 3:16. 평강의 주께서 친히 때마다 일마다 너희에게 평강을 주시기를 원하노라 주는 너희 모든 사람과 함께 하실지어다.

바울은 편지를 끝내면서 데살로니가 교회 성도들을 위해 주님의 평강을 기원하며 주님의 동행을 기원한다. 주님은 "평강의 주"(ὁ κύριος τῆς εἰρήνης), 곧 '그 평강의 주님'이시다. 다시 말해 '그 평강을 만드신 주님'이시다. 예수님은 십자가로 그 평안을 만드셨다(엡 2:14-18). 하나님과 인간 사이의 담을 허무셨다. 그리고 인간의 마음속에 들어오셔서 놀라운 평안, 안정, 안도감을 주셨다. 바울은 그의 서신에서 자주자주 "평강의 하나님"이라는 표현을 사용했다(롬 15:33; 16:20; 고전 14:33; 고후 13:11; 빌 4:9; 살전 5:23). 똑같은 개념이다.

바울은 그 평안을 만드신 주님께서 "친히 때마다 일마다 너희에게 평강을 주시기를 원하노라"고 말한다. "때마다 일마다(διὰ παντὸς ἐν παντι)," 곧 '계속적으로 그리고 모든 면에서' 평강 주시기를 기원한다. 다시 말해 '생의 모든 상황에서' 평강 주시기를 기원한다. 불안하고 무섭고 위험한 이 세상에서 평안, 안정, 안도감을 주시기를 기원한 것이다. 오늘 우리는 우리들의 심령 속에 그리고 우리들의 가정 안에 그리고 또 우리들의 교회 안에 이 평강이 있기를 기원해야 하고 모든 사람들의 심령 속에 그리스도께서 만드신 그 독특한 평안이 임하기를 기원해야 한다.

그리고 바울은 "주는 너희 모든 사람과 함께 하시기를" 기원한다. 이 기원은 위에 말한 기원과 별개의 기원이 아니라 연결된 것이다. 주님께서 만드신 그 평안은 주님께서 함께 하실 때에 임하는 것이기에 바울은 이 기원을 덧붙인 것이다(마 1:23). 주님께서 주시는 평안, 안정감은 그리스도와 별개로 임하는 것이 아니다. 항상 그리스도께서 계신 곳에 임한다. "모든 사람"이란 말은 '데살로니가 교회의 모든 성도'를 포함한다. 교회의 참 성도들이나 게으름을 피우는 성도들이나 모두를 포함하는 것으로 보아야 한다. 그들을 형제같이 대하라(15절)고 말한 바울 사도가 그들을 제외시켰을 이유가 없다.

살후 3:17. 나 바울은 친필로 문안하노니 이는 편지마다 표적이기로 이렇게 쓰노라.

바울은 그의 독특한 친필로 문안 인사를 쓴다고 말한다(고전 16:21; 골 4:18). 아마도 17-18절 두 절을 친필로 썼을 것이다. 16절로부터 친필로 썼다고 보기 보다는 친필로 쓴다고 말한 곳(17절)부터 친필로 썼다고 보는 것이 좋을 것이다. 바울은 그의 서신을 대필시키면서(롬 16:22; 고전 16:21; 갈 6:11; 골 4:18) 그 서신이 가짜가 아니고 진짜 그의 서신이라는 것을 표시하기 위하여 한 부분을 친필로 쓴 것이다. "표적"(σημεῖον)이란 말은 '표시,' '표,' '증거,' '놀라운 사건,' '비상한 사건'이란 뜻인데 본 절에서는 '표시'라는 뜻으로 쓰였다(개역개정판 번역). 바울은 데살로니가 전서를 썼고 또 본서를 쓰고 난후 다른 서신들을 연이어 썼다. 그런 그가 특별히 본서신의 본 절(3:17)에 와서 이렇게 이 편지가 자기의 서신이라고 특별히 알린 것은 게으르고 말참견하는 사람들을 의식해서였을 것이다. 바울은 그들로 하여금 본 서신의 순수함을 의심치 않고 순종하게 하기 위해서 이렇게 친필로 쓴다고 말했을 것이다.

살후 3:18. 우리 주 예수 그리스도의 은혜가 너희 무리에게 있을지어다.

바울은 편지 마지막 부분에서 축도를 한다(살전 5:28). 데살로니가전서와의 차이는 "무리"라는 말이 더 들어간 것뿐이다. 사실은 "너희"라는 말로도 모두를 지칭하기에 충분한데 거기에 "무리"라는 말을 첨가한 것은 교회 안에 말썽을 피우는 사람들까지 분명히 포함한다는 의도였을 것이다. 바울은 폭넓은 사도였다.

ㅡ데살로니가후서 주해 끝

디모데전서 주해

1 Timothy

총론

저작자 본서의 저작자는 바울 사도이다(1:1). 본 서신에 나타나는 단어와 문체가 바울의 다른 서신들의 그것과 일치하는 것을 감안할 때 본서의 저자가 바울임을 의심할 여지가 없다. 또한 본 서신에 바울 자신의 개종 경험이 들어 있는 것을 보면 본 서신이 바울의 저작임을 의심할 수가 없다(1:13; 고전 15:9; 엡 3:8).

다음 외증도 가세(加勢)하고 있다. 초대교회의 교부 이레니우스(Irenaeus, A.D. 130-220)는 본서를 바울의 것이라 하였고, 알렉산드리아의 클레멘트 (Clement of Alexandria, A.D. 155년경-220년경)도 딤전 6:20-21을 인용하며 바울의 저작으로 인정했다. 유세비우스(Eusebius)는 로마서에서부터 빌레몬까지의 13권을 바울 사도의 글이라고 하였다. 그리고 A.D. 170년경의 무라토리 단편(Muratorian fragment)도 본 서신을 포함한 목회서신이 바울의 저서라고 인정했다.

그러나 고대 교회에서 말시온(Marcion)이 목회서신을 인정하지 않았다. 그는 고행을 주장했던 영지주의자였기 때문에 고행주의를 반대하는 목회서신을 인정할 수가 없었다. 19세기 초에 와서 자유주의학자들은 목회서신(디모데전서, 디모데후서, 디도서)의 진정성에 대한 반론을 제기했고 그 후에도 계속되었다. 19세기 이후의 쉬레더(Shrader), 바우르(Baur), 및 튜빙겐학파가 바울 저작설을 부인하였다. 그들은 주로 본서에 바울이 다른 서신에서 자주 다루는 구약 인용이 없다는 것, 그리고 본서에 바울이 다른 서신에서 주로 다루는 율법과 복음, 이신칭의 등의 교리가 빠져 있다는 것을 들어 바울 저작설을 부인했다. 그러나 저자가 편지를 쓸 때 지역 교회의 현실을 무시하고 일률적으로 비슷하게 써서는 안 될 것이었다. 그 지방교회의 현실을 감안하여 다르게 써야 할 것이다.

저작 장소 디모데전서의 기록 장소는 불분명하다. 바울은 로마 옥에서 석방되어 동방으로 여행하는 중 에베소에서 목회하고 있는 디모데에게 본서를 기록하여 보냈다.

기록한 때 본 서신은 바울이 1차 로마 감옥 생활을 마친 후(A.D. 62-63년)부터 순교하기까지의 기간 중 63년경에 기록된 것으로 보인다. 그가 로마에 다시 투옥된 후에 기록한 디모데후서는 순교하기(67년경) 전인 A.D. 66년경에 기록한 것으로 보인다.

편지를 쓴 이유 목회를 어떻게 해야 하는 것을 가르쳐 주기 위해 바울이 본서를 기록했다. 좀 더 구체적으로 말하면 첫째, 바울은 복음의 순수성을 보호하기 위해 본서를 기록했다. 복음이 각 곳에 전파된 후 이단 사상도 만연하게 되어 바울은 복음의 순수성을 보호하기 위해 본서와 디모데후서 그리고 디도서를 기록했다. 베르도트(D. N. Berdot)는 1703년 이 세 서신을 '목회서신'

이라고 명명하게 되었다.[1] 둘째, 바울은 내적으로 성숙한 신앙생활을 권면하기 위해 본서를 기록했다. 바울은 내부적으로 신앙의 침체를 극복하기 위해 본서를 기록한 것이다. 그리고 바울은 교회의 직제와 교역자들의 자격을 규정하기 위해 본서를 기록했다.

내용 분해 본 서신의 내용을 분해하면 다음과 같다.

  I. 인사말   1:1-2

  II. 거짓 교사들을 경계하라   1:3-20

         1. 거짓 교사들을 경계하라   1:3-11

         2. 복음을 맡겨주신 하나님께 감사함   1:12-17

         3. 선한 싸움을 싸워라   1:18-20

  III. 예배 때에 지켜야 할 지침들을 지켜라   2:1-15

         1. 예배 때에는 모든 사람을 위하여 기도하라   2:1-7

         2. 예배 때에 남자와 여자가 취해야 할 지침들   2:8-15

  IV. 감독의 자격   3:1-7

  V. 남녀집사의 자격   3:8-13

  VI. 본서를 기록하는 동기와 복음의 심오함   3:14-16

  VII. 금욕주의 이단을 경계하라   4:1-5

  VIII. 목회자가 힘쓸 일들   4:6-16

  IX. 여러 유형의 성도들을 어떻게 돌볼 것인가   5:1-6:2

         1. 노인층과 청년층을 어떻게 돌보아야 할 것인가   5:1-2

---

1) 존 스토트, 『디모데전서, 디도서강해』, 김현회 옮김, (서울: 한국기독학생회출판부, 1998), p. 43.

참고도서

1. 박윤선. 『바울서신』. 성경주석. 서울: 영음사, 1987.

2. 벵겔, J. A. 『에베소서-빌레몬서』, 벵겔 신약주석. 오태영 옮김. 서울: 도서출판로고스, 1992.

3. 스토트, 존. 『디모데전서, 디도서강해』. 김현회 옮김. 서울: 한국기독학생회출판부, 1998.

4. 이상근. 『살전-디도』. 신약성서주해. 서울: 대한예수교장로회총회교육부, 1970.

5. 『에베소서-빌레몬서』. 호크마종합주석. 강병도 편. 서울: 기독지혜사, 1992.

6. 헨드릭슨, 윌리암. 『목회서신』. 헨드릭슨 성경주석. 나용화 옮김. 서울: 아가페출판사, 1983.

7. 칸스터블, 토마스 L. "데살로니가전후서, 디모데전후서." In *The Bible Knowledge Commentary*. 김운성 옮김. 두란노강해주석시리즈 27. 서울: 도서출판두란노, 1989.

8. Alford, H. *The Greek Testament III*. London: Rivingtons, 1871.

9. Barclay, W. *The Letters to Timothy, Titus and Philemon*. Philadelphia: Westminster, 1960.

10. Barrett, C. K. *The Pastoral Epistles*. Oxford: Clarendon, 1963.

11. Barnes, Albert. *Thes-Phil*. Barnes on the New Testament. Grand Rapids: Baker Book House, 1978.

12. Berkhof, Louis. *Systematic Theology*. Carlisle, Pa.: Banner of Truth Trust,

1958.

13. Calvin, John. *Commentaries on the Epistles to Timothy and Titus. Edinburgh*, 1856.

14. Clark, Gordon. *The Pastoral Epistles*. Jefferson, MD: The Trinity Foundation, 1983.

15. Fairbairn, Patrick. *Commentary on the Pastoral Epistles*. Grand Rapids: Zondervan Publishing House, 1956.

16. Henry, Matthew. *Commentary on the Whole Bible*, vol. VI. New Fleming H. Revell Co., nd.

17. Jeremiah, David. *God in You*. Orange, Calif: Multnomah Publishers, 1998.

18. Kelly, J. N. D. A *Commentary on the Pastoral Epistles*. New York: Harper & Row, 1963.

19. Lenski, R. C. H. *The Interpretation of St. Paul's Epistles to the Colossians, to the Thessalonians, to Timothy, to Titus and Philemon*. Columbus Ohio: Wartburg, 1937.

20. Lightfoot, J. B. *Notes on the Epistles of St. Paul*. London: Macmillan, 1895.

21. Lloyd-Jones, Martin. *God the Holy Spirit*. Wheaton, Ill.: Crossway Books, 1997.

22. Lock, W. A *Critical and Exegetical Commentary on the Pastoral Epistles* (ICC). Edinburgh: T. & T. Clark, 1924.

23. Plummer, A. *The Pastoral Epistles*. Ed. Nicoll, W. R. New York: Armstrong, 1898.

24. Hiebert, D. Edmond. 『디모데후서』. 이수봉 옮김. 서울: 나침반사, 1986.

25. Wallis, Wilber B. "I and II Timothy," in *the Wycliffe Bible Commentary*. Chicago: Moody Press, 1981.

26. Wiersbe, Warren. *Be Faithful*. Wheaton, Ill.: Scripture Press Publications, Victor Books, 1981.

제1장

이단을 경계하라

I. 인사말 1:1-2

딤전 1:1. 우리 구주 하나님과 우리 소망이신 그리스도 예수의 명령을 따라 그리스도 예수의 사도 된 바울은.

바울은 자신이 "우리 구주 하나님과 우리 소망이신 그리스도 예수의 명령을 따라" 사도가 되었다고 말한다. 바울은 하나님을 "구주"라고 부른다(2:3; 4:10; 딛 1:3; 2:10; 3:4; 유 1:25). "구주"(σωτῆρος)란 말은 '구세주,' '구원자,' '보존자,' '보호자'라는 뜻이다. "구주"라는 칭호는 주로 예수님에게 붙여져 사용된 칭호다(엡 5:23; 빌 3:20; 딤후 1:10; 딛 1:4; 2:13; 3:6; 벧후 1:1; 1:11; 2:20). 그 말이 하나님에게도 붙여 사용된 것은(딤전 2:3; 4:10; 딛 1:3; 2:10; 3:4) 하나님이야말로 우리의 구원의 궁극적인 근원이시기 때문이다. 하나님은 그리스도를 보내서서 십자가에서 대속의 죽음을 죽게 하사 우리의 구주가 되셨다. 고대 사회에서 황제들에게도 구주라는 칭호를 붙였고 심지어 네로 황제(A.D. 54-68)에게도 자주 붙여 사용했는데 바울은 하나님이야말로 우리의 참 구원자이시며 보호자시라는 뜻으로 구주라는 칭호를 붙였다. 하나님은 바울을 비롯하여 우리 모두의 구주이시다. 하나님은 우리의 모든 고통(죄로 인한 고통, 병으로 인한 고통, 경제적인 고통, 사회적인 고통 등)에서 건지시고 보호하신다.

바울은 자신을 "우리의 소망이신 그리스도 예수의 명령을 따라 사도"가 되었다고 말한다. 바울은 "그리스도 예수"란 말 앞에 "우리의 소망"이란 말을 붙인다. 예수님은 "우리의 소망"이시다(골 1:27). 예수 그리스도께서 우리의 소망이 되시는 이유는, 1) 예수님은 우리가 하늘로 가는 유일한 길이기 때문이다(요 14:6; 히 9:8). 예수님을 통하지 않고는 하늘로 가는 길이 없다. 다시 말해 예수님의 십자가의 대속을 믿지 않고는 아무도 천국에 가지 못한다. 그렇기 때문에 예수님은 우리의 유일한 소망이시다. 2) 예수님을 통해서만 하나님의 복이 내려오기 때문이다(딤전 2:5; 히 9:15). 그리스도를 통하여 우리의 기도가 하나님께 상달되고, 그리스도를 통해 하나님의 복이 우리에게 오기 때문에 그리스도는 우리의 유일한 소망이시다. 예수님은 이스라엘의 소망이시고 우리의 유일한 소망이시다(행 28:20; 골 1:27). 세상에 사람이나 물질이나 권력을 소망삼고 사는 사람들은 실망하고 좌절하게 마련이지만 그리스도를 소망하고 사는 사람들은 복을 받는다.

바울은 자원하여 사도가 된 사람이 아니다. 그는 하나님과 그리스도의 "명령"을 따라 사도가 되었다(행 9:15; 갈 1:1, 11). "명령"($\dot{\epsilon}\pi\iota\tau\alpha\gamma\grave{\eta}\nu$)이란 말은 '훈령,' '법령,' '권위,' '엄격'이란 뜻으로 '거역할 수 없는 절대적인 명령'을 지칭한다. 바울은 "명령을 따라" 사도가 되었다는 표현 외에 "하나님의 뜻을 따라"라는 표현도 사용한다(고전 1:1; 고후 1:1; 엡 1:1; 골 1:1; 딤후 1:1). 본문에 "사도"($\dot{\alpha}\pi\acute{o}\sigma\tau o\lambda o\varsigma$)란 말은 '보냄을 받은 자'란 뜻으로 그리스도로부터 복음을 전하도록 보냄을 받은 자다. "사도"란 말은 원래 12사도를 지칭하는 말이었으나(마 10:2-4; 막 3:14-19; 눅 6:13-16; 행 1:13) 후에 그 범위가 넓어져서 바나바(행 14:4, 14)나 실라와 디모데에게도 사용되었다(살전 2:6).

딤전 1:2. 믿음 안에서 참 아들 된 디모데에게 편지하노니 하나님 아버지와 그리스도 예수 우리 주께로부터 은혜와 긍휼과 평강이 네게 있을지어다.

바울은 "믿음 안에서 참 아들 된 디모데에게 편지한다"고 말한다(행 16:1; 고전 4:17; 빌 2:19; 살전 3:2). 바울은 디모데를 믿음 안에서 "참 아들"이 된 사람이라고 말한다(딛 1:4). "그 이유 중 한 가지는 바울이 그의 회심에 관련되었기 때문이고, 다른 하나는 디모데가 바울의 가르침과 본을 성실하게 따랐기 때문이다"[2](참조, 고전 4:17; 빌 2:22; 딤후 3:10).

바울은 디모데에게 편지하면서 "하나님 아버지와 그리스도 예수 우리 주께로부터 은혜와 긍휼과 평강이 네(디모데)게 있기를" 기원한다. 하나님 아버지로부터 예수 그리스도를 통하여 "은혜와 긍휼과 평강이 있기를" 기원한 것이다(갈 1:3; 딤후 1:2; 벧전 1:2). "은혜"는 '그리스도를 통하여 주시는 하나님의 무조건적 호의'를 뜻한다. "긍휼"은 '죄인들을 향하신 하나님의 한없는 사랑과 위로'를 지칭한다(딤후 1:2; 요이 1:3; 유 1:2). "평강"은 '하나님과 인간이 화목한 가운데에서 느껴지는 영적인 평안'을 말한다. 우리는 우리 개인에게도 "은혜와 긍휼과 평강"이 필요하고 이웃들에게도 이 세 가지가 필요하기에 매일 구해야 한다. 만일 한 번의 기도로 충족된다면 바울은 한 번만 기도하였을 것이나, 그는 편지할 때마다 기도했다(1:2; 딤후 1:2; 살전 1:1; 살후 1:2). 본서는

---

2) 존 스토트, 『디모데전서, 디도서강해』, 김현회 옮김, (서울: 한국기독학생회출판부, 1998), p. 45.

디모데 개인에게 주는 편지다. 그러나 이 서신은 사신(私信)만이 아니라 교회에 주는 편지이기도 하다(6:24-"은혜가 너희와 함께 있을지어다").

II. 거짓 교사들을 경계하라 1:3-20

　바울은 부득이 자기 혼자 마게도냐로 가면서 디모데에게 에베소에 남아서 유대주의 거짓 교사들을 경계하라고 부탁한다(3-11절). 그리고 바울은 자기에게 복음을 맡겨주신 하나님께 감사하며(12-17절), 디모데에게 에베소에서 유대주의자들과 선한 싸움을 싸우라고 부탁한다(18-20절).

1. 거짓 교사들을 경계하라 1:3-11

딤전 1:3. 내가 마게도냐로 갈 때에 너를 권하여 에베소에 머물라 한 것은 어떤 사람들을 명하여 다른 교훈을 가르치지 말며.

바울은 첫 번 로마옥에 2년간 갇혔다가 일단 석방된 후에 디모데와 함께 에베소에서 함께 있다가 마게도냐를 향해 떠나가면서 디모데에게 에베소에 계속 머물라고 부탁했던 것으로 보인다. 바울은 에베소에서 디모데와 함께 계속해서 머물 수는 없었다. 그는 마게도냐로 갈 수밖에 없었는데(행 20:1, 3; 빌 2:24) 디모데도 함께 가기를 소원했다. 그래서 바울은 마게도냐로 갈 때 디모데를 권하여 "에베소에 머물라"고 권했다. "머물라"(προσμεῖναι)는 말은 '계속 머물라'는 뜻이다. 에베소 교회의 이단을 경계하기 위해 디모데가 '계속해서 머물러야 한다'는 것이다. "어떤 사람들"이란 말은 '몇몇 사람들'이라는 뜻이다.

바울은 그 사람들의 이름을 들지 않고 이렇게 어떤 사람들이라고 말한 것은 아직은 이름을 밝히지 않으려는 생각에서였을 것이다(19절; 참조 살후 3:11, 15). 바울은 될 수 있는 대로 사람을 아끼고 있었다. 여기 "어떤 사람들"은 율법의 선생이 되려는 사람들이다(7절).

바울이 디모데를 에베소에 머물도록 한 것은 "어떤 사람들을 명하여 다른 교훈을 가르치지 말라"는 부탁 때문이었다(6:3; 갈 1:6-7). "다른 교훈"(ἑτεροδιδασκαλεῖν)이란 말은 '거짓 교훈'이란 뜻이다. 다시 말해 '이단 사상'을 지칭한다. 몇몇 거짓 교훈을 가르치는 사람들 때문에 바울은 마게도냐로 함께 가고 싶어하는 디모데를 에베소에 머물라고 간절히 권한 것이다. 이단방지는 이처럼 중요하다. 몇몇 사람의 이단은 전체 교회에 큰 악영향을 끼친다.

딤전 1:4.신화와 끝없는 족보에 착념치 말게 하려 함이라 이런 것은 믿음 안에 있는 하나님의 경륜을 이룸보다 도리어 변론을 내는 것이라.

"신화"(μύθοις)란 말은 원래 '전설,' '만든 이야기,' '허황한 이야기'라는 뜻이다. 그러나 여기서는 어떤 가문이나 어떤 도시의 기원을 어떤 신(神)에게까지 결부시켜 이야기 하는 것을 지칭한다. "신화"란 말은 4:7에 "망령되고 허탄한 신화"라는 말로 표현되어 있고, 딤후 4:4에는 "진리에서 떠난 허탄한 이야기"로 표현되고, 딛 1:14에는 "허탄한 이야기"로 표현된다.3) 유대주의자들은 어떤 신이 내려와서 어떤 도시를 건설했다느니, 혹은 어떤 여자와 결혼하여 한

---

3) 존 스토트는 "에베소에 있었던 거짓 교사들은 유대교적인 특색과 함께 영지주의적인 색채도 나타내고 있다. 예를 들면 그들은 결혼을 반대했고 특정한 음식을 멀리해야 한다고 가르쳤다(4:3이하). 이는 창조의 교리와 화합될 수 없으며 물질을 악한 것으로 여겨 거부하는 영지주의와 상통하는 거짓 금욕주의"라고 말한다. 존 스토트, 『디모데전서, 디도서강해』, p. 52.

가문을 세웠다는 등의 신화, 곧 허탄한 이야기를 만들었다. 우리나라에도 유명한 단군 신화가 있다. 단군 신화와 유대의 거짓 교사들의 신화의 차이점은 단군신화는 성경과 전혀 관계가 없는 신화인 반면 유대주의자들의 신화는 성경에서 한 사건을 꺼내서 부풀린 것이다.

"족보"란 말은 '유대인들의 족보를 그 어떤 유명한 조상들에게 연결시켜 만든 족보'를 지칭한다. 유대주의자들은 하나님과 인간 사이에 끝없는 족보가 있다고 믿고 후손들을 위해서 가상적인 족보를 만들었다. 그들은 유대의 후손들을 하나하나 아브라함과 연결시키거나 모세와 연결시키거나 아니면 대제사장들과 연결시켜서 유명한 사람의 후손인 것처럼 만든 것이다. "끝없는"이란 말은 '한량없는,' '기나긴'이란 뜻이다. 유대주의자들은 지루하게 긴 족보를 만들었다. 신화와 족보라는 표현은 하나라고 할 수 있다. 약간의 차이가 있다면 신화는 성경의 어떤 사건을 꺼내서 만든 반면, 족보는 여러 사건들 중에서 특별히 족보를 꺼내 부풀려서 후손들을 돋보이게 만든 것이다.

바울은 디모데로 하여금 에베소에 남아서 거짓 교사들로 하여금 신화와 끝없는 족보에 "착념치 말게"하라고 부탁한다(4:7; 6:3, 20; 딤후 2:16, 23; 딛 1:14; 3:9). "착념하다"(προσέχειν)라는 말은 '접근하다,' '동의하다,' '몰두하다'란 뜻이다. 유대주의자들은 허황된 신화와 족보에 전념했다. 바울은 디모데로 하여금 그런 유대주의자들의 이단을 금지시키도록 부탁했다.

바울이 유대주의자들의 행위를 금지시킨 이유는 "이런 것은 믿음 안에 있는 하나님의 경륜을 이룸보다 도리어 변론을 내기" 때문이었다.[4] 다시 말해 '신화와 끝없는 족보가 믿음으로 이룰 수 있는 하나님의 경륜을 이룸보다

---

4) 본 절의 "믿음 안에 있는 하나님의 경륜을 이룸보다 도리어 변론을 내는 것이라"란 말을 KJV에서는 "which minister questions, rather than *godly edifying* which is in faith"라고 번역했다. 이 번역이 옳다면 '믿음으로 이루는 경건한 덕보다는 변론을 일으키는 것이다'라고 해석해야 될 것이다.

도리어 변론을 내기' 때문이었다. "경륜"(οἰκονομίαν)이란 말은 '집을 다스리는 청지기'(눅 12:42; 16:2), '복음 사역을 위한 직분'(고전 4:2; 9:17), '하나님의 구원계획'(엡 1:9; 3:2, 9)을 뜻한다.[5] 신화와 끝없는 족보는 하나님의 뜻을 이루기보다는 오히려 변론을 일으킨다(6:4). 변론만을 일으키는 신화와 지루한 족보이야기는 하나님의 구원계획을 이루지 못한다. 전적으로 무익한 것이다.

딤전 1:5. 경계의 목적은 청결한 마음과 선한 양심과 거짓이 없는 믿음으로 나는 사랑이거늘.

혹자는 "경계"(παραγγελίας)란 말을 바울이 디모데에게 '에베소에 머물라고 권한 명령'으로 해석한다(3절). 이런 해석은 문법적으로는 가능하다. 그러나 "경계"(παραγγελίας)란 말을 '율법'으로 해석하는 것이 더 바람직하다(롬 13:8, 10; 갈 5:14). 이유는 문맥 때문이다. 첫째, 이단자들이 율법의 선생이 되려고 했다는 점(7절), 둘째, 바울이 율법에 대해 자세히 설명하고 있다는 점, 셋째, 유대주의자들이 신화와 족보에 몰두하여 율법교사가 되려고 했다는 점(4절)을 감안할 때 본 절의 "경계"란 말을 '율법'으로 해석하는 것이 더 합당하다.

바울은 율법의 목적은 "사랑"(ἀγάπη)이라고 말한다. 율법을 말하고 율법을 지킨다고 하면서 희생적인 사랑을 나타내지 않는다면 잘못된 것이라는 것이다. 바울은 청결한 마음에서 사랑이 나오고, 선한 양심에서 사랑이 나며 거짓이 없는 믿음에서 사랑이 난다고 말한다. 그 마음이 청결하다는 것은 욕심이나

5) 존 스토트는 본 절의 "경륜"을 '하나님이 계시하신 구원계획'으로 해석하고 있다. 존 스토트, 『디모데전서, 디도서강해』, p. 54.

두 마음을 품지 않는 것을 말한다. 사람의 마음이 청결하지 아니하면 하나님을 볼 수 없으니 참 사랑을 할 수 없다(마 5:8). 양심이 선하다는 말은 이웃을 향한 자기 판단을 선하게 가진다는 말이다. "양심"(συνειδήσεως)이란 '선악의 판단을 위해 하나님께서 인간에게 주신 기능'을 뜻한다(롬 2:15; 고후 4:2). "양심"은 글자대로 말하면 사람에게 내재해 있는 지식으로서 선과 악을 식별하는 기능이다(롬 2:15; 고전10:25; 딤전4:2). 양심은 인간에 대하여 재판관의 입장에 있다. 사람은 혼자 있는 것이 아니라 언제나 양심을 반려자(伴侶者)로 삼는다. 착한 양심을 유지하지 못하거나 혹은 버리는 자는 악을 행하면서도 부끄러운 줄 모르게 되어 헛된 일, 의미(意味)없는 일에만 마음을 두어, 마침내 믿음이 파선하여 파멸하게 된다(딤전1:18-19). 성도는 항상 자기의 양심이 무디어지거나 혹은 화인 맞지 않도록 노력할 뿐 아니라 선한 양심을 가지도록 힘써야 한다(참조 벧전 3:16). 남을 향한 선한 양심을 소유하지 않으면 참 사랑을 할 수가 없다. 그리고 사람은 그리스도를 믿는 믿음을 갖지 않으면 하나님 사랑과 이웃 사랑을 할 수 없다. 사람은 거짓이 없는 믿음, 곧 순수한 믿음을 가질 때 사랑할 수 있다. 지금 우리는 이웃을 향해 희생적인 사랑을 하고 있는가.

딤전 1:6. 사람들이 이에서 벗어나 헛된 말에 빠져.
"사람들"(τινες)이란 말은 '어떤 사람들'이란 뜻이다. 바울은 아직도 이단자들의 이름을 들추지 않는다. 그들을 고쳐보려는 생각에서이다. "이에서"(ὧν – from which)란 말은 복수(plural)로서 앞 절(5절)에 나온 '청결한 마음과 선한 양심과 거짓이 없는 믿음'이란 말들을 지칭한다. "벗어나"(ἀστοχήσαντες)란 말은 단순(부정)과거 분사로 '표적을 맞히지 못하다,' '빗나가다'라는 뜻이다.

곧 이단자들은 청결한 마음도 없었고 선한 양심도 지니지 않았으며 믿음도 버린 사람들이다. 그래서 그들은 "헛된 말에 빠지고" 말았다(6:4, 20). "헛된 말"은 '공허한 지껄임,' '부질없는 논쟁'을 뜻한다. 곧 '허황된 신화와 끝없는 족보 이야기로 말미암은 공허한 논쟁'에 빠지고 말았다는 것이다.

딤전 1:7. 율법의 선생이 되려 하나 자기의 말하는 것이나 자기의 확증하는 것도 깨닫지 못하는도다.

거짓 교사들은 "율법의 선생이 되려고" 노력한다. 그러나 그들은 사랑의 율법을 연구하는 것이 아니라 신화와 끝없는 족보에 몰두하여 부질없는 논쟁에 빠진다. 그래서 그들은 자기들이 "말하는 것이나 자기의 확증하는 것도 깨닫지 못하게 되었다"(6:4). "말하는 것"은 거짓 교사들이 말하는 것, 곧 '신화나 족보에 대해서 끝없이 궤변을 남발하는 것'을 지칭한다. 그리고 "확증하는 것"(δια-βεβαιοῦνται)이란 말은 현재형으로 '계속해서 강하게 주장하다,' '단호히 주장한다'는 뜻이다. 거짓 교사들은 자기들이 말하는 것이나 자기들이 주장하는 것에 대해서 깨닫지 못한다. 그래서 참 선생이 아니다. 오늘날도 역시 깨닫지 못하고도 강하게 주장하는 사람들이 있다. 그들의 주장은 하나님 보시기에 하나의 잡담에 지나지 않는다.

딤전 1:8. 그러나 사람이 율법을 법 있게 쓰면 율법은 선한 것인 줄 우리는 아노라.

바울은 "그러나," 곧 '유대주의 이단이 율법을 적법하게 쓰지 않아서 율법을 깨닫지도 못했으나'(7절), "사람이 율법을 법 있게 쓰면 율법은 선한 것"이라고 말한다(롬 7:12; 갈 3:24; 4:4-5). "법 있게 쓴다"는 말은 '적법하게 쓴다,'

'율법답게 쓴다'는 말이다. 다시 말해 '율법을 올바로 쓴다'는 뜻이다. 우리가 율법을 올바로 사용하여 율법을 자신의 윤리의 잣대로 사용하면 자신이 심각한 죄인임을 깨닫게 된다. 우리가 죄인임을 발견할 때 우리는 그리스도에게 갈 수밖에 없다. 그래서 율법은 우리를 그리스도에게로 인도하는 몽학선생 노릇을 하는 것이다(갈 3:24). 다시 말해 가정교사 노릇을 한다는 말이다. 그리고 사람이 율법을 자신의 윤리의 잣대로 삼고 살 때 자신이 심각한 죄인임을 알뿐 아니라 더 이상의 큰 죄에 빠지지 않게 된다.

딤전 1:9. **알 것은 이것이니 법은 옳은 사람을 위하여 세운 것이 아니요 오직 불법한 자와 복종치 아니하는 자며 경건치 아니한 자와 죄인이며 거룩하지 아니한 자와 망령된 자며 아비를 치는 자와 어미를 치는 자며 살인하는 자며.** 바울은 하나님께서 율법을 만드신 목적에 대해 언급한다(9-10절). 에베소에 있었던 유대주의 이단이 그들의 잘못된 율법 관을 성도들에게 가르치고 있는 것을 금지시키기 위해 바울은 디모데에게 율법이 만들어진 목적을 말한다. 율법이란 "옳은 사람"을 위해서 세운 것이 아니라는 것이다. "옳은 사람들"이란 말은 문맥으로 보아 본 절과 다음 절(10절)에 나오는 15가지 죄를 계속해서 짓지 않는 사람을 일컫는 말이다. 그러므로 "옳은 사람"이란 예수님을 믿는 자로서 '불법하지 않은 자, 복종하는 자, 경건한 자, 죄인이 아닌 자, 거룩한 자, 망령되지 않은 자, 아비를 치지 않는 자, 어미를 치지 않는 자, 살인하지 않는 자, 음행하지 않는 자, 남색하지 않는 자, 사람을 탈취하지 않는 자, 상습적으로 거짓말하지 않는 자, 거짓 맹세하지 않는 자, 바른 교훈을 거스르지 않는 자들'을 지칭한다.

바울은 15개 종류의 죄인을 열거함에 있어서 먼저 하나님께 대하여 죄를 짓는 자들을 언급했고(1-4계명), 다음으로 사람에게 대하여 죄를 짓는 자들을 말하고 있다(5-9계명). "불법한 자"란 율법을 만드신 하나님을 무시하는 사람들을 지칭한다(롬 2:12; 고전 9:21). "복종치 아니하는 자"란 '하나님의 요구에 복종치 않는 자'를 말한다(벧전 4:17; 히 2:8). "경건치 아니한 자"(ἀσεβέσι)란 '하나님을 무시하고 하나님의 법을 업신여기는 사람'을 지칭한다(롬 1:18; 벧전 4:18). "죄인"(ἁμαρτωλοῖς)이란 '하나님의 뜻을 맞추어드리지 못하는 사람들'을 지칭한다(고전 6:9-10; 10:18-20). "거룩하지 아니한 자"(ἀνοσίοις) 란 '속된 사람들, 곧 하나님의 영광을 손상시키는 사람들'을 일컫는다(벧전 1:15-16). "망령된 자"(βεβήλοις)란 '하나님의 이름을 가볍게 여기며, 그 영광을 가리는 사람들'을 지칭한다(4:7; 6:20; 히 12:16). 이상 여섯 가지 죄들은 하나님을 향하여 반항하는 죄인들, 십계명 중 1-4계명까지의 계명을 어기는 죄인들을 지칭한다.

"아비를 치는 자와 어미를 치는 자와 살인하는 자"는 십계명 중 5-6계명을 어기는 자를 지칭한다. 아비나 어미를 치는 자들은 부모를 공경하지 않는 자들이다. 그리고 "살인하는 자"는 6계명을 어기는 자를 말함인데 사람을 미워하는 죄를 포함한다(마 5:21-26; 요일 3:15a).

딤전 1:10. 음행하는 자며 남색하는 자며 사람을 탈취하는 자며 거짓말 하는 자며 거짓 맹세하는 자와 기타 바른 교훈을 거스르는 자를 위함이니.

"음행하는 자며 남색하는 자"는 7계명을 어기는 자들을 말한다. "음행하는 자"는 '이성간에 불의한 성행위를 하는 자'를 지칭한다(마 5:27-28; 히 13:4). "남색하는 자"란 '남자 간에 불의한 일을 행하는 자'를 말한다(창 19:1-11; 롬 1:26-27; 고전 6:9). 오늘 남자 간에 성 접촉을 하는 것이 죄인 줄 모르는 사람들이 의외로 많다. "사람을 탈취하는 자"는 8계명을 어기는 자로 '인신 매매자들'을 지칭한다(신 24:7). "거짓말 하는 자며 거짓 맹세하는 자"들은 제 9계명을 어기는 자들이다. "거짓말 하는 자"는 '사실을 사실대로 말하지 않고 또 사실대로 행하지 않는 자들'을 말한다(요일 2:4; 4:20; 계 21:8; 22:15). "거짓 맹세하는 자"는 '어떤 위기를 넘기려고 헛맹세를 하는 자들'을 말한다(마 5:33; 23:16; 약 5:12). "바른 교훈을 거스르는 자"란 말은 '하나님의 율법을 거스르는 자들'을 지칭하는 것으로(딤후 4:3; 딛 1:9; 2:1) 지금까지 말한 모든 죄인들을 총괄하는 것으로 보인다.

딤전 1:11. 이 교훈은 내게 맡기신바 복되신 하나님의 영광의 복음을 좇음이니라. "이 교훈은"이란 말은 헬라어 원문에는 없으나 독자들을 위해서 써 넣은 것이다. 바울은 9-10절의 교훈(율법관)이 "복되신 하나님(6:15)의 영광의 복음을 좇은 것이라"고 말한다. 곧 '복의 근원이신 하나님의 영광의 복음을 따른 것이라'는 말이다. 다시 말해 바울의 교훈은 바울이 위임받은 그리스도의 복음의 빛에 비추어 해석된 것이란 말이다(2:7; 고전 9:17; 갈 2:7; 골 1:25; 살전 2:4; 딤후 1:11; 딛 1:3). 따라서 틀림없는 해석이라는 것이다. 이에 대해 토마스 칸스터불은 "바울에게 있어서 무엇이 건전한 교훈인가를 평가하는 시금석은 예수 그리스도 안에 있는 하나님의 위대한 복음이라"고 말한다.[6] 그런데 하나님의 영광이란 말을 "복음"이란 말 앞에 둔 것은 복음이 하나님의 영광을 드러내기 때문이다.

---

6) 토마스 L. 칸스터불, 『데살로니가전후서, 디모데전후서』, 두란노강해시리즈, 김운성 옮김, (서울: 두란노서원, 1983), p. 140.

2. 복음을 맡겨주신 하나님께 감사함 1:12-17

바울은 바로 앞 절(11절)에서 하나님께서 영광의 복음을 맡겨주신 사실을 말하고 이제 하나님께서 그에게 복음을 맡겨주신 사실을 인하여 감사한다(12절). 바울은 자신이 하나님의 긍휼을 입은 사실을 고백하면서(13-16절) 하나님께 영광을 돌린다(17절).

딤전 1:12. 나를 능하게 하신 그리스도 예수 우리 주께 내가 감사함은 나를 충성되이 여겨 내게 직분을 맡기심이니.

바울은 하나님께서 자신을 능하게 하시고 복음 전하는 직분을 맡겨주신 것을 인하여 감사한다. "감사한다"(Χάριν ἔχω)는 말은 '기뻐한다'는 뜻이다. 바울이 감사하는 이유는 첫째, 하나님께서 자신을 능하게 하셨기 때문이다. "능하게 하신"(ἐνδυναμώσαντι)이란 말은 부정(단순)과거로 과거에 이미 '힘 있게 하셨다'는 뜻이다(고후 12:9; 딤후 2:1; 4:17). 둘째, 죄인이었던 바울을 "충성되이 여기셨기" 때문이고(고전 7:25), 셋째, 바울에게 "직분"을 맡기셨기 때문이다(고후 3:5-6; 4:1; 골 1:25). "직분"(διακονίαν)이란 말은 '봉사'란 뜻이다. 직분은 소위 감투가 아니라 바로 주님께 봉사하는 것이다. 바울은 자기가 죄인이었는데 직분까지 주신 것을 생각할 때에 감사가 넘쳤다. 이 세 가지, 곧 하나님께서 능하게 하신 것이나, 충성되이 여기신 것이나, 직분을 맡기신 것은 그리스도께서 다메섹 도상에서 바울을 부르셨을 때 동시에 이루어진 것이다(Hendriksen). 하나님은 전도자로 혹은 교역자로 부름 받은 사람에게 필요한 모든 것을 주신다.

딤전 1:13. 내가 전에는 훼방자요 핍박자요 포행자이었으나 도리어 긍휼을 입은 것은 내가 믿지 아니할 때에 알지 못하고 행하였음이라.

바울은 죄인이었던 자신이 긍휼을 입은 것을 인하여 하나님께 감사한다. 혹자는 바울이 긍휼을 입은 것 속에 바울이 그리스도로부터 힘을 얻은 것과 직분을 받은 것을 포함시킨다(12절). 그러나 16절의 말씀을 감안하면 구원 얻은 것만 지칭하는 것으로 보는 것이 타당할 것이다.

바울은 "내가 전에는 훼방자요 핍박자요 포행자이었다"고 말한다(행 8:3; 9:1; 고전 15:9; 빌 3:6). "훼방자"(βλάσφημον)란 말은 하나님을 '모독하는 자,' '중상하는 자,' '비난하는 자'라는 뜻이다. "포행자"(ὑβριστήν)란 말은 '사람을 학대하는 사람,' '건방지고 잔인하게 폭행하는 사람'이란 뜻이다(롬 1:20). 바울은 과거에 성도들을 '중상했고 핍박했으며 또 잔인하게 그리스도인들을 투옥시켰던 사람'이었다(행 8:3; 9:1; 22:4-5, 19-20; 26:9-11). 바울이 이렇게 자신의 과거를 고백하는 것(행 24:4)은 그리스도의 무한한 긍휼을 찬양하기 위해서다. 어거스틴도 자신의 과거를 드러내고 고백한 것은 자신을 향한 그리스도의 긍휼을 찬양하기 위해서였다. 우리는 우리의 죄를 고백하고 그리스도의 무한한 긍휼을 찬양해야 한다.

바울은 말하기를 과거에 흉악한 죄인이었던 자신이 긍휼을 입었다고 말한다. 죄인이었던 바울이 하나님의 긍휼을 입은 까닭은 바울이 "믿지 아니할 때에 알지 못하고 행했기" 때문이라고 말한다(눅 23:34; 요 9:39, 41; 행 3:17; 26:9; 히 5:2). 믿지 아니할 때에 자기가 행하는 것이 죄인 줄 알지 못하고 행했기 때문이라는 것이다. 영적인 무지로 인하여 기독교인들을 핍박한 것은 성령을 훼방한 것은 아니었다. 그래서 하나님의 긍휼을 얻을 수 있었다. 그러나 성령님의 역사를 안 다음에 계속 성령님의 역사를 훼방하면 하나님의 긍휼을 얻지 못하게 된다(마 12:31-32). 영적 무지 속에 지은 죄, 그것은 용서받을 수 있으나, 영적 지식을 가지고 있으면서 계속해서 그리스도를 부인하고 성도들을 핍박하는 죄는 용서받지 못한다.

딤전 1:14. 우리 주의 은혜가 그리스도 예수 안에 있는 믿음과 사랑과 함께 넘치도록 풍성하였도다.

바울은 그리스도의 은혜가 넘치도록 풍성하였다고 말한다(롬 5:20). "풍성하다"($\dot{\upsilon}\pi\epsilon\rho\epsilon\pi\lambda\epsilon\acuteo\nu\alpha\sigma\epsilon\nu$)는 말은 '극도로 풍성하다,' '넘치도록 풍성하다'는 뜻이다(롬 5:20; 고전 15:10). 주님은 용서의 은혜만 주신 것이 아니라, 믿음(딤후 1:13)과 사랑(눅 7:47)도 함께 주셨다. 모든 것을 다 주신 것이다. 그리스도를 믿을 수 있게 믿음도 주셨고, 또 하나님과 사람을 사랑할 수 있는 사랑도 주셨다. 자신이 죄인 줄 아는 사람은 넘치는 은혜를 받는다.

딤전 1:15. 미쁘다 모든 사람이 받을만한 이 말이여 그리스도 예수께서 죄인을 구원하시려고 세상에 임하셨다 하였도다 죄인 중에 내가 괴수니라.

그 유명한 바울의 고백이다. "미쁘다"($\pi\iota\sigma\tauo\varsigma$)라는 말은 '믿을만한,' '참된,' '확실한'이라는 뜻이다(3:1; 4:9; 딤후 2:11; 딛 3:8). 바울이 이 말을 쓴 것은 다음에 나오는 말이 전적으로 믿을만하다는 것을 말하기 위해서다. 곧 "그리스도 예수께서 죄인을 구원하시려고 세상에 임하셨다"고 하는 말이 확실하고 믿을만하다는 것이다. 이 말씀은 예수님께서도 친히 하셨고(마 9:13; 막 2:17; 10:45; 눅 5:32; 19:10), 요한 사도도 하였고(요 3:16-17; 요일 3:5), 바울 자신도 했다(롬 5:8; 고후 5:21).

바울은 "죄인 중에 내가 괴수니라"($\dot{\omega}\nu$ $\pi\rho\hat{\omega}\tauo\varsigma$ $\epsilon\dot{\iota}\mu\iota$ $\dot{\epsilon}\gamma\omega$)고 말한다. 곧

'그들 중(죄인 들 중)에 내가 첫째니라'는 뜻이다(고전 15:9; 엡 3:8참조). 바울이 자신을 죄인의 "괴수"라고 말한 이유는 실제로 "괴수"로 느껴졌기 때문일 뿐 아니라 예수님께서 죄인의 괴수를 구원하시려고 세상에 임하셨다는 뜻을 더욱 강조하기 위함이다. 바울은 디모데에게 말하는 그 현재 "내가 … 이니라"(εἰμι)고 말하여 현재동사를 사용했다. 옛날만 아니라 현재에도 죄인의 괴수로 느낀다는 것이다. 오늘 우리 역시 각자가 죄인의 괴수임을 알아야 하고 고백해야 한다. 의롭다 함을 받고 현재 그리스도를 믿고 따르지만 우리 속에 부족한 점이 있는 것을 알 때 죄인의 괴수로 느끼고도 남음이 있다. 우리의 믿은 연륜이 많을수록 우리 속에 죄의 법(세력)이 있음을 더욱 느끼게 되니 죄인의 괴수로 매일 고백하게 된다(롬 7:23-24).

딤전 1:16. 그러나 내가 긍휼을 입은 까닭은 예수 그리스도께서 내게 먼저 일절 오래 참으심을 보이사 후에 주를 믿어 영생 얻는 자들에게 본이 되게 하려 하심이니라.

바울은 그리스도의 긍휼을 입어 구원에 이르게 된 또 하나의 까닭(다른 하나는 13절에 있음)을 말한다. 긍휼을 입은 까닭은 "그리스도께서 내게 먼저 일절 오래 참으심을 보이사 후에 주를 믿어 영생 얻는 자들에게 본이 되게 하려 하셨기" 때문이다(고후 4:1). 여기 "내게 먼저"(πρώτῳ)란 말은 순서에 있어서 '내가 첫 번째'라는 뜻이다. 바울의 주장은 그리스도께서 그에게 가장 많이 참아주셨다는 것이다. 다시 말해 죄인 중에 가장 심각한 죄인을 예수님께서 가장 많이 참아주셨다는 말이다. 바울은 죄인 중에서도 괴수이고, 예수님께서 긍휼을 베풀어 참아주신 자 중에서도 첫째다. 예수님께서 바울 같은 죄인을 참아주셨으니 다른 사람들이야 얼마든지 참아주신다. 바울이 긍휼을 입은 까닭

은 바울 보다 훗날 "주를 믿어 영생을 얻는 사람들에게" 본이 되게 하기
위해서다. 주님을 믿으면 영생을 얻는다는 말은 요한 사도도 했다(요 3:16;
20:31). 그리고 바울 자신도 다른 서신에서 말했다(엡 3:17). 믿으면 영생을
얻는다. 주님을 믿으면 영생을 얻게 되는 이유는 주님과 연합되기 때문이다.7)
주님께서 영생이시니(요 1:4; 11:25; 14:6) 주님과 연합된 사람은 영생을 얻는
것이다. "믿음과 영생은 같은 고속도로의 입구와 출구의 양쪽 톨게이트(요금소)
이다. 믿음 없는 영생이 없고, 영생 없는 믿음은 무의미한 것이다."8)

바울은 영생 얻는 자들에게 "본"이 되었다. "본"(ὑποτύπωσιν)이란 말은
'본보기,' '모범,' '견본'이란 뜻이다(딤후 1:13). 바울 같은 죄인도 예수님만
믿으면 구원을 받는다는 것은 다른 죄인들도 예수님만 믿으면 얼마든지 구원을
받는다는 사실의 견본이 되었다는 것이다. 토마스 L. 칸스터불은 "가장 극단적
인 죄인이 최고의 성자가 되었다. 하나님의 가장 큰 원수가 가장 충실한 종으로
변화되었다. 모든 사람들은 이 양극단 중 어느 부분엔가 위치하게 될 것이다"고
말한다.9)

바울은 오늘 우리의 견본도 되었다. 바울을 참아주신 그리스도께서는 우리
를 한 없이 참아주셨다. 그리고 우리를 불러주시고 의롭다 하시며 그리스도를

---

7) 학자들은 성도의 믿음은 그리스도와의 연합을 위한 매체(agency)라고 주장한다. 청교도 신학자 토마스 제이콤(Thomas Jacomb)은 "성령은 그리스도를 우리에게 연합시킨다. 그리고 믿음은 우리를 그리스도에게 연합시킨다,…그리스도는 성령으로 우리를 붙잡으시고 우리는 믿음으로 그리스도를 붙잡는다"고 주장한다. 데이빗 제러마이어(David Jeremiah, *God in You* [Orange, Calif: Multnomah Publishers, 1998], p. 54). 마틴 로이드 존스(Martin Lloyd-Jones)도 "우리의 믿음은 연합에 있어서 절대로 필요한 부분이다. 믿음은 첫째는 안 돼도 둘째는 된다 … 우리의 믿음은 연합을 유지하고 발전시키며 강화시킨다"고 말한다. Martin Lloyd-Jones, *God the Holy Spirit* (Wheaton, Ill.: Crossway Books, 1997), p. 113. 벌코프(Berkhof)도 "신자는 자신을 믿음의 행위에 의하여 연합시키고 또 성령의 영향 하에서 믿음을 사용함으로써 연합을 유지한다"고 주장한다(Louis Berkhof, *Systematic Theology* [Carlisle, Pa.: Banner of Truth Trust, 1958], p. 451).

8) 이상근, 『살전-디도』, p. 172.

9) 토마스 L. 칸스터불, 『데살로니가전후서, 디모데전후서』, 김운성 옮김, p.142.

따르는 사람이 되게 하셨다.

딤전 1:17. 만세의 왕 곧 썩지 아니하고 보이지 아니하고 홀로 하나이신 하나님께
존귀와 영광이 세세토록 있어지이다. 아멘.

바울은 그리스도께서 구원해 주신 은혜 때문에 하나님을 찬양한다. 바울은
하나님을 향하여 "만세의 왕"($\tau\hat{\omega}$ $\beta\alpha\sigma\iota\lambda\epsilon\hat{\iota}$ $\tau\hat{\omega}\nu$ $\alpha\iota\acute{\omega}\nu\omega\nu$)이시라고 말한다
(6:15-16; 시 10:16; 145:13; 단 7:14; 엡 3:9, 11). 곧 '영원하신 왕'이시란
말이다. 세상 왕은 얼마동안 왕 노릇 하다가 쇠하지만 하나님은 영원무궁토록
변치 않고 우주를 주재하시는 왕이시다. 바울은 영원하신 왕을 설명하는 말로
"썩지 아니하고 보이지 아니하고 홀로 하나이신 하나님"이라는 말을 쓴다.
하나님은 "썩지 아니하시는"($\dot{\alpha}\phi\theta\acute{\alpha}\rho\tau\omega$) 분이시다(시 45:6; 103:15-17; 롬
1:23). 곧 '불변하고 영생하시는 분'이라는 뜻이다. 그리고 바울은 하나님은
"보이지 아니하는"($\dot{\alpha}o\rho\acute{\alpha}\tau\omega$) 분이시라고 말한다(요 1:18; 골 1:15; 딤전 6:16;
히 11:27; 요일 4:12). 우리는 보이지 아니하시는 하나님을 보려고 해서는
안 된다. 하나님을 육안으로 보고서 살 사람이 없다고 성경은 말씀한다(출
33:20). 우리는 사람의 몸을 입고 이 땅에 오신 예수님을 본 것으로 만족해야
한다(요일 1:1). 그리고 바울은 하나님은 "홀로 하나"($\mu\acute{o}\nu\omega$)라고 말한다. 하나
님은 유일하신 분이라는 뜻이다(요 5:44; 17:3; 유 1:4, 25). 하나님은 초월해
계신 유일하신 분으로 우리의 경배의 대상이시다.

그리고 바울은 영원하신 왕께 존귀(딤전 6:16)와 영광(대상 29:11; 롬
11:36; 16:27; 갈 1:5; 엡 3:21; 딤전 6:16)을 돌린다. 바울은 하나님이야말로
세상의 왕들이나 황제들이 누리는 존귀함이나 영광보다 더욱 놀라운 존귀를
누리셔야 하며 또 영광을 받으셔야 한다고 역설한다. 그러면서 바울은 "아멘"으

로 끝을 맺는다. '참으로 그렇다'는 뜻이다. 참으로 하나님이야말로 존귀와
영광을 받으셔야 한다는 뜻이다. 오늘 우리들이 기도를 마친 후 역시 "아멘"으로
끝을 맺는데 그것은 우리의 기도가 반드시 이루어질 줄로 믿는다는 뜻으로
하나님께 드리는 말이다.

3. 선한 싸움을 싸워라 1:18-20

　바울은 하나님께서 자기 같은 사람에게 복음을 맡겨주신 사실 때문에 감사
한(12-17절) 후 이제 디모데에게 에베소에서 유대주의자들과 선한 싸움을 싸우
라고 부탁한다(18-20절).

**딤전 1:18. 아들 디모데야 내가 네게 이 경계로써 명하노니 전에 너를 지도한
예언을 따라 그것으로 선한 싸움을 싸우며.**
바울이 디모데를 "아들"이라고 한 이유에 대하여는 1:2을 참조하라. 바울은
디모데를 향하여 "이 경계로써 명하노니"라고 말한다(6:13-14, 20; 딤후 2:2).
"경계"(παραγγελίαν)란 말은 '명령,' '계명,' '율법'이라는 뜻이다. 그러면
'명령'이란 구체적으로 무엇을 지칭하는가. 그 명령이란 다름 아니라 3-11절에
서 말한 명령을 말한다. 요약하면 디모데로 하여금 '사람들이 율법을 불법하게
사용치 말고 올바로 가르쳐서 그리스도에게 돌아오도록 하라는 명령'이다.
이 명령은 본 절에도 요약되어 있다. 곧 "선한 싸움을 싸우라"는 명령이다.
　바울은 이렇게 명령을 하면서 그 명령을 수행하기 위하여 "전에 너를
지도한 예언을 따라 그것으로," 곧 '옛날에 디모데에게 주었던 예언들을 가지고'
싸움을 수행하라고 말한다(4:14). 바울이 전에 디모데에게 준 예언이 구체적으

로 무엇인지는 다 확인할 수는 없으나 디모데가 안수 받을 때에 설교를 통하여 받은 명령을 지칭한다(4:14 참조, 딤전 6:12; 딤후 2:2; 행 14:23). 바울은 자기가 선한 싸움을 싸웠던 것처럼(딤후 4:7) 디모데에게 선한 싸움, 곧 거짓 교사들과의 싸움을 싸우라고 부탁한다(6:12; 딤후 2:2-3). 오늘을 사는 우리도 항상 선한 싸움을 싸워야 한다. 마귀와 싸워야 하고 죄와 싸워야 하며 세상의 악한 세력(무신론 사상, 공산주의 사상, 진화론, 각종 이단, 이슬람교 등)과 싸워야 한다. 우리는 싸우되 성경 말씀을 무기 삼아 싸워야 한다(마 4:1-10).

딤전 1:19. 믿음과 착한 양심을 가지라 어떤 이들이 이 양심을 버렸고 그 믿음에 관하여는 파선하였느니라.

바울은 디모데에게 두 가지를 가지라고 부탁한다. 하나는 "믿음"을 가지라고 말하고 다른 하나는 "착한 양심"(3:9; 행 23:1; 벧전 3:16, 21)을 가지라고 말한다. "어떤 이들", 곧 '몇몇 사람들'(3절)은 양심을 버려서 결국 믿음이 파선해버렸다. 바울은 믿음과 착한 양심, 곧 성령으로 거듭난 양심은 밀접한 관계를 가지고 있다고 말한다. 착한 양심을 버리면 믿음이 파선된다(6:9). 다시 말해 착한 양심의 소리를 무시하면 믿음이 힘을 쓰지 못하고 파멸을 경험하게 된다. 본문의 "버렸고"(ἀπωσάμενοι)란 말은 '멀리 버리다,' '격퇴하다'라는 뜻으로 스스로 버렸다는 뜻이다. 바울은 선한 싸움을 싸우는 중에 믿음과 착한 양심을 계속해서 유지해야 한다고 경고한다. 만일 착한 양심을 버리면 결국 믿음까지 파선하여 이단자들처럼 된다. 양심을 버려 믿음까지 버린 사람 중에 아주 심한 사람들이 있었는데 "후메내오와 알렉산더"가 있다(20절). "양심"에 대하여는 5절 주해를 참조하라.

딤전 1:20. 그 가운데 후메내오와 알렉산더가 있으니 내가 사단에게 내어준 것은 저희로 징계를 받아 훼방하지 말게 하려 함이니라.

바울은 양심을 버려서 믿음이 파선한 사람 중에 특히 심한 두 사람, "후메내오와 알렉산더"의 이름을 거론한다. 나머지 사람들에 대해서는 아직 아끼고 있다. "후메내오"는 부활이 이미 지나갔다고 떠들어 교회에 큰 혼란을 준 이단자였다 (딤후 2:17-18). 그리고 "알렉산더"는 딤후 4:14에 나오는 구리 장색 알렉산더로 바울에게 "해를 많이 보인" 이단으로 보인다. 이 두 이단자가 너무 악독하여 바울은 "사단에게 내어 주었다"고 말한다. 이 두 사람은 율법 선생이 되기를 소원했으나(7절) 착한 양심을 버려 믿음을 잃고 헛된 교리를 퍼뜨림으로 결국은 바울이 사단에게 내어 주게 된 것이다. "사단에게 내어 주었다"는 말은 학자들이 주장하는 출교행위(고전 5:5)를 넘는 징계로 보인다. 만약 양심을 버린 이단자들을 출교시키는 정도라면 오히려 반발하고 회개하지 않을 가능성도 있음으로 육체적인 고통을 겪게 하는 징계를 내린 것으로 보는 것이 옳을 것이다 (Hendriksen). 이유는 그들을 육체적인 고통 가운데 두어야 회개할 것이기 때문이다. 바울이 그들을 사단에게 내어준 이유는 "저희로 징계를 받아 훼방하지 말게 하려고" 했다는 것이다(행 13:45). 곧 '육체적인 고통을 받아 신성을 훼방하지 않게 하기 위해서였다.' 교회의 징계 중에 최고의 징계는 출교이지만 (고전 5:5), 더 심한 징계는 회개할 수밖에 없는 정도에까지 이르게 하는 육신적인 고통일 것이다. 행 5:1-11의 아나니아와 삽비라에게 내려졌던 징계는 죽음이었기에 그들은 회개할 기회를 얻지 못했다. 그러므로 그런 정도까지는 이르지 않는 최고의 징계는 육체적인 고통이라고 할 수 있다.

제2장

예배 때에 지킬 몇 가지 지침들

III. 예배 때에 지킬 지침들을 지켜라 2:1-15

바울은 앞에서(1:3-20) 이단을 경계하라고 부탁한 후 이제는 예배 중에 지켜야 할 지침들을 지키라고 권한다(1-15절). 바울은 첫째, 예배 때의 기도 중에는 모든 사람을 위하여 기도할 뿐 아니라 특별히 높은 사람들을 위하여 기도하라고 권한다(1-7절). 그리고 둘째, 바울은 남자와 여자가 예배 중에 어떻게 처신해야 하는가를 말한다(8-15절).

1. 예배 때에는 모든 사람을 위하여 기도하라 2:1-7

딤전 2:1. 그러므로 내가 첫째로 권하노니 모든 사람을 위하여 간구와 기도와 도고와 감사를 하되.

"그러므로"(οὖν)라는 말은 '그런 까닭으로'라는 의미의 말이 아니라 그저 새로운 이야기나 주제를 말하기 위한 전환사('자! 이제'라는 정도의 뜻)의 역할을 할 뿐이다. 바울은 "내가 첫째로 권하노니"라는 말로 시작한다. 이 말은 시간적으로 첫째라는 뜻이 아니라 중요성에 있어서 첫째라는 뜻이다. 그러니까 바울은 무엇보다 첫째로 "모든 사람을 위하여 간구와 기도와 도고와 감사를 하라"고 권한다. 교회가 하는 행사 중에 무엇보다도 중요한 것은 하나님 앞에 기도하는 것이다. 그래서 교회의 모임은 기도로 시작하고 기도로 끝맺는다.

교인들은 예배 중에 "모든 사람"을 위해 기도해야 한다. 기도하는 데 있어서 빼놓아야 할 사람은 없다. 기도를 하되 "간구와 기도와 도고와 감사"를 해야 한다는 것이다. 혹자는 말하기를 여기 네 가지 낱말은 하나의 반복으로 보아야 한다고 말하나 반복하려면 두 단어만 사용해도 될 것이고 네 단어를 사용하지는 않았을 것이다. "간구"(δεήσεις)란 말은 '하나님께 긴박하게 호소하는 것'을 뜻하고, "기도"(προσευχὰς)란 말은 '하나님을 향한 모든 아룀'을 뜻한다. 그리고 "도고"(ἐντεύξεις)란 말은 '다른 사람을 위해 기도하는 것'을 지칭하고 "감사"(εὐχαριστίας)는 '하나님의 은혜에 대한 보답으로 드리는 감사기도'를 뜻한다. 우리는 특별히 긴급한 상황을 생각하고 간구해야 하고, 하나님을 향하여 여러 가지를 위하여 기도해야 하며, 다른 사람들을 위해서 열심히 도고해주어야 한다. 그리고 우리는 범사에 감사해야 한다.

딤전 2:2. 임금들과 높은 지위에 있는 모든 사람을 위하여 하라 이는 우리가 모든 경건과 단정한 중에 고요하고 평안한 생활을 하려 함이니라.

바울은 1절에서는 "모든 사람"을 위해 기도할 것을 부탁했으나 본 절에서는 그 중에도 "임금들과 높은 지위에 있는 모든 사람을 위하여 하라"고 말한다(스 6:10; 렘 29:7; 롬 13:1). 바울이 당시 로마의 네로황제와 분봉왕들을 위해 기도하라고 한 이유는 그들은 하나님의 사자(使者)(롬 13:1; 벧전 2:13-14)이기 때문이다. 높은 사람들을 위해서 기도해야 하는 이유는 "모든 경건과 단정한 중에 고요하고 평안한 생활을 하기" 위함이다. "모든 경건"이란 말은 '하나님을 잘 신앙하는 것'을 뜻한다(3:16; 4:7-8; 6:3; 딤후 3:5; 딛 1:1). "단정"이란 것은 '환경적으로 흐트러지지 않은 근엄함'을 뜻한다(딤전 3:4). "고요하다"는 말은 '외적으로 조용한 것'을 뜻하고 "평안한 생활"이란 말은 '마음으로 평온한 삶을 사는 것'을 지칭한다. 성도들이 자기가 살고 있는 나라의 임금들과 또 높은 지위에 있는 사람들을 위해 기도하면, 하나님을 잘 신앙할 수 있게 된다. 또 환경적으로도 흐트러지지 않은 근엄한 중에서 주위 환경도 고요하고 마음으로도 평온한 삶을 영위하게 된다. 우리는 높은 사람들을 위해 기도할 때 그 유익이 내 자신에게 돌아온다는 것을 알고 높은 사람들을 위해 기도해야 한다.

딤전 2:3. 이것이 우리 구주 하나님 앞에 선하고 받으실 만한 것이니.

바울은 "이것," 곧 '높은 사람을 위하여 기도하는 것'(1절)이 "우리 구주 하나님(1:1) 앞에 선하고 받으실만한 것"이라고 말한다(5:4; 롬 12:2). "선하다"는 말은 하나님 보시기에 '좋다'는 뜻이고, "받으실만한 것"이라는 말은 '하나님의 눈에 통과될만한 일'(5:4)이라는 말이다. 우리 성도들이 모든 사람을 위하여 드리는 기도는 하나님 보시기에 좋아 보이고 또 하나님께서 받으실만한 것이기에 잘 응답이 되는 것임을 알고 남들을 위해 기도해야 한다.

딤전 2:4. 하나님은 모든 사람이 구원을 받으며 진리를 아는데 이르기를 원하시느니라.

모든 사람을 위하여 기도하라고 하신(3절) 하나님은 "모든 사람이 구원을 받으며 진리를 아는데 이르기를 원하신다"(겔 18:23; 요 3:16-17; 딛 2:11; 벧후

3:9). 바울은 반복적으로 "모든 사람"이라는 말을 사용한다(2:1, 3, 6). 하나님은 아무도 멸망당하지 않기를 원하신다(벧후 3:9). 하나님은 모든 인류가 "진리"를 알기를 원하신다(요 14:6; 17:3; 딤후 2:25). 하나님은 모든 사람이 구원을 받기를 원하시지만, 모든 사람이 구원을 받는 것은 아니다. 하나님은 사람들이 구원을 받도록 예수 그리스도를 보내주셨으나, 실제로는 믿는 자들만이 구원에 동참한다(요 3:16). 우리도 모든 사람을 위해 기도해야 하고 또 모든 사람을 상대하여 복음을 전해야 하지만, 실제로는 그리스도를 영접하는 자만이 구원에 동참하게 된다.

딤전 2:5. 하나님은 한 분이시요 또 하나님과 사람 사이에 중보도 한 분이시니 곧 사람이신 그리스도 예수라.

본 절 초두에는 "왜냐하면"(γὰρ)이라는 이유 접속사가 있어서 본 절이 앞 절(4절)의 이유가 됨을 밝힌다. 하나님께서는 모든 사람이 구원을 받기를 원하신다는 것이다(4절). 그 이유는 하나님도 한분이시고(롬 3:29-30; 10:12; 갈 3:20) 또 중보도 한 분이시기 때문이다(히 8:6; 9:15). 다시 말해 하나님은 한분으로서 모든 민족을 구별하시지 않으시고 모든 사람이 구원받기를 원하신다. 또 중보자도 한분이셔서 민족과 국가를 구별하시지 않고 모든 사람이 예수님을 영접하여 믿기를 원하신다. 예수님은 어떤 한 민족이나 국가의 중보가 아니라 "사람들"의 중보가 되신다. 예수님은 사람들의 중보가 되시기 위하여 "사람"의 몸을 입고 이 땅에 오셨다. 그래서 바울은 예수님을 묘사할 때 "사람이신 그리스도 예수라"고 말한다.

딤전 2:6. 그가 모든 사람을 위하여 자기를 속전으로 주셨으니 기약이 이르면

증거할 것이라.

바울은 앞 절에서 말한 "중보자"란 말을 다시 구체적으로 설명한다. 바울은 예수님이 "모든 사람을 위하여 자기를 속전(ἀντίλυτρον)으로 주셨다"고 말한 다(마 20:28; 막 10:45; 엡 1:7; 딛 2:14). "속전"이란 말은 '대속물'이란 뜻으로 예수님께서는 자신의 피를 지불하시고 우리를 죄로부터 빼내 오셨다는 것이다(갈 1:4; 딛 2:14). 바울은 예수님께서 사람을 위하여 자기를 대속물로 주셨는데 "기약이 이르면(롬 5:6; 갈 4:4; 엡 1:9; 3:5; 딛 1:3) 증거할 것이라"(고 전 1:6; 살후 1:10; 딤후 1:8)고 말한다. 곧 '기약이 이르러 주신 증거'라는 것이다. 다시 말해 사람을 구원하고자 하시는 하나님의 정하신 기약이 이르렀을 때 주어진 분명한 증거라는 것이다. 신약 시대가 이르러 예수님의 속죄의 복음이 증거 된다는 말이다.

딤전 2:7. 이를 위하여 내가 전파하는 자와 사도로 세움을 입은 것은 참말이요 거짓말이 아니니 믿음과 진리 안에서 내가 이방인의 스승이 되었노라.

바울은 "이를 위하여 내가 전파하는 자와 사도로 세움을 입은 것은 참말이요 거짓말이 아니라"고 말한다. "이를 위하여," 곧 '예수님께서 모든 사람을 위하여 자신을 속전으로 내어주신 것을 위하여 바울이 "전파하는 자와 사도로 세움을 입었다"는 것이다. "전파하는 자"(κῆρυξ)란 말은 '복음을 전파하고 선포하는 사람'이란 뜻이다(엡 3:7-8; 딤후 1:11; 벧후 2:5). "사도"(ἀπόστολος)란 말은 '보냄을 입은 자'란 뜻으로 하나님께서 쓰시는 종을 지칭한다(롬 1:5; 11:13; 15:16; 고전 1:1, 17; 갈 1:1). 그런데 바울은 자기가 이방인의 사도가 된 것은 "참말이요 거짓말이 아니라"고 강변한다(롬 9:1). 바울은 디모데 개인을 향하여 이렇게 강하게 자신의 사도됨을 주장하는 것이 아니라 에베소 교회의 성도들을 향하여 강하게 자기의 사도됨을 주장하고 있다. 에베소 교회의 거짓 교사들 때문에 이렇게 강하게 자신을 차별화하고 있는 것이다. 그들과는 엄연히 다른 사람임을 말하고 있다.

그리고 바울은 자신이 "믿음과 진리 안에서 내가 이방인의 스승이 되었다"고 말한다(롬 11:13; 15:16; 갈 1:16). "믿음과 진리 안에서"란 말은 바울이 사도가 된 배경과 또 목적을 지칭하고 있다. "믿음"이란 '그리스도께 대한 바울의 주관적인 확신'을 뜻하고 "진리"란 사람들에게 증거하는 '객관적 진리'를 의미한다. 곧 바울은 믿음을 얻었기에 사도가 되었고 복음 진리를 가졌기에 그것을 전하기 위해 이방인의 스승이 되었다. 우리도 믿음을 가졌고 또 복음 진리를 가졌다면 전파하는 자가 되어야 한다.

2. 예배 때에 남자와 여자가 취해야 할 지침들 2:8-15

바울은 모든 사람들을 위하여 기도하라고 권한(1-7절) 다음에 이제 또 다른 지시를 내린다. 곧 예배 때에 남자가 기도를 인도해야 하며(8절), 여자는 품행 단정하게 예배에 참여해서 예배를 드려야 한다고 말한다(9-15절).

딤전 2:8. 그러므로 각처에서 남자들이 분노와 다툼이 없이 거룩한 손을 들어 기도하기를 원하노라.

바울은 앞에서 모든 사람을 위하여 기도하라고 강한 메시지를 말한(1-7절) 다음, 이제는 "그러므로 각처에서(말 1:11; 요 4:21) 남자들이 분노와 다툼이 없이 기도하기를 원하고" 있다. 곧 '여러 기도처에서 남자들이 분노와 다툼이 없이 기도해야 한다'는 것이다. 에베소에는 여러 군데의 기도처가 있었던 것으로 보인다. 그런데 기도처마다 여자들이 아니라 남자들이 "분노와 다툼이 없이" 기도해야 한다는 것이다. "분노"(ὀργῆς)란 '마음속에 통제가 깨어진 상태의 감정'을 뜻하고(엡 4:31; 골 3:8) "다툼"(διαλογισμοῦ)이란 '말다툼'을 뜻한다 (눅 9:46). 여러 기도처마다 유대인과 이방인들의 관계가 원만하지 않으면 기도할 수가 없었기에 바울은 평화로운 분위기를 형성하고 기도하라고 부탁한 다. 예수님도 말씀하시기를 예배를 드리다가 원망을 들을 만한 일이 생각나면 먼저 화해하고 예배를 드리라고 교훈하셨다(마 5:23-24). 분노와 다툼이 있을 경우 "손을 들어 기도할"수 없다. 손을 들어 기도하는 모습은 여러 가지 기도의 자세 중에 하나이다(왕상 8:22; 대하 6:13; 스 9:5; 시 28:2; 63:4; 132:2; 134:2; 141:2; 사 1:15; 애 2:19; 3:41; 합 3:10; 눅 24:50). 만일 누가 형제를 향하여 분노하고 다투며 이성을 상대하여 간음하고 남의 물건을 도적질 한 다음 "거룩한 손을 들어 기도"한다면 하나님께서 그런 손을 돌아보지 않으실 것이다. 우리는 외형적으로 손을 들기 전에 먼저 우리의 마음을 정결케 해야 한다. 거룩한 산에 오를 사람은 먼저 마음을 청결케 해야 한다고 성경은 말씀한 다(시 15:1-5). 우리는 우리의 생애가 기도에 달린 줄 알고 심령을 깨끗하게 하고 기도에 전념해야 한다.

딤전 2:9. 또 이와 같이 여자들도 아담한 옷을 입으며 염치와 정절로 자기를 단장하고 땋은 머리와 금이나 진주나 값진 옷으로 하지 말고.

"이와 같이," 곧 '남자들이 경건한 마음의 자세를 가지고 거룩한 손을 들어 기도하는 것같이'(8절) "여자들도 아담한 옷을 입으며 염치와 정절로 자기를 단장하라"는 것이다. "아담한 옷을 입으라"는 말은 '단정한 옷을 입으라,' '검소한 옷을 입으라'는 뜻이다(벧전 3:3). "염치와 정절로 자기를 단장하라"는 말은 '여자다운 현숙함과 건전한 마음으로 자신을 치장하라'는 뜻이다. 여자들은 검소한 옷을 입고 마음은 현숙해야 하고 도덕적 균형감각을 가져야 한다. 그리고 바울은 여자들은 "땋은 머리와 금이나 진주나 값진 옷으로 하지 말라"고 말한다. 곧 '여자들은 탑과 같이 높이 땋아 올린 머리와 금이나 진주로 몸치장하지 말고 또 옷은 사치한 옷을 입지 말라'는 것이다(벧전 3:3). 여자는 깨끗하고 소박하게 단장해야 한다. 내면 단장에 힘을 쓰는 사람이 복을 받는다.

딤전 2:10. 오직 선행으로 하기를 원하라 이것이 하나님을 공경한다 하는 자들에게 마땅한 것이니라.

여자들은 몸치장(9절)이 아니라 "선행"에 힘써야 한다(참조, 딤전 6:11, 18; 딤후 2:22; 3:17). "선행"이란 말은 자선행위에 국한되지 않는다. 모든 선행을 포함한다(5:10; 고후 9:8-9; 골 1:10). 성경은 여성들에게 선행을 하도록 장려하고 있다(잠 31:10-31; 딛 2:3-5).

바울은 선행을 하는 것이 "하나님을 공경한다 하는 자들에게 마땅한 것이라"고 말한다. "하나님을 공경한다 하는 자들"(ἐπαγγελλομέναις θεοσέβειαν)이란 말은 '하나님 공경함을 고백한 자들'이란 뜻이다. 곧 '하나님을 공경한다고 고백한 사람들'이란 뜻이다. 선을 행하는 것이 하나님을 믿는다고 고백하는 사람들에게 합당한 것이라는 말이다. 바울은 하나님을 공경한다고 고백하는 사람들은 세상의 다른 사람들과 확실히 달라야 한다고 말한다. 곧 하나님을 공경하는 사람들에게 선행이 반드시 있어야 한다는 것이다. 선행은 훌륭한 치장이다.

딤전 2:11. 여자는 일절 순종함으로 종용히 배우라.

바울은 공적인 예배 때에 여자가 취해야 할 태도에 대해서 언급한다. 첫째, 여자는 "종용"해야 한다. 곧 '침묵'해야 한다. 여자는 공적인 예배에서 나서지 말아야 한다(고전 14:31-36). 그렇다고 여자가 벙어리로 있어야 한다는 말은 아니다. 여자들도 예배 때에 기도도 하고(고전 11:5), 예언도 하였다(고전 11:5; 행 21:9). 둘째, 여자들은 "일절 순종함"으로 배워야 한다. 곧 '온전히 순종하는 자세'를 취해야 한다. 여자는 교회의 권위와 제도에 순종하는 태도를 취해야 한다. 셋째, 여자는 "배움"의 자세를 취해야 한다. 교회의 교사들한테서 배우고 집에서 남편들한테서 배워야 한다(고전 14:31, 35).

딤전 2:12. 여자의 가르치는 것과 남자를 주관하는 것을 허락지 아니하노니 오직 종용할지니라.

바울은 공적인 예배 때 여자들에게 허락할 수 없는 것 두 가지를 말한다. 하나는 "가르치는 것"(고전 14:34)이고, 또 하나는 "남자를 주관하는 것"이다 (엡 5:24). 바울은 자기 뜻대로 이런 말을 하는 것이 아니라 하나님의 창조 질서 때문이라고 말한다. 곧 남자가 먼저 지음을 받고 여자가 후에 지음을 받았다는 것이다(13절). 남녀는 동등하지만(갈 3:28) 역할을 분담해야 하기에 여자는 남자가 할 일을 하지 말아야 한다. 여자는 남자를 돕는 역할을 하며 남자가 가르칠 때 조용해야 한다(창 2:18; 고전 11:9).

딤전 2:13-14. 이는 아담이 먼저 지음을 받고 이와가 그 후며 아담이 꾀임을 보지 아니하고 여자가 꾀임을 보아 죄에 빠졌음이니라.

여자가 남자를 가르칠 수 없고 주관할 수 없는 이유는 두 가지다. 하나는 "아담이 먼저 지음을 받고 이와가 그후"에 지음을 받았다는 것이다(창 1:27;

2:18, 22; 고전 11:8-9). 먼저 지음을 받은 자가 주관자이고 후에 지음을 받은 여자가 돕는 자다(창 2:18). 여자는 돕는 자로 태어났다는 사실을 항상 기억하고 교회에서도 남자를 주관해서는 안 된다.

또 하나는 "아담이 꾀임을 보지 아니하고 여자가 꾀임을 보아 죄에 빠졌기" 때문이다(창 3:6; 고후 11:3). 죄를 지은 시간적인 순서를 볼 때 여자가 앞섰다. 이와는 창조 받은 시간으로 보면 남자보다 뒤이고 죄를 지은 시간적인 순서는 아담보다 먼저이다. 아담이 인류의 대표로 죄를 지은 책임을 지는 것은 사실이나 (롬 5:12-14) 죄를 지은 시간적인 순서는 남자가 뒤이고 하와가 앞선 것이다. 이와는 모든 방면에 있어서 앞장서서는 안 되고 아담을 뒤 따라야 했는데 죄를 짓는 일에 있어서 앞장서고 말았다. 이제는 교회에서 이와의 딸들은 절대로 앞장서서는 안 된다는 것이다.

사람들은 남녀평등이라는 사실(갈 3:28)을 들어 본문을 부인해보려고 한다. 그러나 분명히 알아야 할 것은 본문은 남녀평등 사상을 부인하는 말이 아니라 창조 질서를 말하는 구절이다. 남녀평등을 주장하는 사람들은 남자가 한 가정의 대표라는 개념을 부인한다. 그러나 인류의 모든 기관이나 제도에는 대표제도가 있지 아니한가. 회사에 대표가 있고 학교에 대표가 있으며 나라의 입법부에도 대표가 있고 행정부에도 대표가 있으며 사법부에도 대표가 있다. 대표가 있고 부대표가 있고 일반 회원이 있다고 해서 평등이 깨졌다고 말하지 않는다. 마찬가지로 가정에 대표가 있다고 해서 남녀평등이 깨졌다고 할 수는 없는 것이다. 교회에서 남자가 설교하고 교회를 치리한다고 해서 평등이 깨졌다고 보지 말아야 한다. 교회의 질서를 위해서 하나님께서 그렇게 만드신 것이다. 하나님께서 그렇게 되게 하신 것을 사람들이 허물지 말아야 한다.

딤전 2:15. 그러나 여자들이 만일 정절로써 믿음과 사랑과 거룩함에 거하면 그 해산함으로 구원을 얻으리라(Notwithstanding she shall be saved in childbearing, if they continue in faith and charity and holiness with sobriety-KJV).

바울은 본 절에서 여자들이 구원(참된 행복)을 이루어 나가도록 권함으로써 여자들을 위로하고 있다. 바울은 여자들이 공적인 예배 때에 침묵해야 하고 온전히 순종하는 자세를 취해야 하며 또 교회의 교사들한테서 배우고 집에서 남편들한테서 배워야 한다(11절)고 권고했다. 이제 그는 본 절에서 "여자들이 만일 정절로써 믿음과 사랑과 거룩함에 거하면 그 해산함으로 구원(참된 자유와 행복)을 얻으리라"고 말하여 여자들을 위로한다. 여기 "정절"이란 말은 문법적으로는 "거룩함"이라는 말에만 관련된다고 할 수도 있고(ἐν πίστει καὶ ἀγάπῃ καὶ ἁγιασμῷ μετὰ σωφροσύνης), 또는 "믿음과 사랑과 거룩함"과 관련된다고도 볼 수 있다. 그러나 지금까지의 문맥으로 보아 후자로 보는 것이 더 옳을 것 같다. "정절"(σωφροσύνης)이란 말은(9절; 딛 1:8; 2:2, 5, 8) '건전한 마음,' '정신 차린 마음,' '절제'라는 뜻으로 "정절"은 믿음을 가능하게 하고 또 사랑을 가능하게 해주며 거룩함을 가능하게 해주는 요소다. 사람이 정절이 없으면 아무 것도 제대로 해내지 못한다. 그러니까 정절이라고 하는 것이 세 가지를 생산하는 것은 아니지만 세 가지를 가능하게 만들어주는 것은 사실이다.

바울이 구원을 이루어 가는데 있어서 "믿음"만 말하지 않고 "사랑과 거룩함"을 믿음과 나란히 놓은 것은 사랑과 거룩함이라는 것이 믿음의 열매이기 때문이다(갈 5:6, 박윤선). 믿음이 있으면 희생적으로 사랑할 수가 있고 또 거룩하게 살 수 있다.

바울은 여자들이 절제하면서 그리스도를 믿는 믿음 안에 거하고 또 희생적으로 사랑하는 사랑 중에 거하며 또한 죄에 대해 죽고 새로워지면 "그 해산함으로 구원을 얻는다"(σωθήσεται διὰ τῆς τεκνογονίας)고 말한다. 그러면 여기 "그 해산함으로 구원을 얻는다"는 말의 뜻은 무슨 뜻인가? 이 말에 대해서는 수많은 해석이 가해졌다. 1) "여자가 자녀를 양육하면 구원을 얻을 것이라"는 해석. 2) "여자가 해산을 안전하게 치름으로 구원을 얻을 것이라"는 해석. 3) "여자가 가정에 머물면서 자녀를 기름으로써 사회의 세속적인 타락으로부터 보호를 받을 것이라"는 해석. 4) 창 3:16에 의하면 해산의 고통은 범죄에 대한 형벌임으로 해산을 하면 하나님의 뜻에 복종하고 구원의 근거가 된다는 해석. 5) 바로 앞선 말 곧 "정절로써 믿음과 사랑과 거룩함"을 지키기를 해산하는 것처럼 인내로 한다면 구원을 얻을 것이라는 해석. 6) '여자(이와)가 그 해산, 곧 큰 해산함(τῆς τεκνογονίας)을 통하여 믿는 자들이 구원을 얻는다'는 해석. "해산"이라는 말 앞에 위치한 정관사(τῆς – the)는 이 해산이 어떤 특정한 해산을 지칭하는 것을 의미한다. 곧 그리스도의 해산이다. 이 해산은 여자들의 일반적인 해산이 아니라 그 특정한 해산, 곧 마리아가 그리스도를 해산한 것으로 보아야 한다. 다시 말해 마리아가 예수 그리스도를 해산한 사실을 통하여 예수님을 믿는 자마다 구원을 얻는다는 것이다. 존 스토트는 말하기를 "만일 마리아가 아기 그리스도를 낳지 않았다면 구원은 없었을 것이다. 세상의 구세주의 어머니가 되는 마리아에게 주어진 소명보다 더 위대한 영예가 여자에게 주어진 적은 결코 없다"고 말한다.[10] 7) 여자들이 잉태하고 해산하며(창 3:16) 자녀를 양육함으로 참된 행복, 곧 구원에 이르게 된다는

10) 존 스토트, 『디모데전후서. 디도서강해』, BST시리즈 (서울: 한국기독학생회출판부, 1998), p. 115.

해석. 여자는 교회의 공동체에서는 침묵해야 하고 온전히 순종하는 자세를 취해야 하며, 또 교회의 교사들한테서 배우고 집에서 남편들한테서 배워야 한다. 그러나 그렇다고 참된 행복과 위로가 없는 것이 아니라 집에서 자녀를 잉태하고 해산하며 양육하고 또 가정의 일을 잘 감당하면 참된 행복과 위로에 이르게 된다는 것이다. 윌리암 헨드릭슨은 "해산은 기독 어머니(the Christian mother)에게는 '구원'을 의미한다. 기독 어머니는 그녀의 구주에게 속하는 어린 자식들에게 나타나있는 구주의 형상을 볼 때에 내적인 기쁨, 즐거움, 축복, 그리고 영광을 체험하기 때문이다"라고 말한다.[11] 하나님께서 이런 위로를 특별히 여자들에게 준 것이다. 그러니까 여자들이 영적으로 정절을 지킴으로써 믿음과 사랑과 거룩함에 거하고, 또 육신적으로 자녀를 생산하며 양육하고 또 가사(家事)에 충실하면 참된 행복에 이르게 되는 것이다. 이 마지막 해석이 문맥상 가장 받을만한 해석이다.

---

11) 윌리암 헨드릭슨, p. 155.

제3장

교회 제직들의 자격

IV. 감독의 자격 3:1-7

앞장에서 공중 예배 중에 지킬 지침들을 말한 바울은 이제 교회 제직들의 자격에 대해 언급한다. 바울은 감독의 자격에 대해서 말하면서 선한 일을 사모해야 한다고 말한다(1절). 그리고 선한 일이 무엇임을 2절 이하에서 자세히 말한다.

딤전 3:1. 미쁘다 이 말이여, 사람이 감독의 직분을 얻으려하면 선한 일을 사모한다 함이로다.

바울은 "미쁘다 이 말이여"(this is a true saying), 곧 '앞으로 말하는 말은 전적으로 받아드릴 만한 말이여,' 혹은 '앞으로 말하는 말은 너무 믿을만한 말이여'라고 말하면서(1:15; 딤후 2:11) 감독의 직분에 대해서 길게 언급한다. 바울은 이제 참으로 믿을만한 말을 시작한다. 곧 "사람이 감독의 직분을 얻으려 하면 선한 일을 사모한다"는 것이다. "감독"($\epsilon\pi\iota\sigma\kappa\sigma\pi\hat{\eta}s$)이란 말은 '양떼를 돌보는 사람,' '교인들을 돌보는 사람'이란 뜻이다(2절; 행 20:28; 빌 1:1; 딛 1:7; 벧전 2:25). 감독은 초대 교회에서 장로와 똑같은 직분이었다(딛 1:5-9). 장로는 직명이고, 감독은 장로가 행하는 일, 곧 양떼를 돌보는 일을 생각하여 부르는 명칭이었다. 초대 교회에서는 치리를 담당하는 '다스리는 장로'가 있었고 또 말씀 선포를 전무하는 '가르치는 장로'가 있었다(딤전 5:17).

바울은 사람이 감독이 되려면 "선한 일을 사모해야" 한다고 말한다(엡 4:12). "선한 일"이란 '교회에 유익을 끼치는 모든 일'을 통칭한다(딤전 2:10; 딤후 2:21; 3:17; 딛 1:16; 3:11). 곧 형제를 돌보며 교회를 다스리는 모든 일은 "선한 일"이다. 그런데 선한 일을 "사모하지" 않으면 안 된다는 것이다. 세상일은 별로 사모하지 않고 기계적으로 해도 감당할 수 있으나 교회의 직분을 맡을 자는 선한 일을 사모해야 한다. 오늘 교회의 목사와 장로는 참으로 교회에 덕을 끼치는 선한 일을 사모하고 있는가. 아니면 기계적으로 하고 있는가.

딤전 3:2. 그러므로 감독은 책망할 것이 없으며 한 아내의 남편이 되며 절제하며 근신하며 아담하며 나그네를 대접하며 가르치기를 잘하며.

감독은 선한 일을 사모해야 하므로 15종의 자격이 요구된다. 첫째로, "감독은 책망할 것이 없어야" 한다는 것이다(딛 1:6). "책망할 것이 없어야 한다"(ἀνε-πίλημπτον)는 말은 '사회적으로 크게 비난들을 만한 일은 없어야 한다'는 뜻이다. 오늘 목사와 장로는 사회적으로 많은 말을 듣고 있지 않은가. 장로가 남의 돈과 나라의 돈을 떼어먹고 교도소에 가는 일이 허다하지 않은가.

둘째로, 감독은 "한 아내의 남편이 되어야" 한다(5:9). 교역자는 중혼(重婚)을 금해야 하고 음행을 금해야 한다. 부인이 죽었을 경우 재혼할 수는 있으나(롬 7:2-3; 고전 7:9) 항상 일부일처제의 원칙을 따라 자기 아내에게 충실해야 한다. 교역자가 오늘날 간음죄를 지어서 언론에 오르내리는 일이 많지 않은가.

셋째로, "절제해야"(νηφάλιον) 한다(딛 2:2). "절제한다"는 말은 '세상적인 욕망을 제어하고 영적으로 깨어있다'는 뜻이다. 교역자가 세상에 취하여 절제하지 못하면 영력을 잃어버리고 말씀을 힘 있게 전할 수 없어서 교회가 사막화된다. 그리고 행정의 지혜도 잃어버려 엉뚱하게 진행하여 파산선고를 하게 된다.

넷째로, "근신해야"(σώφρονα) 한다(딛 1:8; 2:2). "근신한다"는 말은 '건전한 마음의,' '자제하는,' '차분한'이란 뜻이다. 교역자는 건전한 마음을 소유해야 한다. 건전한 마음은 성령의 충만함에서 온다. 다시 말해 성령의 통제 하에서 오는 것이다(엡 5:18-21). 그러므로 항상 성령의 충만을 구하는 중에 근신하지 않으면 안 된다.

다섯째로, "아담해야" 한다. "아담하다"(κόσμιον)는 말은 '질서있는,' '예의바른,' '존경할만한'이란 뜻이다. 교역자는 외모도 아담해야 한다. 곧 옷도 단정하게 입으며 행동도 정중해야 한다. 외모를 아무렇게나 해도 된다고 하여 옷도 단정하게 입지 않고 행동이 과격하면 주위 사람들에게 혐오감을 주게 되어 복음 전도에 크게 해롭다.

여섯째로, "나그네를 대접하는 사람"이어야 한다(딛 1:8; 벧전 4:9). "나그네를 대접한다"(φιλόξενον)는 말은 '나그네들에게 친절한,' '나그네들에게 대접 잘하는'이란 뜻이다. 초대교회는 교통도 편리하지 못했고, 또 기독교인들에 대해 핍박이 심했으므로 교인들이 아무데서나 숙박하지 못하고 같은 교인들의 집을 선호하였다. 그 때 길 가는 나그네 교인이 교인 집에 들어가서 숙식을 하는 것은 그 집에 큰 즐거움이었다. 초대 교회의 어떤 감독들 중에 어떤 사람은 이 말을 액면 그대로 실행하여 나그네를 대접하며 병자를 대접했다고 한다.

일곱째로, "가르치기를 잘해야" 한다(딤후 2:24). 교역자는 불신자들에게 전도를 잘 할 수 있고, 또 교인들을 잘 가르칠 수 있어야 한다(마 9:35). 칼빈은 "가르칠 줄 모르는 사람은 교역을 하지 말고 차라리 다른 일을 하는 것이 좋다"고 했다. 교역자는 잘 가르치기 위하여 복음의 진리를 확실히 알고 있어야 하고 또한 기도를 많이 하여 성령의 역사가 있어야 한다. 오늘 교역자들은 지식은 많으나 기도가 약하여 성령의 역사가 거의 없는 것같이 느껴지기도 한다.

딤전 3:3. 술을 즐기지 아니하며 구타하지 아니하며 오직 관용하며 다투지 아니하며 돈을 사랑치 아니하며.

여덟째, "술을 즐기지 아니해야"(μὴ πάροινον) 한다(8절; 딛 1:7). "술을 즐긴다"는 말은 '술에 취한,' '폭음하는 경향이 있는'이란 뜻이다. 교회의 지도자는 남을 지도해야 하는 사람이니 정신을 몽롱하게 하는 술에 취해 있어서는 안 된다(잠 23:29-30, 32; 딛 1:7). 그리고 교역자는 전적으로 하나님께 마음이 취해 있어야 하는데 술에 취해 있음은 있을 수 없는 일이다. 교역자는 기도하는 것과 말씀 전하는 일에 온 정신을 쏟아야 한다(행 6:1-6).

아홉째, "구타하지 아니해야" 한다(딤후 2:24). 교역자는 사람을 쳐서는 안 된다. 화가 나서 쳐서도 안 되고 의분이 나서 쳐서도 안 된다. 한번 구타사건이 나면 결국은 교역자는 사역하는 교회에서 더 이상 말씀 사역을 하기는 어렵게 된다.

열째, "오직 관용해야"(ἐπιεική) 한다(딤후 2:24). "관용한다"는 말은 '신사적인,' '부드러운,' '참는,' '관대한'이란 뜻이다. 교역자는 진리에 어긋나지만 않으면 상대방에게 관대하게 대해야 한다. 교역자가 일평생 목회하면서 남을 관용할 수 없는 때를 얼마나 많이 당하는가. 그러나 그리스도의 사랑을 생각할 때 관용치 못할 일이 어디 있겠는가. 우리는 사사로운 원수를 용납해야 한다(마 5:44; 눅 6:27, 35). 하나님의 원수에 대해서는 하나님께 아뢰어 하나님으로 하여금 보복케 해야 한다(신 32:35; 롬 12:19; 히 10:30).

열한째, "다투지 아니해야" 한다. "다투지 아니한다"(ἄμαχον)는 말은 '싸움할 마음이 없는,' '싸움하는 기질이 아닌'이란 뜻이다. 교역자는 싸움할 마음이 없는 사람이 되어야 한다. 다시 말해 싸움하는 기질이 없는 사람이 되어야 한다. 남의 의견을 존중하고 그리스도의 마음으로 사람을 대해야 한다.

열두째, "돈을 사랑치 아니해야" 한다. "돈을 사랑치 아니하며"(ἀφι-λάργυρον)란 말은 '돈을 좋아하지 않는,' '욕심이 없는'이란 뜻이다. 교역자는 돈을 사랑하면 하나님을 사랑할 수 없으므로(약4:4) 그만큼 손해나는 줄 알고 돈을 사랑치 말아야 한다. 하나님께 재물이 많이 있는 줄 알고 하나님만 바라보아야 한다(신 28:12; 히 13:5-6). 돈을 사랑하는 사람은 일생 동안 많은 손해를 보다가 죽는다.

딤전 3:4. 자기 집을 잘 다스려 자녀들로 모든 단정함으로 복종케 하는 자라야 할지며.

열셋째, "자기 집을 잘 다스려 자녀들로 모든 단정함으로 복종케 하는 자라야 한다"(딛 1:6). 교역자는 자기 집을 잘 다스려 자녀들로 하여금 복종케 하는 자가 되어야 교회를 돌볼 자격을 얻게 된다는 것이다. "다스린다"(προϊστάμε-νον)는 말은 현재분사로 '통활하다,' '관장하다,' '지휘하다'라는 뜻이다. 교역자는 자기 집을 잘 다스려 "자녀들로 모든 단정함으로 복종케" 만들어야 한다. "단정"(σεμνότητος)이란 말은 '위엄,' '근엄,' '엄숙'이란 뜻이다. 그러니까

"모든 단정함으로"란 말은 '아주 위엄 있게,' '아주 정숙하고 규모가 있게'라는 뜻이다. 교역자는 자기의 집을 잘 관리하여 자녀들이 단정하고 순종하도록 만들어야 교회를 관리할 수 있게 된다. 혹자는 여기 "모든 단정함으로"라는 말을 교역자와 연관 지으나 문장구조상 자녀와 관련을 짓는 것이 더 옳을 것이다. 오늘 교역자는 너무 바빠서 자녀 교육에 시간을 쓰지 못하여 교육을 사모에게만 맡기고 무관심한 채 지낸다. 혹은 어떤 가정은 자녀를 돌보는 일을 TV에 맡겨놓고 자녀들이 어떻게 되는지 살피지 못하는 수가 있다. 혹은 어떤 교역자는 가정에서 모본을 보이지 못하여 자녀들을 버리는 수가 있다. 교역자는 무엇보다도 자녀들을 위하여 많은 기도를 드리고 모본을 보여 단정한 자녀, 하나님께 복종하고 부모에게 복종하는 자녀로 만들어야 한다.

딤전 3:5. (사람이 자기 집을 다스릴 줄 알지 못하면 어찌 하나님의 교회를 돌아 보리요).

우리 개역 판에 말씀 앞뒤에 괄호를 친 이유는 어떤 성경 사본에는 이 구절이 없기 때문이다. 이 구절은 4절을 설명하고 있는 구절이다. 교역자가 자기 집을 잘 다스릴 줄 모르면 하나님의 교회를 돌아볼 수가 없다는 것이다. 가정은 작은 교회인데 작은 가정도 잘 관리하지 못한다고 하면 어떻게 가정보다 큰 공동체를 다스릴 수 있겠느냐는 것이다. 그러나 우리는 여기서 주의를 기울어야 할 필요가 있다. 1) 이미 교역자가 되기 전에 자녀들이 잘못된 경우가 있는데 그런 경우까지를 고려하여 교역자가 교회를 사임해야 한다는 말은 아니다. 2) 또한 교역자가 크게 역사할 때에 마귀가 자녀들을 타락시킨 것까지 문제 삼을 수는 없다. 그저 교역자가 모본을 보이지 못하여 자녀들에게 문제가 생긴 경우를 따져야 한다.

딤전 3:6. 새로 입교한 자도 말지니 교만하여져서 마귀를 정죄하는 그 정죄에 빠질까 함이요.

열넷째, "새로 입교한 자도 말아야" 한다. "새로 입교한 자"란 말은 '새로 개종하여 교회에 들어온 자'를 지칭한다. 곧 '예수님을 믿은 지 얼마 되지 않은 사람'을 말한다. 새로 입교한 사람을 감독으로 세우면 감독직을 감투로 알게 되어 마음이 높아져서 "마귀를 정죄하는 그 정죄에 빠질까" 염려가 된다는 것이다(사 14:12). 다시 말해 교만해지면 정죄를 받는다는 것이다. 마귀가 교만해져서 하나님으로부터 정죄를 받았는데 바로 그런 정죄를 받게 된다는 것이다(창 3:15; 사 14:12; 슥 3:2; 마 4:10; 롬 16:20; 유 1:6). 하나님께서 정죄하시면 망하는 길밖에 없다. 그러므로 교역자로 세울 때 겸손한 사람을 세워야 한다.

딤전 3:7. 또한 외인에게서도 선한 증거를 얻은 자라야 할지니 비방과 마귀의 올무에 빠질까 염려하라.

열다섯째, "외인에게서도 선한 증거를 얻은 자라야 한다"(행 22:12; 고전 5:12; 살전 4:12). "외인"이란 '교회 밖의 사람들'을 지칭한다. 감독이 되려면 교회 밖에 있는 사람들한테서도 "선한 증거," 곧 '좋은 평판'을 얻어야 한다(고전 10:32; 골 4:5; 살전 4:12). 교회에 대해서 비난이 많고 핍박이 심하던 당시 교회 밖의 불신자들한테서 좋은 평판을 얻는다는 것이 쉽지 않았으나 그래도 교회를 위하여 감독은 사회인들로부터 비난을 듣지 않는 사람이어야 한다는 것이다.

만약 좋은 평판을 듣지 못하는 사람이 목사나 장로가 되면 "비방," 곧 '비판'을 받게 되고 또한 "마귀의 올무에 빠지게" 된다(6:9; 딤후 2:26). "마귀의

올무"란 '마귀가 설치해 놓은 올무, 덫, 함정'을 뜻한다(벧전 5:8). 좋은 평판을
듣지 못하는 교역자는 주로 믿음이 없는 사람이므로 마귀가 설치해 놓은 덫에
걸리게 된다(롬 11:9). 마귀는 신앙인의 신앙정도를 잘 알아서 믿음이 좋지
않고 행위가 좋지 않은 신앙인들에게 덫을 쳐서 그 덫에 걸리게 한다. 우리는
신앙을 돈독히 하고 선한 행위를 가져 마귀의 함정에 걸리지 않는 사람들이
되어야 한다.

V. 남녀집사의 자격 3:8-13

바울은 앞서 감독의 자격에 대해 언급했고(1-7절) 이제는 집사의 자격에
대해 언급한다(8-13절). 바울은 집사도 감독들과 같이 그 어떤 자격을 소유해야
한다고 말한다. 집사들은 감독들과 달라서 구제하는 일을 전담했다(행 6:2-3).
그리고 바울은 여 집사의 자격도 언급한다(11절).

**딤전 3:8. 이와 같이 집사들도 단정하고 일구이언을 하지 아니하고 술에 인박이
지 아니하고 더러운 이를 탐하지 아니하고.**
"이와 같이(ὡσαύτως)," 곧 '감독들과 마찬가지로' 집사들도 자격이 구비되어
야 한다. "집사"(διακόνους)란 '종,' '시중드는 사람,' '섬기는 자,' '봉사자'라
는 뜻이다. 집사는 첫째로, "단정해야" 한다(행 6:3). "단정"이란 뜻에 대해서는
4절 주해를 참조하라. 둘째로, 집사는 "일구이언을 하지 아니해야"(μὴ δι-
λόγους) 한다는 것이다. "일구이언(一口二言)한다"는 말은 한 입을 가지고
두 말을 하는 것을 지칭한다. 이 사람에게는 이 말을 하고 저 사람에게는

저 말을 하는 것을 말한다. 사람이 일구이언을 하면 가벼움이 보여서 무슨 일을 해도 사람들이 믿어주지 않는다. 집사는 교회의 재정을 맡은 자이기 때문에 신실해야 한다. 셋째로, 집사는 "술에 인 박이지 아니해야" 한다(3절; 레 10:9; 겔 44:21). "술에 인 박인다"는 말은 '많은 술에 빠진다'는 뜻이다. 집사가 많은 술에 사로잡히면 자기가 맡은 일을 제대로 처리하지 못한다. 집사가 하는 일은 사람들의 형편을 살펴서 돕는 일인데 어떻게 정확하게 상황 판단을 할 수 있겠는가. 또 술에 취해 있으면 말이 많아져서 신용을 잃게 마련이다. 넷째로, 집사는 "더러운 이를 탐하지 아니해야" 한다. "더러운 이를 탐한다"(αἰσχροκερδεῖς)는 말은 '명예롭지 못한 유익을 탐하는,' '더러운 유익을 탐하는,' '지저분한 유익을 탐하는'이란 뜻이다. 집사는 교회의 재정출납을 책임지고 있는 사람으로 교회의 공금을 횡령해서는 안 된다. 교회의 돈을 축내는 사람은 큰 벌을 받는다. 아나니아와 삽비라 부부는 헌금하려던 돈 중에 일부를 헌금하지 않았기에 죽었다(행 5:1-11). 아나니아 부부와 같이 헌금하려다가 바치지 않은 돈도 하나님께 이미 바친 돈이고, 교회에 이미 바친 공금도 역시 하나님의 돈이다. 교회의 공금을 남용하는 사람들도 응분의 벌을 받는 것으로 알고 조심해야 한다.

딤전 3:9. 깨끗한 양심에 믿음의 비밀을 가진 자라야 할지니.
다섯째로, 집사는 "깨끗한 양심에 믿음의 비밀을 가져야" 한다(1:19). "깨끗한 양심"이란 '중생한 양심,' '청결한 마음과 선한 양심'을 지칭한다(1:5). 집사는 중생한 양심만 가져서는 안 되고 거기에 "믿음의 비밀"을 덧붙여 가져야 한다. "믿음의 비밀"이란 '믿음이라고 하는 비밀'을 말한다. 그러니까 믿음이란 낱말과 비밀이라는 낱말은 동격이다. 믿음을 비밀이라고 하는 이유는 오랫동안

감춰였다가 나타났기 때문이다(롬 16:25-26; 엡 3:7-13). 집사는 중생한 사람이 어야 하고 거기에 믿음을 겸하여 가져야 한다. "복음을 모르고 재능만 있는 자는 복음과 교회에 큰 손해를 끼친다"(박윤선).

딤전 3:10. 이에 이 사람들을 먼저 시험하여 보고 그 후에 책망할 것이 없으면 집사의 직분을 하게 할 것이요.

여섯째, 집사는 "먼저 시험하여 보고 그 후에 책망할 것이 없어야" 한다는 것이다. 교회는 집사를 택하기 전에 "먼저 시험해보아야" 한다. 집사로 택하기 전에 앞서 말한 자격조건을 충족하는 사람인지를 시험해보아야 한다. 그리고 "그 후에 책망할 것이 없으면 집사의 직분을 하게 할 것이다." 책망할 것이 있는지 없는지를 알기 위하여 교회 회중들의 인정절차를 거쳐야 한다. 아무나 택해서는 안 된다. 집사를 시키면 신앙생활을 더 잘 하리라고 예상하여 시켜서도 안 되고, 헌금을 많이 할 것이라고 기대하여 집사로 택해서도 안 된다. 그리고 사회의 유지(有志), 지방 유지라고 해서 택해서도 안 된다. 먼저 자격시험에 통과해야 하고 다음 책망 받을 사람이 아닌지 회중의 의중을 물어야 한다.

딤전 3:11. 여자들도 이와 같이 단정하고 참소하지 말며 절제하며 모든 일에 충성된 자라야 할지니라.

"여자들도"란 말에 대하여 혹자는 '일반 여성도들'이라고 해석하기도 하나 1-13절까지 모두 교회의 직분자들의 자격을 말한 것을 감안하면 유독 한절만 일반 여성도들의 자격문제를 말했다고 보기는 어렵다. 또 혹자는 남자 집사들의 아내의 자격을 다룬 부분이라고 말하기도 하나 우리의 본문에 그런 말도 없거니와 또 본문에 "모든 일에 충성된 자라야 할지니라"라는 말이 남자 집사의 아내에게 부과된 자격이라면 지나친 요구라고 보인다. 그러므로 "여자들도"란 말은 '여자집사'를 언급한 것으로 보아야 할 것이다. 그리고 특별히 본문의 "이와 같이"(ὡσαύτως)란 말은 여 집사들도 '이와 같이' 곧 7절에 기록된 '남자 집사들과 같이' 어떤 자격이 있어야 한다는 뜻이다.

여 집사는 첫째, "단정해야"(σεμνάς)한다(딛 2:3). "단정"이란 말의 해석에 대해서는 4절 주해를 참조하라. 여 집사는 둘째, "참소하지 말아야" 한다. "참소한다"(διαβόλους)는 말은 '비방자,' '헐뜯는 사람,' '배반자'란 뜻이다(딤후 3:3; 딛 2:3). 여자 집사는 남을 헐뜯어서는 안 된다. 여자들은 시기 질투심이 많아서 남이 잘 되는 것을 보고 참기가 어려워 남을 헐뜯을 수도 있고, 혹시 나에게 악담을 한 사람을 향하여 견디지 못하고 중상모략을 할 수가 있다. 우리는 남이 잘 되는 것을 보고 하나님께 감사해야 하고, 혹시 나를 향해 악담을 한 사람에게는 하나님께 판단을 맡기고 친절하게 대해야 할 것이다.

여 집사는 셋째, "절제해야"(νηφαλίους)한다. 이 말씀에 대하여는 2절 주해를 참조하라. 여 집사는 넷째, "모든 일에 충성된 자라야" 한다. "충성되다"(πιστὰς)는 말은 '신실하다'는 뜻이다. 여자집사는 모든 일에 믿을만해야 한다. 한군데라도 믿을 수없는 곳이 없도록 해야 한다. 하나님 앞에서 정직하게 사는 사람들은 모든 방면에 믿을만하다.

딤전 3:12. 집사들은 한 아내의 남편이 되어 자녀와 자기 집을 잘 다스리는 자일지니.

남자 집사는 일곱 째 "한 아내의 남편이어야" 한다. 남자 집사의 경우도 감독에 준하는 자격을 요구하고 있다. 이 말씀에 대하여는 2절 주해를 참조하라. 남자 집사는 여덟째, "자녀와 자기 집을 잘 다스리는 자여야" 한다. 교회의 재정을 주로 취급하는 집사도 감독직이나 마찬가지로 자기 집을 잘 다스려야 한다. 집사 직도 감독직과 마찬가지로 영적인 직분이기 때문이다. 영적으로 어두우면 재정 취급을 올바로 할 수 없다. 이 말씀에 대하여는 4절 주해를 참조하라.

딤전 3:13. 집사의 직분을 잘한 자들은 아름다운 지위와 그리스도 예수 안에 있는 믿음에 큰 담력을 얻느니라.

집사의 직분을 잘 감당하면 두 가지 복을 받는다. 첫째, "아름다운 지위를 얻는다"(참조 마 25:21). "지위"란 '계단의 층계,' '계급,' '도(度)'란 뜻이다. 따라서 "아름다운 지위를 얻는다"는 말은 '아름다운 평판을 얻는다,' '영적으로 진전되다'(Wiersbe)는 뜻이다. 그렇게 되면 그는 봉사의 기회를 더 많이 얻게 되는 것이 사실이다. 혹자는 "아름다운 지위"를 얻는 것을 두고 집사의 일을 잘 감당하면 장로가 되는 것으로 해석하나 장로와 집사는 어떤 계급이 아니므로 집사 일을 잘 감당하는 경우 장로가 된다고 말할 수는 없다.

둘째로, 집사의 직을 잘 감당하면 "그리스도 예수 안에 있는 믿음에 큰 담력을 얻게 된다"(히 10:19). 집사의 직분을 잘 감당하면 그리스도를 믿는 믿음생활에 담대해지고, 또한 그리스도를 전하는 일에 있어서도 담대해진다. 만약에 게으르고 충성치 못하면, 수치심을 가지게 되고 두려운 마음이 생기게 된다(잠 28:1).

VI. 본서를 기록하는 동기와 복음의 심오함 3:14-16

바울 사도는 교회 제직들의 자격을 말한 다음 이제는 본서를 기록하는 동기(14-15절)와 복음의 심오함을 언급한다(16절). 바울은 본서를 기록하는 동기를 기술하면서 교회라는 것이 어떤 것인지를 말하고 있다. 교회는 하나님의 집으로 그 안에서는 그리스도의 능력이 역사하고 있다는 것이다.

딤전 3:14. 내가 속히 네게 가기를 바라나 이것을 네게 쓰는 것은.
바울은 속히 디모데에게 가기를 바랐다. 그러나 그가 마게도냐에서 복음을 전하는 중에 에베소로 가는 일이 지체될 가능성이 있으므로 "이것" 곧 '이것들'을 디모데에게 쓴다고 말한다. 다시 말해 앞서 기록한 것(1장-3장)을 포함하고 뒤에 쓸 것(4장-6장)을 포함하여 서신 전체를 쓴다는 것이다. 혹자는 '이것들'을 앞서 말한 직분자의 자격에 관한 것(1-13절)이라 하고, 혹자는 기도와 직분자의 자격에 관한 것(2:1-3:13)이라고도 말하나 본서 전체를 지칭하는 것으로 보아야 한다. 바울이 디모데로 하여금 하나님의 집에서 어떻게 행하여야 할지를 알게 하려고 써 보내는 것이기 때문이다(15절). 1-13절이나 혹은 2:1-3:13만 목회방법에 관한 글이 아니고, 1장부터 6장까지 모두가 목회에 필요한 글이다.

딤전 3:15. 만일 내가 지체하면 너로 하나님의 집에서 어떻게 행하여야 할 것을 알게 하려 함이니 이 집은 살아 계신 하나님의 교회요 진리의 기둥과 터이니라.
바울이 서신을 써서 보낸 동기는 에베소에 가는 것이 늦어지는 경우 디모데로 하여금 "하나님의 집," 다시 말해 '하나님께 속한 집'에서 어떻게 행하여야 할 것을 알게 하려는 것이었다(엡 2:21-22; 딤후 2:20). "집"이란 말은 건물을 뜻하는 말이 아니라 '성도들의 공동체'를 지칭한다(행 12:12; 16:40; 롬 16:5; 골 4:15; 몬 1:2). 바울이 디모데에게 편지를 써서 보낸 이유는 디모데로 하여금 성도들의 공동체에서 어떻게 처신해야 할 것인가를 알려주기 위해서다.

그런데 바울은 "하나님의 교회"를 "진리의 기둥과 터"라고 부른다. "진리의 기둥과 터"라는 말은 "하나님의 집"이나 "하나님의 교회"라는 말과 동격이다. "하나님의 교회"란 말은 '하나님께 속한 교회'라는 뜻이다. "교회"(ἐκκλησία) 란 말은 교회당이라는 뜻이 아니고 '이스라엘 자녀들의 회중,' '성도들의 공동체'란 뜻이다.

바울은 교회를 "진리의 기둥과 터"라고 부른다. "진리의 기둥과 터"란 말은 교회에 대한 또 하나의 다른 명칭이다. "진리"란 말은 '하나님의 말씀'을 지칭하고(요 17:17), '예수 그리스도'를 지칭한다(요 1:14-15; 14:6). "기둥"은 지붕을 떠받치는 역할을 하고 "터"는 건물 전체를 떠받치는 역할을 한다. 교회, 곧 성도들의 공동체는 진리를 떠받치고 있다. 성도들의 공동체는 진리 되시는 예수님을 떠받치고 있다. 2,000년이 지난 오늘날도 교회는 여전히 "진리의 기둥과 터이다." 교회는 기둥과 터의 역할을 감당하고 있다. 교회는 옛날이나 지금이나 그리스도를 떠받치고 있다. 세상에 교회 이외에는 아무 것도 진리 되시는 그리스도를 높이 들어 올리고 또 전파하는 기관은 없다. 오늘 내가 시무하는 교회가 참으로 진리를 높이 들어 올리고 또 전파하고 있는가를 살펴야 할 것이다. 내 교회가 그리스도를 잘 교육하며 또한 멀리 전하고 있는지를 살펴야 할 것이다.

딤전 3:16. 크도다 경건의 비밀이여, 그렇지 않다 하는 이 없도다. 그는 육신으로 나타난바 되시고 영으로 의롭다 하심을 입으시고 천사들에게 보이시고 만국에서 전파되시고 세상에서 믿은바 되시고 영광 가운데서 올리우셨음이니라.

바울은 앞 절(15절)에서 교회 공동체는 "진리," 곧 '예수 그리스도'를 떠받치는 단체, 즉 그리스도를 높이는 단체라고 말하고, 이제 본 절에 와서는 그 예수 그리스도가 "크다"고 고백한다. 바울은 "크도다 경건의 비밀이여"라고 말한다. "경건"(εὐσεβείας)이란 말은 '존경심으로 가득찬 감정,' '신앙심,' '믿는 마음'이란 뜻으로 그리스도를 믿는 믿음을 지칭한다(딤전 4:7-8; 6:3, 5, 6, 11; 딤후 3:5). "비밀"이란 말은 "경건"이란 말과 동의어로 사용되었다. 곧 "경건의 비밀이여"라는 말은 '경건이라는 비밀이여'라는 뜻이다. 곧 '경건은 비밀'이란 뜻이다. 다시 말해 예수 그리스도는 비밀이라는 뜻이다. 예수 그리스도는 원래 숨겨진 비밀이었는데 하나님께서 세상에 보내주셔서 우리가 알게 되었다(엡 3:7-13). 바울은 '그리스도라는 비밀이 크다'고 하는 말에 시비를 걸 사람이 없다고 말한다. 곧 바울은 "그렇지 않다 하는 이 없다"고 말한다.

바울이 그리스도라고 하는 비밀이 크다고 말한 뒤에 6행의 찬송을 드린다. 예수님은 "육신으로 나타난바 되시고 영으로 의롭다 하심을 입으시고 천사들에게 보이시고 만국에서 전파되시고 세상에서 믿은바 되시고 영광 가운데서 올리우셨다"고 찬송한다. 예수님은 첫째, "육신으로 나타난바 되신 분"이다. 성육신하신 분이시라는 뜻이다(요 1:1-14; 롬 8:3; 고후 8:9; 빌 2:5-11; 요일 1:2). 둘째, "영으로 의롭다 하심을 입으신 분"이다(마 3:16; 요 1:32-33; 15:26; 16:8-9; 롬 1:4; 벧전 3:18). 예수님은 성령님에 의하여 부활하심으로 그의 의로우심이 증명되었고(행 3:14-15), 그를 믿는 자들을 의롭게 해주시는 분이다(롬 4:25). 셋째, "천사들에게 보이신 분"이다(마 28:2; 막 16:5; 눅 2:13; 24:4; 요 20:12; 엡 3:10; 벧전 1:12). 부활하신 예수님은 천사들에게 보이셨다(마 28:2-7; 막 16:5-8; 요 20:12-13; 행 1:9-11). 그리고 천사들은 그리스도의 부활을 증거하였다(마 28:2-7). 넷째, "만국에서 전파되신 분"이다 (2:7; 행 10:34; 13:46, 48; 롬 10:18; 갈 2:8; 엡 3:5-6, 8). 예수님은 부활하시고

난 후 제자들에게 모든 민족을 향하여 복음 전파를 부탁하셨다(마 28:18-20; 막 16:15). 다섯째, "세상에서 믿은바 되신 분"이다(골 1:6, 23). 예수님은 부활하신 다음 제자들에게 그를 믿으라고 부탁하시고, 또 세상 사람들에게 그를 믿으라고 부탁하셨다(막 16:16-17). 여섯째, "영광 가운데서 올리우신 분"이다(눅 24:51; 벧전 3:22). 그리스도는 부활하신 후에 승천하셔서 하나님 우편에 앉으셨다(막 16:19; 행 1:9; 골 3:1; 히 1:3; 8:1; 12:2; 벧전 3:22). 그리고 우리를 위해 기도하신다(롬 8:34; 히 1:3). 교회는 그리스도를 떠 받쳐야 하고(15절) 찬송해야 한다(빌 2:9-11).

제4장

올바른 목회를 위한 각종 지침

VII. 금욕주의 이단을 경계하라 4:1-5

바울은 앞에서(3:14-16) 그리스도께서 위대하시다고 말하고 찬양했으나, 또 한편 어떤 사람들이 믿음에서 떠나 미혹케 하는 영과 귀신의 가르침을 좇아 거짓말 하는 사람들이 생길 것이라고 경고한다. 바울은 디모데를 향하여 이런 이단자들을 경계하라고 권한다.

딤전 4:1. 그러나 성령이 밝히 말씀하시기를 후일에 어떤 사람들이 믿음에서 떠나 미혹케 하는 영과 귀신의 가르침을 좇으리라 하셨으니.

바울은 "그러나," 곧 '경건의 비밀이 상상할 수 없이 위대하지만 그러나'(3:16), 이단이 또 일어날 것이라고 말한다. 성령님은 주님을 통하여(막 13:22), 또 다른 사도들을 통하여(벧후 3:1-18), 그리고 바울을 통하여(행 20:29; 살후 2:1-12) 계속하여 말씀하셨고 또 말씀하신다(요 16:13). 혹시 "성령이 밝히 말씀하시기를 후에 …"라는 말씀이 바울을 통하여 말씀하신 것만으로 보면 너무 좁은 해석일 것이다. 성령님은 또 후일에 될 일을 말씀하신다(행 20:23; 고전 12:10). 성령님은 "후일에 어떤 사람들이 믿음에서 떠나리라"고 말씀하신 다. "후일"(ὑστέροις καιροῖς)이란 말은 '말세'라는 뜻이지만 때로는 '가까 운 미래'를 지칭하기도 한다(벧전 1:20). "어떤 사람들"이란 말은 3절에 말한 대로 영지주의자들과 또 그들에게 미혹당한 자들을 뜻한다. "믿음에서 떠난 다"(ἀποστήσονταί τῆς πίστεως)는 말은 '믿음을 버린다,' '믿음을 배반 한다'는 뜻이다.

바울은 훗날 영지주의자들이 믿음에서 떠나 "미혹케 하는 영과 귀신의 가르침을 좇으리라"(딤후 3:13; 벧후 2:1; 계 16:14)고 예언했듯이 바로 그 이단들이 일어났다고 말한다. 여기 "미혹케 하는 영"이란 말은 '마귀'를 지칭하 는 말이다. 마귀는 사람을 미혹케 하여 믿음에서 떠나게 하기 때문에 "미혹케 하는 영"이라고 불린다(요 14:17; 요일 4:6; 계 12:9; 16:14; 20:3, 10). "귀신의 가르침"이란 말은 '마귀의 가르침'이란 말이다(단 11:35, 37-38; 계 9:20). 마귀는 이단들을 통하여 가르친다. 마귀는 영지주의자들을 사용하여 해괴한 교리를 가르쳤다. 마귀는 오늘도 여전히 이단들을 통하여 이단 교리를 가르친다. 이단들은 자기들이 마귀에게 속아서 이단 교리를 퍼뜨리면서도 그 사실을 알지 못하고 자기들이 옳은 줄로 착각한다.

딤전 4:2. 자기 양심이 화인 맞아서 외식함으로 거짓말하는 자들이라.
바울은 본 절에서 이단자들의 정체성을 밝힌다. 이단자들은 "자기 양심이 화인 맞은" 사람들이다(엡 4:19). "화인 맞은"(κεκαυστηριασμένων)이란 말은 '낙 인찍히다,' '소인 찍히다,' '마비되다'라는 뜻이다. "양심에 화인 맞은"이란 말은 '양심에 불도장을 맞은'이란 뜻이다. 이단은 사단의 불도장을 맞은 사람들이다(계 13:16). 다시 말해 양심이 아주 마비된 사람들이다. 이단자들은 죄를 지은 후에 죄를 자복하는 일을 게을리 하여 죄가 누적됨으로 양심의 기능이 아주 마비되어 버린 것이다. 이렇게 마비되면 사단이 쓰기에 좋은 재목이 된다.

바울은 양심이 화인 맞은 자들은 "외식함으로 거짓말을 한다"고 말한다(마 7:15; 롬 16:18; 고후 11:13-15; 벧후 2:3). "외식함으로"(ἐν ὑποκρίσει)라는 말은 '위선으로,' '~체 하는 중에,' '가장하여'라는 뜻이다. 양심이 화인 맞은 사람들은 본심에도 없는 말을 함부로 한다는 것이다. 이단자들은 양심이 마비되어 거짓말을 상습적으로 한다.

딤전 4:3. 혼인을 금하고 식물을 폐하라 할 터이나 식물은 하나님이 지으신 바니 믿는 자들과 진리를 아는 자들이 감사함으로 받을 것이니라.

바울은 에베소에 있었던 영지주의 이단의 두 가지 특성을 말한다. 하나는 "혼인을 금하라"는 것이었고(고전 7:28, 36, 38; 골 2:20-21; 히 13:4), 또 하나는 어떤 "식물을 먹지 말라"는 것이었다(롬 14:3, 17; 고전 8:8; 골 2:21). 영지주의 이단은 영(靈)은 선하고 육(肉)은 악하다고 하여 혼인을 금하라 하고 어떤 식물 종류에 대해서는 먹지 말라고 했다. 그러나 혼인은 하나님께서 내신 제도이니 금할 이유가 없고(창 2:18-25), 또 어떤 특정한 음식을 먹지 않은 것은 그들의 무식의 소치에서 나온 것이다. 모든 식물은 "하나님이 지으신 바니 믿는 자들과 진리를 아는 자들이 감사함으로 받을 것이다"(창 1:29; 9:3). 곧 모든 식물은 하나님께서 지으신(창 1장) 것이기 때문에 "믿는 자들과 진리를 아는 자들," 곧 '예수님을 믿는 사람들'이 감사함으로 받아야 한다(롬 14:6; 고전 10:30). 믿지 않는 사람들은 감사함으로 받을 수 없다. 다시 말해 영지주의자들은 예수님을 믿지 않기 때문에 식물을 감사함으로 받지 못하고 금욕하라고 한다. 하나님께서 정하신 혼인제도, 하나님께서 만드신 식물, 이것들은 좋은 것들이다. 이 좋은 것들을 금하는 이단들은 결국 하나님을 대적하는 자들이다. 우리는 모든 것을 감사함으로 받아야 한다.

딤전 4:4. 하나님의 지으신 모든 것이 선하매 감사함으로 받으면 버릴 것이 없나니.

본 절은 앞 절(3절)을 설명하는 구절이다. 바울은 "하나님의 지으신 모든 것이 선하다"고 말한다(롬 14:14, 20; 고전 10:25; 딛 1:15). 바울의 이 말은 하나님께서 창조하신 모든 것이 "하나님의 보시기에 좋았더라"는 말에서 나온 것이다. 하나님은 하루하루 창조하시기를 마치고 "하나님의 보시기에 좋았더라"고 하시고 끝에 가서는 "하나님이 그 지으신 모든 것을 보시니 보시기에 심히 좋았더라"고 하셨다(창 1:4, 10, 12, 18, 21, 25, 31). 에베소의 영지주의자들은 모든 물질은 악하다고 하는데 하나님은 좋다고 하신다.

그리고 바울은 모든 식물을 "감사함으로 받으면 버릴 것이 없다"고 말한다. '감사함으로 받기만 하면 내버릴 것이 없다.' 하나님은 모든 식물을 만드실 때 "감사함으로 받도록" 만드셨다(고전 10:31).[12] 감사한 마음이 없으면 버릴 수도 있다. 그러나 감사한 마음으로 받으면 아무 식물도 버릴 것이 없다. 성도는 모든 식물을 감사한 마음으로 받아야 한다.

딤전 4:5. 하나님의 말씀과 기도로 거룩하여짐이니라.

본 절 초두에는 이유접속사 "왜냐하면"(γὰρ)이란 말이 있어서 본 절이 앞

---

12) 윌리암 헨드릭슨, 『목회서신』, 헨드릭슨 성경주석 (서울: 아가페출판사, 1985), p. 201.

절의 이유임을 말한다. 바울은 앞 절(4절)에서 모든 식물을 "감사함으로 받으면 버릴 것이 없다"고 말한다. 이유는 "하나님의 말씀과 기도로 거룩하여지기" 때문이다. 바꾸어 말해 하나님의 말씀과 기도로 모든 식물이 거룩하여지기 때문에 모든 식물은 버릴 것이 없다. 어떤 식물은 못 먹는다는 영지주의자들의 주장은 허황된 것이다. 못 먹을 식물, 곧 금해야 할 식물은 없다는 것이다. 모든 식물은 "기도"할 때 인용되는 "하나님의 말씀"으로 거룩해지고 또 기도로 거룩해지기 때문에(시 106:1; 136:1-26; 145:15-16) 못 먹을 음식물은 없다. 사실 식물은 무인격적 물체인데 어떻게 거룩해지는 것이냐 하는 문제가 있다. 그러나 구약 시대에 하나님께 바쳐진 물품들은 모두 거룩하다고 했다. 돈도 하나님께 바치면 거룩한 돈이 된다. 그처럼 어떤 식물이 하나님으로부터 온 것인 줄 믿고 기도하면, 그것은 하나님 보시기에 거룩해진 것이다. 그리스도께서 광야에서 오병이어를 놓고 축사하셨을 때 그 오병이어는 거룩해졌다. 곧 하나님께 바쳐진 거룩한 것이 되었다(마 14:19). 그리고 바울도 바다에서 14일간이나 음식을 먹지 못한 사람들을 위해서 음식을 놓고 축사한 다음 나누어 주었다(행 27:35). 하나님께 감사 기도하면, 하나님은 그 음식을 거룩하게 여기신다는 것이다.

VIII. 목회자가 힘쓸 일들 4:6-16

바울은 이단자들을 경계하라고 부탁한(1-5절) 후에 디모데에게 성도들을 잘 양육하는 중에 디모데 자신도 양육을 받으라고 권한다(6절). 그리고 망령되고 허탄한 신화를 버리고 경건에 이르기를 힘쓰라 권하고(7절), 경건이 가져오는 유익이 있음을 말한다(8-9절). 바울은 경건을 위하여 자신이 모든 노력을 다한다고 말하고, 또한 디모데를 향하여 교우들에게 부지런히 명령하고 가르치라고 부탁한다(10-11절). 그리고 바울은 청년 디모데 개인에게 훈시를 준다(12-16절).

딤전 4:6. 네가 이것으로 형제를 깨우치면 그리스도 예수의 선한 일군이 되어 믿음의 말씀과 네가 좇은 선한 교훈으로 양육을 받으리라.

바울은 디모데를 향하여 "이것으로(ταῦτα)," 곧 '앞 절(1-5절)에 말한 금욕주의를 경계하라는 말씀으로' "형제를 깨우치게" 하라고 말한다. "형제"란 말은 '에베소 교회 안에 있는 교인들'을 지칭하고 "깨우치면"(ὑποτιθέμενος)이란 말은 '제안하다,' '주목하도록 충고하다'라는 뜻이다. 그러니까 바울은 디모데에게 금욕주의를 경계하라는 말씀을 형제들에게 제시해주라고 말한 것이다. 그러면 디모데는 "그리스도 예수의 선한 일군이 되어 믿음의 말씀과 네가 좇은 선한 교훈으로 양육을 받으리라"고 말한다. 디모데가 에베소 교인들에게 금욕주의자들을 경계하라는 말씀을 주목하도록 제시해주면 디모데가 첫째, "그리스도 예수의 선한 일군이 된다." 선한 "일군"(διάκονος)이란 말은 '봉사자,' '섬기는 자'란 뜻으로 디모데가 그리스도 예수의 착한 봉사자가 된다는 것이다(딤후 2:3). 남을 깨우치면 남만 잘 되는 것이 아니라 깨우치는 장본인이 그리스도의 훌륭한 일군이 된다는 것은 참으로 놀라운 일이 아닐 수 없다. 둘째, "믿음의 말씀과 네가 좇은 선한 교훈으로 양육을 받게 된다"(딤후 3:14-15). "믿음의 말씀"이란 '믿음을 주는 말씀,' 곧 '복음'을 뜻하고 "선한 교훈"이란 '거짓 교훈과 대조되는 성경의 교훈'을 뜻하는데 바로 앞에 나온 믿음의 말씀과 동일한 내용이다. "좇은"(παρηκολούθηκας)이란 말은 '바짝 따르다,' '추격하다'라는 뜻이다. 바울은 디모데가 어려서부터 할머니와 어머니의 지도하에 선한 교훈을 바짝 좇았다는 것을 암시하고 있다. "양육을 받으리라"(ἐντρεφόμενος)는 말은 현재 수동태 분사로서 '훈련을 받다'라는 뜻이다. 디모데가 교인들을 "믿음의 말씀"으로 깨우치면 그 자신도 그 말씀으로 양육을 받게 된다는 것이다. 교역자는 교인들을 지도하면서 양육을 받게 되므로 스스로를 훈련하는 일에 열심을 다해야 한다.

딤전 4:7. 망령되고 허탄한 신화를 버리고.

바울은 영지주의자들의 "망령되고 허탄한 신화를 버려야" 한다고 말한다(1:4; 6:20; 딤후 2:16, 23; 4:4; 딛1:14). "망령되다"(βεβήλους)는 말은 '하나님의 이름을 가볍게 여기며 그 영광을 가린다'는 뜻이고(6:20; 히 12:16), "허탄한 신화"(γραώδεις μύθους)란 말은 '어리석은 신화'라는 의미이다. 결국 망령되고 허탄한 신화란 말은 1:4에서 말하는 끝없는 족보와 신화를 지칭한다. 바울은 디모데를 향하여 무가치하며 헛된 신화를 버리라고 부탁한다.

오직 경건에 이르기를 연습하라.

바울은 디모데를 향하여 "경건에 이르기를 연습하라"고 명령한다(히 5:14; 12:11; 벧후 2:14). 다시 말해 '하나님 경외에 이르기를 훈련하라'는 것이다(히 5:14; 12:11; 2:14). 하나님을 참으로 경외하는 고차원적 경지에 이르기를 훈련하라는 것이다. 하나님 경외 훈련은 쉽지 않아서 계속해서 훈련하지 않으면 안 된다. 하나님을 참으로 경외하는 경지에 이르는 것은 많은 기도(행 10:2), 하나님 말씀에 대한 계속적인 순종(히 5:13-14), 그리고 주님께서 남기고 가신 바 교회를 위한 고난에의 지속적인 동참이 요구된다(골 1:24). 우리는 하나님 경외 훈련을 위해서 많은 노력을 기울여야 한다.

딤전 4:8. 육체의 연습은 약간의 유익이 있으나 경건은 범사에 유익하니 금생과 내생에 약속이 있느니라.

바울은 경건에 이르기를 연습해야 할 이유를 말한다. 경건에 이르기를 연습해야 하는 이유는 육체의 연습에 비하여 유익이 많기 때문이다. 바울은 "육체의 연습은 약간의 유익이 있다"고 말한다. "육체의 연습"이란 '건강을 위하여 신체를 연단하는 것'을 지칭한다. 혹자는 "육체의 연습"이란 음식물을 금하고 또 혼인을 금하는 것을 지칭한다고 하나(3절) 합당한 해석이라고 보기 어렵다. 육체의 연습도 약간의 유익이 있는데, 음식물을 금하고 혼인을 금하는 것은 약간의 유익도 없는 것이다. 그러므로 육체의 연습이란 육체를 단련하는 것을 지칭하는 것으로 보아야 한다. 육체의 연습은 "약간의 유익," 곧 '적은 이익'이 있을 뿐이다. 적은 이익이 있다고 말할 수 있는 이유는 신체 연단은 세상에서나 우리에게 유익을 주기 때문이다. 그럼에도 불구하고 사람들은 육체의 연습이 엄청난 유익을 주는 줄로 말하고 선전한다. 경건에 이르는 연습이 얼마나 유익한지 몰라서 그렇게 하는 것이다.

바울은 "경건은 범사에 유익하니 금생과 내생에 약속이 있다"고 말한다(6:6; 시 37:4; 84:11; 112:2-3; 145:19; 마 6:33; 19:29; 막 10:30; 롬 8:28). "경건," 곧 '하나님 경외'는 "범사에"(unto all things), 곧 '사사건건,' '매사에' 유익하다. 하나님을 경외하면 세상에서도 유익하고 내세에서는 더욱 유익한 것이다. 육체를 연단하는 일은 세상에서 짧은 기간 유익하다. 그러나 하나님을 경외하는 일에 힘쓰면 세상에 사는 중에도 끊임없이 하나님의 은혜가 넘치고 평화롭게 살게 되기에 유익한 것이고(시 23:1; 34:1-2; 딤전 6:6-10), 내세에 가서는 영원한 생명을 누리게 되니 상상할 수 없는 복이다(막 10:30; 요일 1:6-7; 2:24-25; 계 2:10, 17; 3:5, 12, 21). 바울은 "유익"이 있다는 말 대신에

"약속"이 있다는 말로 표현한다. 내세의 유익에 대해서는 하나님께서 약속하셨
기 때문이다.

딤전 4:9. 미쁘다 이 말이여 모든 사람들이 받을 만하도다.

바울은 "미쁘다 이 말이여"라는 말을 자주 사용하고 있다(1:15; 3:1; 4:9;
딤후 2:11; 딛 3:8). 이 말은 '이 말이야말로 참으로 믿을 만하다'는 뜻이다.
그러면 바울은 어떤 말을 믿을 만하다고 하는 것인가? "모든 사람이 받을
만한" 말이 어디에 있는가? 바로 앞 절(8절)에 나온 말이 믿을 만하다는 것이다.
곧 "경건은 범사에 유익하니 금생과 내생에 약속이 있느니라"(8절)는 말씀이야
말로 믿을 만한 말이라는 것이다. 그러나 혹자는 뒤에 나오는 10절이 더 중요한
신학적인 주제를 다루고 있으므로 10절과 연관 지어야 한다고 주장한다. 다시
말해 "우리 소망을 살아계신 하나님께 둠이니"(10절)라는 말과 연관을 지어야
한다고 주장한다. 곧 우리 모든 사람이 받을만한 말은 "우리 소망을 살아계신
하나님께 둠이니"라는 말이라고 한다. 그러나 10절과 연관 짓기가 어렵다.
10절의 "우리 소망을 살아계신 하나님께 둠이니"란 말 앞에 이유 접속사(ὅτι −
because)가 있기 때문이다(우리 번역에는 나타나 있지 않다). 다시 말해 9절의
"미쁘다 이 말이여 모든 사람이 받을만 하도다"라는 구절과 이 이유 접속사가
이끄는 10절과 연결 지을 수가 없는 것이다(Lenski). 그러므로 본 절은 8절과
연관을 지어야 한다.

딤전 4:10. 이를 위하여 우리가 수고하고 진력하는 것은 우리 소망을 살아
계신 하나님께 둠이니 곧 모든 사람 특히 믿는 자들의 구주시라.

바울은 "이를 위하여," 곧 '경건의 진작을 위하여(8절),' '하나님 경외를 더욱

잘 하기 위하여,' '믿음을 더욱 강화하기 위하여 "우리가 수고하고 진력한다"고 말한다(고전 4:11-12). "수고한다"(κοπιῶμεν)는 말은 '힘을 다하여 열심히 일한다,' '애써 일한다'는 뜻이고(롬 16:12; 고전 15:10; 갈 4:11), "진력한다"(ἀγωνιζόμεθα)는 말은 '경기에서 전투원이 되다,' '열심히 싸우다'라는 뜻이다(고후 4:9-13; 고후11:23-27; 딤후 3:11). 바울 일행이 경건의 정도를 더욱 높이기 위하여 열심을 다하여 복음을 전하고 안간 힘을 쓰는 이유는 "소망을 살아 계신 하나님께 두기" 때문이다(6:17). 바꾸어 말해 소망을 하나님께 두지 않는다면, 경건의 진작을 위하여 그렇게까지 애쓰고 열심히 싸울 필요가 없다는 것이다. 곧 소망을 세상에 둔다고 하면 적당히 살지 그렇게까지 경건을 위하여 애쓸 필요가 없다는 것이다. 우리는 우리의 소망을 하나님께 두기 때문에 더욱 경건을 위하여 힘써야 한다.

바울은 위에 말한 "하나님"을 부연 설명한다. 하나님은 "모든 사람 특히 믿는 자들의 구주시라"는 것이다(시 36:6). '하나님은 모든 사람의 구주이시고 특별히 믿는 사람들의 구주'시라는 것이다. 하나님은 모든 사람이 구원받기를 소원하신다(2:4; 겔 33:11). 그러므로 하나님은 모든 사람들의 구주이시다. 그러나 바울은 하나님은 "특히 믿는 자들의 구주"시라고 말한다(1:1; 요 3:16-18). 하나님은 모든 사람이 구원을 받으며 행복하기를 소원하시지만 모든 사람이 다 그리스도를 믿는 것은 아니다. 믿는 사람들만 구원을 받는다.

딤전 4:11. 네가 이것들을 명하고 가르치라.
바울은 디모데를 향하여 "이것들을" 명령할 사람에게는 명령하고, 가르칠 자에게는 가르치라고 말한다(6:2). "이것들"이란 것은 1-8절에 기록한 것을 지칭한다. 그 중에서 "명령할" 것들은 아마도 3-4절, 6절, 7-9절 등일 것이고, 가르쳐야 할 것은 1-3절, 4-5절, 6절, 8-10절 등일 것이다(윌리암 헨드릭슨). 바울은 명령하는 일이나 가르치는 일을 계속하라고 두 단어 모두 현재명령형을 썼다. 오늘 우리 역시 명령할 것은 명령하고 가르칠 것은 가르쳐야 한다. 교역자는 성도들을 열심히 교육해야 한다.

딤전 4:12. 누구든지 네 연소함을 업신여기지 못하게 하고 오직 말과 행실과 사랑과 믿음과 정절에 대하여 믿는 자에게 본이 되어.

바울은 디모데에게 "누구든지 네 연소함을 업신여기지 못하게 하라"고 권한다 (고전 16:11; 딛 2:15). "연소함"(νεότητος)이란 말은 '나이가 어린 것'을 뜻한다. 혹자는 여기 "연소함"이란 말이 '경륜이 적은 것' 혹은 '미성숙한 것'을 지칭한다고 하나 합당해보이지 않는다. 바울이 직접적으로 디모데를 향하여 '미성숙하다'고 말하지는 않았을 것이기 때문이다. 물론 나이가 어리면 미성숙한 것은 사실이지만, 바울은 미성숙을 염려하기 보다는 나이가 적어 업신여김이 되는 것을 염려했을 것이다. 디모데의 나이는 당시 34-39세였을 것으로 추측된다(윌리암 헨드릭슨). 이레네오(Irenaeus)에 의하면, 인생의 초년 기는 30세에서 40세까지라고 한다(Against Heresies, II. xxii).

바울은 인생의 초년기에 있는 디모데가 장로들과 나이 많은 교인들을 다루기 위해서는 연소하여 업신여김이 되어서는 안 되기 때문에 "말과 행실과 사랑과 믿음과 정절에 대하여 믿는 자에게 본이 되라"고 부탁하고 있다(딛 2:7; 벧전 5:3). 바울은 "말"에 있어서 본이 되어야 한다고 말한다. 곧 교인들과의 대화에 있어서 본이 되어야 한다는 것이다. 그리고 "행실"(ἀναστροφῇ)에 있어서 본이 되어야 한다고 말한다. '인간관계'에 있어서 본이 되라는 것이다. 그리고 "사랑"에 있어서 본이 되어야 한다고 말한다. 교인들을 사랑하고 사람을

사랑하는 점에 있어서 본이 되어야 한다는 것이다. 그리고 "믿음"에 있어서
장로들이나 나이 많은 교인들이나 모든 교우들에게 본이 되어야 한다고 말한다.
교역자는 성경을 더욱 읽고(롬 10:17) 더욱 기도하는 중에 믿음의 독실함을
보여야 한다. 그리고 "정절"(ἀγνεί)에 있어서 본이 되어야 한다고 말한다.
'도덕적으로 깨끗함'에 있어서 믿는 자들의 본보기가 되어야 한다는 것이다.
오늘의 교역자도 연령은 어떻든지 모든 방면에 있어서 믿는 사람들의 본보기가
되어야 한다(빌 3:17; 살전 1:7; 살후 3:9). 그러기 위해서는 성령으로 충만함을
받아야 한다. 성령 충만하면 노인을 능가하고 스승들을 능가하는 것이다. 요셉은
성령의 사람으로 애굽의 모든 사람들을 능가하여 국무총리로 기용되었다(창
41:38).

딤전 4:13. 내가 이를 때까지 읽는 것과 권하는 것과 가르치는 것에 착념하라.
바울은 디모데가 교인들의 본 보기가 되어(앞 절) 목회를 잘 하라고 부탁한다.
목회를 잘 하려면 첫째, "읽는 것"에 전념해야 한다. "읽는 것"이란 말은
개인적으로 성경을 읽는 것은 말할 것도 없거니와 예배하는 중에 교인들 앞에서
'성경을 읽는 것'을 지칭한다(눅 4:16; 행 13:15; 계 1:3). 둘째, "권하는 것과
가르치는 것에" 전념해야 한다. 읽은 성경 말씀을 근거하여 충고하고 권유하며
또 성경의 진리를 가르치는 것에 전념해야 한다. 다시 말해 설교하는 일을
전심해야 한다는 것이다. 오늘의 교역자는 개인적으로 성경을 읽고 연구하며
또 설교를 준비하여 권하고 가르치는 일에 마음을 쏟아 부어야 한다.

딤전 4:14. 네 속에 있는 은사 곧 장로의 회에서 안수 받을 때에 예언으로
말미암아 받은 것을 조심 없이 말며.

바울은 디모데를 향하여 노회(老會)에서 목사로 안수 받을 때에 받은 은사를 등한히 하지 말고 사용하라고 말한다(딤후 1:6). 여기 "네 속에 있는 은사"란 말은 디모데가 목사로 안수 받을 때에 받은 '영적인 은혜와 능력'을 지칭한다(눅 7:42; 행 27:24; 롬 8:32). 본문의 "은사"란 말과 "장로의 회에서 안수 받을 때에 예언으로 말미암아 받은 것"이란 말은 동격으로 디모데가 받은 은사는 노회에서 안수 받을 때에 예언을 통하여 받은 것이었다(5:22; 행 6:6; 8:17; 13:3; 19:6; 딤후 1:6).[13] 그런데 "예언으로 말미암아 받은 것"(ὃ ἐδόθη σοι διὰ προφητείας), 곧 '예언을 통하여 받은 영적인 은혜와 능력'이 안수 받을 때에 안수기도를 통하여 받은 것인가, 아니면 안수 받을 때에 예언의 말씀을 통하여 받은 것인가이다. 이것은 디모데가 안수 받을 때에 예언의 말씀을 통하여 받은 은혜로 보는 것이 옳을 것이다(Lenski, 윌리암 헨드릭슨). 바울 사도가 예언의 말씀, 곧 설교를 할 때 성령께서 역사하심으로 디모데가 크게 은혜와 능력을 받은 것으로 보아야 할 것이다(1:18).

그리고 바울은 디모데를 향하여 "조심 없이 말라"고 부탁한다. "조심 없이 말라"(μὴ ἀμέλει)는 말은 '소홀히 여기지 말라'는 말이다. 바울은 디모데가 장로의 회에서 설교를 통하여 받은 은혜를 소홀히 여기지 말고 부지런히 사용하라고 부탁한다. 교역자가 받은 은혜는 자기만을 위해서 받은 것이 아니라 모든 사람을 위해서 받은 것이니 반드시 사용해야 한다. 사용하지 않고 묻어두면 주님으로부터 책망을 받는다.

---

13) 안수는 구약시대부터 있어왔다. 족장들이 축복할 때(창 48:14), 직분 자를 세울 때(민 8:10; 신 34:9), 병을 고칠 때(왕하 4:34)에 안수했다. 그리고 신약 시대도 역시 안수행위가 있었다. 병든 자를 고칠 때(막 6:5; 눅 4:40), 복을 빌 때(막 10:13), 교회의 지도자들을 세울 때(행 6:6), 성령을 받게 할 때(행 19:6)에 안수했다.

딤전 4:15. 이 모든 일에 전심전력하여 너의 진보를 모든 사람에게 나타나게 하라.

바울은 "이 모든 일에 전심전력하라"고 부탁한다. "이 모든 일"이란 말은 '12-14절에 언급된 모든 일'을 지칭한다. 곧 '교인들에게 본이 되는 일(12절), 성경을 읽는 일(13절), 교인들에게 권하는 일(13절), 가르치는 일(13절), 은사를 사용하는 일'(14절)을 말한다. "전심전력하라"는 말은 '실천하고 헌신하라'는 뜻이다. 바울은 디모데에게 교역자로서 해야 할 일들(12-14절)을 실천하고 헌신하는 중에 "진보를 모든 사람에게 나타나게 하라"고 부탁한다. "진보를 … 나타나게 하라"는 말은 '발전을 드러내라'는 뜻이다. 바울은 디모데가 업신여김을 받지 말고 발전하는 모습을 보여주어서 교회 일을 잘 보도록 부탁한다. 교역자는 끊임없이 성장하는 모습을 보여야 한다. 교역자는 느리게 진보해서도 안 되고 빠른 속도로 진보해야 한다.

딤전 4:16. 네가 네 자신과 가르침을 삼가 이 일을 계속하라 이것을 행함으로 네 자신과 네게 듣는 자를 구원하리라.

바울은 앞 절(15절)에서 디모데에게 교역자로서의 진보를 나타낼 것을 부탁하고는 이제 "네 자신과 가르침을 삼가 이 일을 계속하라"고 명령한다(행 20:28). 곧 '디모데 자신을 살피고 또 가르침을 살피는 일을 계속하라'는 것이다. 다시 말해 디모데 자신을 거룩하게 하고, 또 가르치는 일에 주의를 집중하라는 것이다. 이 두 가지는 교역자가 조심해서 할 일이다. 그리고 바울은 "이 일을 계속하라"고 말한다. 이 두 가지를 잘 하라는 말이다. 곧 디모데 자신을 거룩하게 하고 또 조심하여 성도들을 가르치라는 것이다. 그리고 바울은 "이것을 행함으로 네 자신과 네게 듣는 자를 구원하리라"고 말한다(겔 33:9; 롬 11:14; 고전

9:22; 약 5:20). "이것을 행함으로," 곧 '디모데 자신을 거룩하게 하고 또 열심히 가르침으로' 디모데 자신과 디모데의 가르침을 받는 사람들을 구원하게 된다는 것이다. 바울은 여기서 행위로 구원을 받는다고 말하는 것이 아니다. 교역자 자신을 거룩하게 하고 또 조심하여 열심히 교우들을 가르치는 것은 믿음의 열매들이기 때문에 열매를 강조하는 것뿐이다(참조 약 2:14-26). 교역자 자신을 성화하는 것과 성도들을 잘 교육하는 것은 무엇보다 중요하다.

제5장

여러 유형의 성도들을 어떻게 대할 것인가

IX. 여러 유형의 성도들을 어떻게 돌볼 것인가 5:1-6:2

바울은 목회자가 힘쓸 일들을 말하고는(4:6-16) 이제 디모데를 향하여 여러 유형의 성도들을 어떻게 돌볼 것인가를 말하고 있다. 먼저 노인층과 청년층을 어떻게 돌볼 것인가를 말하고(1-2절), 다음으로 교회 안에 있는 과부들을 어떻게 돌볼 것인가를 말한다(3-16절). 그리고 교직자들에 대한 대우문제를 어떻게 다룰 것인가를 말하고 그들을 치리하는 법을 말한다(17-25절). 그리고 종들은 어떻게 행해야 하는가를 지도한다(6:1-2).

1. 노인층과 청년층을 어떻게 돌보아야 할 것인가 5:1-2

딤전 5:1. 늙은이를 꾸짖지 말고 권하되 아비에게 하듯 하며 젊은이를 형제에게 하듯 하고.

바울은 젊은 목회자 디모데에게 "늙은이를 꾸짖지 말고 권하되 아비에게 하듯

하라"고 부탁한다(레 19:32). "꾸짖는다"(ἐπιπλήξῃς)는 말은 '... 에게 주먹을 날리다,' '비난하다'라는 뜻이고, "권하다"(παρακάλει)란 말은 '충고하다,' '위로하다'라는 뜻이다. 노인들이 실수를 하거나 죄를 범하는 경우 자기의 아버지 대하듯이 부드럽게 권하라는 것이다. 예수님을 믿는 노인들은 다 내 아버지라는 것이다. 예수님은 믿는 사람은 모두 내 가족이라고 교훈하신다(마 12:49-50; 막 3:33-35).

그리고 바울은 "젊은이를 형제에게 하듯 하라"고 명한다. 곧 '젊은 사람이 실수하거나 범죄를 하는 경우 자기의 형제에게 하듯 아끼면서 충고하라'는 것이다. 교역자는 특별한 사람이 아니다. 말씀의 은사를 받았기에 교역자가 되었을 뿐이다. 누구든지 믿는 젊은이들은 모두 형제지간으로 알고(마 12:49-50; 막 3:33-35) 형제처럼 대해야 한다.

딤전 5:2. 늙은 여자를 어미에게 하듯 하며 젊은 여자를 일절 깨끗함으로 자매에게 하듯 하라.

바울은 디모데에게 "늙은 여자를 어미에게 하듯 하라"고 권한다. 곧 '늙은 여자가 실수하거나 범죄 하는 경우 자기의 어머니에게 대하듯 예의를 갖추어 부드럽게 충고하라'는 것이다. 그리고 바울은 "젊은 여자를 일절 깨끗함으로 자매에게 하듯 하라"고 부탁한다. "젊은 여자"란 말은 '처녀뿐 아니라 나이 젊은 유부녀 모두'를 포함하는 말이다. 바울은 디모데에게 젊은 여자들을 대할 때 "일절 깨끗함으로" 자기의 친 "자매" 대하듯 하라고 말한다. 여기 "일절 깨끗함으로"(ἐν πάσῃ ἁγνείᾳ)란 말은 '온전히 순결하게,' '온전히 고상하게' 란 뜻이다. 교역자는 젊은 여자를 대할 때 성적으로 순결할 뿐 아니라 마음속으로도 혹심(黑心)을 품지 말아야 한다. 교회 안의 모든 성도는 한 가족이다(마

12:49-50; 막 3:33-35). 목회자는 한 가족에게 상처를 주지 말아야 한다.

2. 교회 안에 있는 과부들을 어떻게 돌보아야 할 것인가 5:3-16

딤전 5:3. 참 과부인 과부를 경대하라.

바울은 어떤 과부가 "참 과부"인가를 9-10절에서 설명하고 있다. "경대하라"(τίμα)는 말은 '공경하라'는 뜻이다. 과부를 공경하는 방법은 마음으로 존경해야 하고, 또 9절에 기록되어 있는 대로 교회의 과부 명부에 올려 경제적인 도움을 주는 것이다. 과부를 돌보라는 것에 대해서는 구약도 말하고(신 10:18; 24:17; 시 68:5; 사 1:17) 신약도 관심을 가진다(5절, 16절; 막 12:42-43; 눅 7:11-17). 교역자들은 참 과부를 무시할 것이 아니라 공경해야 한다. 그들은 한 생애동안 주님을 위하여 봉사한 사람들이다.

딤전 5:4. 만일 어떤 과부에게 자녀나 손자들이 있거든 저희로 먼저 자기 집에서 효를 행하여 부모에게 보답하기를 배우게 하라 이것이 하나님 앞에 받으실만한 것이니라.

바울은 참 과부(앞 절)와 본 절의 과부, 곧 자녀들이 있는 과부를 구별한다. 바울은 "만일 어떤 과부에게 자녀나 손자들이 있거든 저희로 먼저 자기 집에서 효를 행하여 부모에게 보답하기를 배우게 하라"고 말한다(창 45:10-11; 마 15:4; 엡 6:1-2). 곧 어떤 과부에게 자녀나 손자들이 있는 경우 그들로 하여금 무엇보다도 자기(과부) 집에서 "효를 행하여 부모에게 보답하기를 배우게 하라"고 말한다. 부모가 베푼 것에 대해서 보답하기를 배우게 하라는 것이다. 곧 보답하기를 훈련시키라는 말이다. 요셉은 자기의 아버지를 끔찍하게 봉양했고

(창 45:9-13; 46:28-34; 47:7; 27-31; 50:1-14), 예수님은 십자가에서 달리신 시간에도 어머니를 공경하셨다(요 19:26-27). 이렇게 보답하는 것이 "하나님 앞에 받으실만한 것이라"고 바울은 말한다(2:3). 이렇게 보답하는 것을 하나님께서 원하신다는 말이다.

딤전 5:5. 참 과부로서 외로운 자는 하나님께 소망을 두어 주야로 항상 간구와 기도를 하거니와.

바울은 여기 참 과부의 특징을 제시한다. 참 과부는 "외로운 자"다. "외롭다"(μεμονωμένη)는 말은 완료형 수동태 분사로 '홀로 남겨진'이라는 뜻이다. 교회가 도와야 할 참 과부는 도울 사람이 없이 홀로 남겨진 과부다. 그리고 참 과부의 또 하나의 특징은 "하나님께 소망을 두어 주야로 항상 간구와 기도를 한다"(고전 7:32). 곧 '하나님께 소망을 두고 주야로 기도하는 삶을 산다'(눅 2:37; 18:1; 행 26:7). 여선지 안나는 성전을 떠나지 아니하고 주야로 기도하다가 그리스도를 발견하고 증거하는 쾌거까지 이루었다. 참 과부들의 기도야말로 교회를 활성화시키는 동력이 된다. 우리는 참 과부가 아니라도 주야로 기도하는 삶을 살아서 우리의 교회와 교계를 살려야 한다. 본 절의 "간구와 기도"라는 말에 대해서는 2:1의 주해를 참조하라.

딤전 5:6. 일락을 좋아하는 이는 살았으나 죽었느니라.

바울은 앞 절에서는 참 과부의 신앙생활을 언급했는데 본 절에서는 앞 절과 전혀 반대되는 과부의 삶에 대해 언급한다. 바울은 "일락을 좋아하는 이(과부)는 살았으나 죽었다"고 말한다(약 5:5). "일락을 좋아한다"(σπαταλῶσα)는 말은 '방탕하게 산다'는 뜻이다. 곧 방탕하여 성을 팔며 산다는 말이다. 방탕하여

성을 팔며 사는 과부는 몸뚱이는 살아있으나 영적으로는 죽어버렸다. 다시 말해 하나님으로부터 멀리멀리 떨어져 있다. 과부뿐 아니라 누구든지 방탕하게 사는 사람은 영적으로 죽은 사람이다.

딤전 5:7. 네가 또한 이것을 명하여 그들로 책망 받을 것이 없게 하라.
바울은 디모데를 향하여 "네가 또한 이것들(ταῦτα)을 명하여 그들로 책망 받을 것이 없게 하라"고 부탁한다(1:3; 4:11; 6:17). "이것들을 명하여"란 말은 '3-6절의 내용들을 명하라'는 말이다. 곧 '참 과부를 존경하여 물질적으로 도와줄 것(3절), 가족이 있는 과부의 경우 그 자녀들이나 손자들이 어머니나 할머니를 잘 공경하게 할 것(4절), 공경해야 할 과부와 또 교회의 명부에 올려서는 안 될 과부들을 구별하는 방법을 모두가 알도록(5-6절) 명령하라'는 것이다. 바울은 디모데에게 이 모든 것들을 명령하여 교우들로 하여금 순종케 하여 교우들이 세상 사람들의 비난을 받지 않게 하라는 것이다. 만일 바울이 말한 것을 명령하지도 않고 또 교우들이 순종하지도 않는다면, 교회는 혼란에 빠져서 세상 사람들로부터 맹렬한 비난을 받게 될 것이다. 그러므로 그런 상황을 미리 내다보고 미리 대처하라는 것이다.

딤전 5:8. 누구든지 자기 친족 특히 자기 가족을 돌아보지 아니하면 믿음을 배반한 자요 불신자보다 더 악한 자니라.
바울은 일반 과부의 자녀들과 교우들 전체를 향하여 "누구든지 자기 친족 특히 자기 가족을 돌아보지 않으면 믿음을 배반한 자요 불신자보다 더 악한 자라"고 말한다. 여기 "친족"은 현대적 의미로는 8촌까지를 말하나 바울 사도의 의중(意中)에는 어디까지를 염두에 두었는지 알 수 없다. 그러나 "자기 가족"이란 것은 '직계 가족'을 지칭한다. "돌아본다"(προνοεῖ)는 말은 '미리 생각하다,' '예견하다,' '공급하다'라는 뜻이다. 바울은 자기의 친족이나 특히 가족을 돌아보지 아니하는 사람들은 "믿음을 배반한 자"라고 말한다(사 58:7; 갈 6:10). 곧 '그리스도 믿기를 거부하고 배신한 자'라는 것이다(딤후 3:5; 딛 1:16). 그리고 바울은 가족을 돌아보지 않는 사람들은 "불신자보다 더 악한 자라"고 말한다(참조, 마 18:17). 불신자들도 성령님의 일반은총에 의하여 자기 가족을 돌아본다. 그런데 믿는 성도라고 하면서 부모를 공경하지 않는 사람이 있다면 그 사람은 믿지 않는 불신자보다 더 악한 사람이라는 것이다. 믿는 자들이 타락하면 세상의 불신자보다 더 악하게 되는 것을 종종 볼 수 있다.

딤전 5:9. 과부로 명부에 올릴 자는 나이 육십이 덜 되지 아니하고 한 남편의 아내이었던 자로서.

바울은 본 절과 다음 절(10절)에서 참 과부로 인정하고 공경할 사람들의 자격을 말한다. 첫째, 교회의 과부 명부에 올릴 사람은 "나이 60세가 덜 되지 아니하여야" 한다. 나이 젊은 과부는 자력으로 생활할 수 있으니 교회가 짐을 져서는 안 된다는 것이고, 또 젊은 과부는 재가(再嫁)할 가능성이 있으니 과부의 명부에 올리지 말라는 것이다. 바울은 젊은 과부를 제외시키는 이유를 11-15절에서 말씀하고 있다. 둘째, "한 남편의 아내였던 자"여야 한다(3:2; 눅 2:36-37). 한꺼번에 두 남자 이상을 상대한 과부는 안 되고 한 남편과만 상대하고 살았던 과부여야 한다는 것이다. 만일 전 남편이 사별하여 재가한 경우는 한 남편과 결혼 생활을 한 것이니 참 과부의 자격이 있는 것이다. 순결은 신앙생활에서 중요한 요소이다.

딤전 5:10. 선한 행실의 증거가 있어 혹은 자녀를 양육하며 혹은 나그네를 대접하며 혹은 성도들의 발을 씻기며 혹은 환난 당한 자들을 구제하며 혹은 모든 선한 일을 좇은 자라야 할 것이요.

셋째, "선한 행실의 증거가 있어"야 참 과부의 명부에 올릴 수 있다(첫째와 둘째 자격은 9절에 있음). 선한 행실의 증거는 여러 가지가 있을 수 있는데 그 중에 하나는 "자녀를 양육했던" 과부여야 한다. 자기 자녀든지 남의 자녀든지 자녀를 양육했던 공적이 있는 것은 중요하다. 신앙인은 많은 선한 행실을 쌓아야 한다. 또 하나는 "나그네를 대접했던" 증거가 있어야 한다(행 16:15; 히 13:2; 벧전 4:9). 숙박 시설이 미비했던 초대교회 시대에는 나그네를 대접하는 것이 중요한 미덕이었다. 또 "성도들의 발을 씻었던" 선행이 있어야 한다(창 18:4; 19:2; 눅 7:38, 44; 요 13:5, 14). 종들이나 하던 일을 마다하지 않고 희생적으로 남의 발을 씻었던 겸손한 과부는 명부에 올려도 누가 이의를 신청할 이유가 없다. 또 "환난 당한 자들을 구제하는" 희생적인 선행이 있어야 한다. 신앙의 박해가 심했던 초대교회 때 환난 당한 사람들이 많았는데(살전 1:6; 살후 1:4) 그들을 구제한다는 것은 중요한 미덕 중 하나였다. 또 "모든 선한 일을 좇은 자라야" 참 과부의 명부에 올릴 수 있다. "선한 일을 좇다"는 말은 '선한 일을 찾아다니며 행했다'는 것을 뜻한다. 경건한 삶을 산다는 것은 과부에게 뿐 아니라 모든 신앙인에게 중요한 것이다.

딤전 5:11. 젊은 과부는 거절하라 이는 정욕으로 그리스도를 배반할 때에 시집가고자 함이니.

본 절부터 15절까지는 젊은 과부를 교회의 과부 명부에 올리지 말아야 할 이유를 말한다. "젊은 과부"는 60세 이하의 과부들을 지칭한다. 이들을 "거절하

라"는 말은 '과부의 명부에 올리지 말라'는 것이다. 올리지 말아야 할 첫째
이유는 젊은 과부들은 "정욕으로 그리스도를 배반할 때에 시집가고자 하기"
때문이다. "정욕으로"(καταστρηνιάσωσιν)라는 말은 '완고하다,' '고집이
세다,' '바람나다,' '음탕하다'라는 뜻이다. 따라서 "정욕으로 그리스도를 배반
할 때에 시집가고자한다"는 말은 젊은 과부가 '정욕이 일어나서 그리스도를
배반하고 시집간다'는 뜻이다. 그러나 혹자는 젊은 과부가 '정욕이 일어나서
그리스도께 대한 헌신의 약속을 버리고 시집가는 것'을 뜻한다고 말한다. 그러
나 본문의 "정욕으로 … 시집가는 것"은 그리스도를 배반하는 것으로 보아야
한다. 그런 젊은 과부들 중에는 "사탄에게 돌아간 자들도 있다"는 말 때문이다
(15절). 바울은 젊은 과부들이 시집가는 것을 권장하지만(14절), 젊은 과부를
교회의 명부에 올리는 것에 대해서는 반대한다. 젊은 과부들이 정욕 때문에
그리스도를 배반하고 첫 믿음을 버리고 시집갈 가능성이 있으므로 젊은 과부들
을 교회의 참 과부의 명부에 올리지 말라는 것이다.

딤전 5:12. 처음 믿음을 저버렸으므로 심판을 받느니라.
"정욕으로 그리스도를 배반하고 시집가는 것"(11절)은 "처음 믿음을 저버린
것"이다. 쉽게 말해 그리스도를 배반하는 것은 처음 믿음을 저버린 것이다.
바꾸어 말해 첫 믿음을 저버리는 것은 곧 그리스도를 배반하는 것이다. 사람들은
정욕 때문에 첫 믿음을 버리고 첫 사랑을 버린다(계 2:4). 그런데 혹자는 "처음
믿음을 저버리는 것"을 참 과부 단체에 가입될 때의 '최초의 헌신 약속을
저버리는 것'으로 해석한다. 그러나 "처음 믿음을 저버렸다"는 말을 실제로
처음 믿음을 저버렸다는 말로 해석해야 옳다. 이유는 "처음 믿음"은 '최초의
믿음,' 곧 '예수님을 최초로 고백한 믿음'이니 첫 믿음을 저버린 사람들은

하나님으로부터 심판을 받고 마귀에게 속하게 되며 또한 영육 간에 큰 고통 가운데 들어가게 되기 때문이다.

딤전 5:13. 또 저희가 게으름을 익혀 집집에 돌아다니고 게으를 뿐 아니라 망령된 폄론을 하며 일을 만들며 마땅히 아니할 말을 하나니.

바울은 젊은 과부를 참 과부의 명단에 올리지 말아야 할 두 번째의 이유를 말한다(첫 번째의 이유는 11-12절에 나옴). 젊은 과부를 참 과부의 명단에 올려놓았다가 교회가 낭패를 당하는 경우가 있기 때문이다. 곧 정욕이 일어나서 그리스도를 배반하고 시집가서 식생활 걱정도 없고 또 시간의 여유가 있으니 이런저런 범죄를 저지른다는 것이다. 그들이 짓는 범죄는 주로 네 가지이다. 첫째 "게으름을 익히는 것"이다(살후 3:11). 곧 게으름에 푹 빠져드는 것이다. 둘째, "집집에 돌아다니는 것"이다. 곧 이집 저집 순회하는 것이다. 자기들이 참 과부인 듯이 심방을 하면서 남들에게 방해가 되는 줄도 모르고 폐를 끼친다는 것이다. 셋째 "망령된 폄론을 하고 ... 마땅히 아니할 말을 하는 것"이다. "망령된 폄론"(φλύαροι)이란 말은 '쓸데없는 경박한 말을 늘어놓는다는 것이다. 교회에 유익하지 아니한 말을 늘어놓는다는 것이다. 성도는 교회의 문제를 해결해야지 문제를 키워서는 안 된다. 넷째 "일을 만든다"는 것이다. 공연히 남의 일을 참견한다는 말이다. 성도는 쓸데없는 일을 줄여야 하고 더 부풀려서는 안 된다.

딤전 5:14. 그러므로 젊은이는 시집가서 아이를 낳고 집을 다스리고 대적에게 훼방할 기회를 조금도 주지 말기를 원하노라.

"그러므로," 곧 '11-13절까지의 결론'은 "젊은이는 시집가서 아이를 낳고

집을 다스리게" 해야 한다(고전 7:9). 젊은 과부는 교회의 참 과부 명단에
올려놓지 말고 시집을 가게 하라는 것이다. 그리고 아이를 생산하고 "집을
다스리라"는 것이다. 여자들은 아이를 낳고 집을 관리하는 일을 해야 한다.
그렇게 해서 "대적에게 훼방할 기회를 조금도 주지 말아야" 한다(6:1; 딛 2:8).
"대적"(τῷ ἀντικειμένῳ)이란 말은 '마귀'를 지칭한다. "마귀"란 말 앞에 관사
가 있는 것을 보면 '마귀'를 지칭하는 것이 확실하다. 그러나 마귀는 혼자
일을 하지 않는다. 사람을 동원하여 일을 한다. 마귀는 사람을 동원하여 젊은
과부들이 여러 가지 죄를 짓는 것을 흥미 있게 비난하고 또 겸하여 교회를
비난한다.

딤전 5:15. 이미 사단에게 돌아간 자들도 있도다.
젊은 과부들 중에는 첫 믿음을 저버리고 그리스도를 배반하고 사단에게 돌아간
사람들도 있다는 것이다. 정욕이란 것은 사람에게 무서운 결과를 가져다준다.
우리는 정욕이 일어날 때 즉시 해결해야 한다. 그러지 않으면 첫 믿음을 저버리
고 그리스도를 배반하게 된다. 그래서 결국은 사단에게 돌아가게 된다. 여기
"사단에게 돌아갔다"는 말은 '사단을 따라가는 과부가 되었다'는 것이다. 사람
은 그리스도를 따르느냐 아니면 사탄을 따르느냐 둘 중에 하나를 따르게 되어
있다.

**딤전 5:16. 만일 믿는 여자에게 과부친척이 있거든 자기가 도와주고 교회로
짐지지 말게 하라 이는 참 과부를 도와주게 하려 함이니라.**
여기 "믿는 여자"가 누구인가에 대해 학자들은 여러 견해를 내 놓고 있다.
혹자는 '믿는 남자와 여자'라고 해석하고, 또 혹자는 '경제력을 갖춘 과부나

미혼녀'로 해석하며, 또 혹자는 '젊은 과부'(14절)로 본다. 문맥으로 보아 본
절의 "믿는 여자"라는 말은 '재정적인 능력이 있는 여자로서 과부 친척을
가진 여자'로 보아야 할 것이다. 그런 여자들은 과부 친척을 모른다고 하지
말고(8절 참조), 자기가 도와주고 교회로 하여금 그 과부들의 짐을 지지 않게
해야 한다는 것이다. 교회가 참 과부, 곧 60세 이상의 무연고 과부를 도와주게
하기 위해서다(3절, 5절). 바울은 자상한 행정가였다.

3. 교직자들에 대한 대우문제와 치리 법 5:17-25

　　바울은 과부 문제를 다루고 난 후 이제 장로를 존경하라고 말하며(17-18절),
또 권징을 어떻게 해야 하는가를 말하고, 동시에 교회를 어떻게 돌보아야
하는지를 디모데에게 교훈한다(19-25).

딤전 5:17. 잘 다스리는 장로들을 배나 존경할 자로 알되 말씀과 가르침에
수고하는 이들을 더할 것이니라.
바울은 디모데에게 잘 다스리는 치리장로와 말씀과 가르침에 수고하는 교무
장로들을 존경하라고 권한다(롬 12:8; 갈 6:6; 빌 2:29; 살전 5:12-13; 히
13:7, 17). "다스리는"(προεστῶτες)이란 말은 '감독한다'는 뜻이다. 그리고
"장로"(πρεσβύτεροι)란 말은 '장로,' '연장자'란 뜻이다. 바울은 잘 다스리는
치리 장로들을 "배나 존경할 자로 알라"고 말한다. "배"(διπλῆς)란 말은 '많은
분량'(박윤선)을 뜻하는 말이다.

　　그리고 바울은 "말씀과 가르침에 수고하는 이들을 더할 것이니라"고 권한다
(행 28:10). "말씀과 가르침에 수고하는 이들"은 '교무장로들, 곧 오늘날의

목사들'을 지칭한다. 치리장로들보다 목사들을 더 존경하고 더 잘 대접해야 한다는 것이다. 교우들은 목사들을 목사라는 직분 때문에 목사를 존경하는 것이 아니라 목사가 말씀과 가르침에 수고하기 때문에 존경해야 한다. 다시 말해 복음을 전파하기 때문이다. 목사가 복음을 전파하는 동안에는 복음을 전하는 것을 생각해서 그 목사를 마음으로 더 존경하고 또 물질적으로 풍성하게 대접해야 한다.

딤전 5:18. 성경에 일렀으되 곡식을 밟아 떠는 소의 입에 망을 씌우지 말라 하였고 또 일군이 그 삯을 받는 것이 마땅하다 하였느니라.

본 절은 장로(복음 전파자)를 존경하는 일환으로 물질적으로 대접해야 할 것을 뒷받침하는 두 절의 성경구절을 소개한다. 하나는 "곡식을 밟아 떠는 소의 입에 망을 씌우지 말라"는 말씀이고(신 25:4; 고전 9:9-10), 또 하나는 "일군이 그 삯을 받는 것이 마땅하다"는 말씀이다(레 19:13; 신 24:14-15; 마 10:10; 눅 10:7). 일을 하는 소도 먹이거든 하물며 복음을 전파하는 전도자에게 사례를 하는 것은 당연하다는 것이다. 바울은 교회가 사례비를 마땅히 지급해야 한다고 말한다(고전 9:14; 갈 6:6).

딤전 5:19. 장로에 대한 송사는 두 세 증인이 없으면 받지 말 것이요.

장로에 대한 송사는 두 세 증인이 있어야 가능하다. 율법에 두 사람 이상의 증인이 있어야 죄를 판결할 수 있다고 정하고 있다(민 35:30; 신 19:15). 신약 시대에도 역시 이 법은 여전히 유효하다(고후 13:1). 시무장로나 교무장로는 교회의 중요한 직분이기 때문에 그들의 죄를 정할 때는 두 세 증인이 필요하다. 그리고 특별히 장로들에 대해서는 교회 안팎에서 공연히 비난하는 말이 많으므로 들리는 말만 듣고 죄를 정할 것이 아니다. 신중하게 다루기 위해 최소한 두 세 증인이 필요하다.

딤전 5:20. 범죄한 자들을 모든 사람 앞에 꾸짖어 나머지 사람으로 두려워하게 하라.

여기 "범죄한 자들"이 누구냐를 두고 많은 논란이 있다. 그러나 문맥으로 보아 범죄한 자들을 장로로 보아야 한다(19절). 장로들이 범죄 했을 경우 다른 일반 교인들보다 심각한 영향을 끼치므로 "모든 사람 앞에 꾸짖어 나머지 사람으로 두려워하게 하라"는 것이다(갈 2:11, 14; 신 13:11). "모든 사람 앞에"라는 말은 '범죄하지 아니한 장로들과 모든 교우들 앞에'라는 뜻이다. 장로가 범죄 한 경우 다른 범죄하지 아니한 장로들과 일반 교우들 앞에서 징계를 시행하면 모든 사람들이 두려워하여 범죄하지 않게 된다. 오늘 현대 교회도 신실하게 징계를 시행해야 한다. 징계하지 않으면 교회는 타락하고 만다. 만일 옛날 이스라엘이 아간을 징계하지 않았더라면 계속해서 전쟁에 패했을 것이다.

딤전 5:21. 하나님과 그리스도 예수와 택하심을 받은 천사들 앞에서 내가 엄히 명하노니 너는 편견이 없이 이것들을 지켜 아무 일도 편벽되이 하지 말며.

바울은 디모데에게 "하나님과 그리스도 예수와 택하심을 받은 천사들 앞에서 … 엄히 명한다"고 말한다(6:13; 딤후 2:14; 4:1). "택하심을 입은 천사들"(계 18:1; 19:17; 20:1; 21:9)은 '자기의 처소를 떠난 타락한 천사들(벧후 2:4; 유 1:6)과 대조를 이루는 천사들'을 지칭한다. 바울은 디모데를 향하여 명령함에 있어 결코 자기 개인의 명령을 주는 것이 아니라 하나님과 그리스도 예수와 택하심을 받은 천사들의 권위를 힘입어 엄숙히 명한다고 말한다. 디모데는 바울이 말하는 명령을 소홀히 할 수가 없게 된 것이다. 바울은 명령하면서 "너는 편견이 없이 이것들을 지켜 아무 일도 편벽되이 하지 말라"고 말한다. "편견"(προκρίματος)이란 말은 '편애,' '선입관념'이라는 뜻이고, "편벽"(πρόσκλισιν)이란 말은 '한곳으로 치우치는 것'을 뜻한다. 디모데는 편애 없이 "이것들," 곧 '범죄자들을 책벌하는 문제들'을 해결할 뿐 아니라 그 외에 어떤 일도 한쪽으로 치우치지 말아야 했다. 교역자가 한쪽으로 치우치면 하나님께서 다 아신다.

딤전 5:22. 아무에게나 경솔히 안수하지 말고 다른 사람의 죄에 간섭지 말고 네 자신을 지켜 정결케 하라.

바울은 앞 절(21절)의 엄숙한 분위기를 본 절에도 적용한다. 바울은 엄숙하게 세 가지를 명령한다. 첫째는 "아무에게나 경솔히 안수하지 말라"는 것이다 (4:14; 행 6:6; 13:3; 딤후 1:6). 장로자격이 없는 사람을 경솔하게 안수해서 장로로 만들지 말아야 한다. 오늘날 장로 자격이 없는 사람을 경솔하게 안수하여 장로 만드는 사례가 얼마나 많은가. 사람의 신앙과 인품을 잘 살펴야 한다. 둘째는 "다른 사람의 죄에 간섭하지 말라"는 것이다(요이 1:11). "간섭한 다"(κοινώνει)는 말은 '동참한다,' '함께 나누다'는 뜻이다. 아무에게나 안수하여 장로로 세우면 그 장로가 죄를 범할 때 역시 장로로 세운 사람도 함께 죄를 짓는 셈이 된다. 오늘날 아무나 장로로 세우고 함께 고통을 받는 교역자가 얼마나 많은지 알 수 없다. 그 장로가 교회를 어지럽힐 때 목사는 죽을 지경의 고통을 당하게 된다. 셋째는 "자신을 지켜 정결케 하라"는 것이다. 디모데는 교역자로서 자신을 지켜서 흠과 티가 없어야 한다는 것이다. 아무 사람에게나

안수하여 장로로 세우면 그 장로가 죄를 범할 때 그 죄를 함께 나누는 것이
됨으로 절대로 그런 일을 하지 않아서 죄로부터 깨끗해야 한다는 것이다.
교역자가 죄로부터 자신을 지켜 정결케 할 때 교회가 평안하다. 교역자는
직분을 세우는 문제, 돈 문제, 성 문제 등에 있어서 깨끗함을 유지해야 한다.

**딤전 5:23. 이제부터는 물만 마시지 말고 네 비위와 자주 나는 병을 인하여
포도주를 조금씩 쓰라.**

바울이 앞 절(22절)에서 디모데를 향하여 "네 자신을 지켜 정결케 하라"는
명령을 내렸지만 병을 치료하기 위해 포도주를 조금씩 쓰는 것은 죄가 되는
것은 아니라고 말한다. 혹시 디모데는 나실인(민 6:3-4)이나 레갑인(렘 35:5-9)
이 독주나 포도주를 마시지 않았던 것처럼 포도주를 마시지 않았을 수도 있다.
아무튼 디모데는 지금까지는 물만 마셨다. 그러나 바울은 디모데를 향하여
"이제부터는" 물만 마시지 말라고 말한다. 중동지역의 질(質) 나쁜, 끓이지
않은 물만 마시지 말고 "비위와 자주 나는 병을 위하여 포도주를 조금씩 쓰라"고
권한다(시 104:15). 디모데의 "비위(στόμαχον)," 곧 '위장병'과 또 자주 나는
질병을 위하여 포도주를 조금씩 쓰는 것은 죄가 되는 것은 아니라는 것이다.
많이 마시는 것은 무절제에 속하지만 약용으로 "조금씩" 마시는 것은 죄가
되는 것은 아니라는 것이다.

**딤전 5:24. 어떤 사람들의 죄는 밝히 드러나 먼저 심판에 나아가고 어떤 사람들
의 죄는 그 뒤를 좇나니.**

바울은 앞 절(23절)에서 디모데의 병 치료를 위하여 포도주를 조금씩 쓰는
것이 죄가 아님을 말하고는, 이제 다시 22절로 돌아가 아무에게나 경솔하게

안수하여 장로로 세우지 않도록 다시 권면한다. "어떤 사람들의 죄는 밝히 드러나 먼저 심판에 나아가고 어떤 사람들의 죄는 그 뒤를 좇기" 때문이다. "어떤 사람들의 죄," 곧 '무자격 장로의 죄'는 극명하게 들어나서 먼저 심판을 받게 되고, 또 어떤 다른 무자격 장로의 죄는 언제인가 뒤에 밝히 드러나 심판을 받게 된다. "그 뒤"란 말은 "먼저 심판"과 대조를 이루는 말로 먼저 심판을 받는 사람이 있는가 하면 어떤 사람들의 죄는 뒤에 드러나서 장로 역할을 할 수 없게 된다는 것이다. 그저 앞서거니 뒤서거니 죄가 드러나서 심판을 받게 된다. 곧 장로 역할도 못하고 부끄러움만 당하게 된다. 오늘도 이런 사람들이 많이 있지 않은가. 장로로 장립을 받은 후에 얼마 가지 않아 사기꾼, 난봉꾼, 도박꾼, 말만 하는 말꾼으로 들통이 나서 교회에 엄청난 해를 주는 경우가 많이 있지 않은가. 장로를 세우기 전에 여러 해 살펴보고 세워야 할 것이다.

딤전 5:25. 이와 같이 선행도 밝히 드러나고 그렇지 아니한 것도 숨길 수 없느니라.

죄가 앞서거니 뒤서거니 드러나는 것처럼 선행도 역시 밝히 드러난다. 디모데가 장로들을 세우는데 있어서 잘 한 일도 결국은 극명하게 드러난다는 것이다. 신중하게 세우면 세움을 당한 그 장로가 잘 하는 날이 와서 교회가 평안하고 부흥하는 날이 온다. 아무튼 무엇이든지 숨길 수 없이 모두 드러나기 때문에 교회를 잘 돌아보아야 한다. 그리스도께서 오시기 전에 모두 다 드러난다는 진리(벧전 4:17), 이것만 잘 알아도 교회를 잘 치리하게 된다.

제6장

상전 앞에서 종이 취해야 할 자세와
디모데에게 주는 각종 지시

4. 종들을 어떻게 지도해야 할 것인가 6:1-2

교직자들에 대한 대우문제와 또 치리를 어떻게 해야 하는지를 말씀한 (5:17-25) 바울은 디모데를 향하여 교회 안의 노예들이 상전들을 어떻게 대해야 할지를 지시한다. 상전들 중에는 믿지 않는 상전도 있고 믿는 상전도 있는데 그들을 어떻게 대해야 할지를 지시한다.

딤전 6:1. 무릇 멍에 아래 있는 종들은 자기 상전들을 범사에 마땅히 공경할 자로 알지니 이는 하나님의 이름과 교훈으로 훼방을 받지 않게 하려 함이라. 교회 안에서 신앙생활을 하는 "종들"(δοῦλοι), 곧 '노예들'은 자기 상전들을 마땅히 존경할 자로 알라는 것이다(엡 6:5; 골 3:22; 딛 2:9; 벧전 2:18). 상전들을 공경해야 하는 이유는 "하나님의 이름과 교훈으로 훼방을 받지 않게 하려 하기" 때문이다(사 52:5; 롬 2:24; 딛 2:5, 8). 노예들이 잘 해야 노예들이 믿는 하나님의 이름이 더럽혀지지 않게 되고, 또 하나님의 "교훈(διδασκαλία),"

곧 '복음의 가르침'이 선한 것으로 밝혀지게 된다는 것이다.

당시 로마 제국 안에는 수많은 노예들이 있었다. 전쟁포로에 의한 노예, 다른 나라로부터 사온 노예, 빚을 지고 노예로 전락한 사람들, 죄를 짓고 노예로 전락한 사람들, 노예로 태어난 사람 등, 수많은 노예들이 있어서(고전 7:21-24; 12:13; 엡 6:5-8; 골 3:11; 벧전 2:18), 바울은 교회 안에서 신앙생활을 하는 노예들을 향하여 상전들을 잘 섬기도록 디모데에게 지시한다. 바울은 노예 해방을 시도하지 않았다. 그저 하나님 앞에서 어떻게 처신해야 할지를 지시할 뿐이었다. 하나님 앞에서 노예들이 해야 할 일을 잘 하기만 하면 노예들의 신분에 대해서는 하나님께서 아서서 해결하신다는 것이다(고전 1:26-31).

딤전 6:2. 믿는 상전이 있는 자들은 그 상전을 형제라고 경히 여기지 말고 더 잘 섬기게 하라 이는 유익을 받는 자들이 믿는 자요 사랑을 받는 자임이니라. 1절의 불신자 상전과는 달리 "믿는 상전"에 대해서는 노예들이 "그 상전을 형제라고 경히 여기지 말고 더 잘 섬기게 하라"고 바울은 디모데에게 지시한다 (골 4:1). 곧 신앙인 노예들은 신앙인 상전들을 향하여 그 어떤 종류의 보아주기를 기대할 것이 아니라 더 잘 섬기라는 것이다. 더 잘 섬겨야 하는 이유는 "유익을 받는 자들," 곧 '봉사를 받는 상전들'이 예수님을 믿는 신자이고 또한 사람과 하나님으로부터 사랑을 받는 자이기 때문이다.

너는 이것들을 가르치고 권하라.

바울은 디모데에게 신앙인 노예들이 불신 상전들을 공경하고 섬겨야 하며 또 신앙인 상전들에 대해서는 더 잘 섬기라고 가르치며 권하라고 말한다(4:11). 그렇게 공경하고 섬기는 것은 곧 하나님을 공경하고 섬기는 것이 되기 때문이다.

X. 디모데에게 주는 각종 지시 6:3-21

여러 유형의 성도들을 어떻게 돌볼 것인가를 말씀한(5:1-6:2) 바울은 이제 남은 여러 가지 지시 사항을 전한다. 먼저 이단을 경계할 것(3-10절), 믿음의 선한 싸움을 싸울 것(11-16절), 부자를 교육할 것(17-19절), 거짓 지식을 피할 것 등을 지시한다(20-21절).

1. 이단을 경계하라 6:3-10

바울은 이단자를 경계할 것을 말하고(3-5절) 이단자들과 달리 경건하게 살면 이익이 있음을 말하고(6-8절), 탐심의 위험을 알린다(9-10절).

딤전 6:3. 누구든지 다른 교훈을 하며 바른 말 곧 우리 주 예수 그리스도의 말씀과 경건에 관한 교훈에 착념치 아니하면.

바울은 이단자들을 포함하여 그 "누구든지 다른 교훈을 하며 바른 말 곧 우리 주 예수 그리스도의 말씀과 경건에 관한 교훈에 착념치 아니하면" 4-5절에 말씀한대로 비참하게 된다고 말한다. "다른 교훈을 한다"(ἑτεροδιδασκαλεῖ)는 말은 '이단 사상을 가르친다'는 말이다(1:3). "바른 말(ὑγιαίνουσιν λόγοις) 곧 우리 주 예수 그리스도의 말씀"이란 말은 '우리 주 예수 그리스도의 건강한 말씀'이라는 뜻이다(1:10; 딤후 1:13; 4:3; 딛 1:9). 예수님의 말씀은 사람을 구원하며 또 심령을 건강하게 만들기 때문에 건강한 말씀이라고 칭한다. "예수님의 말씀"은 '예수님께서 친히 하신 말씀과 또 성경 저자들이 예수님에 대해서 기록한 말씀'을 다 포함한다. 예수님의 말씀은 건강하여 잘 따르기만 하면

4-5절에 기록된 모든 질병들을 완치할 수 있다. 그러나 유대주의 거짓 교사들은 따르지 않아서 모든 질병들을 앓는다. 그리고 "경건에 관한 교훈"이란 말은 '경건을 증진시키는 교훈,' '하나님 경외를 촉진시키는 교훈,' '하나님 경외를 돕는 교훈'이란 뜻이다(딛 1:1). 아무튼 이단자들을 포함하여 누구든지 이단 사상을 가르치며 예수 그리스도의 복음과 하나님 경외에 관한 교훈을 따르지 않으면 4-5절에 말씀한대로 비참하게 된다는 것이다. 그리고 "착념치 아니하면" 이란 말은 '몰두하지 않으면,' '따르지 아니하면'이란 뜻이다. 누구든지 그리스도의 말씀을 따르지 않고 경건을 이루는 교훈을 따르지 않으면 4-5절에 기록된 불행으로 빠져들 수밖에 없다.

딤전 6:4. 저는 교만하여 아무 것도 알지 못하고 변론과 언쟁을 좋아하는 자니 이로써 투기와 분쟁과 훼방과 악한 생각이 나며.

거짓 교사들은 이단 사상을 전하며 그리스도의 말씀을 따르지 않고 또 경건에 유익한 말씀을 따르지 않기 때문에 "교만하여 아무 것도 알지 못하고 변론과 언쟁을 좋아하는" 사람이 된다(1:7; 고전 8:2). 누구든지 그리스도의 말씀을 따르지 않고 무시하면 마음이 교만한 사람이다. 그리고 그는 아무 것도 알지 못하는 사람이 된다. 진리 되시는 그리스도(요 14:6)의 말씀을 무시하니 참 진리와는 무관한, 무식한 사람이 된다(눅 10:21-22). 그런 사람은 아무 것도 알지 못하니 결국은 "변론과 언쟁"을 좋아하는 사람이 된다(1:4; 딤후 2:23; 딛 3:9). "변론"($\zeta\eta\tau\acute{\eta}\sigma\epsilon\iota\varsigma$)이란 말은 '토론,' '논쟁'을 뜻하고 "언쟁"($\lambda o\gamma-o\mu\alpha\chi\acute{\iota}\alpha\varsigma$)이란 말은 '유익하지 않은 논쟁,' '말싸움'이란 뜻이다. 그리스도의 말씀을 따르지 않는 사람일수록 마음이 높고 무식하며 입씨름에 전념한다.

그리고 바울은 "이로써 투기와 분쟁과 훼방과 악한 생각이 난다"고 말한다.

"이로써"(whereof)란 말은 '변론과 언쟁으로부터'란 뜻이다. 변론과 언쟁으로 부터 "투기와 분쟁과 훼방과 악한 생각이 난다"는 것이다. 죄들로부터 또 다른 열매들이 나온다는 말이다. "투기"(φθόνος)라는 말은 '시기,' '질투'라는 뜻이다. 변론이나 언쟁으로부터 시기심이라는 열매가 생겨난다는 것이다. "분 쟁"(ἔρις)이란 '언쟁,' '다툼,' '논쟁적인 기질'을 뜻하는 말이고 "훼방"(βλασφη- μίαι)이란 말은 하나님께 대해 쓰일 때는 '신성모독'을 뜻하고 사람에게 대해 쓰일 때는 '악담,' '험담,' '비방'이란 뜻이다. "악한 생각" (ὑπόνοιαι πονηραι) 은 '악한 의심'(ἐιλ συρμισινγσ)을 뜻한다. 변론이나 언쟁이야말로 여러 가지 죄들을 산출한다.

딤전 6:5. 마음이 부패하여지고 진리를 잃어버려 경건을 이익의 재료로 생각하는 자들의 다툼이 일어나느니라.

변론이나 언쟁이 산출하는 또 한 가지 열매가 본 절에 기록되었다(네 가지 열매는 4절에 있음). 곧 "다툼"(διαπαρατριβαί)이라는 열매이다(1:6; 고전 11:16). "다툼"이란 말은 '상호간에 화를 내는 것,' '상호간의 격론,' '서로에게 적개심을 갖는 것'을 지칭한다.

이 다툼은 "마음이 부패하여지고 진리를 잃어버려 경건을 이익의 재료로 생각하는 자들"에게서 나온다(딤후 3:8). 첫째, 마음이 부패해진 사람들에게서 다툼이 나온다. 마음이 "부패해졌다"(διεφθαρμένων)는 말은 완료형 수동태분 사로 '과거에 부패한 상태가 끊임없이 계속되는 것'을 의미한다. 둘째, "진리를 잃어버린" 사람들에게서 다툼이 나온다. 진리를 한 때 소유했었더라도 마음이 부패해지면 결국 진리를 잃어버리게 된다. 진리 되시는 하나님, 예수님, 성령님 을 잃어버린 사람들에게서는 끊임없는 다툼이 일어나게 된다. 셋째, "경건을 이익의 재료로 생각하는 자들"에게서 다툼이 일어난다(딛 1:11; 벧후 2:3). 그들이 경건한 척하는 이유는 바로 부유해지려고 하는 것이다. 그런 사람들에게는 참 경건이 없다. 그저 그 경건을 빌미로 돈을 챙겨보려는 것이다(6-10절). 서기관들은 경건을 빌미로 돈을 챙겼다(눅 20:46-47). 경건한 척 하는 사람들은 참으로 무서운 사람들이다. 그들은 마음으로 끊임없이 싸우고 또 서로를 향해 추잡하게 싸운다.

딤전 6:6. 그러나 지족하는 마음이 있으면 경건이 큰 이익이 되느니라.
여기 "그러나"(δὲ)라는 말은 바로 앞 절(5절)의 '경건한 척해서 물질적인 이익을 얻으려는 사람들'과는 전혀 반대되는 내용을 말하기 위해서 쓴 것이다. 바울은 경건을 빌미로 물질을 탈취해보려는 사람들과는 달리 참으로 "지족하는 마음이 있으면 경건이 큰 이익이 된다"고 말한다(시 37:16; 잠 15:16; 16:8; 히 13:5). "지족"(αὐταρκείας)이란 말은 '자족(自足),' '만족'이란 뜻이다. 성도가 자족하는 마음을 가지고 살면서 하나님을 경외하면 그 경건이 큰 이익이 된다는 것이다. 경건 생활이 가져다주는 큰 이익에 대해서는 성경에 많이 기록되어 있다. 항상 소망을 하나님께 둘 수 있고(4:10), 어떤 환경도 기쁨으로 대처하게 되고(빌 4:11-13), 하나님과 동행하는 삶을 살게 되며(시 23:1; 합 3:19), 또한 내세의 큰 영광을 바라볼 수 있게 된다(4:8). 우리는 먹을 것과 입을 것이 있는 것으로 족한 줄로 알고 하나님을 경외하는 중에 큰 이익을 얻어야 할 것이다.

딤전 6:7. 우리가 세상에 아무 것도 가지고 온 것이 없으매 또한 아무 것도 가지고 가지 못하리니.

본 절은 성도로 하여금 자족하는 삶을 살게 하는 말씀을 소개한다. 사람은 세상에 태어날 때나 세상을 떠날 때나 빈손으로 왔다가 빈손으로 간다(욥 1:21; 시 49: 17; 잠 27:24; 전 5:14-15; 마 6:26; 눅 12:22-31). 빈손으로 가기 때문에 무엇을 많이 모아 놓으려고 할 필요가 없다. 그저 세상에 있는 동안 먹을 것과 입을 것이 있으면 된 줄로 알아야 한다. 많은 사람들은 이런 기본진리도 모르고 한 평생 물질을 쌓다가 죽는다.

딤전 6:8. 우리가 먹을 것과 입을 것이 있은즉 족한 줄로 알 것이니라.
성도는 먹을 것과 입을 것이 있는 것으로 족하게 여겨야 한다(창 28:20; 히 13:5). 오늘날 성도는 살만한 집이 있고 한 두 대의 차가 있으며 직장이 있으면 족한 줄로 알아야 한다. 10여 채, 100여 채, 심한 경우 1000여 채의 집을 가지는 것은 죄악이다. 그리고 먹을 것을 너무 많이 쌓아놓는 것도 죄악이며, 옷을 트럭으로 몇 대분의 분량을 쌓아놓는 것도 죄악이다. 또 땅 투기 하는 것도 큰 죄악이다. 필요 이상 가지려고 하는 것은 욕심에서 나온 것이니 죄악인 줄 알아야 한다. 성도는 가난해서는 안 되지만, 너무 많이 쌓아놓는 것도 죄악임을 알고 절제해야 한다(잠 30:8).

딤전 6:9. 부하려 하는 자들은 시험과 올무와 여러 가지 어리석고 해로운 정욕에 떨어지나니 곧 사람으로 침륜과 멸망에 빠지게 하는 것이라.
자족하는 삶을 살지 않고 부자가 되려고 하는 사람들은 "시험과 올무와 여러 가지 어리석고 해로운 정욕에 떨어진다"(잠 15:27; 20:21; 28:20; 마 13:22; 약 5:1). "시험"(πειρασμὸν)이란 말은 '유혹'을 뜻하고 "올무"(παγίδα)란 말은 '함정,' '덫'을 뜻한다(3:7; 딤후 2:26). 부자가 되고자 하는 사람은 유혹에 빠지게 되고 발을 빼기 힘든 함정 속에 빠지게 된다. 그리고 또 "여러 가지 어리석고 해로운 정욕에 떨어지게" 된다(1:19). 곧 '어리석기 짝이 없고 또 해로운 명예와 인기와 권세와 안일 같은 욕심에 떨어지게 지게' 된다. 정욕, 곧 욕심은 "사람으로 침륜과 멸망에 빠지게 하는 것"이다. "침륜"(ὄλεθρον)이란 말은 '파멸,' '지옥'을 뜻한다. 혹자는 "침륜"은 현세에서 당하는 파멸을 의미하고, "멸망"은 내세에서 당하는 파멸을 의미한다고 주장하기도 하나 두 단어는 같은 의미를 말하는 동의어로 보는 것이 옳을 것이다. 정욕은 결국 사람으로 하여금 망하게 한다. 성도는 세상에서 부자가 되려고 할 것이 아니라 재물을 하늘에 쌓아 두는 사람들이 되어야 한다(마 6:19-20).

딤전 6:10. 돈을 사랑함이 일만 악의 뿌리가 되나니 이것을 사모하는 자들이 미혹을 받아 믿음에서 떠나 많은 근심으로써 자기를 찔렀도다.

바울은 앞 절(9절)에서 부자가 되고자 하는 사람은 불행에 빠질 것을 말했고 본 절에서는 "돈을 사랑함"은 많은 악을 산출하여 한 생애를 근심 중에 살아가게 만든다고 말한다(출 23:8; 신 16:19). "사랑함"(φιλαργυρία)이란 말은 '탐욕'이란 뜻이다. 돈을 탐하는 것은 "일만 악의 뿌리가 된다"는 것이다. 곧 '많은 죄를 산출하게 된다'는 말이다(예: 다른 사람을 미워하고 질투하며 속이고 심지어 죽이기까지 한다).

　　바울은 "이것을 사모하는 자들이," 곧 '돈을 사모하는 자들이' "미혹을 받아 믿음에서 떠나 많은 근심으로써 자기를 찔렀도다"라고 말한다. "사모한다"(ὀρεγόμενοι)는 말은 현재분사로 '끊임없이 갈망하고 있다'는 말이다. 돈을 끊임없이 사모하는 사람들은 "미혹을 받아 믿음에서 떠난다"는 것이다. 유혹을 받아서 결국은 그리스도를 믿는 믿음에서 떠나게 된다는 것이다. 여기 "떠나"란 말은 '궤도를 이탈하다'라는 뜻이다. 돈을 사랑하는 사람들은 유혹을 받아 믿음의 궤도에서 이탈하게 되어 결국은 많은 근심거리를 만나 그 근심의 칼에 찔리게 마련이다. 돈을 사랑하는 사람은 한 생애동안 근심 중에 살 것을 각오해야 한다. 우리는 돈을 벌되 선교하기 위해서, 그리고 남을 구제하기 위해서 벌어야 한다. 그것은 곧 돈을 하늘에 쌓는 것이다.

2. 믿음의 선한 싸움을 싸우라 6:11-16

바울은 앞에서 거짓 교리에 빠지지 말며 또한 탐심에 빠지지 말 것을 권고한(3-10절) 다음 이제는 믿음의 선한 싸움을 싸우라고 부탁한다. 곧 앞에서 말한 죄들을 피하고 옳은 것을 취하라는 것이다.

딤전 6:11. 오직 너 하나님의 사람아 이것들을 피하고 의와 경건과 믿음과 사랑과 인내와 온유를 좇으며.

바울은 디모데를 향하여 "오직 너(딤후 2:22) 하나님의 사람아"라고 부른다. "하나님의 사람"이란 말은 원래 구약에서 '선지자'를 칭하는 말이었는데(신 33:1; 삼상 2:27; 9:6; 왕상 12:22; 왕하 1:9; 4:16; 대하 8:14; 딤후 3:17) 바울은 디모데에게도 "하나님의 사람"이란 명칭을 붙였다. 디모데가 하나님의 말씀 전파를 위탁받았기 때문이었다. 그리고 바울은 또 하나님을 믿는 사람들을 "하나님의 사람"으로 불렀다(딤후 3:17). 우리가 예수님을 믿는다면 우리는 "하나님의 사람"으로 불리게 된다.

바울은 디모데를 향하여 "이것들을 피하고 의와 경건과 믿음과 사랑과 인내와 온유를 좇으라"고 부탁한다. "이것들," 곧 '위에 말한 불행과 멸망의 요인들(3-10절)'을 피하라는 것이다. 그리고 "의와 경건과 믿음과 사랑과 인내와 온유를 좇으라"고 말한다. "좇으라"(δίωκε)는 말은 '얻기 위해 열심히 좇는다,' '앞을 향하여 좇아간다'는 뜻이다. 바울은 디모데에게 여섯 가지 덕을 열심히 추구하라고 부탁한다. 첫째, "의"를 좇으라고 부탁한다. "의"(δικαιοσύνην)란 말은 '공의'(righteousness)를 지칭한다. 그리고 둘째, "경건"이란 것은 '하나님 경외'를 지칭한다(벧전 1:3). 경건 생활이 있을 때 공의를 실천할 수 있게 되기 때문에 이 두 가지 덕은 밀접한 관계를 가진다. 셋째, "믿음"은 '예수님을 구주로 믿는 것'을 뜻하고 넷째, "사랑"은 '형제들을 희생적으로 사랑하는 것'을 지칭한다. 예수님을 그리스도로 믿는 믿음을 가지고 있을 때 형제를 참으로 사랑할 수 있음으로 이 두 가지는 밀접한 관계를 가진다. 그리고 다섯째, "인내"란 것은 환난과 고난 중에도 끝까지 견디는 것을 말하고, 여섯째, "온유"는 끝까지 부드럽고 친절한 것을 지칭한다(마 11:29; 고후 10:1). 사람이 인내할 때 이웃을 부드럽고 친절하게 대할 수 있다.

딤전 6:12. 믿음의 선한 싸움을 싸우라 영생을 취하라 이를 위하여 네가 부르심을 입었고 많은 증인 앞에서 선한 증거를 증거하였도다.

바울은 디모데를 향하여 "믿음의 선한 싸움을 싸우라. 영생을 취하라"고 명령한다(1:18; 고전 9:25-26; 딤후 4:7). "싸움"(ἀγῶνα)이란 말은 '경기장에서 상을 얻기 위해 경주하는 것'을 뜻한다. 바울이 디모데를 향하여 "믿음의 선한 싸움을 싸우라"고 한 것은 다름 아니라 피할 것은 피하고 좇을 것을 좇으라는 말이다(11절). 피할 것은 피하고 좇을 것을 좇는 것이 곧 선한 싸움이다. 이 싸움은 믿음으로만 가능한 것이다. 피할 것을 피하고 좇을 것을 좇는 것은 혈기로 되는 것도 아니고 군인의 전투로써도 불가능하다. 그리고 피할 죄들을 피하고 좇아야 할 것들을 좇는 것이 "영생을 취하는 것"이다(19절; 빌 3:12, 14). "취한다"(ἐπιλαβου)는 말은 '꼭 붙잡는다'는 뜻이다. 바울이 디모데를 향하여 "영생을 취하라"고 한 말은 모든 죄들을 피하고 의와 경건과 믿음과 사랑과 인내와 온유를 좇는 것을 가리킨다. 디모데는 이미 거듭난 사람이고, 그리스도를 믿는 사람이며, 또 그리스도를 전파하는 사람으로서 영생을 얻은 사람이다. 그러나 그는 세상에 살아가면서 모든 죄를 피해야 하고, 또 하나님의 속성에 참여해서 현세에서 하나님과 교제의 삶을 살아야 할 필요가 있었다. 그는 이미 영생을 취한 자로서 영생을 취한 자답게 영생의 삶을 취해야 한다는 것이다.

바울은 "이를 위하여 네가 부르심을 입었고 많은 증인 앞에서 선한 증거를 증거하였다"라고 말한다. 바울은 디모데가 '영생을 위하여 이미 부르심을 받았고 또 많은 증인 앞에서 이미 선한 증거를 증거하였다'고 말한다. 디모데는 영생을 받기 위하여 하나님의 부르심을 받았다. 그리고 많은 증인 앞에서 선한 증거를 증거했다. 곧 세례 받을 때도 많은 증인들 앞에서 그리스도의 주되심을 증거했고, 또 그가 여기저기서 복음을 증거했으며, 일상생활 중에 복음을 증거했다. 이렇게 그는 영생을 위하여 하나님의 부르심을 받았으며 또 많은 사람들 앞에서 복음을 증거했다. 하지만 그는 또 한편 지금도 여전히 믿음의 선한 싸움을 싸워야 하고 영생을 취해야 한다는 것이다. 오늘 우리도 이미 받을 것을 다 받았다. 그럼에도 또 열심을 다하여 믿음의 선한 싸움을 싸워야 하고 영생을 취해야 한다.

딤전 6:13. 만물을 살게 하신 하나님 앞과 본디오 빌라도를 향하여 선한 증거로 증거하신 그리스도 예수 앞에서 내가 너를 명하노니.

바울은 디모데에게 명령을 내림에 있어서 성부와 성자 앞에서 명하고 있다. 바울은 "만물을 살게 하신 하나님 앞"에서 명령을 내린다고 말한다(신 32:39; 삼상 2:6; 요 5:21; 롬 1:9; 고후 1:23; 빌 1:8; 살전 2:5). "살게 하신"(ζφογο-νοῦντος)이란 말은 현재동사로 '살게 하시는' 또는 '구원하시는'이란 뜻이다. 하나님은 만물을 살게 하시는 분으로서 디모데도 살게 하시는 분이라는 것을 암시한다. 그러므로 디모데는 죽음의 위협을 무릅쓰고 바울의 명령을 지켜야 한다는 것이다.

그리고 바울은 "본디오 빌라도를 향하여 선한 증거로 증거하신 그리스도 예수 앞에서" 명령을 내린다고 말한다(5:21; 마 27:11; 요 18:37; 계 1:5; 3:14). 그리스도께서는 본디오 빌라도 앞에서 "선한 증거," 곧 '그리스도 자신이 천국의 왕이시라고 증거'하셨다(눅 23:3; 요 18:33-37; 19:10-11). 바울 사도가 이렇게 하나님 앞과 예수님 앞에서 디모데를 향하여 내린 명령은 강력하고도 거룩한 명령이었다. 디모데는 이 명령을 거스를 수 없었다. 오늘 우리도 사도의 명령을 거스를 수 없다.

딤전 6:14. 우리 주 예수 그리스도 나타나실 때까지 점도 없고 책망 받을 것도 없이 이 명령을 지키라.

바울은 디모데를 향하여 "우리 주 예수 그리스도 나타나실 때까지," 곧 '그리스도의 재림의 날까지' 명령을 지키라고 부탁한다(빌 1:6, 10; 살전 3:13; 5:23). 바울은 "점도 없고 책망 받을 것도 없이" 지키라고 명한다. 곧 바울의 명령을 지킴에 있어 '디모데 스스로 생각해도 흠점이 없고(약 1:27; 벧후 3:14), 또 남들에게 책망을 받을 염려 없이(딤전 3:2)' 명령을 지키라는 것이다.

그런데 바울이 디모데를 향하여 지키라고 명한 "이 명령"은 어떤 명령을 지칭하는 것인가에 대해서 여러 가지 해석이 가해졌다. 1) 디모데가 세례를 받을 때 서약한 의무를 지칭한다. 2) 십계명을 지칭한다. 3) 예수님의 말씀을 지칭한다. 4) 기독교의 구원교리를 가리킨다. 5) 목회자인 디모데에게 부과된 모든 의무를 지칭한다. 6) 11-12절에 언급된 명령을 지칭한다. 문맥을 살필 때 11-12절의 명령을 지키라는 말로 보아야 할 것이다. 11-12절의 명령을 보면 먼저 피할 것을 피하라는 명령이 있다. 곧 3-10절까지의 멸망의 요인들을 피하라는 것이다. 그리고 여섯 가지의 덕을 취하라는 명령이 있다. 그리고 또 믿음의 선한 싸움을 싸우라는 명령과 영생을 취하라는 명령들이 있다. 결국 11-12절의 명령은 목회자 디모데에게 부과된 모든 명령 및 책임과 동일하다. 오늘의 교역자에게도 역시 디모데에게 주어진 모든 명령이 동시에 주어져 있다.

딤전 6:15. 기약이 이르면 하나님이 그의 나타나심을 보이시리니 하나님은 복되시고 홀로 한 분이신 능하신 자이며 만왕의 왕이시며 만주의 주시오.

바울은 디모데에게 명령을 지키라고 말한 다음 이제 본 절부터 다음 절까지(16절) 예수 그리스도를 재림시킬 하나님께 송영(doxology)을 드린다. "기약이 이르면," 곧 '하나님이 정하신 하나님의 때가 이르면'(눅 20:10; 23:7) "하나님이 그의 나타나심을 보이실 것이라"고 한다. 다시 말해 예수님을 재림하게 하실 것이라는 말이다. 하나님은 하나님께서 정하신 때에 그리스도로 하여금 재림하게 하실 것이라는 것이다. 예수님께서 재림하실 것이 분명하니 디모데는 바울의 명령을 점도 없이 책망 받을 것도 없이 잘 지켜야 한다는 것이다.

바울은 예수님의 재림을 실현시키실 하나님을 향하여 첫째, "복되시고 홀로 한 분이신 능하신 자"라고 말한다(1:11, 17). 하나님은 "복되신" 분으로서 하나님의 백성들에게 복을 주시기 위하여 그리스도를 재림케 하실 것이다(창 12:2-3; 엡 1:3; 딤전 1:11). 하나님은 "홀로 한 분"이시다. 곧 유일하신 참 신(神)이다(유 1:25). 그리고 하나님은 "능하신 자"이시다. 하나님은 '능력의 근원으로 불가능이 없으신 분'이시다. 하나님은 예수님을 재림하게 하실 능하신 분이시다.

둘째, "만왕의 왕"이시라고 말한다(겔 26:7; 단 2:37, 47; 스 7:12; 계 17:14; 19:6). 하나님은 왕들 중에 왕이심으로 모든 왕들을 주장하시며 또 천지 만물을 다스리시는 왕이시다. 그리고 하나님께서 만왕의 왕이심을 드러나 게 하기 위해서는 예수님을 재림시키실 것이다.

셋째, "만주의 주"시라고 말한다(신 10:17; 시 136:3). 로마 황제는 각 지방의 분봉 왕들 위에 군림하는 왕들의 왕이고 또 주(主)로 불리기도 했다. 그러나 하나님이야말로 왕들 중의 왕이시고 만주의 주이시다. 하나님께서 만주의 주이심을 드러내시기 위하여 예수님을 재림시키실 것이다.

딤전 6:16. 오직 그에게만 죽지 아니함이 있고 가까이 가지 못할 빛에 거하시고 아무 사람도 보지 못하였고 또 볼 수 없는 자시니 그에게 존귀와 영원한 능력을 돌릴지어다. 아멘.

넷째, "오직 그에게만 죽지 아니함이 있다"고 말한다(1:17). "죽지 아니함"(ἀ-θανασίαν)이란 말은 '불멸(不滅)' 혹은 '불사'의 뜻이다. 하나님은 불멸하실 뿐 아니라(사 40:28), 또 우리의 영생의 근원이 되신다(13절; 시 36:9; 단 4:34; 롬 6:23).

다섯째, "가까이 가지 못할 빛에 거하신다"고 말한다(출 24:17; 34:35; 시 104:2; 겔 1:4; 단 2:22). 하나님께서 가까이 가지 못할 빛에 거하신다는 말은 하나님의 성결을 강조하는 말이며 또한 하나님의 초월성을 뜻하는 말이다 (출 33:17-23). 하나님은 그의 성결함을 드러내시기 위해 예수님을 재림시켜 세상을 심판하실 것이다.

여섯째, "아무 사람도 보지 못하였고 또 볼 수 없는 자"라고 말한다(출 33:20-23; 신 4:12; 요 1:18; 5:37; 6:46; 골 1:15; 요일 4:12, 20).

일곱째, "그에게 존귀와 영원한 능력을 돌릴지어다"라고 말한다(시 41:13; 72:19; 89:52; 엡 3:21; 빌 4:20; 벧전 4:11; 5:11; 유 1:25; 계 1:6; 4:11; 7:12). 바울은 하나님이야말로 "존귀"하게 여길만한 분이시며, 또한 하나님이야말로 "영원한 능력"을 가지고 계시다고 말할 수 있는 분이라고 말한다. 그리고 바울은 하나님께서 그의 백성들을 위하여 "존귀"를 나타내시고, 또한 "영원한 능력"을 나타내시기를 기원하고 있다.

3. 부자를 교육할 것 6:17-19

바울은 앞에서 믿음의 선한 싸움을 싸우라고 권한(11-16절) 다음, 이제는 디모데에게 부자를 교육하라고 부탁한다. 부자들이 마음을 높이지 말고 하나님께만 소망을 두도록 권하라고 부탁한다. 그리고 부자들로 하여금 선을 행하도록 교육하라고 권한다.

딤전 6:17. 네가 이 세대에 부한 자들을 명하여 마음을 높이지 말고 정함이 없는 재물에 소망을 두지 말고 오직 우리에게 모든 것을 후히 주사 누리게 하시는 하나님께 두며.

바울은 디모데에게 "이 세대에 부한 자들을 명하라"고 말한다. 바울은 앞에서 부자 되기를 소원하는 자들에게 교훈을 주었고(8-10절) 본 절에서는 이미 부자가 된 사람들에게 몇 가지 명령을 내린다. 첫째, "마음을 높이지 말라"는 것이다. 곧 '교만하지 말라'는 것이다. 하나님의 엄위에 비하면 세상의 부자는 아무 것도 아니니(16절) 교만하지 말아야 한다. 부자는 교만하기 쉽다. 사람은 동산(動産)이나 부동산이 있는 정도만큼 교만하기 쉽다. 그러나 그런 것들은 하나님 앞에서 아무 것도 아니다. 둘째, "정함이 없는 재물에 소망을 두지 말라"고 말한다(욥 31:24; 시 52:7; 62:10; 잠 23:5; 눅 12:21). "정함이 없는"(ἀδηλότητι)이란 말은 '불확실한' 혹은 '변덕스런'이라는 뜻이고 "소망을 둔다"(ἠλπικέναι)는 말은 '신뢰한다'는 뜻이다. 재물은 있다가도 없고 없다가도 있을 수 있으므로 신뢰하지 말라는 것이다(시 62:10; 잠 23:5; 눅 12:13-21). 셋째, "오직 우리에게 모든 것을 후히 주사 누리게 하시는 하나님께 두라"고 말한다(행 14:17; 17:25). 하나님은 우리에게 꼭 필요한 것이면 후하게 주시는 분이시다(시 37:25; 행 14:17; 약 1:17). 그리고 또 누리게 하시는 분이시다. 하나님께서 주실 때 우리가 누릴 수 있는 것이다. 곧 즐길 수 있다는 것이다. 우리가 부자가 되려고 노력하여 재물을 얻을 때 그 재물은 날개를 달고 날아간다. 그러나 우리가 후하게 주시는 하나님께 소망을 두면 하나님께서 후하게 주시니 누릴 수 있는 것이다. 그러므로 우리는 우리의 소망을 하나님께 두어야 한다.

딤전 6:18. 선한 일을 행하고 선한 사업에 부하고 나눠주기를 좋아하며 동정하는 자가 되게 하라.

넷째, "선한 일을 행하라"고 말한다. 이 말씀은 다음에 나오는 세 마디 말씀을 총괄하는 말씀이다. 곧 "선한 사업에 부하라"는 것이다(5:10; 눅 12:21; 딛

3:8; 약 2:5). 자선 사업에 부하라는 말이다. 그리고 "나눠주기를 좋아하라"는 것이다(롬 12:13). 다시 말해 인색한 마음 없이 나누어주라는 것이다. 또 "동정하는 자가 되게 하라"는 것이다(행 2:42-44; 4:34-37; 갈 6:6; 히 13:16). 곧 '구제하는 자가 되게 하라'는 말이다. 부자들이 행할 일은 선을 행하는 것이다.

딤전 6:19. 이것이 장래에 자기를 위하여 좋은 터를 쌓아 참된 생명을 취하는 것이니라.

"이것," 곧 '선한 사업에 부하고 나눠주기를 좋아하며 동정하는 자가 되는 것'이 "장래에 자기를 위하여 좋은 터를 쌓아 참된 생명을 취하는 것"이라는 것이다(마 6:20; 19:21; 눅 12:33; 16:9). 부자들이 정함이 없는 재물에 소망을 두지 않고 우리에게 모든 것을 후히 주셔서 누리게 하시는 하나님께 두며(17절), 선한 사업에 부하고 나눠주기를 좋아하며 동정하는 사람들이 될 때 "장래에 자기를 위하여 좋은 터를 쌓는" 사람들이 된다는 말이다. 곧 '장래에 자기를 위하여 좋은 것(보화)을 쌓는' 사람들이 되는 것이다(마 6:19-21; 눅 12:33-34; 18:22). 이 세상 사람들은 대체로 노년을 위해서 많은 것을 배려한다. 자녀를 잘 기르기도 하며 일찍부터 저축을 많이 하기도 하며 연금보험에 돈을 붓기도 한다. 그러나 그리스도인들은 노년(老年)의 안녕만을 위해서 살지 말고 내세를 위해서 사는 중에 장래의 "참된 생명," 곧 '영생'을 취하기 위하여 이 땅에서 좋은 것을 하늘에 쌓는 사람들이 되어야 한다(12절). 그리스도를 믿는 자답게 좋은 행실을 가져야 한다(마 25:31-46; 약 2:14-26).

4. 거짓 지식을 피하라 6:20-21

바울은 마지막으로 거짓 지식을 피하라고 말하며 마지막 축도를 함으로서 서신을 마감한다.

딤전 6:20. 디모데야 네게 부탁한 것을 지키고 거짓되이 일컫는 지식의 망령되고 허한 말과 변론을 피하라.
바울은 디모데에게 두 가지를 부탁한다. 첫째, "네게 부탁한 것을 지키라"는 것이다(딤후 1:14; 딛 1:9; 계 3:3). 곧 '바울이 지금까지 본서 전체를 통하여 디모데에게 부탁한 것과 또 바울이 디모데에게 개인적으로 부탁한 것을 지키라'는 것이다. 바울은 디모데와 함께 사역하면서 개인적으로 많은 것을 부탁했을 것이다. 그것까지 모두 지키라는 것이다. 둘째, "거짓되이 일컫는 지식의 망령되고 허한 말과 변론을 피하라"고 말한다. 다시 번역하면 "망령되고 헛된 말과 거짓된 지식의 반론을 피하라"는 것이다. 두 가지를 피하라는 것이다. 하나는 "망령되고 헛된 말"을 피하라는 것이고(1:4; 4:7; 딤후 2:14, 16, 23; 딛 1:14; 3:9), 또 하나는 "거짓된 지식의 반론을 피하라"는 것이다. "망령되고"(βεβή-λους)라는 말은 '신성을 더럽히는,' '거룩하지 않은'이라는 뜻이고, "허한"(κε-νοφωνίας)이란 말은 '헛된,' '공허한'이란 뜻이다. 신성을 더럽히는, 공허한 말들을 피하라는 것이다. 곧 거짓 교사들의 주장을 피하라는 것이다. 그리고 "거짓된 지식의 반론을 피하라"는 말은 '영지주의자들이 가르치는 지식과 유대주의자들의 가르침'을 피하라는 것이다. 오늘날에는 더 많은 거짓 지식들의 반론이 있다. 공산주의 사상, 진화론, 무슬림교리, 불교교리 또 그 외에 이단교리 등 수많은 거짓 지식들의 반론이 있다. 거짓된 지식의 반론을 피할 때 바울 사도가 부탁한 것, 곧 기독교의 교리를 지킬 수 있다.

딤전 6:21. 이것을 좇는 사람들이 있어 믿음에서 벗어났느니라.
본 절은 바울이 앞에서(20절) 말한바 "망령되고 헛된 말과 거짓된 지식의 반론을 피하라"는 이유를 말해주고 있다. 거짓 교리를 피해야 할 이유는 "이것을 좇는 사람들이 있어 믿음에서 벗어났기" 때문이다(1:6, 19; 딤후 2:18). 곧 '영지주의 교리, 유대주의교리 등을 좇으니 믿음에서 벗어났다'는 것이다. 오늘날 공산주의 사상, 진화론, 무슬림교리, 불교교리 또 그 외에 이단교리 등 수많은 거짓 지식들을 좇으면 자연적으로 믿음에서 벗어난다. 우리는 오직 푯대 되시는 그리스도만을 바라보아야 한다. 다른 가르침들은 모두 그리스도인들에게 쓴 뿌리가 되는 것이다.

은혜가 너희와 함께 있을지어다.
이 축도는 바울의 축도 중에 가장 짧은 축도이다. "은혜"란 말은 '하나님께서 그리스도를 통하여 주시는 무조건적인 호의'를 뜻한다. 바울은 1:2에 "은혜와 긍휼과 평강"을 기원했다. 그런데 바울은 그 중에서 가장 중요한 은혜가 임하기를 기원하면서 본 서신을 마감한다. 우리 역시 다른 사람들을 위해서 은혜를 기원하는 사람들이 되어야 한다. 바울은 디모데 개인에게가 아니라 "너희," 곧 교회 전체를 향하여 은혜를 기원한다. 우리는 지구상에 있는 모든 참된 교회를 위하여 은혜를 기원해야 할 것이다.

―디모데전서 주해 끝

디모데후서 주해

2 Timothy

총론

저작자 본서의 저자는 바울 사도이다(1:1-2). 로마의 클레멘트(Clement of Rome A.D. 90-100)가 딤후 1:3의 "청결한 양심"이란 말을 인용하여 본서를 알고 있는 증거를 보였다. 폴리갑(Polycarp, A.D. 70년경-155년 순교)도 딤후 2:12, 15을 인용하였으며, 터툴리안(Tertullian, A.D. 150-220년)도 딤후 1:14; 2:2을 바울의 글이라고 하면서 인용하였다. 이레니우스(Irenaeus, 130-220 A.D.)는 딤후 2:23을 인용하였고(Against Heresies, IV, preface, 3), 저스틴(Justinus, A.D. 155-161)은 딤후 4:1을 인용하였다.

다만 고대교회에 금욕주의를 주장하는 말시온(Marcion)은 목회서신이 고행주의를 반대한다는 이유로 목회서신들을 정경으로 인정하지 않았다. 말시온은 자기의 잘못된 눈을 가지고 성경을 관찰한 사람이었다.

그리고 19세기 유럽의 비평가들은 문체나 어휘가 바울의 초기 서신들(데살로니가 전·후서, 고린도전·후서)과 다르다는 이유로 본 서신을 바울 사도의 글로 인정하지 않았다. 그러나 본 서신의 저작 시기가 A.D. 66-67인 것을 감안하면 본 서신은 사도행전의 것과 다를 수가 있으며, 또한 한 사람의 문체나 어휘는 시간이 경과할 때 달라질 수가 있는 것이다.

저작 장소 및 기록한 때 디모데전서의 서론을 참조하라.

편지를 쓴 이유 본 서신은 바울이 쓴 서신중에서 가장 마지막에 기록된 것으로 그 기록 목적은 디모데전서와는 다르다.

1. 바울은 당시 유행했던 거짓 교사들로부터 복음의 진리와 바른 교훈을 지키기 위해 본서를 기록했다.

2. 바울은 디모데를 격려하여 복음 전파와 목회 사역에 매진하도록 하기 위해 본서를 기록했다.

3. 로마 감옥에 2차로 투옥되어 외로이 자신의 순교를 기다리던 바울이 사랑하는 믿음의 아들 디모데를 만나 위로와 사랑의 교제를 나누기 위해 본서를 기록했다.

본 서신의 특징 본 서신은 바울 사도의 글 중에서 가장 마지막에 기록되었다. 디모데전서와 디도서가 목회상의 제반 규칙을 다루는데 비해 본 서신은 목회자 개인이 갖추어야 할 영적무장에 초점을 맞추고 있다. 그리고 순교를 눈앞에 둔 바울 사도의 회고담과, 믿음의 아들이요 동역자인 디모데에 대한 염려와 그의 목회 생활을 격려하는 내용도 담고 있다. 본서는 바울 사도의 유언과도 같은 책이다.

내용 분해 본 서신의 내용을 분해하면 다음과 같다.

    I. 인사말   1:1-2

II. 복음을 위하여 고난을 받으라 1:3-18

    1. 디모데 때문에 하나님께 감사함 1:3-5

    2. 이미 받은 은사를 계속해서 유지해야 함 1:6-7

    3. 복음을 전하기 위해서는 용기를 가져야 함 1:8-12

    4. 명령을 지킬 것을 권함 1:13-14

    5. 믿음을 버린 사람들과 지킨 사람의 예를 들어 디모데를 격려함
       1:15-18

III. 전도자가 취해야 할 참된 자세 2:1-13

    1. 은혜 속에서 강해져서 후진(後進)들을 양성할 것 2:1-2

    2. 좋은 군사, 경기하는 선수, 수고하는 농부처럼 고난을 받아야
       함 2:3-7

    3. 그리스도와 함께 고난을 받으면 함께 영광을 받게 됨 2:8-13

IV. 전도자가 힘쓸 일들 2:14-26

    1. 말다툼을 하지 말도록 교육하라 2:14

    2. 부끄러움이 없는 일꾼이 되라 2:15

    3. 귀하게 쓰임 받는 그릇이 되라 2:16-21

    4. 목회자로서 합당한 덕을 쌓으라 2:22-26

V. 말세의 타락상 예고 3:1-9

    1. 말세의 죄악들 3:1-5

    2. 이단의 죄악들 3:6-9

VI. 이단자들을 이기기 위하여 바울의 본을 따르라 3:10-17

    1. 바울의 본을 따르라 3:10-13

    2. 성경의 능력 안에 거하라 3:14-15

참고도서

1. 박윤선. 『바울서신』. 성경주석. 서울: 영음사, 1987.

2. 벵겔 J. A. 『에베소서-빌레몬서』, 벵겔 신약주석. 오태영 옮김. 서울: 도서출판로고 스, 1992.

3. 스토트, 존. 『디모데후서 강해』. 김영배 옮김. 서울: 도서출판 엠마오, 1985.

4. 이상근. 『살전-디도』. 신약성서주해. 서울: 대한예수교장로회총회교육부, 1970.

5. 『에베소서-빌레몬서』. 호크마종합주석. 강병도 편. 서울: 기독지혜사, 1992.

6. 헨드릭슨, 윌리암. 『목회서신』. 헨드릭슨 성경주석. 나용화 옮김. 서울: 아가페출판 사, 1983.

7. Alford, H. *The Greek Testament III*. London: Rivingtons, 1871.

8. Barclay, W. *The Letters to Timothy, Titus and Philemon*. Philadelphia: Westminster, 1960.

9. Barrett, C. K. *The Pastoral Epistles*. Oxford: Clarendon, 1963.

10. Barnes, Albert. *Thes-Phil*. Barnes on the New Testament. Grand Rapids: Baker Book House, 1978.

11. Calvin, John. *Commentaries on the Epistles to Timothy and Titus*. Edinburgh, 1856.

12. Clark, Gordon. *The Pastoral Epistles*. Jefferson, MD: The Trinity Foundation, 1983.

13. Fairbairn, Patrick. *Commentary on the Pastoral Epistles*. Grand Rapids:

Zondervan Publishing House, 1956.

14. Guthrie, D. *The Pastoral Epistles: The Tyndale New Testament Commentaries*, Grand Rapids: Eerdmans, 1957.

15. Henry, Matthew. *Commentary on the Whole Bible*, vol. VI. New Fleming H. Revell Co., nd.

16. Hiebert, D. Edmond. 『디모데후서』. 이수봉 옮김. 서울: 나침반사, 1986.

17. Kelly, J. N. D. *A Commentary on the Pastoral Epistles*. New York: Harper & Row, 1963.

18. Lenski, R. C. H. *The Interpretation of St. Paul's Epistles to the Colossians, to the Thessalonians, to Timothy, to Titus and Philemon*. Columbus Ohio: Wartburg, 1937.

19. Lightfoot, J. B. *Notes on the Epistles of St. Paul*. London: Macmillan, 1895.

20. Lock, W. *A Critical and Exegetical Commentary on the Pastoral Epistles* (ICC). Edinburgh: T. & T. Clark, 1924.

21. Mason, A. J. *The Epistles to the Colossians, Thessalonians and Timothy*. Grand Rapids: Zondervan, 1957.

22. Plummer, A. *The Pastoral Epistles*. Ed. Nicoll, W. R. New York: Armstrong, 1898.

23. Wallis, Wilber B. "I and II Timothy, Titus" in *the Wycliffe Bible Commentary*. Chicago: Moody Press, 1981.

24. Wiersbe, Warren. *Be Faithful*. Wheaton, Ill.: Scripture Press Publications, Victor Books, 1981.

제1장

복음을 위하여 고난을 받으라

I. 인사말 1:1-2

바울은 디모데에게 보내는 편지를 인사말로 시작한다. 바울은 한 개인의 입장에서 편지하는 것이 아니라 하나님의 뜻에 의하여 사도된 입장에서 편지한다고 말한다. 그리고 바울은 성부 성자로부터 은혜와 긍휼과 평강이 있기를 기원한다.

딤후 1:1. 하나님의 뜻으로 말미암아 그리스도 예수 안에 있는 생명의 약속대로 그리스도 예수의 사도 된 바울은.

바울은 "하나님의 뜻으로 말미암아" 사도가 되었다고 말한다(고전 1:1; 고후 1:1; 갈 1:1; 엡 1:1; 골 1:1; 딤전 1:1). 그는 스스로 사도가 된 것이 아니고, 또 사람의 권유에 의해서 사도가 된 것이 아니라 하나님의 뜻에 의해 사도가 되었다고 말한다. 바울이 이처럼 말하는 이유는 자신의 편지가 하나님의 뜻에 따라 사도가 된 사람의 글임을 나타내어 디모데는 물론 그 후의 모든 종들이나 성도들로 하여금 순종케 하려는 것이다. 바울은 다메섹 도상에서 거역할 수 없는 하나님의 뜻에 의해 일생 고난 받는 사도가 되었다.

바울은 "그리스도 예수 안에 있는 생명의 약속대로"(κατ’ ἐπαγγελίαν ζωῆς τῆς ἐν Χριστῷ Ἰησοῦ) 그리스도 예수의 사도가 되었다고 말한다(엡 3:6; 딛 1:2; 히 9:15). "대로"(κατά - according to, in accordance with)란 말은 '결과' 혹은 '따라'라는 뜻이다. "그리스도 예수 안에 있는 생명의 약속대로"라는 말은 '그리스도 예수 안에 있는 생명의 약속에 따라서' 혹은 '그리스도 예수 안에 있는 생명의 약속의 결과' 그리스도 예수의 사도가 되었다는 것을 뜻한다. 만약 하나님의 그 약속이 없었다면 아무도 사도가 될 수 없었을 것이다. "이 약속과 보증은 이미 창 3:15에 함의되어 있고, 시 16:11; 요 3:16; 6:35, 48-59; 14:6에서 분명하게 진술되어 있다."[1] 바울이 사도로 부르심을 입은 이유는 하나님께서 그리스도를 믿는 사람들에게 영생을 주시겠다는 하나님의 약속 때문이다(갈 3:14, 16). 생명을 주신다는 약속이야말로 하나님께서 인생에게 주신 약속 중에서 가장 귀한 약속이다. 오늘의 교역자도 그리스도 예수의 생명의 약속의 결과로 교역자가 된 것이다. 교역자는 생명, 곧 구원을 전해야 한다.

딤후 1:2. 사랑하는 아들 디모데에게 편지하노니 하나님 아버지와 그리스도 예수 우리 주께로부터 은혜와 긍휼과 평강이 네게 있을지어다.
본 절 주해를 위해서는 딤전 1:2을 참조하라.

---

1) 윌리암 헨드릭슨, 「목회서신」, p. 298.

II. 복음을 위하여 고난을 받으라 1:3-18

바울은 디모데에게 인사를 한(1-2절) 후 복음과 함께 고난을 받으라고 말한다(3-18절). 바울은 먼저 디모데 때문에 하나님께 감사하고(3-5절) 복음을 전하기 위해서는 이미 받은 은사를 계속해서 유지해야 하며(6-7절), 또 용기를 가져야 한다고 말한다(8-12절). 그리고 바울은 디모데에게 바울의 명령을 지킬 것을 권하고(13-14절), 믿음을 버린 사람들과 믿음을 지킨 사람의 예를 들어 디모데를 격려한다(15-18절).

1. 디모데 때문에 하나님께 감사함 1:3-5

바울은 대부분의 다른 서신에서와 같이 인사를 한 다음에 하나님께 감사 기도를 드린다.

딤후 1:3. 나의 밤낮 간구하는 가운데 쉬지 않고 너를 생각하여 청결한 양심으로 조상 적부터 섬겨 오는 하나님께 감사하고.

바울은 디모데 때문에 하나님께 감사한다(롬 1:8; 엡 1:16). 바울은 "밤낮 간구하는 가운데 쉬지 않고" 디모데를 생각하며 감사한다고 말한다(살전 1:2; 3:10). 바울은 밤의 일부분과 낮의 일부분의 시간을 내서 디모데를 생각하며 하나님께 감사란다(살전 3:10; 딤전 5:5). "쉬지 않고" 감사한다는 말은 어떤 시간을 정해 놓고 기도하는 일을 쉬지 않는다는 뜻이다. 바울은 기도의 사람이었다. 그는 감옥에서(2:9) 자신의 괴로움 보다는 동역 자를 생각하며 하나님께 감사하고 기도하는데 힘을 쓴 것이다.

바울은 "청결한 양심으로 조상 적부터 섬겨 오는 하나님께 감사" 한다고 말한다(행 22:3; 23:1; 24:14; 갈 1:14). 바울은 "청결한 양심," 곧 '성령의 역사로 청결하게 된 양심'을 가지고 조상 적부터 섬겨오는 하나님께 감사한다는 것이다. 바울은 '성령으로 이룩된, 거짓 없는 양심'을 가지고 하나님을 섬겼다(딤전 1:19; 3:9). 바울의 조상들, 아브라함, 이삭, 야곱, 모세, 이사야 등도 역시 청결한 양심을 가지고 하나님을 예배했고 봉사했다. 바울이 이렇게 여기서 "청결한 양심"을 언급한 것은 아마도 디모데 역시 청결한 양심을 가지고 하나님을 섬기고 봉사한다는 것을 암시하려는 것일 것이다. 바울은 유대인들의 관례적인 신앙으로 하나님께 감사한 것이 아니라 조상 대대(代代)로 청결한 양심을 가지고 섬겨오는 하나님께 감사한다. 우리는 지금 거짓 없는 양심을 가지고 하나님을 예배하며 또 섬기고 그 하나님께 감사하고 있는가.

딤후 1:4. 네 눈물을 생각하여 너 보기를 원함은 내 기쁨이 가득하게 하려 함이니.

바울은 디모데를 생각하면서 하나님께 감사만 하는 것이 아니라 디모데의 "눈물을 생각하여 너(디모데)를 보기를 원했다"(4:9, 21). 바울과 디모데가 헤어지던 날 디모데는 많이 울었을 것이고(행 20:37 참조). 또 바울도 울었을 것이다. 그들은 만났다가 헤어지기를 반복하면서 눈물을 흘렸지만 특별히 마지막 에베소에서 헤어질 때(딤전 1:3) 디모데는 바울과 마지막으로 작별하는 줄로 생각하고 눈물을 흘렸을 것이다. 바울은 디모데의 눈물을 생각하여 만나서 얼굴 보기를 원했다. 바울이 디모데를 보기 원한 것은 디모데의 눈물을 생각했을 뿐 아니라 자신의 "기쁨이 가득하게 하려 하기" 때문이었다. 보기를 소원하는 사람을 만나면 기쁨이 가득한 법이다. 바울은 제 2차로 투옥된 후 순교를 앞두고 있었다. 그 뿐만 아니라 바울의 주위에 있던 사람들이 다 떠나고 누가만 남아 있는 형편이었다(4:9-11). 이런 때 바울은 디모데를 만나서 사랑의 교제를 나누면서 위로 받고 기쁨으로 채우기를 소원했다. 오늘 우리의 기쁨은 성령으로 말미암아 오는 것이 통례지만 때로는 그 기쁨이 사람을 통해서도 오는 것임을 알아야 한다.

딤후 1:5. 이는 네 속에 거짓이 없는 믿음을 생각함이라 이 믿음은 먼저 네 외조모 로이스와 네 어머니 유니게 속에 있더니 네 속에도 있는 줄을 확신하노라. 본 절은 바울이 디모데를 보기를 원한 이유이다. 바울은 쉬지 않고 디모데를 생각하여 하나님께 감사했고(3절), 디모데를 보기를 원했는데(4절) 그 이유를 본 절에서 말한다. 곧 디모데 "속에 거짓이 없는 믿음을 생각했기" 때문이었다 (딤전 1:5). "거짓이 없는"(ἀνυποκρίτου)은 '위선이 아닌,' '진실한'이란 뜻이다. 디모데는 '위선이 섞이지 않은 믿음'을 가지고 있었다. 바울은 디모데의 섞임 없는 믿음을 귀하게 여겼다. 그는 자기 가까이에 있던 수많은 사람들이 자기를 반대하거나 저버렸으므로 디모데의 거짓 없는 믿음을 생각하고 보기를 원했던 것이다. 위선 없는 신앙은 주위의 위선 없는 신앙자의 마음을 이끌기에 충분하다.

　　그런데 바울은 디모데를 향하여 "이 믿음은 먼저 네 외조모 로이스와 네 어머니 유니게 속에 있더니 네 속에도 있는 줄을 확신하노라"고 말한다(행 16:1). 다시 말해 디모데의 거짓 없는 순수한 믿음은 디모데의 외조모 속에도 있었고 어머니 유니게 속에도 있었다. "확신하노라"(πέπεισμαι)는 완료형 수동태로 '이미 과거에 확신케 되었고 또 지금도 확신하고 있다'는 뜻이다. 바울은 디모데 집안의 믿음이 거짓이 없음을 확신하고 있었다. 혹자는 디모데의

믿음이 유대인이었던 외조모와 모친의 영향으로 유대교적이었을 것이라고 말한
다(행 16:1). 만일 그의 외조모와 모친의 믿음이 유대교적이었다면 바울이
그들의 믿음을 칭찬하지 않았을 것이다. 그러므로 디모데와 외조모, 또 모친의
신앙은 그리스도를 믿는 기독교 신앙이었을 것이다. 다시 말해 복음적 신앙이었
을 것이다. 그 가정은 기독교로 개종하여 기독교적 신앙을 가지고 있었고,
가정의 신앙교육에 철저했던 것으로 보인다. 신앙인의 가정교육은 위대한 신앙
인을 배출하는 법이다.

2. 이미 받은 은사를 계속해서 유지해야 함 1:6-7

바울은 디모데를 향하여 복음을 전하기 위해서는 이미 받은 은사를 계속해
서 유지해야 한다고 말한다(6절). 바울은 안수를 통해 디모데가 받은 은사는
능력과 사랑과 절제하는 마음이라고 말한다(7절).

**딤후 1:6. 그러므로 내가 나의 안수함으로 네 속에 있는 하나님의 은사를 다시
불일듯하게 하기 위하여 너로 생각하게 하노니.**
바울은 디모데가 받은 은사를 활성화시키기 위해 디모데로 하여금 생각하게
만들겠다고 말한다. 바울은 "그러므로," 곧 '디모데가 거짓 없는 믿음을 가졌으
므로'(5절) "내가 나의 안수함으로 네 속에 있는 하나님의 은사를 다시 불
일듯 하게 하기 위하여 너로 생각하게 한다"고 말한다(살전 5:19; 딤전 4:14).
다시 말해 디모데의 약해진 영력을 강화할 필요가 생겼다는 것이다. "안수"는
직분을 맡길 때 '은혜를 전달키 위하여 손을 얹는 의식'을 뜻하고 "은사"는
'교회 일을 돌보기 위하여 필요한 영력(靈力)'을 지칭한다. 바울은 장로의 회에

서 설교나(딤전 4:14) 혹은 그 어떤 때에 안수를 통해 디모데에게 영력을 전달하였는데, 그 영력이 약해졌으므로 다시 불붙어야 한다고 말하는 것이다. 누구든지 한번 받은 은사를 영원히 간직하는 사람은 없다. 계속해서 불붙여야 하는 것이다. 기도해서 불붙이고, 또 "힘써 사용함으로"(박윤선) 은사를 키워나가야 한다.

딤후 1:7. 하나님이 우리에게 주신 것은 두려워하는 마음이 아니요 오직 능력과 사랑과 근신하는 마음이니.

본 절 초두의 "왜냐하면"(γὰρ)이라는 이유 접속사는 본 절이 앞 절(6절)의 "은사"의 내용을 설명하고 있다. 바울은 하나님께서 우리에게 주신 것은 두려워하는 마음(롬 8:15)이 아니고 능력(8절; 3:5; 눅 24:49; 행 1:8; 고전 2:4)과 사랑(딤전 1:5)과 근신하는 마음(딤전 3:2)이기 때문에 이것들을 잘 활용해서 사역을 잘 감당해야 한다고 말한다. "두려워하는 마음"(πνεῦμα δειλίας)은 '두려움의 영,' '비겁한 영'이란 뜻이다. 우리에게 오신 성령께서 두려움의 영이 아니라 능력과 사랑과 근신의 영이라는 것이다. 디모데를 포함하여 우리 모두는 소심(小心)할 것이 아니라 당당하게 복음 사역을 감당할 수 있는 능력을 얻어야 한다. 또한 우리는 세상 사람들을 향한 사랑을 더욱 넓혀야 하며, 그 누구 앞에서라도 근신하는 마음, 곧 자제력 혹은 균형 잡힌 마음으로 무장해야 한다. 다시 말해 차분하게 사람들을 대해야 한다.

3. 복음을 전하기 위해서는 용기를 가져야 함 1:8-12

딤후 1:8. 그러므로 네가 우리 주의 증거와 또는 주를 위하여 갇힌 자 된 나를 부끄러워 말고 오직 하나님의 능력을 좇아 복음과 함께 고난을 받으라.
하나님께서 디모데에게 복음을 전할 수 있는 영적인 능력을 주셨으므로(6-7절) "하나님의 능력을 좇아 복음과 함께 고난을 받으라"는 것이다. 바울은 디모데를 향하여 두 가지를 먼저 경고한다. 하나는 "우리 주의 증거"를 부끄러워 말라는 것이다. 또 하나는 "갇힌 자 된 나를 부끄러워 말라"는 것이다(롬 1:16). "우리 주의 증거"란 '주님께 대한 증언,' 곧 '복음'을 부끄러워 말라는 것이다(딤전 2:6; 계 1:2). "갇힌 자 된 나를 부끄러워 말라"는 말은 '주님을 위하여 갇힌 자된 바울을 부끄러워 말라'는 것이다(엡 3:1; 빌 1:7). 우리는 복음도 부끄러워 말아야 하고(롬 1:16), 또한 주님을 위하여 고난당하는 사람을 부끄러워 말아야 한다.

그리고 바울은 디모데를 향하여 '하나님께서 주신 능력을 가지고' "복음과 함께 고난을 받으라"고 말한다(4:5; 골 1:24). 곧 '복음을 위하여 바울과 함께 고생하라'는 것이다. 우리는 복음을 전하기 위하여 고생하다가 가야한다.

딤후 1:9. 하나님이 우리를 구원하사 거룩하신 부르심으로 부르심은 우리의 행위대로 하심이 아니요 오직 자기 뜻과 영원한 때 전부터 그리스도 예수 안에서 우리에게 주신 은혜대로 하심이라.
바울은 앞 절(8절)에서 복음을 위하여 고난을 받으라고 말하고는 본 절에서는 함께 고난을 받을 수밖에 없는 이유를 말한다. 그 이유는 "하나님이 우리를 구원하사(딤전 1:1; 딛 3:5) 거룩하신 부르심으로 불러주셨기"(살전 4:7; 히 3:1) 때문이다. 다시 말해 '하나님께서 우리를 구원해주셨고 또 거룩하게 살도록 불러주셨기' 때문이라는 것이다. "거룩하신 부르심"이란 말은 하나님께서 부르신 목적이 우리로 하여금 거룩하게 되도록 하시기 위해서라는 말이다. 우리는

하나님께서 우리를 부르신 목적을 이루어야 한다. 점과 흠이 없는 성도들이
되어야 한다.

하나님께서 이렇게 우리를 구원하시고 또 교역자로 불러주신 것은 "우리의
행위대로 하심이 아니요 오직 자기 뜻과 영원한 때 전부터 그리스도 예수
안에서 우리에게 주신 은혜대로 하셨다"는 것이다. '우리가 무엇을 잘 해서
우리를 구원하시고 또 거룩한 성도가 되도록 불러주신 것이 아니라(롬 3:20-24;
10:5-13; 11:6; 갈 2:16; 3:6-14; 6:14-15; 엡 2:9; 딛 3:5), 첫째, 하나님의
뜻에 따라 구원하셨고(롬 8:28) 또 거룩한 성도가 되게 하신 것이며(롬 8:28;
엡 1:11), 둘째, 영원 전에 그리스도 예수 안에서 우리에게 주신 은혜를 따라
구원하시고 불러주신 것'이라는 것이다(롬 16:25; 엡 1:4; 2:8-9; 3:11; 딛
1:2). 전적으로 하나님의 뜻에 따라, 하나님께서 주시는 은혜를 따라 부르셨다
(벧전 1:20). 하나님의 뜻과 하나님의 은혜를 누가 막을 것인가.

딤후 1:10. 이제는 우리 구주 그리스도 예수의 나타나심으로 말미암아 나타났으
니 저는 사망을 폐하시고 복음으로써 생명과 썩지 아니할 것을 드러내신지라.
바울은 8절에서 디모데를 향하여 복음을 위하여 바울과 함께 고난을 받으라고
말했는데 9-10절에서는 자신과 함께 고난을 받을 수밖에 없는 이유를 말한다.
곧 9절에서는 '하나님이 우리를 구원하사 거룩한 성도가 되도록 불러주셨기'
때문이라고 했고 본 절에서는 그리스도의 대속의 은혜가 역사상에 나타났기
때문이라고 말한다.

"이제는"(νῦν)은 '이제 급기야'라는 뜻으로 영원 전에 계획되었던 구원
사역이 '이제 급기야' 그리스도의 초림으로 나타났다는 것을 시사한다. "나타나
심"(ἐπιφανείας)은 때로는 '그리스도의 재림'을 뜻하기도 하고(4:1, 8; 살후

2:8; 딤전 6:14; 딛 2:13), 때로는 그리스도의 초림을 뜻하기도 하나(롬 16:26;
골 1:26; 딛 1:3; 벧전 1:20) 문맥에 의하여 본 절에서는 '그리스도의 초림'
혹은 '그리스도의 성육신'을 지칭한다.

　　바울은 여기서 그리스도께서 초림하셔서 하신 일 두 가지를 말한다. 하나는
그리스도께서 "사망을 폐하신 것"이다(고전 15:54-55; 히 2:14). 또 하나는
"복음으로써 생명과 썩지 아니할 것을 드러내신" 것을 말한다. 그리스도는
초림하셔서 십자가에서 대속의 죽음을 통해 성도들의 죽음문제를 해결하셨다.
곧 성도들의 영원한 사망이 사라지게 하셨다. "폐하시고"(καταργήσαντος)는
부정(단순)과거로 이미 과거에 폐하셨음을 의미한다(히 2:14-15). 그리스도는
복음으로써 생명과 썩지 아니할 것을 드러내셨다. 그리스도는 "복음," 곧 '자신
의 대속 사역을 통해서 생명 곧 썩지 아니할 것을 드러내셨다. 그리스도께서는
자신의 부활을 통해서 우리가 받을 썩지 아니할 생명을 나타내 보여주셨다(고전
15:42, 52-54). 즉 성도들의 부활을 성립시키셨다.

딤후 1:11. 내가 이 복음을 위하여 반포자와 사도와 교사로 세우심을 입었노라.
바울은 본 절과 다음 절(12절)에 걸쳐 디모데로 하여금 복음을 위하여 고난을
받도록 자신의 모본을 드러낸다. 바울은 복음을 위하여 "반포자"로 세우심을
입었다고 말한다(4:17; 행 9:15). 곧 복음을 널리 퍼뜨리도록 하나님으로부터
세움을 입었다는 것이다. 그리고 바울은 "사도"로 세움을 입었다고 말한다(엡
3:7-8; 딤전 2:7). "사도"란 '보냄을 받은 자'라는 뜻으로, 바울이 사도로 세워졌
다는 것은 그가 복음 전파와 교회 설립을 위해 예수 그리스도로부터 보내심을
받았다는 것이다. 그리고 바울은 "교사"로 세우심을 입었다고 말한다. 바울은
복음 진리를 해석해서 가르치는 교사로 세우심을 입었다(딤전 2:7). 바울은

하나님으로부터 이 세 가지 직분을 받았다. 그는 그럼에도 자신이 옥살이를 감당하고 있다고 역설했다(12절).

딤후 1:12. 이를 인하여 내가 또 이 고난을 받되 부끄러워하지 아니함은 나의 의뢰한 자를 내가 알고 또한 나의 의탁한 것을 그 날까지 저가 능히 지키실 줄을 확신함이라.

바울은 "이를 인하여," 곧 '앞 절에서(11절) 말한 세 가지 직분을 위하여' "이 고난을 받되 부끄러워하지 아니한다"고 말한다(2:9; 엡 3:1). "이 고난을 받되"(ταῦτα πάσχω)는 '이 고난들을 받되'란 뜻이다. 바울은 현재 당하고 있는 옥살이를 비롯하여 온갖 고난들을 받고 있었다.

　바울이 고난들을 받되 부끄러워하지 않은 이유는 첫째, "나의 의뢰한 자를 내가 알기" 때문이었다. "나의 의뢰한 자"(ᾧ πεπίστευκα)란 말은 완료형 으로 '바울이 과거부터 현재까지 믿어오는 자, 곧 예수 그리스도'를 지칭한다. 바울은 예수 그리스도를 알기 때문에 그가 받는 고난을 부끄러워하지 않는다는 것이다. 바울은 대속의 사랑을 베푸시며 또 사랑을 끊지 않으시는(롬 8:35-39) 그리스도를 알기 때문에 고난을 부끄러워하지 않았다. 우리가 그리스도를 알면 그리스도를 위해 받는 고난을 부끄러워하지 않게 된다.

　둘째, "나의 의탁한 것을 그 날까지 저가 능히 지키실 줄을 확신하기" 때문이었다(18절; 4:8). "나의 의탁한 것"은 '바울이 하나님에게 부탁한 영혼 혹은 구원'을 지칭한다. 그런데 혹자는 문맥상으로 '하나님 측에서 바울에게 맡기신 사역이나 교리'라고 주장하며, 그것은 14절과 딤전 6:20이 지지한다고 주장한다. 그러나 본장 14절과 딤전 6:20은 하나님께서 바울에게 맡기신 것이 아닌 바울이 디모데에게 맡긴 것을 말한다. 그리고 14절과 딤전 6:20은 하나님께서 지키시는 것이 아니라 디모데가 지킨다고 언급하고 있다. 본문은 분명히 바울이("나의"라는 말) 부탁한 것이지 하나님께서 바울에게 부탁한 것을 지칭하지 않는다. 바울은 그의 영혼을 하나님께 부탁했다. 예수님도 십자가상에서 그의 영혼을 하나님께 부탁하셨다(눅 23:46; 벧전 4:19). 스펄존도 말하기를 우리의 한 생애 동안 최소한도 한번은 우리의 영혼을 미쁘신 하나님께 부탁하는 기도를 드려야 할 것이라고 말했다.

바울은 자기가 하나님께 맡긴 것, 곧 자기의 영혼을 "그 날까지 저가 능히 지키실 줄을 확신하기" 때문에 고난을 부끄러워하지 않는다. "그 날," 곧 '재림의 날'(1:18; 4:8; 살후 1:10)까지 하나님께서 지켜주실 줄을 확신했다.

4. 명령을 지킬 것을 권함 1:13-14

딤후 1:13. 너는 그리스도 예수 안에 있는 믿음과 사랑으로써 내게 들은바 바른 말을 본받아 지키고.
바울은 디모데를 향하여 "그리스도 예수 안에 있는 믿음과 사랑으로써" 자신으로부터 들은 말, 바른 말을 본받아 지키라고 권한다(3:14; 딛 1:9; 히 10:23; 계 2:25). "그리스도 예수 안에 있는 믿음과 사랑"이란 '그리스도 예수와의 연합 때문에 생겨난 믿음과 사랑'을 뜻한다(딤전 1:14). 그리스도와 연합하지 않았다면 믿음도 얻지 못했을 것이고, 사람을 사랑하는 사랑도 얻지 못했을 것이다. 디모데는 그리스도와의 연합 때문에 이미 믿음을 얻었고 또 사랑을 가지고 있었으니 그 믿음과 사랑을 가지고 바울에게서 들은 바(2:2) "바른 말을 본받아 지켜야" 한다는 것이다(딤전 1:10; 6:3). 누구든지 그리스도를 믿는 믿음이 없고 또 그리스도로부터 얻은 사랑이 없다면 하나님의 말씀을 지킬 수 없다. "바른 말을 본받아 지키라"(ὑποτύπωσιν ἔχε ὑγιαινόντων λόγων)는 말은 바울이 말한 '건전한(사람을 건강하게 하는) 말들을 본받으라'는 것이다. 우리는 그리스도를 믿는 믿음으로, 그리고 사람을 사랑하는 사랑을 가지고 건전한 말씀을 지켜야 한다.

딤후 1:14. 우리 안에 거하시는 성령으로 말미암아 네게 부탁한 아름다운 것을 지키라.

바울은 이제 "우리 안에 거하시는 성령으로 말미암아" 곧 '우리 안에 끊임없이 내주하시는 성령을 힘입어' 지키라고 부탁한다(롬 8:11). 여기 "아름다운 것"이란 '복음'을 뜻한다(딤전 6:20). 복음을 아름다운 것이라고 말한 이유는 복음이야말로 사람을 건강하고 행복하게 만들어주기 때문이다. 복음이야말로 사람을 구원하며, 생명을 주며, 사람들을 아름답게 만드는 점에서 아름다운 것이다. "지킨다"(φύλαξον)는 말은 '수호한다,' '보존한다,' '보수한다'는 뜻이다. 우리 역시 전통적인 복음을 성령의 힘으로 보수해야 할 의무 아래 있다. 혹자는 여기 "아름다운 것"을 '은사라고 주장하나 만일 은사였더라면 바울이 디모데에게 "부탁한 아름다운 것"이라고 표현하지 않고 차라리 "네 속에 있는 아름다운 것"이란 말로 표현했을 것이다(1:6참조). 그러므로 "아름다운 것"이란 말은 앞 절(13절)에 기록된 "바른 말," 곧 '복음'으로 보는 것이 옳을 것이다.

5. 믿음을 버린 사람들과 믿음을 지킨 사람의 예를 들어 디모데를 격려함 1:15-18

딤후 1:15. 아시아에 있는 모든 사람이 나를 버린 이 일을 네가 아나니 그

중에 부겔로와 허모게네가 있느니라.

바울은 디모데에게 "아시아에 있는 모든 사람이"(행 19:10) 자신을 저버린 사실을 언급하면서 디모데로 하여금 끝까지 소신을 지키고 의리를 지킬 것을 암시하고 있다. 여기 "아시아"라고 하는 곳은 '소아시아'를 지칭하는데 그 수도는 디모데가 목회하고 있는 에베소였다. "버린"(ἀπεστράφησάν)이란 말은 '저버린,' '변절한'이란 뜻이다(4:10, 16). 바울은 소아시아의 기독교인들 중에 바울을 저버리는 데 주동적인 역할을 했던 두 사람의 이름, 부겔로와 허모게네의 이름을 든다. 이 사람들은 앞으로도 바울을 도울 가능성이 희박하고 또 바울과의 교제가 불가능해 보임으로 바울은 디모데가 피해를 입지 않도록 이 두 사람의 이름을 거론한 것 같다.

소아시아의 모든 기독교인들이 바울을 저버린 사건은 바울을 심히 섭섭하게 한 사건이었다. 그러나 모든 기독교인들이 하나도 빼지 않고 교리적으로 배교한 것이라고 볼 수는 없다. 16-18절의 오네시보로의 선한 행위를 보면 모든 기독교 인들이 교리적으로 배교한 것은 아니고 다만 모든 기독교인들이 로마 감옥에 투옥되어 있는 바울을 방문하지도 않았으며 무관심했던 것 같다. 사람은 다른 사람을 섭섭하게 해서는 안 된다. 더욱이 하나님의 일꾼들에게 무관심해서는 안 된다.

딤후 1:16-17. 원컨대 주께서 오네시보로의 집에 긍휼을 베푸시옵소서 저가 나를 자주 유쾌케 하고 나의 사슬에 매인 것을 부끄러워 아니하여 로마에 있을 때에 나를 부지런히 찾아 만났느니라.

아시아의 기독교인들이 바울을 등졌지만 오네시보로는 달랐다. 그래서 바울은 오네시보로의 집에(4:19) "긍휼을 베푸시기"를 하나님께 기도한다(마 5:7).

바울은 오네시보로 한 사람의 선행을 생각하고 그 집 전체 위에 긍휼이 임하도록 복을 빈다. 구원의 은총을 빌었으며 또한 하나님의 돌보심을 기원했다. 한 가정에 한 사람이 바로 서서 주님을 잘 섬겨도 가족 전체에 복이 임한다.

바울이 이렇게 오네시보로의 집에 긍휼이 임하기를 기도한 이유는 첫째(둘째 이유는 다음 절에 있음), "저가 나를 자주 유쾌케 하고(몬 1:7), 나의 사슬에 매인 것(행 28:20; 엡 6:20)을 부끄러워 아니하여(8절), 로마에 있을 때에 나를 부지런히 찾아 만났다"는 것이다. 오네시보로는 감옥에 있는 바울을 방문하는 것을 부끄러워 아니하고 부지런히 방문해서 바울을 격려했고 즐겁게 해주었다. 그가 죄수된 바울을 부끄러워하지 않고 자주 찾아보고 격려하며 즐겁게 해준 것은 바울에게 큰 기쁨이 아닐 수 없었다. 우리는 복음 때문에 고난당하는 사람을 특별히 돌아보아야 한다.

딤후 1:18. (원컨대 주께서 저로 하여금 그날에 주의 긍휼을 얻게 하여 주옵소서) 또 저가 에베소에서 얼마큼 나를 섬긴 것을 네가 잘 아느니라.
바울은 오네시보로를 위한 16절의 기도를 여기에 반복한다. 16절의 기도와 다른 점이 있다면 "그 날에"(12절; 살후 1:10)를 본 절에 첨가하고 있는 것이다. 바울은 주님의 재림의 날에 오네시보로에게 주님의 긍휼과 자비를 베푸시기를 빌고 있다(마 25:34, 40). 천주교는 오네시보로가 죽은 사람이라고 단정하고 죽은 자를 위해서 기도하는 것이 옳다고 주장한다. 오네시보로가 죽었다고 단정할 수 있는 근거로 두 가지를 든다. 오네시보로가 죽었기 때문에 바울이 그 "집"에 긍휼을 베풀어주십사고, 또 "저로 하여금 그날에 주의 긍휼을 얻게 하여 주옵소서"라고 기도했다는 것이다. 오네시보로가 죽었기 때문에 바울은 현세를 위한 복을 빌지 못하고 주님의 재림의 날에 오네시보로에게 긍휼이 임하기를 기원했다는 것이다. 그러나 우리는 오네시보로가 죽었다고 하는 단서를 성경에서 찾아볼 수가 없다. 살아있는 사람의 집에도 얼마든지 주님의 긍휼이 임하도록 기원할 수 있는 것이다(살전 5:23).

바울이 오네시보로의 집에 긍휼이 임하기를 기도한 둘째의 이유는 "저가 에베소에서 얼마큼 나(바울)를 섬겼기" 때문이라고 말한다(히 6:10). 오네시보로는 바울이 로마 옥에 갇혔을 때만 아니라, 에베소를 떠나기 전 에베소에 있을 때에도 바울을 많이 섬겼다. 오네시보로는 시종일관 섬김의 사람이었다. 우리는 주님의 종들을 시종일관 섬기는 자세를 가져야 한다.

제2장

전도자가 취해야 할 참된 자세와 힘써야 할 일들

III. 전도자가 취해야 할 참된 자세 2:1-13

복음을 위하여 고난을 받을 것을 주문한 바울은 이제 전도자가 취해야 할 자세를 말한다. 전도자는 먼저 은혜 속에서 강해져서 후진(後進)들을 양성해야 하고(1-2), 마땅히 좋은 군사, 경기하는 선수, 수고하는 농부처럼 고난을 받아야 한다고 말한다(3-7절). 그리고 그는 전도자가 주님과 함께 고난을 받으면 함께 영광을 받게 된다고 말한다(8-13절).

1. 은혜 속에서 강해져서 후진들을 양성할 것 2:1-2

딤후 2:1. 내 아들아 그러므로 네가 그리스도 예수 안에 있는 은혜 속에서 강하고.

바울은 앞의 내용과 다른 것을 말하기 위해 "내 아들아"라고 부른다(1:2; 딤전 1:2). 바울은 부겔로와 허모게네가 믿음이 약하고 비겁해서 바울을 버렸으므로 본 절에서 디모데를 향하여 "예수 안에 있는 은혜 속에서 강하라"고 부탁한다 (1:6-8; 행 9:22; 롬 4:20; 엡 6:10; 빌 4:13; 딤전 1:12;). "강하라"(ἐνδυνα-μοῦ)는 말은 '능력을 받으라,' '능력으로 충만해지라'는 뜻이다. "예수 안에 있는 은혜 속에서 강하라"는 말은 '그리스도 예수와의 연합 때문에 받게 된 은혜 속에서 능력있게 되라'는 말이다. 디모데는 믿음은 신실했으나(딤후 1:5) 육체적으로 약했고, 또 마음도 약했다(1:7; 딤전 5:23). 그러므로 예수님과의 연합 때문에 받게 된 은혜 속에서 능력으로 충만해지라는 것이다. 다시 말해 예수님을 믿는 중에 계속해서 받는 은혜 안에서 능력으로 충만해지라는 것이다. 우리가 혹시 부족한 면을 갖고 있어도 은혜 안에서 계속해서 강해지면 전도자의 사명을 잘 감당할 수 있다. 전도자가 능력으로 충만해지기 위해서는 첫째, 성경 연구에 힘써야 하고, 둘째, 기도에 힘써야 하며, 셋째, 고난을 잘 받아야 하고, 넷째, 부지런히 사명을 감당해야 한다.

딤후 2:2. 또 네가 많은 증인 앞에서 내게 들은 바를 충성된 사람들에게 부탁하라 저희가 또 다른 사람들을 가르칠 수 있으리라.

바울은 디모데를 향하여 바울로부터 들은 바를 신실한 사람들에게 전하라고 권한다. 바울은 "네가 많은 증인 앞에서 내게 들은 바를 충성된 사람들에게 부탁하라"고 말한다. 여기 "많은 증인"이란 말이 무엇을 지칭하는 지에 대해 여러 해석이 붙여졌다. 1) 디모데에게 안수한 장로들이다(딤전 4:14), 2) 디모데가 안수 받던 당시 장로들만 아니라 많은 사람들이 참여한 중에 바울에 의해서 디모데에게 맡겨진 직무에 대해서 들은 사람들이다. 3) 디모데의 어머니, 외조모, 그리고 주님을 직접 보고 주님으로부터 직접 가르침을 받았던 몇몇 사람들이다. 4) 바울의 가르침의 형태들이나 표현들, 혹은 바울 사도의 사도적 권위에 대한 모든 증거들과 같은 비 인격적인 것들이다. 5) 디모데가 바울로부터 복음을 받은 사실을 직접 보고 들은 많은 사람들이다. 위의 해석들 중에 넷째는 특이한 해석이며, 받아들이기 어려운 해석으로 보인다. 그리고 나머지 네 가지 해석(1번, 2번, 3번, 5번의 해석)은 크게 두 가지로 갈리는데 하나는 바울이 여러 사람들 앞에서 디모데에게 직무를 잘 감당하라고 부탁했다는 것이며, 다른 하나는 바울이 여러 사람들 앞에서 디모데에게 복음을 전했다고 주장하는 설(設)이다. 문맥으로 보아 바울이 여러 사람들 앞에서 복음을 전했다고 보는 마지막 해석이 옳을 것이다. 많은 증인 앞에서 바울로부터 들은 바를 충성된 사람들에게 부탁하라고 한 것을 보면 디모데가 바울로부터 들은 복음을 전하라는 것으로 보아야 할 것이다. 바울이 디모데에게 맡긴 직무를 다른 사람들에게 부탁하라는 말은 합당해 보이지 않는다. 바울은 많은 사람들 앞에서 복음을 전하였으며 디모데도 그들과 함께 복음을 듣고 교사가 되었다. 그래서 디모데가 복음 전파자로서 다른 사람들을 가르칠 때 디모데의 설교가 진짜 바울의 것과 동일한지를 바울의 설교를 들었던 사람들이 증거할 수 있다는 것이다.

바울은 디모데가 바울에게서 복음을 받은 사실을 직접 보고 들은 많은 사람들 앞에서 "내게 들은 바를 충성된 사람들에게 부탁하라"고 권한다. "내게 들은 바"는 '바울에게서 들은 복음'을 지칭한다(1:13; 3:10, 14; 딤전 1:18). 바울은 디모데에게 그 복음을 "충성된 사람들," 곧 '신실한 사람들, 믿을만한 사람들'에게 전파하라고 부탁한다. 그러면 그들은 "또 다른 사람들에게 전할 수 있을 것이라"고 말한다(딤전 3:2; 딛 1:9). 복음은 신실한 사람들에게 계속해서 전파되어야 한다.

2. 좋은 군사, 경기하는 선수, 수고하는 농부처럼 고난을 받아야 함 2:3-7

바울은 디모데를 좋은 군사, 경기하는 선수, 수고하는 농부에 비유하며 고난을 받으라고 권한다.

딤후 2:3. 네가 그리스도 예수의 좋은 군사로 나와 함께 고난을 받을지니.
바울은 디모데를 "그리스도 예수의 좋은 군사"(빌 2:25; 몬 1:2)에 비유하며 고난을 받으라고 부탁한다. 군사가 많은 고난을 받는 것처럼 교역자도 많은 반대와 핍박을 받게 된다. "참된 교역자는 진리를 위하여 굳게 서기 때문에 대적들을 만나며 고난을 받는다. 타협주의, 회피주의, 대세주의는 예수의 제자의 길이 아니다."[2]

바울은 디모데에게 혼자만 고난을 받으라고 하지 않고 "나와 함께 고난을 받으라"고 말한다(1:8; 4:5). 바울은 무수한 고난을 받았고, 또 편지를 쓰는 순간에도 고난을 받고 있다. 바울은 자신이 모범을 보이면서 제자를 향하여 권고하고 있다. 교역자는 그리스도를 위한 핍박, 박해, 투옥, 순교도 각오해야 한다. 바울은 "우리가 그리스도와 함께 영광을 받기 위하여 고난도 함께 받아야 될 것이니라"고 말한다(롬 8:17). 교역자와 성도는 고난을 받아야 깨지고 낮아진다. 그리고 고난을 받아야 진리도 더 깨달아지고 은혜도 더 받게 된다. 고난은 성도를 빛나게 하는 훈련 교관이다.

딤후 2:4. 군사로 다니는 자는 자기 생활에 얽매이는 자가 하나도 없나니 이는

---

2) 박윤선, 『바울서신』, 성경주석, p. 622.

군사로 모집한 자를 기쁘게 하려 함이라.

군사로 모집된 교역자는 고난을 받을 뿐 아니라 또한 "자기 생활에 얽매이지" 않아야 한다(고전 9:25). "생활"(βίου)이란 '자기의 생활을 영위하기 위한 생업과 또 사적인 모든 일'을 포함한다. 교역자가 자신의 생업에 매이고 사사로운 일에 매여서는 안 되는 이유는 "군사로 모집한 자를 기쁘게 하려 함이기" 때문이다. 곧 '군사로 모집하신 예수님을 기쁘시게 하기 위해서'이다. 오늘 복음 전파자로 부름을 받은 사람들 중에 종종 자신의 생업에 매이고 또 사사로운 일에 매이므로 예수님을 기쁘시게 못하는 사람들을 본다. 신학교 재학 중에 공부에 열중하느라 교회 일을 철저하게 못하는 것은 그리스도께서 이해하신다. 그러나 목사로 안수 받은 후 가정 일에 매이고 혹은 각종 회의(meetings)에 매이며, 혹은 어떤 취미 생활에 도취되면 예수님을 기쁘시게 못하게 된다. 교역자는 생업이나 자녀 교육이나 사사로운 모든 일을 주님께 맡기고 기도하는 일과 말씀 전하는 일에 전념해야 한다(행 6:4). 우리가 주님의 일을 하면 주님은 우리의 일을 해주신다.

딤후 2:5. 경기하는 자가 법대로 경기하지 아니하면 면류관을 얻지 못할 것이며.

바울은 교역자를 "경기하는" 선수에 비유한다(행 20:24; 딤전 6:12; 딤후 4:7-8). 바울은 교역자의 삶과 사역을 당시 그리스에서 4년마다 한번 씩 열렸던 올림픽 경기의 운동선수에 비유하면서 분투할 것을 권한다. "경기하는"(ἀθλῇ)이란 말은 '투쟁하다,' '분투하다,' '운동경기에서 우승자가 되다'라는 뜻이다. 교역자는 분투하는 자가 되어야 한다.

교역자는 경기하는 자로서 "법대로 경기해야" 한다(고전 9:25-26). "법대로 경기한다"는 말은 '경기의 규칙을 따라 해야 한다'는 말이다. 교역자는 한 생애의 사역을 감당할 때 하나님이 내신 규칙을 따라 해야 한다. 곧 하나님이 내신 복음을 따라 해야 하고, 하나님이 주신 분부를 따라서 해야 한다. 하나님께서 내신 분부를 따라 하지 않으면 "면류관," 곧 '월계관'을 얻지 못한다. 다시 말해 교역자가 아무리 열심히 한 듯이 보여도 하나님의 뜻대로 뛰지 않으면, 결국 상을 얻지 못한다. 많은 업적을 남겼다고 해도 결국 물거품이 될 수 있음을 알고 하나님의 뜻을 따라 분투해야 한다.

딤후 2:6. 수고하는 농부가 곡식을 먼저 받는 것이 마땅하니라.

바울은 교역자를 수고하는 농부에 비한다(잠 20:4; 24:30-31). "수고하는"(κο- πιῶντα)이란 말은 '열심을 내는,' '열심히 고생하는'이란 뜻이다. 농부는 곡식을 심느라 수고하고 김매느라 수고하며 또 거두어드리느라 수고한다. 교역자는 기도하느라 말할 수 없이 수고하고(눅 18:1-8), 말씀 연구하느라 수고하며, 교인들을 돌보느라 여러 가지로 수고한다. 교역자는 죽도록 고생한다(계 2:10).

농부가 수고하면 가을의 추수를 가장 먼저 맛보게 되는 것처럼(잠 27:18) 바울은 수고하는 교역자가 "곡식을 먼저 받는 것이 마땅하다"고 말한다(고전 9:10). 이 말씀에 대한 해석으로는 몇 가지가 있다. 1) 바울은 디모데를 향하여 교회에서 주는 사례금을 거절하지 말고 받아야 한다고 말한다. 2) 교역자들이 열심히 전도하면 그 전도한 영혼이 하나님께 돌아오는 기쁨을 교역자 자신이 가장 먼저 맛보게 된다. 3) 교역자가 영적인 사역에 최선을 다하면 자신이 먼저 그 영적인 열매 곧 사랑과 믿음과 소망 등의 열매를 거두게 된다(윌리암 헨드릭슨, 렌스키). 첫 번째 해석은 농부의 "곡식"을 물질적인 곡식으로 해석하는 점에서 받기 어렵고 두 번째 해석과 세 번째 해석은 농부의 "곡식"을 영적인 열매로 해석한다는 점에서 받을만한 해석이다. 바울은 교역자를 군사에 비유하고(3-4절) 또 경주자에 비유한 곳에서(5절) 교역자가 하는 일이나 열매를 맺는 일 모두를 영적인 것으로 보았다. 그래서 수고하는 농부의 비유에서도 "곡식"을 영적인 열매로 보아야 옳다. 두 번째 해석과 세 번째 해석은 거의 같은 해석이다. 교역자는 수고할 때 다른 사람들에게 기쁨을 주기 전에 먼저 자신이 기쁨의 열매를 맛보는 것을 알고 수고에 전념해야 한다.

딤후 2:7. 내 말하는 것을 생각하라 주께서 범사에 네게 **총명을** 주시리라. 바울은 앞에서(3-6절) 세 가지 비유를 말한 다음 이제 본 절에서는 디모데에게 "내 말하는 것을 생각하라"고 명령한다. 바울이 현재 말하고 있는 내용, 곧 3-6절까지의 내용을 생각하라는 것이다. "생각하라"(νόει)는 말은 현재 명령형으로 '이해하라' 혹은 '숙고하라'는 뜻이다. 깊이 생각하면 "주께서 범사에 네게 총명을 주시리라"는 것이다. 그 뜻을 깊이 상고하는 경우 하나님께서 디모데에게 총명(understanding)을 주셔서 모든 것을 잘 깨닫게 해주실 것이라는 말이다. 우리가 말씀을 숙고하면 지혜를 받아서 깨닫게 되고, 또 깨닫는 대로 말씀을 실천에 옮길 수 있게 된다.

3. 그리스도와 함께 고난을 받을 용기를 가져라 2:8-13

바울은 디모데를 향하여 그리스도와 함께 고난을 받을 수 있는 용기를 가질 것을 촉구한다. 전도자는 죽은 자들 가운데서 다시 사신 그리스도를 기억할 때 용기가 생기고(8절), 갇혀도 복음은 매이지 않고 널리 전파되는 것을 생각할 때에 용기가 생기며(9절), 고난을 받으면 많은 사람들이 구원을 받고 영광을 받는 것을 생각할 때에 용기를 가지게 되며(10절), 주님과 함께

고난을 받으면 함께 살고 내세에 영광을 받는 것을 생각하고 용기를 얻는다
(11-13절).

**딤후 2:8. 나의 복음과 같이 다윗의 씨로 죽은 자 가운데서 다시 사신 예수
그리스도를 기억하라.**

바울은 디모데를 향하여 죽은 자 가운데서 다시 살으신 예수 그리스도(고전
15:4, 20)를 기억하면서 용기를 가지라고 부탁한다. 바울은 "나의 복음과 같이,"
곧 '자신이 그 동안 증거한 복음의 내용처럼'(롬 2:16; 16:25) 다윗의 후손으로
성육신하신 예수 그리스도께서 죽은 자 가운데서 다시 사셔서 현재는 하나님
우편에 앉아계시면서 만물을 유지하시며 통치하고 계시는 것(마 28:18; 고전
15:20-25; 히 2:9)을 생각하며 용기를 가지라고 부탁한다. "다윗의 씨"는 '다윗
의 후손'이란 뜻이다(삼하 7:12-13; 시 89:28; 132:17; 행 2:30; 13:23; 롬
1:3-4). 예수 그리스도는 인성적으로는 다윗의 후손으로 오셨다(롬 1:3; 빌
2:7).

**딤후 2:9. 복음을 인하여 내가 죄인과 같이 매이는 데까지 고난을 받았으나
하나님의 말씀은 매이지 아니하니라.**

바울은 복음을 전하다가 일반 죄인들(행 20:23; 23:29; 26:31; 골 4:18; 딤후
1:12; 몬 1:13)처럼 매이는 고난을 받게 되었으나 "하나님의 말씀은 매이지
아니하고" 계속해서 역사하고 또 전파되고 있다고 말하여 디모데에게 용기를
준다. "죄인"(κακοῦργος)은 '범인(犯人),' '행악자'를 뜻한다. 바울은 죄를
범한 일이 없음에도 불구하고 복음을 전했다는 이유로 죄인으로 여겨졌다.
예수님 옆에 달렸던 강도에게도 바울에게 쓰여졌던 똑 같은 낱말 "행악자"(κα-

κοῦργος)란 말이 붙여졌다(눅 23:32-33, 39). 바울은 '행악자,' '죄인' 취급을 받아 착고에 매이는 고난을 받게 되었으나 "하나님의 말씀은 매이지 않고 있다"(행 28:31; 엡 6:19-20; 빌 1:13-14). "하나님의 말씀은 매이지 아니했다"는 말씀에 대해 혹자는 바울은 매여서 꼼짝 못해도 다른 사람들이 감옥 밖에서 복음을 전한다는 뜻으로 해석하기도 한다. 그러나 10절에 의하면 바울은 여전히 그 감옥에서도 복음을 전했다. 그러므로 하나님의 말씀은 매이지 아니했다는 말씀은 복음은 투옥될 수 없다는 뜻으로 보아야 할 것이다. 곧 복음이 감옥에 있는 바울을 통해서도 전파되고 또 바울에 의해 감옥 밖으로 나간 복음이 여전히 전파된다는 뜻으로 보아야 할 것이다. 바울은 일차 투옥 때에도 복음을 전파했다. 그래서 시위대 안과 기타 모든 사람에게 전파되었다(빌 1:12-14). 바울은 지금 2차로 투옥되어 매인 처지가 되었어도 여전히 감옥 안에서 하나님의 말씀(복음)을 써서 감옥 밖으로 전했으며, 또한 밖으로 나간 복음은 택함 받은 자들에게 전파되어 구원을 받게 하였다(10절). 하나님의 말씀은 공간의 제약을 받지 않으며 시간의 제약을 받지 않고 역사하며 계속해서 전파된다.

딤후 2:10. 그러므로 내가 택하신 자를 위하여 모든 것을 참음은 저희로도 그리스도 예수 안에 있는 구원을 영원한 영광과 함께 얻게 하려 함이로라. 바울은 "그러므로," 곧 '하나님의 말씀은 매이지 아니하므로' 감옥에서 "내가 택하신 자를 위하여(신 7:7-8; 마 24:31; 롬 9:11-13; 고전 1:27-28; 엡 1:4) 모든 것을 참는다"(엡 3:13; 골 1:24)고 말한다. "택하신 자"(ἐκλεκτούς)란 말은 '택하신 자들'이란 복수형이다. 택하신 자들이란 말은 교회의 모든 성도들을 지칭하는 말이다. 현재 믿는 성도들과 앞으로 믿을 성도들 모두를 포함하는 말이다. 바울은 교회의 모든 성도들을 위하여 그 감옥에서 "모든 것," 곧

'모든 고난'을 참는다고 말하여 디모데에게 용기를 준다.

바울이 참는 이유는 "저희로도 그리스도 예수 안에 있는 구원을 영원한 영광과 함께 얻게 하려 함이기" 때문이라는 것이다(고후 1:6). "저희로도," 곧 '택함 받은 자들로 하여금' 그리스도를 믿음으로 구원을 받게 하고 또 그리스도의 재림 시에 영원한 영광(고후 4:17; 벧전 5:10)을 받게 하기 위함이라는 것이다. 바울 사도가 성도들의 구원과 영광을 위하여 참은 것을 생각하고 우리 역시 용기를 얻어 복음을 전해야 한다. 우리는 영광을 지금 당장 얻으려 하지 말고 고난을 각오하고 복음을 전해야 한다.

딤후 2:11. 미쁘다 이 말이여, 우리가 주와 함께 죽었으면 또한 함께 살 것이요. 바울은 주님과 함께 고난을 받으면 엄청난 영광이 오는 사실을 생각하고(11b-13절의 말씀의 내용을 생각하고) "미쁘다 이 말이여"라고 외친다(딤전 1:15; 3:1; 4:9; 딛 3:8). 곧 '참으로 믿을만한 이 말씀들이여'라고 외친다. 오늘 우리 역시 주님과 함께 고난을 받으면 놀라운 영광을 받는 것을 생각할 때 가슴이 뛴다.

바울은 "우리가 주와 함께 죽었으면 또한 함께 살 것이요"라고 말한다(롬 6:5, 8; 고후 4:10). "함께 죽었으면"(συναπεθάνομεν)이란 말은 과거동사로서 그리스도와 연합한 성도들은 십자가에서 함께 죽었다는 뜻이다. 십자가에서 그리스도와 함께 죽은 사람들은 지금도 죽은 생활을 한다는 것이다. 다시 말해 그리스도의 복음과 함께 고난을 받으며 참는다는 것이다. 여기 "함께 죽었으면"이란 말씀을 '함께 참는다'는 말로 해석하는 이유는 문맥 때문이다. 3-13절 모두가 고난 중에 참으라는 내용이다. 그리고 특별히 대구(對句)를 이루는 다음 절(12절)에도 역시 "참으면"이란 말이 나오기 때문이다. 바울은 그리스도와 함께 죽은 것으로 여기고 고난 중에 참는 사람들은 "함께 살 것이라"고 말한다. 현재 그리스도와 함께 살게 된다는 것이다(롬 6:8, 11; 고후 4:10). 베드로 사도 역시 성도들이 "그리스도의 이름으로 욕을 받으면 복 있는 자로다. 영광의 영 곧 하나님의 영이 너희 위에 계심이라"고 말한다(벧전 4:14). 그리스도의 이름으로 욕을 받으면, 곧 그리스도 때문에 고난을 받으면 하나님의 영이 그 위에 임하는 영광을 받게 된다.

딤후 2:12. 참으면 또한 함께 왕 노릇할 것이요.
주님을 위하여 고난 중에 "참으면 또한 함께 왕 노릇할 것이라"고 말한다(롬 8:17; 벧전 4:13). "참는다"(ὑπομένομεν)는 말은 현재동사로 '계속해서 끝까지 참는다'는 뜻이다. 성도들이 고난 중에 끝까지 참으면 그리스도와 "함께 왕 노릇 할 것이라"는 것이다. "왕 노릇 한다"는 말은 그리스도의 통치에 참여한다는 것이다. 현세에서는 특히 기도하는 중에 그리스도와 함께 세상을 다스리게 된다는 말이다(약 5:13-18; 계 8:3-5). 오늘 우리는 기도 중에 주님과 함께 왕 노릇하면서 살아야 한다. 우리는 기도하여 벌 받을 자들은 벌을 받게 하고 복 받을 사람들은 복을 받게 하며, 기도 응답으로 세상을 다스리면서 살아야 할 것이다. "왕 노릇 한다"는 말은 미래에 그리스도와 함께 왕 노릇하게 되며(계 3:21), 그리스도께서 재림하실 때 성도들은 그리스도와 함께 심판하게 된다는 것이다(고전 6:2-3). 우리는 현세에서나 내세에서나 그리스도와 함께 왕 노릇하는 사람들이다.

우리가 주를 부인하면 주도 우리를 부인하실 것이라.
우리가 참고 주님과 함께 왕 노릇하는 것과는 달리 참지 못하고 생명의 위협을 느껴 주님을 부인하면, 주님도 우리를 부인하실 것이라는 말이다. 본문의 두 동사는 모두 미래형으로 바울은 에베소 교인들을 향하여 앞으로 있을 유대인들의 핍박과 로마 정권의 박해를 참지 못하고 주님을 모른다고 하면 주님도 우리를 부인하실 것이라고 경고한다. 예수님은 지금도 똑같이 경고하신다(마 10:33; 막 8:38; 눅 9:26; 10:8-9; 12:9). 주님을 배반하면 금생과 내생에 주님으로부터 버림 받는 자들이 된다(벧후 2:1; 유 1:4). 우리는 주님의 은혜로 고난을 참아 견뎌내어 결코 주님으로부터 떨어져서는 안 된다. 배신, 그것은 영원한 불행을 의미한다.

딤후 2:13. 우리는 미쁨이 없을지라도 주는 일향 미쁘시니 자기를 부인하실 수 없으시리라.

우리들 인생과는 달리 주님은 항상 신실하셔서 참는 자에 대해서는 주님과 함께 왕 노릇하게 하실 것이며(11-12a), 참지 못하고 주님을 부인하는 사람에 대해서는 주님도 부인하실 것(12b)이라는 말씀이다. "우리는 미쁨이 없을지라도"라는 말은 '만일 우리가 신실하지 않을지라도'라는 뜻이다(롬 3:3; 9:6). 참으로 사람은 믿을 수 없는 존재다.

바울은 인생과는 달리 "주는 일향 미쁘시니 자기를 부인하실 수 없으시리라"고 확언한다(민 23:19). '주님은 항상 신실하셔서 자기가 하신 말씀을 어기실 수가 없으시다.' 인간은 믿지 못할 존재이지만, 주님은 그가 하신 말씀에 절대적으로 신실하시다. 우리는 주님도 우리 같은 줄 착각하고 주님을 대해서는 안 된다.

IV. 전도자가 힘쓸 일들 2:14-26

　　바울은 전도자가 취해야 할 참된 자세에 대해 말했고, 이제 전도자가 힘써야 할 일들에 대해서 언급한다(14-26절). 바울은 먼저 디모데에게 사람들로 하여금 말다툼을 하지 말도록 교육하라 부탁하고(14절), 또 부끄러움이 없는 일꾼이 되라고 권하며(15절), 귀하게 쓰임 받는 그릇이 되어야 한다고 부탁한다(16-21절). 그리고 바울은 목회에 필요한 덕을 쌓으라고 권면한다(22-26절).

1. 말다툼을 하지 말라고 교육하라 2:14

딤후 2:14. 너는 저희로 이 일을 기억하게 하여 말다툼을 하지 말라고 하나님 앞에서 엄히 명하라 이는 유익이 하나도 없고 도리어 듣는 자들을 망하게 함이니라.

바울은 디모데에게 "저희로 이 일을 기억하게 하여 말다툼을 하지 말라고 하나님 앞에서 엄히 명하라"고 부탁한다. "저희"란 2절에 언급한 "충성된 사람들," 곧 '교회의 지도자들'을 지칭한다. 바울은 디모데를 향하여 교회의 지도자들로 하여금 "이 일을 기억하게 하라"고 말한다. 즉 앞의 3-13절을 기억하게 하여 교회의 지도자들에게 고난을 받을 용기를 심어주라고 말한다. 또 바울은 교회의 지도자들에게 "말다툼," 곧 '신화와 족보 때문에 생겨나는 언쟁'(딤전 6:3-10)을 피하도록 하나님 앞에서 엄하게 명하라고 말한다(4:1; 딤전 5:21; 6:13). 엄하게 명령해야 하는 이유는 이단들의 가르침과 변론은 "유익이 하나도 없고 도리어 듣는 자들을 망하게" 하기 때문이다(딤전 1:4; 6:4; 딛 3:9, 11). 그런 이야기 때문에 생겨난 말다툼은 성도들의 구원에 전혀 도움이 되지 않을 뿐 아니라 도리어 듣는 자들을 망하게 한다. 교회의 지도자들은 그리스도 때문에 고난을 받을지언정 쓸데없는 일에 참여하여 언쟁을 해서는 안 된다. 교회 안의 언쟁은 교인들을 망하게 한다.

2. 부끄러움이 없는 일꾼이 되라 2:15

딤후 2:15. 네가 진리의 말씀을 옳게 분변하며 부끄러울 것이 없는 일군으로 인정된 자로 자신을 하나님 앞에 드리기를 힘쓰라.

바울은 디모데 자신에게 세 가지를 부탁한다. 첫째, "진리의 말씀을 옳게 분변하라"는 것이다. "옳게 분변한다"(ὀρθοτομοῦντα)는 말은 '옳게 베다,' '바로 지도하다'라는 뜻이다. 진리의 말씀, 기독교의 진리체계를 올바로 분석하여 가르치라는 것이다. 성경을 올바로 분석하기 위해서는 많이 읽어야 하고, 묵상해야 하며, 또한 기도하는 중에 성령의 조명을 받아야 한다. 교역자는 복음을 올바로 파악해야 이단을 방지할 수 있다. 둘째, "부끄러울 것이 없는 일군으로 인정된 자"가 되라는 것이다. "부끄러울 것이 없는"이란 말은 '수치스러운 비행이 없는'(박윤선) 혹은 '점과 흠이 없는'이란 뜻이다. "인정된"(δόκιμον)이란 말은 '시험을 거친 후에 인정받은'이란 뜻이다. 바울은 디모데를 향하여 하나님 앞에서 점과 흠이 없는 일꾼으로 인정받은 교역자가 되라고 주문한 것이다. 셋째, "자신을 하나님 앞에 드리기를 힘쓰라"는 것이다. 곧 '자신을 하나님께 헌신하기를 힘쓰라'는 것이다. 다시 말해 자신을 거룩한 산 제물로 드려야 한다는 것이다(롬 12:1). 교역자는 자신을 부끄러울 것이 없는 제물로 만들어 하나님께서 쓰시도록 드려야 한다. 일반 성도들도 역시 마찬가지로 자신을 하나님 앞에 산 제물로 드리기를 힘써야 한다(고전 10:31).

3. 귀하게 쓰임 받는 그릇이 되라 2:16-21

딤후 2:16. 망령되고 헛된 말을 버리라. 저희는 경건치 아니함에 점점 나아가나니.

바울은 디모데에게 신화와 족보 이야기를 피하라고 명한다. "망령된"이란 말은 '거룩하지 않은'이란 뜻이고, "헛된"이란 말은 '근거 없는' 혹은 '허탄한'이란 뜻이다. "망령되고 헛된 말"은 에베소 지방의 이단들의 '헛된 신화와 족보'를 지칭한다(딤전 1:4; 4:7; 6:20; 딛 1:14). "버리라"(περιίστασο)는 말은 '피하라' 혹은 '회피하라'는 뜻이다. 바울은 디모데에게 헛된 신화와 족보 이야기를 피하라고 부탁한 것이다.

바울이 이처럼 신화와 족보 이야기를 피하라고 한 이유는 첫째, 이단자들이 "경건치 아니함에 점점 나아가기" 때문이다. 이단자들은 '하나님을 경외치 아니하는 쪽으로만 점진적으로 발전해 나아간다.' 그들은 점진적으로 타락의 길, 멸망의 길로 점점 더 깊게 들어간다.

딤후 2:17. 저희 말은 독한 창질의 썩어져감과 같은데 그 중에 후메내오와 빌레도가 있느니라.

둘째, 이단자들의 신화와 족보 이야기는 빨리 퍼져나가서 사람의 영혼을 죽이기 때문에 도피하라는 것이다. "독한 창질"(γάγγραινα)은 '살을 썩어문드러지게 만드는 악성 종기'를 지칭한다. 한편 "썩어져감"(νομὴν ἕξει)은 '퍼져나감'이란 뜻으로 이단사상이 빨리 공간적으로 퍼져나감을 서술한 말이다. 이단사상은 멸망의 길로 더 빠져들어 갈 뿐 아니라(16절), 또 빨리 공간적으로 퍼져나간다.

바울은 그 이단자들 전체를 들추어내지는 않고, 그 중에 대표적인 두 사람,

곧 후메내오와 빌레도를 들추어낸다(딤전 1:20). 빌레도에 대해서는 더 이상 알려진바 없고 후메내오는 바울이 사단에게 내어준 사람이다(딤전 1:19-20).

딤후 2:18. 진리에 관하여는 저희가 그릇되었도다 부활이 이미 지나갔다 하므로 어떤 사람들의 믿음을 무너뜨리느니라.

바울은 "진리에 관하여는," 곧 '기독교 진리를 표준하여 보면' 후메내오와 빌레도가 그릇되었다고 확언한다(딤전 6:21). 이유는 그들이 에베소에서 기독교 신자들에게 "부활이 이미 지나갔다"고 가르쳤기 때문이다(고전 15:12). 그들은 육은 악하고 영은 선하다고 믿었기 때문에 육신적인 부활은 이미 지나갔다고 주장하고 가르쳤다. 그들이 육체 부활을 부인하는 것은 그리스도의 육체 부활을 부인하는 것으로서(고전 15:12-20) 기독교의 가장 중요한 진리를 거부하는 것이었다. 이단들이 육체 부활을 부인함으로 "어떤 사람들의 믿음을 무너뜨렸다." 그러므로 바울은 디모데를 향하여 그들을 피하라고 권면한다. 사단은 지금도 쉬지 않고 이단자들을 통하여 기독교인들의 신앙을 무너뜨리고 있다. 우리는 이단자들의 해괴한 행동을 피하고 성도들을 보호해야 한다.

딤후 2:19. 그러나 하나님의 견고한 터는 섰으니 인침이 있어 일렀으되 주께서 자기 백성을 아신다 하며 또 주의 이름을 부르는 자마다 불의에서 떠날지어다 하였느니라.

바울은 "그러나," 곧 '영지주의 자들(특히 후메내오와 빌레도 같은 이단들)이 어떤 사람들의 믿음을 무너뜨리지만 그러나'(18절) "하나님의 터는 견고히 서 있다"고 말한다(마 24:24; 롬 8:35). 다시 말해 '하나님의 교회는 흔들림 없이 서 있다는 것이다. "터"(θεμέλιος)는 때로는 예수 그리스도를 지칭하기도

하고(고전 3:11), 때로는 사도들과 선지자들을 지칭하기도 하며(엡 2:20), 또 때로는 그리스도의 제자들의 신앙고백을 지칭하기도 한다(마 16:13-19). 본 절의 터는 문맥으로 보아 '교회'를 지칭한다(19b; 딤전 3:15). 사도는 바로 뒤따라오는 구절에서 "주께서 자기 백성을 아신다"고 말하여 "터"가 '주님의 백성들,' 곧 '교회임'을 밝힌다. 이단들이 아무리 날뛰어도 주님의 교회를 주님의 손에서 빼앗지 못하고 무너뜨리지 못한다(나(???) 1:7; 시 46:5; 요 10:14, 27; 롬 8:31-39; 히 12:28).

바울은 하나님의 교회가 "인침이 있다"고 말한다. "인침이 있다"(ἔχων τὴν σφραγῖδα ταύτην)는 말은 문자적으로 '인침을 가지고 있다'고 번역된다. 하나님의 교회는 인침을 받았으므로 든든히 서 있게 된 것이다. 하나님은 그의 백성을 성령으로 인치셔서 그의 소유를 삼으시고 또 영원히 망하지 않게 보호하신다(엡 1:13; 4:30).

바울은 하나님께서 자기 백성을 향하여 두 가지를 말씀하신다고 말한다. 하나는 "주께서 자기 백성을 아신다"는 것이다(민 16:5). "아신다"(ἔγνω)는 말은 남녀가 서로 교제하는 중에 아는 것처럼 '사랑한다'는 뜻이다(창 4:1; 마 1:25). 하나님은 자기의 백성을 사랑하셔서 자기 백성을 이단에게 망하지 않도록 철저히 지키신다. 또 하나는 "주의 이름을 부르는 자마다 불의에서 떠나라"는 것이다(민 16:27; 사 52:11). 하나님의 백성은 영지주의자들의 더러운 교리와 생활로부터 떠나야 하는 것이다. 오늘도 하나님의 백성은 세상의 모든 불의로부터 떠나야 한다(마 7:21; 고후 6:17-7:1).

딤후 2:20. 큰 집에는 금과 은의 그릇이 있을 뿐 아니요 나무와 질그릇도 있어 귀히 쓰는 것도 있고 천히 쓰는 것도 있나니.

바울은 본 절과 다음 절(21절), 두 절에 걸쳐 디모데뿐 아니라 누구든지 불의(16
절; 19절)에서 떠나면 귀히 쓰는 그릇이 된다고 말한다. "큰 집," 곧 '하나님의
교회'(엡 2:21-22; 딤전 3:15) 안에는 "금과 은의 그릇이 있을 뿐 아니요
나무와 질그릇도" 있다. 다시 말해 교회 안에는 수많은 다양한 신자들이 있다.
그런데 바울은 그 다양한 신자들을 "귀히 쓰는 것과 천히 쓰는 것"으로 구분하고
있다(롬 9:15). 깨끗지 못한 그릇은 천히 쓰이고, 깨끗한 그릇은 귀히 쓰인다는
것이다. 비록 금그릇이나 은그릇이라 할지라도 더러우면 음식을 담아 놓을
수 없고, 비록 나무 그릇이나 질그릇이라 할지라도 깨끗하면 음식을 담아
놓을 수 있다. 그것처럼 신자들도 역시 깨끗하면 귀히 쓰이고 더러우면 천하게
쓰인다. 혹자는 여기 "천히 쓰는" 그릇을 거짓 교사들을 지칭한다고 말하나
문맥으로 보아 무리인 듯이 보인다. 이유는 천히 쓰는 그릇도 역시 하나님께서
쓰시는 그릇이기 때문이다.

딤후 2:21. 그러므로 누구든지 이런 것에서 자기를 깨끗하게 하면 귀히 쓰는
그릇이 되어 거룩하고 주인의 쓰심에 합당하며 모든 선한 일에 예비함이 되리라.
"그러므로," 곧 '교회 안에는 귀히 쓰는 그릇도 있고 천히 쓰는 그릇이 있으므로'
"누구든지," 즉 '디모데를 포함하여 귀히 쓰이는 신자나 천하게 쓰이는 신자나
간에 누구든지' "이런 것에서," 다시 말해 '이단들의 교리와 행실들'로부터'
자기를 깨끗하게 하면(16절; 19절; 고전 5:7) 네 가지의 복을 받게 된다. 첫째,
"귀히 쓰는 그릇이 된다." 나무 그릇이나 질그릇과 같은 교인들도 자신을
더러운 교리나 더러운 행실로부터 깨끗하게 하면 귀하게 사용된다. 둘째, "거룩
하고 주인의 쓰심에 합당하게" 된다. '하나님께서 쓰실만한 성도가 된다'는
말이다. 비록 나이가 들었어도 깨끗하면 하나님께서 쓰신다. 모세나 여호수아는

발에서 신을 벗었기에(출 3:5; 수 5:15) 오래도록 쓰임을 받았다. 셋째, "모든 선한 일에 예비함이 된다"(3:17; 딛 3:1). '항상 선을 행할 수 있는 성도가 된다'는 말이다. 오늘 우리는 자신을 깨끗하게 하는 일에 최선을 다해야 할 것이다(마 5:8). 말씀으로 우리의 심령을 정결케 하고 또 기도로 정결케 해서 귀하게 쓰임을 받아야 한다.

4. 목회자로서 합당한 덕을 쌓으라 2:22-26

바울은 앞에서(16-21절) 디모데를 향하여 죄로부터 깨끗함을 받아 귀히 쓰는 그릇이 되라고 권한 다음, 이제는 목회자로서 합당한 덕을 쌓으라고 부탁한다. 바울은 디모데에게 열두 가지 덕을 쌓으라고 한다.

딤후 2:22. 또한 네가 청년의 정욕을 피하고 주를 깨끗한 마음으로 부르는 자들과 함께 의와 믿음과 사랑과 화평을 좇으라.
바울은 디모데에게 첫째, "청년의 정욕을 피하라"고 말한다. '청년에게 흔히 있을 수 있는 각종 욕심, 곧 성욕, 향락 욕, 명예욕, 소유욕 등을 피하라'는 것이다(딤전 4:12; 6:11). 교역자와 성도는 육체의 욕심을 버리고 성령의 소욕을 좇아 살아야 한다(갈 5:16-17). 둘째, "주를 깨끗한 마음으로 불러야" 한다. '모든 불의와 악에서 떠나 깨끗한 마음이 되어(19절, 21절; 시 1:6; 마 5:8; 딤전 1:5; 4:12) 주님을 불러야 한다.' "주를 부른다"는 것은 주님을 찾는 것을 지칭한다(행 9:14; 고전 1:2). 곧 주님을 찾아 예배하고 주님을 찾아 기도하는 것을 말한다. 교역자와 성도가 불의와 악에서 떠나지 않으면 주님으로부터 물리침을 받는다. 셋째, "의"를 좇아야 한다(딤전 6:11). "의"란 사람을 상대하여 옳게 행하는 것을 지칭한다. 혹자는 "의"를 예수 그리스도의 대속 사역을 힘입어 하나님으로부터 '의롭다 칭함 받게 되는 것'을 가리킨다고 해석 하나(롬 6:5-11) 문맥에 맞지 않는 해석이다. 바울이 이 말씀을 디모데에게 하는 것인 만큼 디모데는 벌써 칭의(稱義)를 받은 사람이다. 그러므로 바울은 디모데를 향하여 인간관계를 옳게 하도록 권고하고 있다. 넷째, "믿음"을 좇아야 한다(딤전 6:11). 곧 '하나님을 전적으로 신뢰하고 의지하라'는 것이다. 젊은 교역자가 잘 못하면 자신을 의지할 수도 있고, 또는 정욕을 피하지 못하다가 하나님을 전적으로 신뢰하지 못할 수도 있는 것이다. 교역자나 성도는 전적으로 "믿음"으로 움직여야 한다. 다섯째, "사랑"을 좇아야 한다(딤전 6:11). "사랑"을 좇으라는 말은 형제를 깊이 사랑하라는 것이고 또한 원수까지도 사랑하라는 것이다. 우리는 형제자매를 내 몸같이 사랑해야 한다. 여섯째, "화평"을 좇아야 한다. "화평"이란 '성도간의 평화'를 가리킨다(마 5:9; 롬 12:18). 혹자는 화평이 란 것이 신자가 심령에 누리는 평안함이라고 말하나 문맥으로 보아 성도간의 평화를 지칭한다고 보아야 할 것이다. 이유는 바울이 교역자 디모데에게 교회를 잘 돌볼 것을 말씀하는 대목임으로 성도간의 평화를 지칭한다고 보아야 옳을 것이다.

딤후 2:23. 어리석고 무식한 변론을 버리라 이에서 다툼이 나는 줄 앎이라. 바울은 디모데를 향하여 일곱째, "어리석고(μωρὰς) 무식한(ἀπαιδεύτους) 변론," 곧 '지각이 없고 교육을 받지 못한 변론'을 버리라고 말한다(16절; 딤전 1:4; 4:7; 6:4; 딛 3:9). 그 변론이 신화와 족보를 가지고 언쟁하는 것이기 때문에 바울은 그런 언쟁을 하지 말라고 권한다(14절). 그런 언쟁을 버리지 않으면 싸움이 난다. 우리 사회는 지금 많은 어리석고 무식한 논쟁에 휩싸여 있다. 그런 논쟁을 중단하지 않으면 싸움으로 발전할 것이다.

딤후 2:24. 마땅히 주의 종은 다투지 아니하고 모든 사람을 대하여 온유하며 가르치기를 잘하며 참으며.

여덟째, 교역자는 주의 종으로서(롬 1:1; 빌 1:1; 딛 1:1; 약 1:1; 벧후 1:1) 여러 사람을 대해야 하므로 "다투지 아니해야" 한다(딤전 3:3; 딛 3:2). 아홉째, 교역자는 "모든 사람을 대하여 온유해야" 한다. "온유"란 어떤 환경에서도 '부드러운 것'을 지칭하는데, 예수님께서 모든 성도에게 요구하신 덕목이다(마 5:5). 그리고 예수님 자신도 온유하셨다(마 11:29). 교역자는 항상 하나님을 바라보고 온유하게 처신해야 한다. 열째, 교역자는 "가르치기를 잘 해야" 한다 (딤전 3:2-3; 딛 1:9). 교역자는 무엇보다 '복음을 잘 전달해야' 한다. 복음을 잘 전달하지 못하는 사람은 교역자가 되어서는 안 된다. 이유는 자신도 힘들고 다른 사람을 옳은 데로 인도하지 못하면 큰일이기 때문이다. 교역자는 하나님으로부터 교육하는 재능을 받은 자여야 하며 또한 부지런히 기도하여 능력을 받아 잘 가르쳐야 한다. 열한째, 교역자는 "참아야" 한다. 교역자는 악인(惡人)에 대해 잘 견딜 수 있어야 한다.

딤후 2:25. 거역하는 자를 온유함으로 징계할지니 혹 하나님이 저희에게 회개함을 주사 진리를 알게 하실까 하며.

열둘째, 교역자는 "거역하는 자를 온유함으로 징계할 수 있어야 한다(갈 6:1; 딤전 6:11; 벧전 3:15). "거역하는 자"(ἀντιδιατιθεμένους)란 '반대되는 의견을 가진 자들'이란 뜻이다. 여기 거역하는 자들은 이단자들과 또 그들의 설득에 넘어간 자들을 지칭한다. 혹자는 거역하는 자들을 신앙이 미숙한 자들이라고 해석한다. 그러나 문맥으로 보아(16절; 23절) 이단자들이나 또 그들의 설득에 넘어간 자들로 보아야 할 것이다. 다음 절(26절)에도 그들에 대해 진술할 때 "마귀의 올무에 사로잡혔던 자들"이라고 말하는 것을 보면 이단자들이나 이단 자들의 설득에 넘어간 사람들로 보아야 한다. 교역자는 온유한 마음을 가지고 거역하는 사람들을 훈계해야 한다. 그럴 때 두 가지 열매(한 가지는 본 절에, 다른 한 가지는 다음절에 있음)를 기대할 수 있다. 첫째, "하나님이 저희에게 회개함을 주사(행 8:22) 진리를 알게 하실 수"도 있다(3:7; 딤전 2:4; 딛 1:1). 온유한 심령으로 그들을 훈계할 때 성령의 역사로 그 사람들이 그리스도에 대한 좋지 않은 감정으로부터 돌아서 "진리" 되시는 그리스도를 알게 될 수도 있다는 것이다. 교역자는 항상 가능성을 바라보고 온유한 심령으로 모든 일을 시도해야 한다.

딤후 2:26. 저희로 깨어 마귀의 올무에서 벗어나 하나님께 사로잡힌바 되어 그 뜻을 좇게 하실까 함이라.

둘째, 교역자가 온유한 심령으로 거역하는 사람들을 교훈할 때 그들이 "깨어 마귀의 올무에서 벗어나 하나님께 사로잡힌바 되어 그 뜻을 좇게" 될 수도 있다. "깨어"(ἀνανήψωσιν)라는 말은 '온전한 상태가 되어' 혹은 '정신을 회복 하여'라는 뜻으로 앞 절(25절)에서 말한바 "회개"라는 말과 같은 내용이다. 온유하게 훈계할 때 그들은 정신을 회복하여 마귀의 올무에서 벗어나게 될 수 있고 또 하나님께 "사로잡힌바 되어" 하나님의 뜻을 좇게 될 수도 있게 된다. "사로잡힌바 되어"(ἐζωγρημένοι)라는 말은 완료형 수동태 분사로 '산채 로 잡힌바 되어' 혹은 '전쟁에서 포로로 잡힌바 되어'라는 뜻이다. 교역자가 온유하게 이단자들을 교훈할 때 하나님께서 그들에게 회개함을 주셔서 예수님을 알게 하시고 또 하나님의 포로가 되어 하나님의 뜻을 따르는 행복한 사람들이 될 수도 있다는 것이다. 교역자는 성령의 역사를 힘입어 불신자들이나 이단자들을 하나님의 포로로 만들어야 할 것이다.

제3장

말세의 타락상과 성도의 신앙생활

V. 말세의 타락상 예고 3:1-9

바울은 전도자가 힘쓸 일들을 말한 다음 이제는 전도자가 대응해야 하는 말세의 죄악을 열거하고(1-5절), 이단의 죄악을 말한다(6-9절).

1. 말세의 죄악들 3:1-5

딤후 3:1. 네가 이것을 알라 말세에 고통하는 때가 이르리니.

바울은 디모데를 향하여 "네가 이것을 알라. 말세에 고통 하는 때가 이를 것"이라고 말한다(4:3; 딤전 4:1; 벧후 3:3; 요일 2:18; 유 1:18). "말세"란 말은 '예수님의 초림부터 예수님의 재림 시까지'를 지칭하는 말이다(행 2:17; 히 1:2). "고통 하는"(καιροὶ χαλεποί)이란 말은 '힘든,' '위험한,' '무서운'이 란 뜻이다(마 8:28). 말세가 위험하고 무서운 이유는 말세가 죄악의 때이기 때문이다(2절). 바울은 말세의 죄악 19가지를 다음 절부터 열거한다(2-5절).

말세가 위험한 시기인 줄 알아야 하는 이유는 그 죄악들을 피하기 위해서이다(5
절).

**딤후 3:2. 사람들은 자기를 사랑하며 돈을 사랑하며 자긍하며 교만하며 훼방하며
부모를 거역하며 감사치 아니하며 거룩하지 아니하며.**

바울은 본 절부터 5절까지 19가지의 죄악을 열거하여 경계한다. 첫째, "자기를
사랑함"은 모든 죄 중에 뿌리가 되는 죄이기 때문에 문장 처음에 쓰였다(빌
2:21). 사람이 자기를 사랑하면 그리스도와의 교제도 단절되며(눅 14:26), 다른
모든 죄를 산출하게 된다. 둘째, "돈을 사랑함"은 사람이 자기를 사랑하기
때문에 나타나는 죄악이다(벧후 2:3). 성경은 돈을 사랑하는 것은 일만 악의
뿌리가 된다고 말한다(딤전 6:10). 셋째, "자긍함"($\dot{\alpha}\lambda\alpha\zeta\acute{o}\nu\epsilon\varsigma$)은 '자기를 지나
치게 뿌듯하게 생각하고 자기를 띄우는 죄'이다(유 1:16). 우리는 예수님을
뿌듯하게 생각하고 예수님을 많은 사람들 앞에서 자랑해야 한다. 넷째, "교만함"
은 '자긍의 경지를 넘어 남을 멸시하는 죄악'이다(롬 1:30; 딤전 6:4; 벧전
5:5; 약 4:6). 교만은 하나님께서 대단히 미워하시는 죄 중의 하나이다. 다섯째,
"훼방함"은 '사람과 하나님을 무시하며 모욕하는 죄악'이다(딤전 1:20; 6:4;
벧후 2:11-12; 유 1:10). 훼방하는 사람들은 하나님과 사람을 경멸하는 언어를
사용한다. 여섯째, "부모를 거역함"은 모든 권위를 무시하는 죄의 원천이 되는
죄이다(롬 1:30). 하나님 대리자로 세우신 부모를 공경하지 않으면 다른 모든
권위에 복종하지 않게 된다. 일곱째, "감사하지 아니함"은 하나님으로부터
받은 은혜를 생각지 아니하고 행동함을 지칭한다(눅 17:11-19; 롬 1:21). 동시
에 부모로부터 받은 은혜를 망각하는 것을 뜻하며, 결국 다른 사람으로부터
받은 은혜도 잊어버리는 것을 뜻한다. 여덟째, "거룩하지 아니함"은 '구별되게

살지 않음'을 뜻한다. 하나님은 우리를 향하여 죄와 거리를 두고 구별되게 살기를 원하신다(딤전 1:9).

딤후 3:3. 무정하며 원통함을 풀지 아니하며 참소하며 절제하지 못하며 사나우며 선한 것을 좋아 아니하며.

아홉째, "무정함"(ἄστοργοι)이란 말은 '본능적인 애정이 결핍한' 혹은 '친족에 대한 애정이 없는'이란 뜻이다(롬 1:31). 말세에는 사람들이 자기밖에 몰라서(2절) 혈족에 대한 애정조차도 갖지 못한다. 예수님께서 말세에는 "불법이 성하므로 많은 사람의 사랑이 식어지리라"고 하셨다(마 24:12). 열째, "원통함을 풀지 아니한다"(ἄσπονδοι)는 말은 '앙심 깊다'란 뜻으로 상대방을 용서치 않는 것을 지칭한다(롬 1:31; 약 3:14). 우리는 이웃이 우리를 향하여 섭섭하게 한 것을 깨끗하게 씻을 수 있어야 한다(고전 13:5). 열한째, "참소함"이란 말의 헬라어(διάβολοι)는 '중상자들' 혹은 '헐뜯는 사람들'이란 뜻이다. 이 단어의 단수(διάβολος)에 정관사(ὁ)를 붙이면 '마귀'라는 뜻이 된다. 그러니까 "참소함"이란 말의 헬라어는 마귀라는 뜻을 가진 단어에서 파생되어 나왔음을 알 수 있다. 말세에는 사람들이 정이 없어지며 서로 용서치 못하고 피차 헐뜯을 것이란 말이다(딤전 3:11; 딛2:3). 열둘째, "절제하지 못하며"(ἀκρα-τεῖς)란 말은 '자신을 주체하지 못하는' 혹은 '무절제한'이란 뜻이다. 말세의 사람들은 감정, 욕정, 탐욕, 혈기 등을 절제하지 못할 것을 말한다. 자신을 통제하지 못하는 사람들은 다른 사람을 통제할 수 없다. 열셋째, "사나움"(ἀνήμεροι)은 '유순하지 않은,' '흉포한,' '잔인한'이란 뜻으로 말세에는 사람들이 남들을 향하여 잔인할 것을 말하는 것이다(전 8:1). 요즈음 세상은 남들에 대해서 사정없이 잔인해 가는 것을 볼 수 있다. 우리는 남들에게 온유해야 한다(마 5:5). 열넷째, "선한 것을 좋아 아니함"(ἀφιλάγαθοι)은 '선(善)과 선인(善人)을 사랑하지 않는' 혹은 '선과 선인을 싫어하는'이란 뜻이다. 말세에는 사람들의 마음에 선행을 행하려는 마음도 없을 것을 예언한 것이다. 오늘 사람들의 마음은 점점 잔인해져가고 있어서 선을 생각조차 하기 싫어한다. 우리는 성령의 지배를 받는 삶을 사는 중에(엡 5:18) 선을 따르는 사람들이 되어야 한다.

딤후 3:4. 배반하여 팔며 조급하며 자고하며 쾌락을 사랑하기를 하나님 사랑하는 것보다 더하며.

열다섯째, "배반하여 파는 것"(προδόται)은 '배신하는 것,' '반역하는 것'을 뜻한다(눅 6:16; 행 7:52; 벧후 2:10). 말세에는 사람들이 자기만을 생각하기 때문에(2절) 쉽게 이웃을 저버린다. 열여섯째, "조급함"(προπετεῖς)은 '분별없음,' '경솔함'을 뜻한다(행 19:36). 말세의 사람들은 신중하게 생각하고 행동하지 못하고 경솔하게 처신할 것을 말한다. 열일곱째, "자고함"(τετυφωμένοι)은 완료형 수동태 분사로 '자부심 때문에 정신착란 상태에 있는,' '우쭐대는'이란 뜻이다(6:4). 말세에는 사람들이 자기밖에 몰라서 사람들 앞에서 교만하게 행동할 것을 예언한 말씀이다. 열여덟째, "쾌락을 사랑하기를 하나님 사랑하는 것보다 더하는 것"은 말세인의 특징으로 모든 것을 쾌락 중심으로 생각하고 행동한다(요 3:19; 행 4:19; 빌 3:19; 벧후 2:13; 유 1:4). 사람들은 죽도록 즐기고 싶어 한다. 이제는 하나님 사랑은 뒷전으로 밀렸다. 우리는 하나님의 말씀 읽기, 기도하기, 섬기기를 앞세워야 한다.

딤후 3:5. 경건의 모양은 있으나 경건의 능력은 부인하는 자니 이 같은 자들에게

서 네가 돌아서라.

열아홉째, "경건의 모양은 있으나 경건의 능력은 부인하는 것"은 '교회 생활은
하지만 믿음은 없는 것,' '기독교인처럼 행동은 하지만 믿음의 힘은 없는 것'을
지칭한다(딤전 5:8; 딛 1:16). 말세의 많은 교인들이 쾌락 사랑하기를 하나님
사랑하는 것보다 더하기 때문에(4절) 실제로는 믿음의 힘을 얻지 못하고 몽롱한
상태에서 살게 된다는 것이다. 그들이 교회 생활을 하는 이유는 그런 식으로
해도 구원받을 것이라고 착각하기 때문이다. 우리는 교회당에 한 발을 드려놓고
또 세상에 한발을 딛고 사는 사람들이 되어서는 안 된다. 두 발 중에 세상에
디딘 다리를 끊어야 한다. 우리는 영적으로 단연코 끊어야 한다.

바울은 "이 같은 자들에게서 네가 돌아서라"고 명한다(살후 3:6). "이 같은
자들"(καὶ τούτους)이란 말은 '위에 열거한 열아홉 가지 종류의 죄를 짓는
자들'을 지칭한다. "돌아서라"(ἀποτρέπου)는 말은 '… 으로부터 완전히 전환
하라,' '… 으로부터 피하라'는 뜻이다. 성도는 각종 죄인들로부터 영적으로
온전히 돌아서야 한다(갈 6:1; 살전 5:22). 그리고 그 죄인들을 불쌍히 여기는
마음으로 올바른 방향으로 설득해 나가야 한다.

2. 이단의 죄악들 3:6-9

바울은 말세의 죄악들을 열거한 다음 이제 이단의 죄악들에 대해 말한다.
여기서 말하는 이단은 다름 아니라 에베소에 있었던 영지주의자들이다.

딤후 3:6. 저희 중에 남의 집에 가만히 들어가 어리석은 여자를 유인하는 자들이
있으니 그 여자는 죄를 중히 지고 여러 가지 욕심에 끌린바 되어.

바울은 앞 절(5절)에서 디모데를 향하여 "이 같은 자들에게서 네가 돌아서라"고 말한 이유를 말하기 위해 본 절 초두에 이유접속사(γάρ)를 사용한다. 바울은 이 같은 자들에게서 돌아서야 할 이유는 저희 중에 남의 집에 가만히 들어가 어리석은 여자들을 유인하는 자들이 있기 때문이라고 말한다(딛 1:11). 오늘 우리도 그런 이단자들을 피해야 한다.

에베소의 영지주의자들은 "남의 집에 가만히 들어가 어리석은 여자를 유인했다." "가만히 들어간다"(ἐνδύνοντες)는 말은 현재분사로 이단자들은 남의 집에 계속해서 가만히 들어간다는 것이다. 이단자들은 남의 집 남자가 집을 비운 사이에 그 집의 어리석은 여자를 유인한다는 것이다. 이단자들은 여자들 중에 현명한 여자들을 유인할 수는 없어서 어리석은 여자들을 골라서 유인했다. 바울은 이 여자들이 어리석다는 것을 말하기 위해 지소사(指小辭-말에 덧붙여 그 말보다 더욱 작은 개념을 나타내는 접사)를 사용하고 있다. 즉 아주 어리석은 여자라는 것이다. 오늘날에도 아주 어리석은 여자들이 존재하고 있다.

이단자들의 영향으로 그 어리석은 여자는 첫째, "죄를 중히 지게" 된다는 것이다. 죄를 중히 지게 된다는 말은 이단자들의 영향으로 진리를 대적하는 사람들이 된다는 것이다(8절; 벧전 2:1). 진리 되시는 그리스도를 대적하는 죄야 말로 중한 죄이다. 그리고 둘째, "여러 가지 욕심에 끌린바 된다"는 것이다. 이단자들의 영향으로 수많은 욕심에 끌린다는 것이다. 그 많은 욕심이 무엇인지 본문에 밝히지 않았지만, 이단자들이 가지고 있는 물질욕, 명예욕, 쾌락욕, 성욕 등일 것이다(벧후 2:2-3).

딤후 3:7. 항상 배우나 마침내 진리의 지식에 이를 수 없느니라.
셋째, 그 어리석은 여자는 "항상 배우나 마침내 진리의 지식에 이를 수 없게"

된다(딤전 2:4). 이단자에게 걸린 여자는 원래 어리석어서 걸렸는데 게다가 여러 가지 욕심으로 충만하게 되어서 아무리 배워도 진리 되시는 예수님을 아는 지식에 이를 수 없다는 것이다. 죄를 그냥 품고야 어떻게 진리를 알 수 있겠는가.

딤후 3:8. 얀네와 얌브레가 모세를 대적한 것같이 저희도 진리를 대적하니 이 사람들은 그 마음이 부패한 자요 믿음에 관하여는 버리운 자들이라.
바울은 이단자들이 그리스도를 대적하는 데 있어서 애굽의 술객 얀네와 얌브레와 같다고 말한다. 얀네와 얌브레의 이름은 구약 성경에는 없으나 바울 사도가 유대인의 전통에서 이 두 사람의 이름을 발췌한 것이다(윌리암 헨드릭슨). 이 두 사람은 모세를 대적한 사람들이다(출 7:11). 모세가 애굽왕 바로에게 이스라엘을 보내라고 말했을 때 이 두 사람은 모세가 행하는 이적과 똑 같은 이적을 행하면서 모세를 대적했다(출 7:11, 22; 8:7, 18-19). 바울과 디모데 당시의 이단자들도 얀네와 얌브레와 같이 "진리," 곧 '그리스도'를 대적했다.
　　이단자들이 그리스도를 대적하는 이유는 첫째, 그들의 "마음이 부패했기" 때문이다(딤전 6:5). "부패했다"(κατεφθαρμένοι)는 말은 완료 수동태 분사로 이미 마귀에 의해서 완전히 부패해버렸고 그 부패한 상태가 계속되고 있다는 것이다(벧전 2:12). 그들은 양심이 화인 맞은 사람들로서 진리를 대적하는 입장에 서게 되었다(딤전 4:2). 둘째, 그들은 "믿음에 관하여는 버리운 자들이 되었기" 때문이다(롬 1:28: 고후 13:5; 딛 1:16). "버리운 자들"(ἀδόκιμοι)이란 말은 '시험에 불합격된 자들,' '미달된 사람들'이란 뜻이다. 이단자들은 그리스도를 믿는 믿음에 있어서 불합격한 자들이다. 그들은 믿음에 있어서 불합격한 사람들이기 때문에 진리를 대적하는 입장에 서게 된 것이다.

딤후 3:9. 그러나 저희가 더 나가지 못할 것은 저 두 사람의 된 것과 같이 저희 어리석음이 드러날 것임이니라.

바울은 이단자들이 더 이상 그들의 주장을 펴지 못할 것이라고 말한다. 에베소의 이단자들은 한 동안 세력을 펴왔다. 그들은 경건치 않은 데로 점점 나아갔으며(2:16), 사람들의 믿음을 무너뜨렸고(2:18), 또 어리석은 여자들을 유혹하는 데 성공했다(3:6). 그러나 이제 그 이단자들은 더 이상 득세하지는 못한다는 것이다. 이유는 얀네와 얌브레가 모세를 대적하다가 결국 하나님의 능력에 눌려버린 것처럼(출 7:12; 8:18; 9:11) 바울 사도 당시의 이단자들도 그 어리석음이 들어날 것이기 때문이라는 것이다. 오늘도 이단자들이 한 동안 득세하다가 얼마의 세월이 지나면 그들의 어리석음이 들어나서 따르던 사람들이 흩어지는 것을 볼 수 있다. 이단이 성행하게 되는 이유는 기성교회로 하여금 정신을 차려 교리를 정립하고 또 부지런히 전도하라는 하나님의 뜻이다. 그래서 기성교회가 바로 서면 이단은 시들게 마련이다.

VI. 이단자들을 이기기 위하여 바울의 본을 따르라 3:10-17

바울은 말세의 죄악(1-5절)과 이단의 죄악(6-9절)을 말한 후 이제 디모데를 향하여 그들을 이길 수 있는 비법을 진술한다(10-17절). 그들을 이기도록 하기 위해 바울은 자신의 과거의 체험을 말해주고(10-13절), 무엇보다 성경의 능력 안에 거하며 가르칠 것을 부탁한다(14-17절).

1. 바울의 본을 따르라 3:10-13

바울은 디모데로 하여금 이단을 이기기 위해서 자신을 본으로 제시한다. 바울은 9가지를 말씀한다.

딤후 3:10. 나의 교훈과 행실과 의향과 믿음과 오래 참음과 사랑과 인내와. 바울은 디모데를 향하여 이단을 이기는 데 필요한 자신의 본을 제시한다(빌 2:22; 딤전 4:6). 자신의 본 중에 첫째, 자신의 "교훈"을 제시한다. "교훈"이란 그의 '설교와 가르침'을 말한다(행 17:2-3; 딤전 1:11). 둘째, "행실"은 바울의 '삶'을 뜻한다(고전 9:23-27). 바울은 언행일치의 삶을 살았다(행 14:8-18). 셋째, "의향"을 본받으라는 것이다. "의향"(προθέσει – purpose)이란 바울의 '목적'을 말한다. 바울의 목적은 복음을 전하는 것이었고(행 20:24; 빌 3:14) 주님의 영광만을 생각하는 것이었다(고전 10:31). 넷째, 바울은 "믿음"을 제시한다. 바울은 하나님을 전적으로 신뢰하고 의지하였다(롬 1:17; 고후 1:10; 5:7). 다섯째, 바울은 "오래 참음"을 말해준다. 바울은 핍박자들의 핍박을 당하여 오래 참았다(고전 13:4; 살전 5:14). 여섯째, 바울은 "사랑"을 디모데에게 말해준다. 바울은 사람들을 사랑하여 복음을 전해주었고 또 사람을 널리 용서했다(살전 3:12; 딤전 4:16). 일곱째, 바울은 "인내"를 말한다. "인내"란 '고난을 끝까지 참는 것'을 말한다. 바울은 각종 고난에 인내한 사람이었다(고후 11:23-28).

딤후 3:11. 핍박과 고난과 또한 안디옥과 이고니온과 루스드라에서 당한 일과 어떠한 핍박 받은 것을 네가 과연 보고 알았거니와 주께서 이 모든 것 가운데서 나를 건지셨느니라.

여덟째, 바울은 "핍박"을 제시한다. 바울은 핍박을 받고 오래 참았다. 아홉째, 바울은 "고난"을 말한다. 복음을 전하는 동안 내내 그는 고난을 당했다. 그는 고난의 사람이었다(12절; 롬 8:17-18; 고후 12:10; 골 1:24). 디모데는 바울이 말하는 9가지 사항을 생각하며 이단자들을 이겨야 했다.

바울은 본 절 처음에 말한 "핍박과 고난"에 대해 좀 더 자세히 부연 설명한다. 그는 "안디옥과 이고니온과 루스드라에서 당한 일과 어떠한 핍박 받은 것을 네가 과연 보고 알았다"고 말한다. 바울은 안디옥과 이고니온과 루스드라에서 핍박을 받고 고난을 받았는데 디모데가 그 사실들을 보고 알았다는 것이다(행 16장-17장). "안디옥"이란 곳은 바울이 선교를 시작한 수리아의 안디옥(행 13:1-3)이 아니라 비시디아의 안디옥을 지칭한다(행 13:14). 바울은 이곳에서 핍박을 받아 추방되기도 했다(행 13:14-52). "이고니온"이란 곳은 바울이 유대인들의 선동에 의하여 이방인들까지 동원된 사람들에 의해 돌로 침을 받아 도피한 곳이다(행 14:1-7). "루스드라"란 곳은 바울이 1차 여행 때 이곳에서 앉은뱅이를 고쳤으므로 루스드라 사람들이 바울과 바나바를 신으로 섬기려고 하는 것을 막고 복음만을 전파한 곳이다. 그러나 비시디아 안디옥과 이고니온에서 온 유대인들이 이곳 사람들을 선동하여 바울을 돌로 쳐 거의 죽게 만든 후 성밖에 내다가 버린 곳이다. 그러나 바울은 제자들이 보는 앞에서 일어나 그 성에 들어가 복음을 전하며 제자들을 격려했다(행 14:8-22).

바울은 자신이 보여준 9가지 사항을 디모데가 "보고 알았다"고 말한다. "보고 알았다"(παρηκολούθησάς)는 말은 부정(단순)과거로 '가까이 따랐다,' '가까이 동행하다,' '같은 모양이 되게 했다,' '익숙하게 알았다'는 뜻이다. "보고 알았다"는 말은 헬라어 원문에서 10절 처음에 나와서 뒤에 언급되고 있는 바울의 9가지 사항을 '익숙하게 알았다'는 뜻이다. 디모데는 바울이 과거에 어떻게 처신했는지 잘 보고 알았기에 이단들을 이길 수 있다는 것이다.

바울은 과거에 박해를 받을 때 "주께서 이 모든 것 가운데서 나를 건지셨다"고 말한다(시 34:19; 고후 1:10). 모든 어려움 중에서 주님께서 바울을 구원해주셨다는 것이다. 이런 사실을 보고 알게 된 디모데는 이단자들의 핍박을 넉넉히 이길 수 있는 용기를 얻었을 것이다. 우리는 성경에서 앞서 간 사람들로부터 좋은 모본을 얻어서 적용해야 할 것이다.

딤후 3:12. 무릇 그리스도 예수 안에서 경건하게 살고자 하는 자는 핍박을 받으리라.

그리스도 예수와 연합되어 "경건하게 살고자 하는 자," 곧 '하나님을 경외하면서 살고자 하는 성도들'(딤전 2:2; 4:7-8; 6:3-6; 딛 2:12)은 핍박을 받는 것이다(시 34:19; 마 10:22; 16:24; 행 14:22; 살전 3:3). 예수님을 믿고 하나님을 경외하는 성도는 응당 핍박이 있을 것을 예상해야 한다. 무신론자의 핍박, 뉴에이지 사람들(New Ager)의 핍박, 진화론자의 핍박, 공산주의자의 핍박, 각종 이단자들의 핍박 등 여러 핍박이 있을 것을 예상해야 한다.

딤후 3:13. 악한 사람들과 속이는 자들은 더욱 악하여져서 속이기도 하고 속기도 하나니.

경건하게 살고자 하는 자들(12절)과 반대로 "악한 사람들과 속이는 자들," 곧 '이단자들'은 "더욱 악하여져서 속이기도 하고 속기도 한다"는 것이다(2:16; 살후 2:11; 딤전 4:1). 이단자들은 세월이 갈수록 더욱 악하여져서 우선 남을 속인다(마 24:10-12). 자신이 바른 길을 걷는다고 생각하여 자신의 말을 남에게 강권하여 남을 속인다. 그런 행동은 곧 바로 자신을 속이는 행동이다. 세상의 불신자들은 남을 속이면서 자기도 스스로 속임을 당하게 된다.

2. 성경의 능력 안에 거하라 3:14-15

바울은 디모데를 향하여 성경을 배운 대로 그 안에 거하라고 부탁한다.

딤후 3:14. 그러나 너는 배우고 확신한 일에 거하라 네가 뉘게서 배운 것을 알며.

바울은 "그러나," 곧 '이단자들은 더욱 악하여져서 남을 속이기도 하고 또 자신들이 속기도 하지만' 디모데만큼은 "배우고 확신한 일에 거하라"(μένε ἐν οἷς ἔμαθες καὶ ἐπιστώθης)고 부탁한다. "배우고 확신한 일"은 부정 (단순)과거로 '이미 과거에 배웠고 또 확신한 일'이라는 뜻이다. "거하라"는 말은 '계속해서 머물러 있으라'는 말이다. 이단자들은 사람들을 유혹하여 실족시키지만 디모데는 그런 유혹에 넘어가지 말고 진리를 배운 대로 그 진리 안에 더욱 확실하게 머물러 있어야 한다는 것이다(1:13; 2:2). 바울은 디모데가 "뉘게서 배운 것을 알고" 있다고 말해준다. 디모데는 그의 할머니 로이스와 그의 어머니 유니게로부터 배웠으며(1:5), 바울로부터 복음의 진리를 배웠다 (10-11절; 행 14:12). 바울은 디모데로 하여금 유명한 스승들로부터 배운 바 복음 진리에서 흔들리지 말고 계속해서 파수해야 한다고 말한다. 배우고 확신한 진리를 파수하는 것은 대단히 중요하다.

딤후 3:15. 또 네가 어려서부터 성경을 알았나니 성경은 능히 너로 하여금 그리스도 예수 안에 있는 믿음으로 말미암아 구원에 이르는 지혜가 있게 하느니라.

바울은 디모데가 누구에게서 성경을 배운 사실을 알뿐 아니라(14절) 또 "어려서부터 성경을 알았다"고 말해준다(요 5:39). 디모데는 "어려서부터"(ἀπὸ βρέφους), 곧 '유아시절부터' 성경을 배워 알았다는 것이다.3) 어려서부터 배워 안 것은 대단히 중요한 것이다. 나이 많아서 성경을 배운 것보다 훨씬 심령 깊은 곳에 박힌 지식이 된 것이다. 본문의 "성경"(ἱερὰ γράμματα)이란 말은 '거룩한 문서'란 뜻으로 구약 성경을 지칭한다. 디모데는 구약 성경을 배워 알았던 것이다.

그리고 바울은 성경의 효용을 설명한다. 곧 "성경은 능히 너로 하여금 그리스도 예수 안에 있는 믿음으로 말미암아 구원에 이르는 지혜가 있게 하느니라"고 말한다. 구약 성경을 읽으면 그리스도를 믿어 구원을 받게 하는 지혜에 이르게 된다. 여기 "그리스도 예수 안에 있는 믿음으로 말미암아"란 말은 '그리스도 예수를 믿어서'라는 뜻이고, " … 있게 하느니라"(δυνάμενα)란 말은 현재분사로 '계속해서 … 있게 하는 것'을 지칭한다. 누구든지 구약 성경을 읽으면 그리스도 예수를 믿어서 구원에 이르는 지혜에 이르게 된다. 성경에는 그리스도 예수의 의가 나타나 있어서 성경을 배우고 아는 사람마다 그리스도를 믿게 되고, 또 그 믿음으로 말미암아 구원에 이르게 된다. 구약 성경이나 신약

---

3) 유대인의 자녀 교육에 대해 윌리암 헨드릭슨의 주석에서 몇 가지를 발췌한다. (1) 유대인들의 교육은 하나님 중심이었다(창 18:19; 출 10:2; 12:26-27; 13:14-16; 신 4:9-10; 6:7, 9; 11:19; 32:46; 사 38:19). (2) 교육내용과 목적은 "여호와를 경외하는 것이 (지식과) 지혜의 근본이요, 거룩하신 자를 아는 것이 명철이라"는 것이었다(잠 1:7; 9:10). (3) 가정을 중심으로 이루어졌다. (4) 자녀들은 그들의 부모들을 순종하며 공경하기를 가르침 받았다(출 20:12; 21:15-17; 레 20:9; 신 21:18-21; 잠 30:17; 참조, 엡 6:1-3). (5) 처음에는 자녀 교육이 부모들의 유일한 과업이요 책임으로 생각되었지만, 후대에는 제사장들과 레위인들, 선지자들, 특별 가정교사들, "박사들", 그리고 랍비들 모두가 젊은이와 민족의 교양수준을 향상시키는 데 그들의 몫을 다하였다.

성경이나 모두 그리스도 예수를 믿게 해 주는 책이다. 구약은 초림하실 그리스도를 예언하는 책이고, 신약은 이미 초림하신 메시야와 앞으로 재림하실 메시야를 말하는 책이다. 어려서부터 성경을 아는 사람이야말로 참으로 승리한 사람이다.

3. 성경을 옳게 파수하라 3:16-17

바울은 디모데를 향하여 성경의 능력 안에 거할 것을 말한(14-15절) 다음 이제 성경을 옳게 파수하라고 부탁한다.

딤후 3:16. 모든 성경은 하나님의 감동으로 된 것으로 교훈과 책망과 바르게 함과 의로 교육하기에 유익하니.

바울은 먼저 "모든 성경은 하나님의 감동으로 된 것"이라고 확언한다. "모든 성경"(πᾶσα γραφή)이란 '각책을 강조하는 의미에서의 모든 성경'(every Scripture)이란 뜻이다. 바울은 성경 각책뿐 아니라 모든 성경은 "하나님의 감동으로 되었다"(θεόπνευστος)고 말한다(벧후 1:20-21). 곧 '하나님의 입 기운이 부어진바 되었다'(God-breathed, 혹은 divinely inspired)는 뜻이다. 성경의 영감은 A.D. 397년 칼타고 회의에서 결정된 것이 아니라 이미 과거에 영감된 책을 그 회의에서 발견하고 발표한 것뿐이다. 우리는 지금 하나님께서 영감하신 책들을 손에 가지고 있다.

그리고 바울은 모든 성경이 영감 되었기 때문에 "유익하다"고 말한다(롬 15:4). 바울은 성경의 유익을 바울은 벌써 앞에서 말했다(15절). 이제 여기 네 가지 유익을 또 말한다. 첫째, "교훈"(doctrine, teaching)을 위하여 유익하다. "교훈"이란 '그리스도 안에 있는 복음 진리를 사람들에게 가르치는 것'을

지칭한다(딤전 5:17). 다시 말해 "그리스도 안의 하나님의 계시에 관한 지식을
나누어 주는 활동"을 말한다.4) 둘째, "책망"을 위하여 유익하다. "책망"(ἐ-
λεγμόν)은 '남의 잘 못을 논증하는 것' 혹은 '과오에 대해 꾸짖는 것'을
뜻하는 것으로 종교적인 잘못된 가르침이나 잘못된 행동에 대해 꾸짖는 것을
뜻한다(딤후 4:2; 딛 2:15). 우리가 책망할 때는 반드시 하나님의 말씀에 근거하
여 책망해야 한다. 셋째, "바르게 함"(ἐπανόρθωσιν)에 유익하다고 한다.
곧 '바로 잡는 것'을 뜻한다. 성경은 타락한 인간을 올바른 상태로 잡아준다.
성경만큼 사람을 바로 잡아준 책이 없다. 넷째, "의로 교육하기"에 유익하다고
한다. 성경은 사람을 의롭게 되도록 훈련시켜 준다. 성경은 우리를 구원으로
가도록 지혜를 줄 뿐 아니라 우리를 옳은 사람 되도록 치료하여 주는 책이다.

**딤후 3:17. 이는 하나님의 사람으로 온전케 하며 모든 선한 일을 행하기에
온전케 하려 함이니라.**
본 절 초두에는 목적을 나타내는 접속사(ἵνα)가 있어서 앞 절(16절)에서 말하는
교육의 목적이 바로 본 절의 내용처럼 되어야 한다는 것이다. 곧 모든 성경의
유익은(16절) "하나님의 사람으로 온전케 하며 모든 선한 일을 행하기에 온전케
하기 위한 것"(본 절)이라는 말이다(딤전 6:11). 뒤집어 말하면 본 절이 앞
절의 4개항의 교육의 결과라는 것이다.

　　"하나님의 사람"이란 '하나님의 선택을 받고 예수님을 믿는 모든 신자들'을
지칭한다(참조, 딤전 6:11). 혹자는 "하나님의 사람"을 좁은 의미로 해석하여
'복음의 사역자'로 국한하나 성경의 효용이 복음의 사역자에게만 국한된다고
보기는 어렵다. 성경은 모든 신자들을 온전케 하고 모든 선한 일을 행하기에

---
　　4) 윌리암 헨드릭슨, 『목회서신』, 헨드릭슨 성경주석, p. 403.

온전케 만들고 있다. 물론 여기 "하나님의 사람"이란 말은 문맥에 의하여 디모데를 포함한다.

성경은 하나님의 사람, 곧 믿는 자들로 하여금 "온전케 하며 모든 선한 일을 행하기에 온전케 하는" 역할을 한다(2:21). "온전케 한다"(ἄρτιος)는 말은 '온전히 적합한,' '온전히 적절한,' '완전하게 성취한'이란 뜻이다. "모든 선한 일을 행하기에 온전케 한다"는 말은 '모든 선한 일을 행할 능력을 갖추게 한다'는 뜻이다. 성경은 예수님을 믿는 신자들로 하여금 모든 선한 일을 행할 능력을 갖추게 해준다(2:21; 딤전 5:10; 딛 3:1). 성경의 위대함, 그것은 아무리 강조해도 부족하다. 우리에게 구원에 이르는 지혜를 제공할 뿐 아니라(15절), 교훈과 책망과 바르게 함과 의로 교육하기에 유익하고(16절), 또한 우리로 하여금 선한 일을 행할 수 있는 능력자가 되게 해 주니 말이다(17절).

제4장

디모데를 향한 바울의 최후의 부탁

VII. 디모데를 향한 바울의 최후의 부탁과 문안 4:1-22

바울은 이단자들을 이기기 위하여 바울 자신의 모본을 따를 것을 권면한 (3:10-17) 후 이제는 디모데를 향하여 바울은 생애 최후의 여러 가지 부탁을 하고 있다(1-21절). 그리고 마지막으로 문안하고 서신을 마감한다(22절).

1. 말씀을 전파하라 4:1-4

바울은 지극히 엄숙하게(1절) 복음을 전파하라고 부탁하며(2절), 그렇게 부탁하는 이유를 설명한다(3-4절).

딤후 4:1. 하나님 앞과 산 자와 죽은 자를 심판하실 그리스도 예수 앞에서 그의 나타나실 것과 그의 나라를 두고 엄히 명하노니.
바울은 디모데를 향하여 "하나님 앞과 산 자와 죽은 자를 심판하실 그리스도 예수 앞에서" 하나님의 말씀을 전파하라(다음 절)고 엄히 명령하고 있다(2:14; 딤전 5:21; 6:13). 바울은 자기 개인의 권위로 말씀 전파를 명령하는 것이 아니라 "하나님"을 배경하고 또 "산자와 죽은 자를 심판하실 그리스도 예수"(행 10:42)를 배경하고 명령하고 있다. 바울은 디모데를 하나님 앞으로 데리고 가서, 그리고 그리스도 예수 앞으로 데리고 가서 명령한다. 참으로 엄한 명령이고 중대한 명령이다. 바울은 그리스도 예수 앞으로 디모데를 데리고 가서 명령하면서 그리스도 예수께서 어떤 분임을 설명한다. "산자와 죽은 자를 심판하실 그리스도 예수"라고 설명한다(마 25:31-46; 행 17:31; 롬 2:16; 고전 4:5). 예수님 재림 당시 살아있는 자를 심판하실 것이며, 예수님 재림 당시 이미 죽어있을 사람들을 심판하실 심판주라는 것이다. 복음 전파를 어떻게 했느냐 하는 것도 심판하실 그리스도 예수 앞에서 바울은 디모데에게 무한책임을 느끼게 한다.

바울은 "그의 나타나실 것과 그의 나라를 두고 엄히 명한다"고 말한다. 예수님의 재림을 앞에 두고 명령한다(딤전 6:14; 딛 2:13). 곧 그리스도께서는 지금도 계속해서 오고 계신데 그리스도의 오심을 앞에 두고 명령한다. 그리고 그리스도의 재림 때 이루어질 그리스도의 나라를 앞에 두고 명령한다(2:12; 마 25:34; 계 3:21; 22:5). 우리는 그리스도 예수의 천국에 들어가 누릴 영광을 바라보고 말씀 전파의 책임을 다해야 한다.

딤후 4:2. 너는 말씀을 전파하라 때를 얻든지 못 얻든지 항상 힘쓰라 범사에 오래 참음과 가르침으로 경책하며 경계하며 권하라.

바울은 디모데를 향하여 하나님 앞에서 그리고 그리스도 앞에서(1절) "너는 말씀을 전파하라"고 명령한다. "전파하라"(κήρυξον)는 말은 부정(단순)과거형으로5) '신속하게 널리 광고하라,' '신속하게 널리 떠들라'는 뜻이다. 디모데와 또 오늘날 교역자와 성도들은 하나님의 복음의 말씀을 신속하게 널리 퍼뜨려야 한다.

그리고 바울은 말씀을 전파하라는 명령과 더불어 "때를 얻든지 못 얻든지 항상 힘쓰라"고 부탁한다. '좋은 때를 얻든지(막 14:11) 좋은 때를 못 얻든지 항상 말씀 전파에 힘을 쓰라'는 것이다. "항상 힘쓰라"(ἐπίστηθι)는 말은 부정(단순)과거로 '절박하다,' '재촉하다,' '열심하다'라는 뜻이다. 복음 전도자들은 복음을 전파하기 쉬운 상황을 만나든지, 아니면 바울이 로마 감옥에 갇혔을 때와 같이 열악한 환경을 만나든지 항상 말씀 전파에 힘써야 한다. 세상 사람들은 죄 때문에 홍수에 농작물이 쓸려 내려가듯 죄악의 홍수에 쓸려 지옥으로 가고 있으니(시 90:5) 교역자들과 성도들은 그 어떤 환경을 만나든지 복음 전파에 힘 써야 한다.

바울은 디모데를 향하여 "말씀을 전파하라"고 부탁하고는 이제 더욱 자세히 부탁한다. 곧 "범사에 오래 참음과 가르침으로 경책하며 경계하며 권하라"고 말한다. 여기 첫 머리에 나오는 "범사에 오래 참음과 가르침으로"라는 말은 "경책하라"는 말씀에만 걸리는 말이 아니라 "경계하며 권하라"는 말씀에도 걸린다. "오래 참음"이란 '복음을 거역하는 자에 대해서 오래 참으면서 온유하게 대하는 것'(참조, 롬 2:4; 9:22; 고후 2:5-11; 딤전 1:16)을 뜻한다. 그리고 복음전도자에게는 "가르침"(doctrine)이 있어야 한다. 오래 참기만 해서 되는 것은 아니고 가르침의 내용이 있어야 한다.

이제 바울은 디모데를 향하여 세 가지의 부정(단순)과거 명령형을 사용하여 간절히 부탁한다. 첫째 "경책하라"(reprove)고 명한다. "경책하라"(ἔλεγξον)는

---

5) 단순(부정)과거 시제는 신속한 동작을 의미한다.

말은 '책망하라'는 뜻이다. 곧 교리를 설명하여 '허물을 바로 알게 하라'는 것이다. 둘째, 바울은 디모데를 향하여 "경계하라"(rebuke)고 부탁한다(딤전 5:20; 딛 1:13; 2:15). 경책하라는 명령보다 더욱 강한 명령이다. "경계하라"(ἐ-πιτίμησον)는 말은 교리를 가지고 '꾸짖으라,' '책망하라'는 뜻이다(마 16:20; 눅 23:40). 교역자는 하나님의 말씀을 가지고 죄인을 호되게 책망해야 한다. 그리고 셋째, 바울은 "권하라"(exhort)고 말한다(딤전 4:13). "권하라"(παρα-κάλεσον)는 말은 말씀을 가지고 '위로하라'는 뜻이다. 교역자는 오래 참으면서 교리를 가지고 위로가 필요한 사람들을 사랑으로 위로하고 격려해야 한다.

딤후 4:3. 때가 이르리니 사람이 바른 교훈을 받지 아니하며 귀가 가려워서 자기의 사욕을 좇을 스승을 많이 두고.

바울은 앞(3-4절)에서 복음을 전파하되 때를 얻든지 못 얻든지 항상 힘쓰라(경책, 경계, 권면)고 부탁하고는 이제 본 절에서 그 이유를 드러낸다. 이유는 사람이 바른 교훈을 받지 않는 "때"가 이르기 때문이다(3:1). 사람이 바른 교훈을 받지 않는 "때"는 인류 역사상 항상 있었다. 예수님 당시도 역시 그 "때"였다. 바리새인들과 사두개인들, 유대인들이 바른 교훈을 받지 않았다. 그런데 인류의 종말이 가까울수록 바른 교훈을 더욱 받지 않는 "때"가 이른다는 것이다(3:2-5). "바른 교훈"이란 '건전한 교훈'이란 뜻으로 사람을 건강하도록 치유하는 교훈을 지칭한다(딤전 1:10; 6:3; 딤후 1:13; 딛 1:9; 2:1). "받지"(ἀ-νέξονται)란 말은 미래형으로 '인내심을 가지고 견디다'는 뜻이다. 그러니까 "받지 아니하여"라는 말은 '견디지 못할 것이라'는 뜻이다. 사람들은 때가 되면 사람의 영육을 고치는 건강한 복음을 견디지 못할 것이라는 것이다.

마지막 때가 이를수록 사람들은 "귀가 가려워"한다는 것이다. "가려워서"(κινηθόμενοι)라는 말은 '간지러운 곳을 긁어 만족스러운 흥분을 얻다,' '근질근질한 곳을 긁어 만족을 얻다'는 뜻이다. "가려운 귀"를 가지고 있다는 말은 '듣기 좋은 말을 듣기 원하는 귀'를 가지고 있다는 뜻이다(렘 5:31; 겔 33:32). 사람들은 점점 '듣기 좋은 말만을 원하고 말초신경을 자극하는 말만을 듣기를 원한다'는 것이다. 사람들은 지금도 평안할 것이라고 하는 말, 안전할 것이라고 하는 말, 그저 행복이 찾아 올 것이라고 하는 말, 장밋빛 영광이 찾아 올 것이라고 하는 말들을 듣기를 좋아하고 있다.

사람들이 이렇게 귀가 가려운 이유는 심령 속에 "사욕"(lusts), 곧 '쾌락욕'이 있기 때문이다. 범사에 즐겁기를 원하는 욕심이 그 심령 속에 있기에 귀를 진리에 기울이지 않고 "자기의 사욕을 좇을 스승을 많이 두게 된다"(3:6). '자기의 쾌락욕들을 좇기 위하여 그런 말을 해주는 스승들을 많이 두게 된다.' 우리는 차라리 쓴 소리를 좋아해야 한다. 무엇보다 우리의 영육을 치유해주는 건전한 교훈, 곧 복음의 소리에 귀를 기울여야 한다.

딤후 4:4. 또 그 귀를 진리에서 돌이켜 허탄한 이야기를 좇으리라.
귀가 가려운 사람들은 그 "귀를 진리에서 돌이켜 허탄한 이야기를 좇을 것이다"(딤전 1:4; 4:7; 딛 1:14). 그 가려운 귀를 "진리," 곧 '바른 교훈'(3절)에서 돌이켜 허탄한 이야기를 좇으리라는 것이다. 다시 말해 진리 되시는 예수님으로부터 등을 돌릴 것이고, 예수님께서 내신 바른 교훈에서 등을 돌릴 것이다. "허탄한 이야기"(fables)란 말은 신화와 족보(딤전 1:4)만을 지칭하는 것이 아니라 문맥에 의하여 사욕(3절)을 만족시켜주는 꾸며낸 이야기로, 거짓말을 좇을 것이라는 말이다. 지금도 그런 시대가 되었고, 앞으로 사람들은 놀랄 정도로 헛된 말을 좇아갈 것이다.

2. 사역을 충실히 이행하라 4:5-8

딤후 4:5. 그러나 너는 모든 일에 근신하여 고난을 받으며 전도인의 일을 하며 네 직무를 다하라.

바울은 디모데를 향하여 세상 사람들은 진리 되시는 그리스도를 등지고 쾌락을 추구할지라도(3-4절) "그러나 너는 모든 일에 근신하여 고난을 받으며 전도인의 일을 하며 네 직무를 다하라"고 부탁한다. "모든 일에 근신하라"는 말은 '모든 일에 있어 영적으로 깨어있으라'는 뜻이다(살전 5:6-8; 벧전 4:7). 교역자는 세상에 물들지 말고 영적으로 깨어 있어야 한다. 또 바울은 디모데를 향하여 "고난을 받으라"고 말한다(1:8; 2:3; 3:12; 마 16:24). 그리스도를 전하는 중에 당하는 모든 고난을 사양치 말고 받으라는 것이고 비방과 박해를 받으라는 것이다. "고난"에 대해서는 3:12의 주해를 참조하라. 바울은 디모데를 향하여 "전도인의 일을 하라"고 말한다(행 21:8; 엡 4:11). 불신자들에게 복음을 전하고 또 교회 안에 있는 교우들에게 복음을 전하라는 것이다. 바울은 디모데를 향하여 "네 직무를 다하라"고 말한다. "직무"란 말은 복음을 전파하는 자가 감당해야 하는 '모든 봉사'를 지칭한다. "다하라"(πληροφόρησον)는 말은 '채운다'는 뜻으로 직무에 충성을 다하고 끝까지 완수하라는 것이다. 전도자는 정신을 차리고 고난을 감수하며, 맡은 바 복음 전파활동을 끝까지 완수해야 할 것이다(행 20:24).

딤후 4:6. 관제와 같이 벌써 내가 부음이 되고 나의 떠날 기약이 가까웠도다.

바울은 본 절부터 8절까지 1) 디모데를 향하여 자신이 곧 별세할 것이니 사명을 잘 수행하라고 말하며, 또한 2) 디모데도 바울처럼 충성을 다하여 의의 면류관을 받도록 선한 싸움을 싸우라고 격려한다.

이유접속사(γὰρ)가 이끄는 본 절은 앞 절(5절)의 이유를 보여준다. 앞 절에서 바울은 디모데를 향하여 교역자로서의 직무를 다하라고 했는데 그 이유는 바울이 "떠날 기약이 가까웠기" 때문이다. 바울은 자기가 "관제와 같이 벌써 내가 부음이 되었다"고 말한다(빌 2:17). "관제"(σπένδομαι − drink offering, 전제라고도 말함)란 '제사에 있어서 맨 마지막에 술을 붓는 제주(祭酒)를 뜻한다(민 15:1-10; 28:7). 제사에 있어서 맨 마지막에 술을 붓는 행위는 바울이 순교할 것을 비유하기에 적합하다. 전제는 마지막에 드리는 것이니 바울의 최후를 비유하고 또 술을 붓는 것은 그의 피 흘림을 비유한다. 바울은 최후에 순교 제물이 될 것을 내다보았다.

바울은 전제 비유로 자신이 순교할 것을 말한 다음, 이제는 아주 분명하게 "나의 떠날 기약이 가까웠도다"라고 말한다(빌 1:23; 벧후 1:14). 곧 '이별의 시간이 가까웠다'는 것이다. "떠날"(ἀναλύσεώς)이란 말은 '떠남,' '죽음'이란 말이다. 이 말은 원래 '배의 닻을 올리기 위해 줄을 풀어주는 것'을 지칭했다. 바울은 자기의 순교를 닻을 올리기 위해 줄을 풀어주는 것으로 본 것이다. 이제 바울은 "얼마 안 있어 즉시로 영원한 축복의 항구에 이르게 될 것이다."[6] 또 "가까웠도다"(ἐφέστηκεν)란 말은 완료형으로 '벌써 와 있어서 지금도 있다는 말이다. 바울은 자신의 순교의 죽음이 눈앞에 와 있음을 알게 되었다. 그가 2차로 로마 감옥에 투옥되었기 때문에 그렇게 감지한 것이기도 하겠지만, 그는 성령으로 그 사실을 미리 알았을 것이다.

딤후 4:7. 내가 선한 싸움을 싸우고 나의 달려갈 길을 마치고 믿음을 지켰으니.

---

6) 윌리암 헨드릭슨, 『목회서신』, p. 418.

바울은 자기가 달려온 길을 디모데에게 세 가지로 말한다. 바울의 세 가지 유훈(遺訓)은 자랑하는 말이 아니라 디모데에게 자신의 사업을 맡기면서 격려하기 위하여 준 것이다. 첫째, 바울은 "내가 선한 싸움을 싸웠다"고 말한다(고전 9:24-25; 빌 3:14; 딤전 6:12; 히 12:1). "선한 싸움"이란 '선한 시합,' '선한 전투'라는 뜻이다. 바울은 복음을 전하면서 죄와 싸웠고 또 사탄과 싸웠다(마 10:34-39; 롬 12:21; 엡 6:10-20). 우리의 싸움의 대상은 사람이 아니라 죄요, 마귀이다. 만약 사람과 싸운다면 그것은 혈기의 싸움이요 악한 싸움이다. 둘째, "나의 달려갈 길을 마쳤다"고 말한다. "달려갈 길"(δρόμον)이란 말은 '경주 코스'(race-course, course of life)라는 뜻이다(고전 9:24, 26; 갈 2:2; 빌 2:16). 바울은 그의 복음 사역 때문에 당한 고난의 한 생애를 포기하지 않고 끝까지 달렸다. 우리 역시 중도에 포기하지 말고 성령의 힘으로 끝까지 달려야 한다. 셋째, "믿음을 지켰다"고 말한다. "믿음"(πίστιν)이란 말은 '그리스도에 대한 신뢰'란 뜻이다. 혹자는 여기 "믿음"이란 말을 그리스도에 대한 충성으로 해석하기도 하며, 또 혹자는 올바른 교훈(doctrine)으로 해석하기도 하나 문맥으로 보아 그리스도에 대한 신뢰로 보는 것이 옳을 것이다. 충성이라고 보기에는 약간 무리가 있다. 바로 앞(6-7a)에서 바울은 충성을 다한 것을 보이고 있기 때문이다. 곧 그가 순교의 날을 받아 놓았다는 말이라든지, 또는 선한 싸움을 싸우고 달려갈 길을 다 달렸다는 말속에 바울의 충성이 들어있는 것으로 보아야 한다. 그러므로 본 절의 "믿음을 지켰다"는 말은 그가 사역하는 동안 '그리스도에 대한 신뢰를 버리지 않고 끝까지 지켰다'는 뜻으로 보아야 한다. 우리는 그리스도에 대한 신뢰를 버리지 말고, 그리스도께서 약속하신 것(다음 절)을 버리지 말고 끝까지 붙잡아야 한다.

딤후 4:8. 이제 후로는 나를 위하여 의의 면류관이 예비되었으므로 주 곧 의로우신 재판장이 그 날에 내게 주실 것이니 내게만 아니라 주의 나타나심을 사모하는 모든 자에게니라.

바울은 앞 절(7절)에서 그의 한 생애동안의 고난의 코오스(course)에 대해서 말했고 이제 본 절에서는 자기 앞에 의의 면류관이 예비 되어 있다는 것을 말한다. 본 절의 "이제 후로는"(λοιπὸν)이란 말은 '남은 것은' 혹은 '마지막으로 할 일은'이란 뜻이다. 바울 사도가 마지막으로 할 일은 "의의 면류관"을 기다리는 일뿐이었다(고전 9:25; 약 1:12; 벧전 5:4; 계 2:10). "면류관"(στέφανος)은 예수님 재림 시에 성도들에게 주어질 '상급'을 지칭한다(고전 9:25; 살전 2:19; 약 1:12; 벧전 5:4). 한편 "의의 면류관"(δικαιοσύνης στέφανος)이란 '믿음으로 의롭게 된 성도들이 충성한 후에 받게 되는 상급'으로 구체적으로는 '영생'이다(딤전 6:12; 계 2:10). 그런데 바울은 자신이 받을 의의 면류관이 앞으로 준비될 것이 아니라 이미 "예비되었다"고 말한다. "예비되었다"(ἀπόκειται)는 말은 '쌓여있다,' '보존되어 있다'는 뜻으로 바울을 위한 면류관은 이미 준비가 완료된 상태라는 것을 시사한다.

바울은 그 의의 면류관을 "주 곧 의로우신 재판장이 그 날에(1:12) 내게 주실 것이라"고 말한다. 곧 '재판에 있어서 한 치의 오류도 없으시는 그리스도께서 그리스도의 재림의 날에 바울에게 주실 것이라'는 것이다(약 4:12). 오늘날의 재판정 안에는 실수가 많은 재판, 허점이 많은 재판이 진행된다. 이와는 대조적으로 그리스도의 재판은 일점도 실수가 없으시다는 것을 생각할 때 얼마나 기쁜지 말로 다 할 수 없다. 바울은 주님께서 그 의의 면류관을 "내게만 아니라 주의 나타나심을 사모하는 모든 자에게" 주신다고 말한다. "주의 나타나심"이란 말은 '주님의 재림'을 지칭하는 것이다(딤전 6:14). "사모하는"(ἠγαπηκόσι)

이란 말은 완료분사로 '이미 과거부터 사랑하고 또 지금도 사랑하는'이란 뜻이다. 그리스도의 재림을 끔찍이 사랑하는 사람들에게 주님께서 의의 면류관을 주신다. 바울은 의의 면류관을 자신만 아니라 주님을 사랑하고 주님의 재림을 사랑하는 모든 사람들에게 주실 것이라고 말하여 디모데를 격려하고 오늘 우리를 격려하고 있다.

3. 바울의 개인적인 부탁과 문안, 및 축도 4:9-22

바울은 앞에서(1-8절) 디모데에게 목회상의 지침을 주고 나서 이제 여러 가지 부탁을 하고 축도를 한다(9-22절). 바울은 그의 외로움을 표현하며 또 도움을 요청하고(9-12절), 겉옷과 책을 가져오라고 부탁한다(13절). 그러나 그의 개인적인 부탁은 모두 영적인 부탁이다. 그리고 바울은 구리 장색 알렉산더를 평가하는데 있어서도 주님 중심으로 평가한다(14-15절). 이제 바울은 처음 변명할 때의 경험을 전한다(16-18절). 그리고 바울은 마지막으로 문안하고 부탁하며 축도로 끝을 맺는다(19-22절).

딤후 4:9. 너는 어서 속히 내게로 오라.
바울은 에베소에서 목회하고 있는 디모데를 향하여 "어서 속히 내게로 오라"고 부탁한다. 이제 곧 순교를 앞두고 마지막으로 사랑하는 제자와 사랑의 교제를 나누기 위하여 불렀을 것이다. 또 여러 교회를 돌보는 일로 이야기하기 위하여 불렀을 것이다(Calvin). 노(老) 사도로서 순교를 앞두고 그 어떤 감상에 젖어 갑자기 부른 것이 아니라는 것이 다음에 언급된 말들에서 드러난다.

딤후 4:10. 데마는 이 세상을 사랑하여 나를 버리고 데살로니가로 갔고 그레스게는 갈라디아로, 디도는 달마디아로 갔고.

본 절 초두의 이유 접속사(γάρ)는 앞 절에서 바울이 행한 일의 이유를 밝히고 있다. 바울은 주위에 있었던 세 사람이 자기들의 갈 길로 가버렸기 때문에 함께 사랑의 교제도 나누고 또 교회 일을 논의하기 위하여 디모데를 부른 것이다.

바울은 "데마는 이 세상을 사랑하여 나를 버리고 데살로니가로 갔다"고 말한다. "데마"는 바울의 동역자였다(골 4:14; 몬 1:24). 그러나 그가 "세상을 사랑하여" 바울을 버리고 가버렸다(요일 2:15). 데마는 바울의 재판을 앞두고 바울의 앞날에 소망이 없는 것을 직감하고 세상의 평안과 출세를 택하여 바울 곁을 떠나버린 것이다. 데마가 세상을 사랑하여 바울을 버리고 가버린 일을 두고 그냥 바울을 버리고 세상의 안전을 위하여 가버렸다고 해석하기도 하고 혹은 바울을 버릴 뿐 아니라 믿음까지도 버렸다고 해석하기도 한다(윌리암 헨드릭슨, 렌스키). 아마도 후자의 해석이 더 옳을 것이다. 사도가 데마에 대해 "버리고" 떠나갔다고만 말하지 않고 "세상을 사랑하여" 떠나갔다고 말하는 것을 보면, 데마는 배교(背敎)한 사람임을 알 수 있다. 바울은 "그레스게는 갈라디아로, 디도는 달마디아로 갔다"고 말한다. "그레스게"가 아시아의 "갈라디아"로 간 이유에 대해서도 성경은 함구한다. 그러나 바울이 아무 말을 하지 않은 것으로 보아 그레스게가 어떤 나쁜 이유로 간 것은 아닌 것 같다. "디도"(Titus)가 "달마디아"로 간 이유도 알려지지 않았다. "달마디아"라는 곳은 일루리곤의 남쪽 지역으로 마게도냐의 북서쪽에 위치해 있다. 바울이 사역했던 지역이기(롬 15:19) 때문에, 디도가 그곳의 성도들을 돌보기 위하여 간 것으로 보인다(Scott).

딤후 4:11. 누가만 나와 함께 있느니라. 네가 올 때에 마가를 데리고 오라 저가 나의 일에 유익하니라.

바울의 주위에 있었던 친구들과 항상 동행했던 동역 자들이 다 떠난 때에도 누가만은 바울과 함께 있었다. 바울은 디모데를 향하여 "누가만 나와 함께 있느니라"고 말하여 누가의 신실함을 드러낸다. 누가는 사랑받는 의사로서(골 4:14; 몬 1:24) 누가복음과 사도행전을 쓴 신학자였다. 누가는 바울의 2차 전도여행 때부터 바울과 동행했으며(행 16:10) 아시아(행 20:6), 예루살렘(행 21:15) 등지에서도 바울과 동행하면서 복음을 전하였다. 특별히 그는 바울이 가이사랴 감옥에 갇혔을 때와 또 로마 감옥에 갇혔을 때 바울과 함께 동행하면서 바울을 도왔다(행 24:23; 28:16). 우리는 끝까지 복음 전도자들의 도움이 되고 힘이 되어주어야 한다.

바울은 누가(Luke) 한 사람만 함께 있는 것을 말하고는 이제 디모데를 향하여 "네가 올 때에 마가를 데리고 오라 저가 나의 일에 유익하니라"고 부탁한다. 마가(행 12:25)라는 사람은 바울과 바나바가 함께 1차 전도여행 때 동행하던 중 도중하차한 사람이었지만(행 13:13; 15:37-39) 회개하고 바울이 로마 감옥에 투옥되었을 때 바울과 함께 로마에 있었다(골 4:10; 몬 1:24). 그리고 마가는 훗날 바울을 떠나 아시아 지방으로 복음 전파를 위해 파견되었던 것 같다. 바울은 디모데를 향하여 마가를 데리고 오라고 부탁하면서 "저가 나의 일에 유익하다"고 말한다. 여기서 "나의 일"이란 개인적인 사사로운 일을 지칭하지 않고(참조, 2:4) 바울이 순교한 후에 로마 지역의 복음전도를 맡으라는 것이었을 것이다. 우리는 복음 전파에 유익한 일군이 되어야 한다.

딤후 4:12. 두기고는 에베소로 보내었노라.

바울은 에베소에서 목회하고 있는 디모데로 하여금 부담 없이 로마로 오도록 "두기고는 에베소로 보내었다"고 말한다. "두기고"는 바울의 사랑받는 또 하나의 동역자였다(행 20:4; 엡 6:21-22; 골 4:7; 딛 3:12). 우리는 다른 사람의 대체(代替) 인력이 될 수도 있어야 한다. 사실은 복음을 전하는 데 있어서 주인공이 따로 있고 대체 인력(조연)이 따로 있는 것도 아니다. 우리는 주님이 쓰시기 원하는 곳으로 가야 한다.

딤후 4:13. 네가 올 때에 내가 드로아 가보의 집에 둔 겉옷을 가지고 오고 또 책은 특별히 가죽 종이에 쓴 것을 가져오라.

바울은 디모데로 하여금 로마로 어서 속히 오라고 부탁하면서(9절) 마가를 데리고 오라고 부가적인 부탁을 말하고는(11절) 이제 또 로마로 오는 중에 두 가지를 가지고 오라고 부탁한다. 첫째, "네가 올 때에 드로아 가보의 집에 둔 겉옷을 가지고 오라"고 부탁한다. 디모데가 에베소를 떠나 로마로 오는 도중 드로아 지방을 통과할 텐데, 가보라는 신자의 집에 들러서 두 가지를 좀 날라다 달라는 것이다. 바울은 여기저기 전도여행을 하면서 드로아에 들렀을 때 더워서 그랬던지 아니면 무슨 부득이한 일이 생겨서 그랬던지 가보의 집에 두 가지를 두었었다. 혹자는 "겉옷"(φαιλόνην)이란 '책함(册函)'을 의미할 것이라고 하고, 또 혹자는 '외투' 혹은 '망토'를 지칭한다고 해석한다(Alford, Bengel, Guthrie, Scott, Vincent, KJV). 아마도 후자의 해석이 바를 것이다. 순교를 기다리고 있는 사도가 책함(책을 넣는 궤짝)이 필요하지는 않았을 것이다. 바울이 디모데에게 겨울 전에 오라고 한 것(21절)을 보면, 추운 겨울에 입기 위해 외투를 가지고 오라고 한 것으로 보인다. 바울은 두 벌 옷을 가지지 말라고 명하신 예수님의 명령을 철저히 지키고 있었다(마 10:10).

둘째, "책은 특별히 가죽 종이에 쓴 것을 가져오라"고 부탁한다. 바울 사도 당시 "책"은 '파피루스 두루마리(papyrus rolls)에 쓴 것'이나 아니면 '가죽 종이에 쓴 것'이었다. 가죽 종이는 양이나 산양, 송아지 가죽으로 만든 것이다. 가죽 종이는 파피루스에 비해 제작과정이 까다로워 가격도 비쌌으며 귀중한 문서를 만드는데 사용되었다. 그런데 바울이 가져오라고 한 가죽 종이에 쓴 것이 무엇이었나를 두고 이런 저런 해석이 가해지고 있으나 구약 성경으로 보는 것이 가장 합리적인 해석일 것이다. 바울이 순교를 앞두고 옥중에서 구약 성경을 더욱 읽고 싶었을 것이기 때문이다.

딤후 4:14. 구리장색 알렉산더가 내게 해를 많이 보였으매 주께서 그 행한 대로 저에게 갚으시리니.

바울은 본 절과 다음 절(15절)에서 또 하나의 부탁을 더한다. 그것은 구리 장색 알렉산더(행 19:33; 딤전 1:20)를 "주의하라"는 것이다(15절). 바울은 "구리장색 알렉산더가 내게 해를 많이 보였다"고 디모데에게 말해준다. "구리 장색"이란 직업은 '구리 세공업자' 혹은 '대장장이'를 뜻한다. "알렉산더"는 처음에 기독교를 위하다가 나중에 배교하였다(딤전 1:20). 알렉산더가 바울에게 해를 많이 보였다고 했는데 그것은 그가 바울의 재판에 불리한 증언을 했던지 아니면 복음 사역에 손해를 보였을 것이다(참조, 15절). 바울은 알렉산더가 하나님의 벌을 받을 것이라고 말한다. 바울은 "주께서 그 행한 대로 저에게 갚으시리라"고 말한다(삼하 3:39; 시 28:4; 계18:6). 바울은 알렉산더에게 직접 보복하지 않고 보응을 주님께 맡긴다(롬 2:6; 12:19; 고후 11:15; 계 2:23; 20:13). 우리는 지상의 사법 당국에 맡기기 보다는 만사를 주장하시는 하나님께 맡겨야 한다.

딤후 4:15. 너도 저를 주의하라 저가 우리 말을 심히 대적하였느니라.

"주의하라"(φυλάσσου)는 말은 중간태 동사로 '스스로 경계하라,' '스스로
주의하라'는 뜻이다. 바울은 디모데에게 알렉산더를 스스로 조심해야 한다고
알려준다. 알렉산더가 "우리 말을 심히 대적하였기" 때문이다(행 6:10; 13:8;
롬 9:19; 갈 2:11; 엡 6:13; 딤후 3:8; 4:15; 약 4:7; 벧전 5:9). 알렉산더가
바울이 전하는 하나님의 말씀을 심히 대적했기 때문이다. 복음을 대적하는
사람은 그리스도의 원수이니 전도자들의 원수일 수밖에 없다. 세상의 사상들이
혹 그리스도를 대적한다면, 전도자들의 원수일 수밖에 없다.

딤후 4:16. 내가 처음 변명할 때에 나와 함께 한 자가 하나도 없고 다 나를
버렸으나 저희에게 허물을 돌리지 않기를 원하노라.

바울은 본 절로부터 18절까지에 걸쳐 주님께서 자기를 1차 투옥 때에 구원하신
일과 2차 투옥을 당하여 앞으로 천국에 들어가게 하실 일을 말하며 주님을
찬양한다. 바울은 자기가 "처음 변명할 때에 나와 함께 한 자가 하나도 없었다"
고 디모데에게 회상시켜준다. 그런데 "처음 변명"이란 말이 어느 때의 변명이냐
에 대한 설(設)이 몇 가지가 있다. 1) 바울이 가이사랴 감옥에 갇혔을 때의
변증(행 23f), 2) 바울이 최초로 옥중에 갇혔을 때의 복음 전도의 변증, 3)
바울의 1차 투옥 때 법정에서 변호한 것(행 28:31), 4) 지금의 두 번째 투옥
중에 제일 먼저 가졌던 변호 등을 들 수 있다. 본문의 "처음 변명할 때"가
지금의 2차 투옥 때 바울이 최초로 가진 변증이라고 해석하는 학자들의 숫자가
월등 우세하다. 그러나 1차 투옥 때로 보는 것이 문맥에 더 충실한 해석일
것이다. 1차 투옥 때에 바울 옆에는 "함께 한 자가 하나도 없었다." 1차 투옥
때에는 한 사람도 변호자로 나서주지 않았다(윌리암 헨드릭슨). 그러나 지금의

2차 투옥 때는 누가도 충성스럽게 함께하고 있었다(11절). 그리고 1차 투옥 때로 보아야 하는 또 하나의 큰 이유는 바울이 1차 투옥 때에 변호했다는 말과 "내가 사자의 입에서 건지웠다"(17절)는 말이 서로 잘 어울리기 때문이다. 그는 1차 투옥에서 석방되어 선교 여행을 다닐 수 있었다. 만일 "처음 변명할 때"를 2차 투옥 때의 최초의 변호 경험으로 보면 "내가 사자의 입에서 건지웠다"는 말을 다른 사건으로 해석하게 되어 어색하게 된다.

바울은 처음 변명할 때 "함께 한자가 하나도 없었다"고 말한다. "함께 한"(παρεγένετο)이란 말은 '옆에 있다,' '접근하다'는 뜻으로 바울 옆에 변호하는 사람도 없었고 또 함께 있어주는 친구도 없었다는 것이다. 그러나 바울은 떠나간 사람들에 대해서 "허물을 돌리지 않기를 원한다"고 말한다(행 7:60). 그들이 배교한 것은 아니니 나무라지는 않겠다는 것이다. 바울의 용서의 정신은 그리스도의 용서(눅 23:34), 스데반의 용서(행 7:60), 그리고 바울 자신의 평소의 용서의 정신(고전 13:5)과 일치한다. 우리는 널리 용서하는 사람들이 되어야 한다.

딤후 4:17. 주께서 내 곁에 서서 나를 강건케 하심은 나로 말미암아 전도의 말씀이 온전히 전파되어 이방인으로 듣게 하려 하심이니 내가 사자의 입에서 건지웠느니라.

바울은 처음 변명할 때에 "주께서 내 곁에 서서 나를 강건케 하셨다"고 말한다 (마 10:19; 행 23:11; 27:23). 주님께서 그의 곁에 계시면서 그를 능력 있게 해 주셨다는 말이다(빌 4:13). 바울은 투옥 중에서만 이런 경험을 한 것이 아니라 투옥되어 가는 중에도 똑같은 경험을 했다(행 23:11; 27:23-24). 주님께서 바울을 능력 있게 하신 목적은 "나로 말미암아 전도의 말씀이 온전히 전파되어 이방인으로 듣게 하려 하시기" 위해서였다(행 26:17-18; 엡 3:8). 바울 사도를 통하여 "전도의 말씀," 곧 '예수님의 하나님의 아들 되심과 그의 십자가의 대속의 소식과 부활, 승천, 재림의 소식이 로마 법정의 재판장과 또 법정에 있었던 사람들뿐 아니라 로마에 전파되도록 하려 하심이었다는 것이다. 바울은 1차 투옥 중에 있다가 재판을 받고 풀려난 것을 회상하며 "내가 사자의 입에서 건지웠다"고 말한다(시 22:21; 벧후 2:9). 곧 로마 감옥에서 풀려났다는 것이다. 혹시 "사자의 입에서 건짐 받은 것"을 두고 로마 원형극장의 사자들한테서 구출 받은 것으로 말해서는 안 될 것이다. 이유는 바울은 로마의 시민권을 가진 사람이기에 그런 처형은 받지 않는다(Robertson).

딤후 4:18. 주께서 나를 모든 악한 일에서 건져내시고 또 그의 천국에 들어가도록 구원하시리니 그에게 영광이 세세 무궁토록 있을지어다 아멘.
바울은 앞에서(16-17절) 1차 로마 투옥 중의 경험을 말했고 이제 본 절에서는 현재의 2차 투옥 중에 주님께서 "모든 악한 일에서 건져내시고 또 그의 천국에 들어가도록 구원하실 것"이라는 확신을 디모데에게 말한다(시 121:7). "모든 악한 일에서 건져내실 것"이란 말은 감옥으로부터 석방될 것을 말하는 것이 아니다(순교를 바라보고 있으니 말이다). 감옥에 있는 중에 믿음을 잃지 않고 또 인간들의 모든 간계로부터 구원을 받을 것이라는 확신을 발표한 것이다(살전 1:10). 바울은 주님께서 인간의 모든 악한 계획으로부터 자신을 구원하셔서 결국에는 "그의 천국에 들어가도록 구원하실 것"이라고 확신한다. '주님의 미래의 영원한 나라, 그의 영원한 영광에 들어가게 하실 것'이라고 확신하는 것이다. 바울은 순교하자 곧 주님의 영원한 나라에 들어갈 것을 확신한 것이다. 마치 나사로가 죽어서 즉시 아브라함의 품에 들어간 것 같이(눅 16:22), 회개한

강도가 죽은 그날에 주님의 낙원에 들어간 것 같이(눅 23:43), 순교자들이 즉시 하늘로 올려간 것같이(계 7:13-17) 바울은 죽는 즉시 주님의 나라에 들어갈 것을 확신하고 있다. 우리가 죽는 즉시 무덤 주위에서 머물거나 혹은 연옥 같은 곳에 가 있다가 훗날 주님의 나라에 가는 것이 아니라 즉시 천사들에 들려서 하늘나라에 가는 것이다.

바울은 주님의 나라에 갈 것을 확신하고 "그에게 영광이 세세 무궁토록 있을지어다"라고 송영한다(롬 11:36; 갈 1:5; 히 13:21). 바울은 하나님 나라에 갈 것을 생각하며 감격하여 주님께 영광을 돌리며 찬송을 드린다. 우리는 항상 주님께 찬송을 드려야 한다(딤전 6:16 참조).

딤후 4:19. 브리스가와 아굴라와 및 오네시보로의 집에 문안하라.

바울은 디모데를 향하여 "브리스가와 아굴라"에게 문안해 달라고 부탁한다(행 18:2; 롬 16;3). 이 부부는 본도(Pontus) 출신으로 로마에서 살았으나 로마 황제 글라우디오의 반(反) 유대주의 정책 때문에 쫓겨나 고린도에서 살게 되었다(행 18:1-2). 이 부부는 장막제조 업자로서 바울과 동업하였고(행 18:3), 또 바울의 전도여행에 동행하기도 했다(행 18:18). 이들 부부는 바울을 헌신적으로 도왔다(롬 16:3-4). 바울은 이들 부부를 늘 그리워하였다. 우리는 전도자를 돕는 성도가 되어야 한다.

바울은 또 "오네시보로의 집에 문안"해 달라고 부탁한다(딤후 1:16). 바울이 에베소에서 살고 있는 "오네시보로"의 집에 문안해 달라고 부탁한 것을 보면 디모데 역시 에베소에서 목회를 하고 있었음을 알 수 있다. 오네시보로는 감옥에 있는 바울을 방문하는 것을 부끄러워 않고 부지런히 방문해서 바울을 격려하고 즐겁게 해주었다. 바울이 죄수된 것을 부끄러워하지 않고 자주 찾아보고 격려하며 즐겁게 해준 것은 바울에게 큰 기쁨이 아닐 수 없었다(1:16-18).

딤후 4:20. 에라스도는 고린도에 머물렀고 드로비모는 병듦으로 밀레도에 두었노니.

바울은 디모데를 향하여 "에라스도는 고린도에 머물렀고 드로비모는 병듦으로 밀레도에 두었다"고 전해준다. 바울은 다음 절(21절)에서 디모데가 알고 있는 사람들이 문안한다고 언급하면서 에라스도와 드로비모를 언급하지 않을 수 없어 그들이 로마에 있지 않고 다른 지방에 있음을 알린다. "에라스도"라는 사람은 고린도 교회의 재무 담당 집사였다(행 19:22; 롬 16:23). 이 사람은 디모데와 함께 마게도냐로 파송 받은 적이 있었다(행 19:22). 그리고 바울은 "드로비모는 병듦으로 밀레도에 두었다"고 말한다(행 20:4; 21:29). "드로비모"라는 사람은 에베소 출신으로 에베소 교인들이 거둔 구제헌금을 예루살렘에까지 운반한 사람이다(행 20:4; 21:29). 그 때 바울은 그를 데리고 예루살렘 성전에 들어갔는데 그 일 때문에 유대인들의 소동이 일어났었다(행 21:27-33). 바울은 3차 전도여행 중에 드로비모와 함께 서바나를 거쳐 로마로 가는 도중 밀레도에 들렀을 때 병든 드로비모를 밀레도에 남겨두었을 것이다. 신유의 은사를 가진 바울도 병든 드로비모를 고치지 못하고 어쩔 수 없이 밀레도에 두었던 것이다. 사람은 병들어 어쩔 수 없는 때를 만나고 또 죽기도 한다.

딤후 4:21. 겨울 전에 너는 어서 오라 으불로와 부데와 리노와 글라우디아와 모든 형제가 다 네게 문안하느니라.

바울은 다시 디모데를 향하여 "겨울 전에 오서 오라"고 재촉한다(9절). 1) 바울의 순교의 날이 멀지 않기 때문에(6절), 2) 지중해 전역에서는 겨울철(10월-

이듬해 4월까지)에 파도가 높아 항해를 하지 못하기 때문에, 그리고 3) 바울이
겉옷이 필요하기 때문에(13절) 겨울이 오기 전에 빨리 오라고 재촉한 것이다.
이런 부탁을 하고는 마지막으로 바울은 로마 교회의 교인들, 곧 "으불로와
부데와 리노와 글라우디아"와 그리고 로마 교회의 모든 형제가 다 디모데에게
문안한다고 인사를 전해준다. 여기 쓰여 있는 네 사람에 대해서는 성경 다른
곳에 기록된 바가 없다.

딤후 4:22. 나는 주께서 네 심령에 함께 계시기를 바라노니 은혜가 너희와
함께 있을지어다.

바울은 서신의 마지막을 당하여 디모데 개인을 위해 축복기도를 하고 또 교회를
위해 축복기도를 한다(갈 6:18; 몬 1:25). "주께서" 함께 계시기를 바라는
것이나 "은혜"가 함께 있기를 축원하는 것은 똑같은 내용이다. 바울은 디모데
한 사람을 위해서만 서신을 쓴 것이 아니라 에베소 교회 전체("너희")를 위해서
썼다. 우리는 다른 사람들을 위해서 축복 기도를 해주어야 한다.

─디모데후서 주해 끝

디도서 주해
Titus

총론

저작자 본 서신의 저작자는 바울 사도이다(1:1-4). 그러나 19세기 유럽의 비평가들이 본서를 다음과 같은 이유로 바울 사도의 글로 인정하지 않았다.

1) 본 서신에 기록된 직분들이 2세기의 것이므로 1세기에 활동했던 바울 사도의 글이 아니라고 주장한다. 그러나 바울 사도 당시에도 감독이나 집사 같은 직분이 있었다는 성경의 기록(행 14:23; 20:17; 빌 1:1)은 유럽 비평가들의 주장을 인정할 수 없게 만든다.

2) 디모데전서, 디모데후서, 디도서에 나타난 바울의 여행기록이 사도행전에 나타난 기록과 일치하지 않는다는 이유로 본 서신의 바울 저작을 부인한다. 그러나 누가가 사도행전을 기록할 때 바울의 전 생애의 활동을 모두 기록한 것이 아니라는 것을 감안할 때 비평가들의 주장이 틀렸음을 알 수 있다. 사도행전에 바울 사도의 행적이 기록되지 않은 것들이 다른 성경에 기록된 예들이 있다는 점을 감안해야 한다. 곧 달마디아(딤후 4:10), 니고볼리(딛 3:12)같은 지명은 사도행전에는 나타나지 않는다.

저작 장소 및 기록한 때 많은 학자들은 바울 사도가 마게도냐를 여행하는 중에 디모데전서를 기록하고 이어서 본 서신을 기록한 것으로 보고 있다. 그러므로 바울이 디모데전서를 기록한(A.D. 63년경) 후 A.D. 66년에 본서를 기록한 것으로 보인다. 이때는 그가 순교하기(A.D. 67년 또는 68년) 전이다.

편지를 쓴 이유 바울은 그레데 교회내의 어지러운 질서를 확립하고, 또한 이단 사상을 척결하여 바른 신앙을 정립하기 위해 본 서신을 기록했다. 바울은 디도에게 장로의 자격, 거짓 교사들을 향하여 취해야 하는 자세, 남녀 노소들이 취해야 하는 윤리적 자세, 신자의 국가관, 이단자들을 향하여 취해야 하는 자세, 그리고 가장 중요한 복음의 내용이 무엇인가를 말하기 위해 본 서신을 기록했다.

내용 분해 본 서신의 내용을 분해하면 다음과 같다.

I. 문안 인사   1:1-4

II. 장로(감독)를 세워라   1:5-9

III. 거짓 교사를 경계하라   1:10-16

IV. 여러 유형의 성도들을 바르게 교훈하라   2:1-10

    1. 늙은 남자들을 바로 교훈할 것   2:1-2

    2. 늙은 여자를 바로 교훈할 것   2:3-4a

    3. 젊은 여자들을 바로 교훈할 것   2:4b-5

    4. 젊은 남자들을 바로 교훈할 것   2:6-8

    5. 종들을 바로 교훈할 것   2:9-10

V. 하나님의 은혜는 성도들을 양육하신다   2:11-15

참고도서

1. 박윤선. 『바울서신』. 성경주석. 서울: 영음사, 1987.

2. 벵겔 J. A. 『에베소서-빌레몬서』, 벵겔 신약주석. 오태영 옮김. 서울: 도서출판로고스, 1992.

4. 이상근. 『살전-디도』. 신약성서주해. 서울: 대한예수교장로회총회교육부, 1970.

5. 『에베소서-빌레몬서』. 호크마종합주석. 강병도 편. 서울: 기독지혜사, 1992.

6. 스토트, 존. 『디모데전서, 디도서강해』. 김현회 옮김. 서울: 한국기독학생회출판부, 1998.

7. 헨드릭슨, 윌리암. 『목회서신』. 헨드릭슨 성경주석. 나용화 옮김. 서울: 아가페출판사, 1983.

8. Alford, H. *The Greek Testament III*. London: Rivingtons, 1871.

9. Barclay, W. *The Letters to Timothy, Titus and Philemon*. Philadelphia: Westminster, 1960.

10. Barrett, C. K. *The Pastoral Epistles*. Oxford: Clarendon, 1963.

11. Barnes, Albert. *Thes-Phil*. Barnes on the New Testament. Grand Rapids: Baker Book House, 1978.

12. Calvin, John. *Commentaries on the Epistles to Timothy and Titus*. Edinburgh, 1856.

13. Clark, Gordon. *The Pastoral Epistles*. Jefferson, MD: The Trinity Foundation, 1983.

14. Fairbairn, Patrick. *Commentary on the Pastoral Epistles*. Grand Rapids: Zondervan Publishing House, 1956.

15. Guthrie, D. *The Pastoral Epistles: The Tyndale New Testament Commentaries*, Grand Rapids: Eerdmans, 1957.

16. Henry, Matthew. *Commentary on the Whole Bible*, vol. VI. New Fleming H. Revell Co., nd.

17. Kelly, J. N. D. *A Commentary on the Pastoral Epistles*. New York: Harper & Row, 1963.

18. Lenski, R. C. H. *The Interpretation of St. Paul's Epistles to the Colossians, to the Thessalonians, to Timothy, to Titus and Philemon*. Columbus Ohio: Wartburg, 1937.

19. Lightfoot, J. B. *Notes on the Epistles of St. Paul*. London: Macmillan, 1895.

20. Lock, W. A *Critical and Exegetical Commentary on the Pastoral Epistles* (ICC). Edinburgh: T. & T. Clark, 1924.

21. Plummer, A. *The Pastoral Epistles*. Ed. Nicoll, W. R. New York: Armstrong, 1898.

22. Wallis, Wilber B. "I and II Timothy, Titus," in *the Wycliffe Bible Commentary*. Chicago: Moody Press, 1981.

23. Wiersbe, Warren. *Be Faithful*. Wheaton, Ill.: Scripture Press Publications, Victor Books, 1981.

제1장

장로의 자격과 거짓 교사에 대한 경계

I. 문안 인사 1:1-4

바울은 디도에게 자신이 사도가 된 이유와 근거를 말하면서 문안 인사를 한다. 바울이 자신이 사도가 된 이유를 장황하게 말하는 이유는 유대인 거짓 교사들로 인해 혼란에 빠진 그레데 교회를 디도로 하여금 잘 치리하도록 하기 위해서다. 디도를 파견한 자가 다른 사람이 아니라 사도라는 것을 상기시켜 디도로 하여금 거짓 교사를 척결하며 교회 질서를 바로 잡는데 적극적으로 가담하도록 하기 위한 것이었다.

딛 1:1. 하나님의 종이요 예수 그리스도의 사도인 바울 곧 나의 사도 된 것은 하나님의 택하신 자들의 믿음과 경건함에 속한 진리의 지식과.

바울은 먼저 자신이 "하나님의 종이요 예수 그리스도의 사도"라고 말한다. 신약 성경에서 "하나님의 종"이란 '모든 그리스도인'을 지칭하기도 하나(롬 6:22) 여기서는 '하나님의 일꾼,' '하나님의 말씀을 전하는 교역자'란 뜻으로 쓰였다. 바울은 신약성경에서 자신을 가리켜 '예수 그리스도의 종'(롬 1:11; 빌 1:1), '주의 종'(딤후 2:24), '그리스도의 종'(갈 1:10)이란 호칭으로 사용하기를 좋아하였으나 디도서에서는 "하나님의 종"이란 칭호를 사용한 것이다. 바울이 자신을 "하나님의 종"이라고 말한 것은 전적으로 하나님의 소유라는 것을 부각시키기 위한 것이었다. 우리도 하나님에 의해 창조되었고 또 하나님의 영(The Spirit)으로 중생되었고 또 하나님으로부터 각종 은혜를 받으니 하나님의 종으로 살아야 한다.

바울은 자신을 "예수 그리스도의 사도"라고 말한다(롬 1:1; 고전 1:1; 고후 1:1; 딤전 1:1). "사도"(ἀπόστολος)란 말은 '보냄을 받은 자'란 뜻이다. 바울은 자신이 그리스도의 보냄을 받은 자라고 말한다. 바울은 다메섹 도상에서 부활하신 그리스도를 만나서 사도로 부르심을 받았다.

바울은 자신이 예수 그리스도의 사도가 된 것은 "하나님의 택하신 자들의 믿음과 경건함에 속한 진리의 지식" 때문이라고 말한다. 첫째, "하나님의 택하신 자들의 믿음" 때문이었다(엡 1:4). '하나님께서 택하신 모든 성도들의 믿음'을 위하여 사도가 되었다는 것이다. 다시 말해 예수 그리스도의 말씀을 전하여 모든 택함 받은 사람들로 하여금 예수님을 믿게 하기 위해서였다는 것이다. 둘째, "경건함에 속한 진리의 지식"을 알게 하기 위해서였다. "경건함"이란 말은 '하나님을 경외함' 혹은 '하나님을 믿음'이란 뜻이다(딤전 2:2; 4:7; 딤후 3:5). "진리의 지식"이란 '진리 되시는 그리스도를 위한 지식'이란 뜻이다(딤후 2:25). 그러니까 "경건함에 속한(딤전 3:16; 6:3) 진리의 지식"이란 '하나님을 경외하는데 이르게 하는 복음진리 지식'이라는 뜻이다. 하나님을 경외하기 위해서는 진리 되시는 그리스도에 대한 지식이 필요하다. 그리스도에 대한 지식이 없이는 하나님을 경외할 수가 없다. 진리 되시는 하나님, 진리 되시는 그리스도에 대한 지식이 없이 잘 믿을 사람은 없다. 바울이 사도가 된 세 번째 목적은 2절에 있다.

딛 1:2. 영생의 소망을 인함이라 이 영생은 거짓이 없으신 하나님이 영원한 때 전부터 약속하신 것인데.

셋째, 택함 받은 성도들의 "영생의 소망"을 위해서였다. 본문의 "영생의 소망을 인함이라"(in hope of eternal life)는 말은 문자대로 해석하면 '영생의 소망에 근거를 두고'라는 뜻이지만 문맥으로 보아 '영생의 소망을 가지게 하기 위해서' 라고 해석된다(3:7; 딤후 1:1). 예수님은 자신이 "영생"이시고(요 11:25; 14:6), 그리스도를 믿는 성도들은 그리스도와 연합한 중에 역시 영생에 동참한다.

　　바울은 영생을 소망할만한 확실한 이유를 말한다. 첫째, "이 영생은 거짓이 없으신 하나님이 영원한 때 전부터 약속하셨다." 하나님은 거짓이 없으신 분인데(민 23:19; 딤후 2:13; 히 16:18) 그 분이 영생을 약속하셨다는 것이다. 얼마나 확실한 약속인가. 그리고 역사가 시작하기 전에 약속하신 것이니 얼마나 확실한 약속인가. 역사가 진행되는 동안 약속하신 것이 아니라 만세 전에 약속하신 것이다(롬 16:25; 엡 1:4; 딤후 1:9; 벧전 1:20). 둘째 이유는 3절에 있다.

딛 1:3. 자기 때에 자기의 말씀을 전도로 나타내셨으니 이 전도는 우리 구주 하나님의 명대로 내게 맡기신 것이라.

영생을 소망할만한 확실한 이유 둘째는, 영생의 말씀을 때가 되어 하나님께서 나타내셨는데, 하나님의 명령에 따라 바울에게 위탁하셨다는 것이다. 바울이 하나님께 부탁해서 그 영생의 말씀을 전파한 것이 아니라 하나님의 명령에 의하여 바울에게 주어졌다는 것이다. "자기 때에"(καιροῖς ἰδίοις)라는 말은 '결정적인 기회'라는 뜻으로 결정적인 때가 되어 하나님께서 "자기의 말씀"을 전도로 나타내셨다는 것이다. '하나님의 영생에 대한 약속'(2절)을 전도로 나타내셨다. "전도로 나타냈다"는 말은 '전도(선포)를 통하여 세상에 나타냈다'는 뜻이다(골 1:26-29; 딤후 1:10).

바울은 말하기를 이 선포는 "우리 구주 하나님의 명대로 내게 맡기신 것이라"고 한다. 바울의 반포는 '우리 구주(딤전 1:1; 2:3; 4:10; 딛 2:10; 3:4) 하나님의 명령에 따라 바울에게 위탁되어진 것이라'는 뜻이다. 바울은 하나님의 위탁을 받아 그리스도를 전파했다(살전 2:4; 딤전 1:11). 우리 역시 영생의 약속을 위탁받은 사람들이다. 이 약속을 선포하면서 살아야 한다.

딛 1:4. 같은 믿음을 따라 된 나의 참 아들 디도에게 편지하노니 하나님 아버지와 그리스도 예수 우리 구주로 좇아 은혜와 평강이 네게 있을지어다.

바울은 자신이 누구인가를 말한(1-3절) 다음 본 절에서는 편지를 받을 사람 디도에게 인사를 한다. 바울은 "같은 믿음을 따라 된 나의 참 아들 디도에게 편지"한다. "같은 믿음을 따라 된"이란 말은 '바울의 믿음을 물려받아 똑같은 믿음을 가진'이란 뜻이다(롬 1:12; 고후 4:13; 벧후 1:1). 곧 디도(고후 2:13; 7:13; 8:6, 16, 23; 12:18; 갈 2:3)는 바울과 똑같이 예수님을 그리스도로 믿는 믿음을 공유하고 있었고, 또한 바울을 도와 바울의 권면을 고린도교회에 전달하기도 했다(고후 7:5-7; 8:16-17; 12:17-18). 바울은 또 디도를 "나의 참 아들"이라고 불렀다(딤전 1:2). 곧 '그리스도의 복음을 디도에게 전하는 중 성령께서 역사하여 디도를 새롭게 태어나게 했다'는 뜻으로 참 아들이라고 부른 것이다(고전4:14-15; 갈 4:19). 디도는 바울 사도 때문에 새로 태어나게 되었고 또 같은 믿음을 가지게 된 것이다. 디도는 바울에게 있어서 소중한 사람이었다. 바울은 디도를 부를 때 아들이란 칭호 이외에 또 "형제"라고 불렀고(고후 2:13), "동역자"라고 부르기도 했다(고후 8:23).

바울은 디도에게 편지를 하면서 "하나님 아버지와 그리스도 예수 우리 구주로 좇아 은혜와 평강이 있기를" 기원한다(고전 1:3; 고후 1:2; 갈 1:3; 엡 1:2; 골 1:2; 딤전 1:2; 딤후 1:2). '하나님 아버지로부터 그리고 그리스도 예수로부터 은혜와 평강이 있기를' 기원한 것이다. "은혜"란 '하나님께서 그리스도를 통하여 거저 주시는 호의(好意)'를 지칭한다. "평강"(平康)이란 '은혜를 받은 자가 마음에 누리는 안정과 기쁨의 상태'를 뜻한다. 우리는 자신들에게도 은혜와 평강이 있어야 하고, 이웃들에게도 은혜와 평강을 기원해야 할 것이다.

II. 장로(감독)를 세워라 1:5-9

바울은 디도를 위해 기원을 한 후 디도에게 그레데 지역의 각 도시 교회를 위하여 장로들을 세우라고 부탁하면서 장로 자격을 말해준다.

딛 1:5. 내가 너를 그레데에 떨어뜨려 둔 이유는 부족한 일을 바로잡고 나의 명한 대로 각 성에 장로들을 세우게 하려 함이니.

바울은 디도에게 디도를 그레데[1] 섬에 남겨 둔 이유를 두 가지로 말한다. 그런데 바울이 디도를 그레데 섬에 남겨두었다는 것은 바울 자신이 그레데

---

1) 그레데(Crete) 섬은 그리스 본토의 남단으로부터 대략 96km 지점에 자리 잡은 섬으로 시실리와 구부로 중간에 위치한 섬이다. 이 섬은 동서로 긴 섬으로 동서 255km, 남북 10km에서 50km의 크기이다. 이 섬 안에는 여러 민족이 거주하고 있었는데 유대인들도 많았다고 한다(*I Macc.*, 15:19-23).

섬을 방문하여 사역한 일이 있었음을 시사한다. 그러나 바울이 언제 그 섬을 방문했었는지는 확실히 알 길이 없다. 혹자는 바울이 죄수의 신분으로 로마로 끌려가다가 풍랑을 만나 그레데 섬을 경유한 것(행 27:7-21)을 지칭한다고 말하기도 한다. 3개월간의 기간인고로 교회를 개척할만한 기간이었다(행 28:11). 그럴듯한 해석이다. 또 혹자는 바울이 로마에 투옥되었다가 풀려나서 디도와 함께 그레데를 방문하였다고 본다. 이 설이 더욱 설득력 있는 학설로 보인다. 바울이 디도를 그레데 섬에 남겨 둔 첫째 목적은 "부족한 일을 바로 잡는 것"이었다. "부족한 일"이란 '바울 사도가 다 처리하지 못하고 남겨놓은 일'을 지칭한다(고전 11:34). 다시 말해 그레데섬 안에 있는 할례파들이 교회를 어지럽힌 일(10-11절)과 교인들의 신앙이 바르지 못한 것(16절)을 "바로 잡는" 일이었다. "바로 잡다"(ἐπιδιορθώσῃ)라는 말은 부정과거 중간태로 '온전하도록 바로 잡다라는 뜻이다. 바울은 자신이 그레데에 오래 머물지 못한 관계로 바로 잡지 못했던 문제들을 온전하게 바로 잡도록 디도를 남겨두었다는 것이다. 둘째는 바울이 이미 디도에게 명령한대로 "각 성에 장로들을 세우게 하려 함이었다." '각 도시마다 장로(교역자)들을 세우게 하기 위해서' 디도를 그레데 섬에 남겨 두었다. "장로"는 구약 시대부터 있었으며(출 3:16; 4:29; 12:21; 18:12; 민 11:16, 25; 신 5:23; 시 107:32), 신약 시대에도 있었다(행 14:23; 15:6; 20:17; 딤전 3:1; 5:17, 19; 딛 1:5; 약 5:14; 벧전 5:1, 5). 장로나 감독(7절)은 똑같은 직분을 지칭하는 말인데(행 20:17, 28) 장로는 연령이나 위엄을 생각하여 붙인 명칭이고 감독이란 그들의 직무를 생각해서 붙인 명칭이다(윌리암 헨드릭슨).

딛 1:6. 책망할 것이 없고 한 아내의 남편이며 방탕하다 하는 비방이나 불순종하는 일이 없는 믿는 자녀를 둔 자라야 할지라.

장로의 첫 번째 자격은 "책망할 것이 없어야"한다(딤전 3:2). 도덕적으로나 법적으로 책잡히는 일이 없어야 한다(딤전 3:2). 둘째, "한 아내의 남편이어야" 한다(딤전 3:12). '언제든지 한 아내만 두고 살았어야 한다.' 다시 말해 성적으로 타락한 자는 장로의 자격이 없다. 이 말에 대해서는 딤전 3:2을 참조하라. 셋째, "방탕하다 하는 비방이나 불순종하는 일이 없는 믿는 자녀를 둔 자라야" 한다(딤전 3:4, 12). 곧 장로는 가정을 잘 다스릴 줄 아는 자여야 한다. 자녀들이 "방탕하다 하는 비방을 듣지 않는, 믿는 자녀를 둔 자라야"야 한다. "방탕하다"(ἀσωτίας)란 말은 '방종하다' 혹은 '난봉피우다'라는 뜻이다. 자녀가 난봉피워서는 장로 자격이 없다. 또 자녀들이 "불순종하는 일이 없는 믿는 자녀를 둔 자라야"한다. "불순종하다"(ἀνυπότακτα)는 말은 '말을 안 듣는,' '고집 센,' '반항하는'이란 뜻이다. 반항하는 자녀를 둔 자는 장로가 될 수 없다. 이 말에 대해서는 딤전 3:4-5을 참조하라.

딛 1:7. 감독은 하나님의 청지기로서 책망할 것이 없고 제 고집대로 하지 아니하며 급히 분내지 아니하며 술을 즐기지 아니하며 구타하지 아니하며 더러운 이를 탐하지 아니하며.

본 절도 앞 절을 이어 장로(치리장로와 교무장로)의 자격을 말한다. "감독"은 "장로"란 직분과 똑같은 직분이다(행 20:17, 28). 감독이 직분의 기능면을 강조하여 부른 명칭인데 반해, 장로란 말은 직분의 위엄 면을 강조하여 부른 명칭이다.

바울은 "감독은 하나님의 청지기"라고 말한다(마 24:45; 고전 4:1, 2). "청지기"(οἰκονόμον)란 '집 주인의 뜻을 따라 집을 관할하는 종'을 뜻한다.

곧 하나님의 교회를 관할하는 교역자를 지칭한다. 넷째로, "제 고집대로 하지
아니해야" 한다. "고집대로 하다"(αὐθάδη)라는 말은 '자신을 즐겁게 하는,'
'방자한,' '전제적인'이란 뜻이다. 장로는 자기 자신을 즐겁게 하기 위해서
남의 의견을 무시해서는 안 된다. 장로는 감독으로서 교인들의 형편을 살필
줄 알아야 한다. 다섯째, "급히 분내지 아니해야" 한다(잠 16:32). 곧 '쉽게
흥분해서는 안 된다.' 어떤 사람이 쉽게 흥분하는 것을 고치기 위해 40일을
금식기도해서 고쳤다고 한다. 그만큼 급히 분내는 성품은 고치기가 힘이 든다.
여섯째, "술을 즐기지 아니해야" 한다(레 10:9; 잠 23:29-35; 엡 5:18; 딤전
3:3, 8). 곧 '술에 인 박이지 아니해야' 한다. 술을 즐기면 사람이 정신을
빼앗기고 또 실수를 하게 되어 하나님의 일을 그르치게 된다. 일곱째, "구타하지
아니해야" 한다. 곧 '폭행하지 아니해야' 한다. 이 말씀은 교역자가 강단위에서
나 혹은 평상시에 말로라도 사람을 때리지 않는 것을 포함한다. 이유는 말로
때리는 것도 물리적인 구타와 똑같은 아픔을 사람들에게 주기 때문이다. 여덟째,
"더러운 이를 탐하지 아니해야" 한다(딤전 3:3, 8; 벧전 5:2). "더러운 이를
탐하다"(αἰσχροκερδῆ)라는 말은 '불명예스런 이득을 탐하는,' '더러운,' '지
저분한'이란 뜻이다. 장로(교역자)는 불명예스럽게 이득을 취해서는 안 된다.
교역자는 사적으로나 혹은 공적으로 부당한 이득을 취해서는 안 된다. 돈을
꾸고 갚지 않거나 혹은 교회의 공금을 남용하지 말아야 한다.

딛 1:8. 오직 나그네를 대접하며 선을 좋아하며 근신하며 의로우며 거룩하며
절제하며.

"오직"(ἀλλὰ)은 앞 절의 장로의 소극적인 자격과 반대되는 적극적인 자격을
소개하려고 쓴 말이다. 아홉째, 장로(교역자)는 "나그네를 대접하는"(φιλόξε-

νον) 사람이어야 한다(딤전 3:2). 곧 '낯선 사람에게 친절한' 사람이어야 한다(창 19:1-3; 욥 31:32). 교회의 감독(장로)은 여행하면서 복음을 전하는 신자들이나 혹은 순회전도자들을 대접하는 사람이어야 한다. 오늘도 교역자는 사람에게 친절해야 한다. 열째, "선을 좋아하는" 사람이어야 한다. "선을 좋아하는"(φι-λάγαθον)이란 말은 '선행을 좋아하는,' '미덕을 재배하는'이란 뜻이다. 교역자는 기질적으로 선행을 사랑하는 사람이어야 한다. 열한째, "근신하는" 사람이어야 한다. "근신하는"(σώφρονα)이란 말은 '건강한 마음을 소유한'이란 뜻이다. 교역자는 자신의 마음을 적절하게 제재하여 건강하게 만들어야 한다. 열둘째, "의로워야" 한다. "의로우며"란 말은 대인관계에 있어서 옳게 행함을 뜻한다. 교역자는 대인관계에 있어서 책망 들을만한 일이 없어야 한다(6절). 열셋째, "거룩해야" 한다. "거룩하다"는 말은 하나님 앞에서 흠 없이 옳게 행하는 것을 뜻한다. 교역자는 하나님 앞에서 자기의 책임을 다해야 한다. 열넷째, "절제해야" 한다(잠 16:32; 고전 9:27). 곧 '자기의 욕망을 통제하는 것,' '극기(克己)하는 것'을 뜻한다. 교역자는 성령의 지배하에 살면서 항상 자기자신을 이겨야 한다.

딛 1:9. 미쁜 말씀의 가르침을 그대로 지켜야 하리니 이는 능히 바른 교훈으로 권면하고 거스려 말하는 자들을 책망하게 하려 함이라.

열다섯째, 감독(장로)은 "미쁜 말씀(딤전 1:15; 4:9)," 곧 '신실한 말씀'의 가르침을 그대로 지켜야 한다(살후 2:15; 딤후 1:13). 감독은 하나님께서 말씀하신 신실한 말씀을 다 그대로 지켜야 "능히 바른 교훈(2:1; 딤전 1:10; 6:3; 딤후 4:3)으로 권면하고 거슬러 말하는 자들을 책망할" 수 있게 된다. 감독 자신이 하나님의 말씀을 그대로 지키지 않는다면 그 말씀을 가지고 다른 사람을 위로하고 권면할 수도 없고 또 거슬러 말하는 사람들을 책망할 수도 없게 된다. 교역자는 자신이 하나님의 말씀을 그대로 지켜야 한다. 그럴 때 남을 지도할 수 있다.

III. 거짓 교사를 경계하라 1:10-16

바울은 디모데에게 그레데섬 안에 있는 여러 교회들을 위하여 감독(장로)들을 세울 것과(5절) 또 감독의 자격을 말한(6-9절) 다음, 이제는 그레데 교회의 거짓 교사들을 경계할 것을 명령한다(10-16절).

딛 1:10. 복종치 아니하고 헛된 말을 하며 속이는 자가 많은 중 특별히 할례당 가운데 심하니.

본 절 초두의 이유접속사(γὰρ)는 본 절의 내용이 앞 절(9절)에 기록된 말씀의 이유임을 밝혀준다. 감독(장로)이 책망해야 하는데(앞 절), 그 이유는 본 절에서 말하는 것처럼 그레데 교회에 이단자들이 있기 때문이다(딤전 1:6). 바울은 이단자들의 특징 3가지를 말한다. 첫째, 이단자들은 "복종치 아니한다." 곧 하나님의 말씀을 복종치 않고 딴 교리를 주장한다. 둘째, 이단자들은 "헛된 말을 한다." "헛된 말을 한다"(ματαιολόγοι)는 말은 '헛된 말에 빠진'이란 뜻으로 이단자들은 하나님의 말씀을 순종치 아니함으로 헛소리를 한다는 것이다. 누구든지 하나님의 말씀을 순종하지 아니하면 헛소리를 하게 된다. 셋째, 이단자들은 사람을 "속인다"(롬 16:18). 이단자들은 자기의 더러운 이득을 취하려고 사람을 속인다.

바울은 이런 이단자의 특징이 "특별히 할례당 가운데 심하다"고 말한다(행 15:1). "할례당"이란 유대인 가운데서 기독교로 개종하였으면서도 할례를 받아야 구원에 이른다고 주장하는 사람들을 지칭한다(행 15:1; 롬 2:25-29; 갈 2:22; 빌 3:2-3). 이런 할례당은 그레데 교회의 다른 이단들보다 더 심하게 이단 색채를 드러냈다. 그들은 누구든지 그리스도를 믿음으로만 구원에 이른다고 가르치는 말씀을(롬 3:28) 순종치 않았고 헛된 말을 계속하였으며 남들을 속였다.

딛 1:11. 저희의 입을 막을 것이라 이런 자들이 더러운 이를 취하려고 마땅치 아니한 것을 가르쳐 집들을 온통 엎드러치는도다.

바울은 디도를 향하여 이단자들의 "입을 막으라"고 부탁한다. 여기 "입을 막다"(ἐπιστομίζειν)는 말은 '입에 재갈을 물린다'는 뜻으로 교회에서 더 이상 말을 하지 못하도록 교훈권을 박탈하라는 것이다. "이런 자들이 더러운 이를 취하려고(딤전 6:5) 마땅치 아니한 것을 가르쳐 집들을 온통 엎드러치기" 때문이다(딤후 3:6). 곧 '이단자들이 부당한 이득을 취하려고 이단의 가르침을 가르쳐 기독교인의 가정들을 파괴시키기' 때문이다. 이단교리는 크리스천의 믿음을 파괴시키기 때문에 교회에서는 일체 이단의 가르침을 금해야 한다.

딛 1:12. 그레데인 중에 어떤 선지자가 말하되 그레데인들은 항상 거짓말장이며 악한 짐승이며 배만 위하는 게으름장이라 하니.

바울은 자신이 주장한 말씀, 곧 그레데 교회 안의 이단자들의 더러운 실상을 뒷받침하기 위해 "그레데인 중에 어떤 선지자의 말"을 인용하여 자신의 주장을 한다. 여기 "어떤 선지자"는 주전 6-7세기에 살았던 그레데 사람 에피메네데스

(Epimenedes)를 지칭한다(Chrisostom, Jerome, Calvin, Scott, Hendriksen). 그가 참 선지자라는 뜻이 아니라 당시의 사람들이 그를 선지자로 불렀기에 바울은 그들이 부르던 대로 그냥 인용한 것뿐이다. 에피메네데스는 자신도 그레데 사람이면서 그레데 사람들의 부패함을 고발하였는데 바울은 에피메네데스의 말 중에 세 가지를 인용하고 있다. 첫째, 그레데인들은 "항상 거짓말쟁이"라는 것이다. 그레데 사람들이 얼마나 거짓말이 심했던지 "거짓말을 한다"(κρητιζειν)는 동사가 "그레데"(Κρήτη)라는 말에서 나왔다. 둘째, 그레데 사람들은 "악한 짐승이라"는 것이다. 그레데 사람들은 '남을 등치는 잔인한 사람들'이라는 것이다. 이단자들은 항상 남의 등을 쳐서 자기의 유익을 꾀한다. 그리고 셋째, 그레데 사람들은 "배만 위하는 게으름장이라"는 것이다. 그레데 사람들은 '자신의 쾌락과 만족만을 추구하는 게으름뱅이'란 말이다. 쾌락을 추구하는 사람들은 항상 게으르다.

딛 1:13. 이 증거가 참되도다 그러므로 네가 저희를 엄히 꾸짖으라 이는 저희로 하여금 믿음을 온전케 하고.

바울은 앞 절에서 자신의 주장을 뒷받침하기 위해 에피메네데스(Epimenedes)의 말을 인용하였는데 바울은 "이 증거가 참되다"고 말한다. 곧 '에피메네데스의 증거가 진짜라는 것이다. 이방 세계의 증거도 하나님의 일반 은총에 의하여 바르게 표현된 것이 있으므로 바울은 그 증거를 인용한 것이다.

바울의 말을 뒷받침해주는 에피메네데스의 말이 바르기에 비울은 "그러므로 네가 저희를 엄히 꾸짖으라(딤후 4:2). 이는 저희로 하여금 믿음을 온전케 하기" 위해서라고 말한다(딤전 1:9-10; 6:3-4). 곧 '그레데인들을 엄하게 꾸짖으라'고 부탁한다. 꾸짖어야 할 목적은 그들의 믿음을 온전하게 만들기 위해서다

(2:2). 사람들의 믿음을 건강케 하기 위해 교역자는 때로는 날카롭게 꾸짖어야 한다. 징계는 정죄를 위한 것이 아니라 치유를 위한 것이다.

딛 1:14. 유대인의 허탄한 이야기와 진리를 배반하는 사람들의 명령을 좇지 않게 하려 함이라.

바울이 그레데 사람들을 징계하는 또 하나의 목적(첫째 목적은 13절에 있음)은 "유대인의 허탄한 이야기와 진리를 배반하는 사람들의 명령을 좇지 않게 하려 함이다." "유대인의 허탄한 이야기"는 '유대인의 신화'를 지칭하는 말이다(딤전 1:4; 4:7; 딤후 4:4). 유대주의자들은 어떤 신이 내려와서 어떤 도시를 건설했다 느니 혹은 어떤 여자와 결혼하여 한 가문을 세웠다는 등의 신화, 곧 허탄한 이야기를 만들었다. "유대인의 허탄한 이야기"에 대해서는 딤전 1:4을 참조하라. 그리고 그레데인들을 꾸짖는 것은 "진리를 배반하는 사람들의 명령을 좇지 않게 하기" 위해서다. "배반하는"(ἀποστρεφομένων)이란 말은 현재 중간 태로 '스스로 거역하는,' 혹은 '습관적으로 거부하는'이란 뜻이다. 유대주의자 들은 진리로부터 스스로 돌아서서 사람의 "명령," 곧 '헛된 유전(遺傳)'을 만들었는데, 그 유전을 좇지 않게 하기 위해서는 디도가 그레데인들을 엄히 꾸짖어야 한다(사 29:13; 마 15:9; 골 2:22). 유대주의자들이 만든 명령이 무엇인지는 다음 절(15절)이 밝혀준다. 곧 먹고 마시는 것과 정결 의식에 관한 금욕주의적 규칙들이다(마 15:1-9; 골 2:20-23; 딤전 4:1-5).

딛 1:15. 깨끗한 자들에게는 모든 것이 깨끗하나 더럽고 믿지 아니하는 자들에게 는 아무 것도 깨끗한 것이 없고 오직 저희 마음과 양심이 더러운지라.

바울은 앞 절(14절)의 "진리를 배반하는 사람들"(유대주의자들)이라는 말을 본 절에서 "더럽고 믿지 아니하는 자들"이라고 바꾸어 말하면서 이들의 명령을 좇지 않아야 한다고 말한다. 거짓 교사들의 유전을 받아서는 안 된다는 것이다. "깨끗한 자들에게는"이란 말은, 뒤따르는 "더럽고 믿지 아니하는 자들"(유대주의자들)이란 말에 비추어, '믿어서 깨끗하게 된 사람들'(엡 5:26; 딤후 1:3)이라는 뜻이다. 그런데 바울은 믿어서 깨끗하게 된 사람들에게는 "모든 것이 깨끗하다"고 말한다(눅 11:39-41; 롬 14:14, 20; 딤전 4:3-4). 믿고 깨끗해진 신자들에게는 "모든 것," 곧 '혼인이나 식물이나 모두 깨끗하다'(딤전 4:3-5). 그리스도의 속죄를 받은 사람들은 모든 식물을 받을 때에 "하나님의 말씀과 기도로" 받기 때문에 모든 것이 거룩해진다. 그러나 "더럽고 믿지 아니하는 자들에게는 아무 것도 깨끗한 것이 없다"(롬 14:23). 곧 '믿지 않아서 더러운 사람들에게는 아무 것도 깨끗한 것이 없다.' 믿지 않는 사람들은 그리스도의 속죄를 받지 않아서 "마음과 양심이 더러워서" 그들이 관계하는 모든 것은 더러운 채 그냥 있게 된다. 그들이 아무리 손을 씻고 몸을 씻어도 역시 그들의 음식은 여전히 더럽다(마 15:1-9). 그들은 하나님께 대하여 가증한 자이고, 복종하지 아니하는 자이며(딛 1:10), 모든 선한 일을 버린 자들이다(딛 1:16). 속이 더러우면 겉도 더럽게 마련이다(마 23:25-28).

딛 1:16. 저희가 하나님을 시인하나 행위로는 부인하니 가증한 자요 복종치 아니하는 자요 모든 선한 일을 버리는 자니라.

"저희," 곧 "진리를 배반하는 사람들"(14절), "더럽고 믿지 아니하는 자들"(15절)은 "하나님을 시인하나 행위로는 부인한다"(딤후 3:5; 유 1:4). 유대주의자들은 말로는 하나님을 믿는다고 시인하지만 예수님을 믿지 않으니 결국은 하나님을 부인하는 사람들이다. 그래서 유대주의자들은 첫째, 하나님 앞에 "가증한 자"(βδελυκτοί), 곧 '구역질나는 자들'이다. 그리고 둘째, 유대주의자들은 "복종치 아니하는 자," 곧 '자기들의 주장을 세워서 하나님의 뜻에 순종치 아니하는 자들'이다. 그리고 셋째, 그들은 "모든 선한 일을 버리는 자들"이다(롬 1:28; 딤후 3:8). 다시 말해 이들은 선한 일을 행할 수 없는 사람들이다.

바울은 5-16절에 걸쳐 그레데 섬의 교회를 개혁하라고 말하는데 감독(교역자)들을 세워서(5-9절) 섬 교회의 교우들의 믿음을 온전케 하고(13절), 유대주의를 받아드린 영지주의 이단을 물리치라(10-16절)고 권한다. 교역자는 교인들의 믿음을 온전케 하고 이단을 척결하는 일에 최선을 다해야 한다.

제2장

여러 유형의 성도들을 위한 교훈

IV. 여러 유형의 성도들을 바르게 교훈하라 2:1-10

바울은 죄 많은 그레데 섬의 교회들을 개혁할 것을 디도에게 주문한(1:5-16) 다음 이제 교회 안에 있는 각층의 교인들을 바르게 지도하라고 부탁한다. 늙은 남자들(1-2절), 늙은 여자들(3-4a), 젊은 여자들(4b-5절), 젊은 남자들(6-8 절), 종들(9-10절)을 바르게 교훈할 것을 부탁하고 있다.

1. 늙은 남자들을 바로 교훈할 것 2:1-2

딛 2:1. 오직 너는 바른 교훈에 합한 것을 말하여.

바울은 디도를 향하여 교회 안에 여러 유형의 교우들에게 "바른 교훈"을 말하라고 부탁한다(1:9; 딤전 1:10; 6:3; 딤후 1:13). 여기 "바른 교훈"(ὑγιαινούσῃ διδασκαλία)이란 말은 '건강한 교훈,' 곧 '사람을 건강하게 하는 말씀'이란 뜻이다. 하나님의 말씀이 사람들에게 건강을 주는 말씀이라는 것이 시편 119편에서만도 많이 열거되고 있다. 하나님의 말씀은 사람들의 마음을 깨끗하게 하고(시 119:9), 기쁘게 하며(시 119:24), 소성케 하고(시 119:25), 구원하며(시 119:41), 곤란 중에 위로를 주고(시 119:50), 지혜롭게 하며(시 119:98), 명철하게 하고(시 119:100), 즐거움을 주며(시 119:143), 평안을 준다(시 119:165).

바울은 바른 교훈에 "합한 것," 곧 바른 교훈에 "일치한 것"을 말해야 한다고 부탁한다. 그런데 섬의 이단자들이 주장하는 것과는 전혀 다른, 바른 교훈에 일치한 것만을 말해야 한다는 것이다. 오늘 세상은 참으로 혼탁하다. 교역자들까지도 성경말씀에 어긋나는 것을 많이 주장하고 있다. 세속적인 이념들을 세속적인 것인줄 모르고 마구 따르고 있다. 우리는 바른 교훈에 합한 것만을 주장하고 또 가르쳐야 한다.

딛 2:2. 늙은 남자로는 절제하며 경건하며 근신하며 믿음과 사랑과 인내함에 온전케 하고.

바울은 사람을 건강케 하는 말씀을 전하여 "늙은 남자로는 절제하며 경건하며 근신하며 믿음과 사랑과 인내함에 온전케 하라"고 말한다. 교회 안의 노인들로 하여금 첫째, "절제하도록"(νηφαλίους) 만들라고 한다. 노인들이 세상에서 방종스러운 삶을 살지 말도록 해야 한다는 것이다. 둘째, "경건하게"(σεμνούς) 살도록 해야 한다는 것이다. "경건하며"라는 말은 '존경스런,' '위엄 있는'이란 뜻으로 노인들은 다른 이들 앞에서 존경받을만해야 한다는 것이다. 셋째, 노인들은 "근신해야" 한다(딤전 3:2; 딛 1:8). 마음을 적절하게 통제하는 삶을 살아야 한다. 다시 말해 신중해야 한다. 넷째, "믿음과 사랑과 인내함에 온전케 해야"한다는 것이다(1:13). "온전케 하고"(ὑγιαίνοντας)란 말은 현재분사로 '계속해서 강건한,' '계속해서 건전한,' '계속해서 튼튼한'이란 뜻이다. 남자 노인들은 그리스도를 믿는 믿음이 튼튼하고 사람을 희생적으로 사랑하는 사랑을 가지며 또 그리스도를 바라보는 인내심이 강해야 한다. 본문의 "인내함"이란 말은 '소망'이란 말과 같은 맥락을 가진 말이다(고전 13:13; 살전 1:3). "소망이 있는 곳에 인내가 따르기 마련이므로 두 덕목은 이런 의미에서 동의어로 취급될 수 있다"(이상근). "믿음과 사랑과 인내"에 대해서는 딤전 6:11의 주해를 참조하라.

2. 늙은 여자를 바로 교훈할 것 2:3-4a

바울은 디도를 향하여 늙은 남자들을 어떻게 지도할 것을 말하고는(2절) 이제 늙은 여자들을 잘 지도해야 한다고 말한다.

딛 2:3-4a. 늙은 여자로는 이와 같이 행실이 거룩하며 참소치 말며 많은 술의 종이 되지 말며 선한 것을 가르치는 자들이 되고 저들로 젊은 여자들을 교훈하되. 늙은 여자들 지도에 대해서는 다섯 가지를 주문한다(다음 절 초반까지). 바울은 디도에게 "이와 같이(ὡσαύτως)," 곧 '늙은 남자들에게 교훈이 필요한 것같이'(2절) 여자들에게도 교훈이 필요하다고 말한다(딤전 2:9-10; 3:11; 벧전 3:3, 4). 늙은 여자들에게 필요한 교훈은 첫째, "행실이 거룩해야"한다는 것이다. 곧 '행실이 세상의 늙은 여자들과는 구별되어야 한다.' 바울은 믿는 여성들을 향하여 외모 단장에 힘쓰지 말고 마음과 행동 단장에 힘을 쓰라고 말한다(딤전 2:9-10). 둘째, "참소치 말아야"한다. "참소하다"(διαβόλους)는 말은 '비방하다' 혹은 '중상하다'는 뜻으로 여자들이 빠지기 쉬운 헐뜯기에 열중하는 것을 말한다. 믿는 여자들은 자기를 쳐서 하나님의 말씀에 복종시키는 일에 열중해야 하고(고전 9:27) 남에 대해서는 격려하고 칭찬하기에 열중해야 한다. 셋째, "많은 술의 종이 되지 말아야" 한다. 포도주를 음료수로 사용했던 그레데 섬의 여자들이 포도주를 조금씩 마시는 것은 허용되었다(딤전 5:23). 그러나 너무 많이 마셔서 술의 노예가 되지 말라는 것이다. 다시 말해 많은 술을 마시지 않으면 견디지 못하는 중독자들이 되지 말라는 것이다. 넷째, "선한 것을 가르치는 자들이 되어야" 한다. 늙은 여자들은 많은 경험과 삶의 지혜가 있으므로 선한 것을 얼마든지 가르칠 수 있으므로 나이 젊은 사람들에게 선한 것을 가르치는 사람들이 되어야 한다(벧전 3:1-2). 다섯째, "저들로 젊은 여자들을 교훈하게 하라"는 것이다. "저들"이란 말은 '늙은 여자'(3절)를 지칭하는 말이다. 늙은 여자들은 "젊은 여자들을 교훈해야" 한다. 젊은 교역자 디도가 직접 젊은 여자들을 교육할 수도 있으나 인생의 경험과 삶의 지혜를 갖춘 늙은 여자 성도들로 하여금 딸이나 며느리들을 교훈하라는 것이다. 늙은 여자들은 가정에서 할 일이 많이 있다. 젊은 사람들 교육도 해야 하고 기도도 하면서 바쁘게 지내야 한다.

3. 젊은 여자들을 바로 교훈할 것 2:4b-5

바울은 디도를 향하여 늙은 남자들(2절)과 늙은 여자들을 잘 지도할 것(3절)을 말한 다음 이제 젊은 여자들 지도에 대해 말한다. 바울은 젊은 여자 교육을 위해서는 노인 여자 성도들에게 맡긴다.

딛 2:4b. 그 남편과 자녀를 사랑하며.
바울은 디도에게 노인 여자 성도들로 하여금 젊은 여자 성도들을 교육하되 여섯 가지를 교육하라고 한다(4b-5절). 첫째, "그 남편과 자녀를 사랑하게" 하라고 부탁한다(딤전 5:14). 남편과 자녀를 사랑하여 가정을 사랑의 공동체로 만들라는 것이다. 그런데 섬의 험한 분위기 속에서(1:12) 기독교 가정을 사랑의 분위기로 만들 것을 주문한 것이다.

딛 2:5. 근신하며 순전하며 집안일을 하며 선하며 자기 남편에게 복종하게 하라 이는 하나님의 말씀이 훼방을 받지 않게 하려 함이니라.

둘째, "근신하게" 하라고 말한다. "근신하며"에 대해서는 2절 주해를 참조하라. 셋째, "순전하게" 만들라고 말한다. "순전하게"(ἀγνάς)라는 말은 '순결한,' '흠 없는'이란 뜻이다. 여자들이 순수한 마음을 가지며 또한 정절을 지켜 결점이 없어야 한다는 것이다. 여자들은 가정에서도 순수해야 하며 또한 자신이 처한 사회에서도 불결하다는 말을 듣지 않는 인격이 되어야 한다. 넷째, "집안일을 하게 해야" 한다. 곧 '집안일을 잘 돌보게' 교육해야 한다. 남편을 돌아보며 자녀들을 돌보고 가정을 잘 지켜나가야 한다. 교회 일을 한다고 가정을 팽개치며, 혹은 세상 재미를 보느라 가정을 등한시해서는 안 된다(잠 31:10-31 참조). 다섯째, "선해야"(ἀγαθάς) 한다. 집안의 윗 사람에게나 남편에게 그리고 아이들에게뿐 아니라 주위의 모든 사람을 향하여 친절해야 한다(마 20:15; 벧전 2:18). 여섯째, "자기 남편에게 복종하게 하라"는 것이다(고전 14:34; 엡 5:22; 골 3:18; 딤전 2:11; 벧전 3:1, 5). 여자가 남편에게 복종해야 한다는 성경 구절은 여러 곳에 있다(롬 7:2; 고전 14:34-35; 엡 5:22-24, 33; 골 3:18; 딤전 2:11-15). 여자는 남자와 인권에 있어서는 동등하지만(갈 3:28), 역할에 있어서 남자에게 복종하여 하나님의 뜻을 이루어야 한다.

이렇게 여자들이 여러 가지 덕을 세워야 하는 이유는 "하나님의 말씀이 훼방을 받지 않게 하려 하기" 위해서다(롬 2:24; 딤전 6:1). 곧 '하나님의 말씀이 잘 전파되게 하기 위해서'다. 만일 여자 교인들의 행동이 잘못되면 교회도 욕을 먹을 뿐 아니라 전도에도 큰 지장을 준다.

4. 젊은 남자들을 바로 교훈할 것 2:6-8

바울은 여자들 교육을 늙은 여자 성도들에게 맡긴 다음(4b-5) 이제는 젊은 남자들을 잘 지도하도록 디도에게 부탁한다. 젊은 남자들에 대해서는 누구에게 맡기는 것이 아니라 디도가 직접 나서서 교육하라고 말한다.

딛 2:6. 너는 이와 같이 젊은 남자들을 권면하여 근신하게 하되.

바울은 디도를 향하여 "이와 같이," 곧 '젊은 여자들을 늙은 여자들에게 맡겨서 교육하도록 한 바와 같이' 젊은 남자들을 교육하라고 말한다. 첫째, "남자들을 권면하여 근신하게" 하라는 것이다. "권면하다"(παρακάλει)는 말은 '충고하다,' '설득하다'라는 뜻으로 간절하게 권하는 것을 뜻한다. 남자들을 권하되 "근신하게" 하라는 것이다. "근신하다"(σωφρονεῖν)는 말은 '건강한 마음이 되다,' '바른 마음이 되다,' '조용히 가라앉다'라는 뜻으로 남자들의 마음이 잘 통제되어야 할 것을 말한다. 근신하는 것은 감독들에게도 필요하고(딤전 3:2; 딛 1:8), 늙은 남자들에게도 필요하며(2절), 젊은 여자들에게도 필요하다(5절). 그러니까 통제되어진 마음은 누구에게나 필요한 것이다. 더욱이 혈기가 넘치고 정욕이 강한 젊은 남자들에게는 필수다. 오늘 우리의 마음은 하나님 말씀으로 통제되어야 하고(골 3:16) 성령으로 통제되어야 한다(엡 5:18).

딛 2:7. 범사에 네 자신으로 선한 일의 본을 보여 교훈의 부패치 아니함과
경건함과.

둘째, "범사에 네 자신으로 선한 일의 본을 보이라"는 것이다.[2] 바울은 디모데에
게도 "말과 행실과 사랑과 믿음과 정절에 대하여 믿는 자에게 본이 되라"고
했다(딤전 4:12). 교훈과 본이 병행해야 한다는 것이다. 그런데 많은 학자들은
디도가 누구를 위하여 "본을 보여야" 하느냐를 두고 앞에 나온 "늙은 남자,"
"늙은 여자," "젊은 여자," 그리고 "젊은 남자" 모두로 보아야 한다고 주장하나
문맥으로 보아 디도가 "젊은 남자들"을 위하여 본을 보이도록 한 것으로 보아야
할 것이다. 물론 교역자는 모든 계층의 사람들에게 본이 되어야 하지만(딤전
4:12) 본문에서는 문맥으로 보아 본을 보여야 할 대상은 젊은 남자들이라고
해야 옳을 것이다. 특히 젊은 여자 교육에 대해서는 이미 늙은 여자들로 하여금
책임을 지게 했으므로 디도는 젊은 남자들을 위해서 특히 본을 보이도록 한
것으로 보아야 할 것이다.

바울은 디도를 향하여 젊은 남자들을 위하여 "선한 일(good works)의
본이 되라"고 부탁한다. 곧 '품위 있는 행실의 본이 되라'는 것이다. 디도는
젊은 남자들에게 선한 행실이 무엇인지 보여주어야 한다. 오늘의 교역자들도
젊은 사람들에게 선한 행실이 무엇인지를 보여주어야 한다. 그리고 디도는
젊은 남성들에게 "교훈의 부패치 아니함"을 보여주어야 한다. 디도의 교훈은
거짓이나 간사함이나 세상 것이 전혀 섞이지 않았음을 보여주어야 한다. 또한
디도는 그가 교훈을 말할 때 "경건함"($\sigma\epsilon\mu\nu\acute{o}\tau\eta\tau\alpha$), 곧 '정중함'을 가지고
말해야 한다. 다시 말해 정중하고 진지하게 말해야 한다. 디도가 이런 것들을

---

2) 본 절 초두에 나오는 "범사에"란 말을 6절에 붙이는 것이 더 타당하다고 주장하는 학자가
있다. "범사에 근신하게 하되"라고 보아야 한다는 것이다. 그러나 우리 한역과 같이 7절에 붙이는
것이 더 옳을 것이다. "범사에," 곧 '모든 점에' 본을 보이라고 말하고 있다.

보여줄 때 젊은이들도 본을 받아 따르게 된다.

딛 2:8. 책망할 것이 없는 바른 말을 하게 하라 이는 대적하는 자로 하여금 부끄러워 우리를 악하다 할 것이 없게 하려 함이라.

그리고 디도는 젊은 남자들로 하여금 "책망할 것이 없는 바른 말"을 하게 해야 한다고 말한다(딤전 6:3). 대적하는 사람들이 아무리 흠을 잡으려고 해도 아무 틈새가 없고 책망할 것이 없는 바른 말을 해서 젊은이들도 본을 받아 역시 대적들에게 책잡히지 않게 해야 한다는 것이다. "대적하는 자(느 5:9; 딤전 5:14; 벧전 2:12, 15; 3:16)로 하여금 부끄러워(살후 3:14) 하게하고 우리를 악하다 할 것이 없게 해야" 한다. 그레데의 거짓 교사들이 흠을 잡으려고 하다가 흠 잡을 내용이 없어서 부끄럽게 만들어야 한다는 것이다. 기독교인들을 악하다고 말할 것이 없게 되어야 한다는 것이다. 디도나 젊은 사람들이나 비방의 대상이 되지 않게 해야 한다는 말이다. 바르지 못한 말씀증거 때문에 욕을 먹는 일은 없어야 할 것이다.

5. 종들을 바로 교훈할 것 2:9-10

바울은 앞에서 디도를 향하여 늙은 남자(2절), 늙은 여자(3절), 젊은 여자(4-5절), 젊은 남자(6-8절)들을 잘 지도하라고 부탁하고 이제는 종들을 잘 지도하라고 부탁한다.

딛 2:9. 종들로는 자기 상전들에게 범사에 순종하여 기쁘게 하고 거스려 말하지 말며.

종들은 자기의 윗사람들에게 첫째, "범사에 순종하여 기쁘게 하고 거슬러 말하지 말아야" 한다(엡 6:5; 골 3:22; 딤전 6:1, 2; 벧전 2:18). "순종하다"(ὑποτάσσεσθαι) 라는 말은 현재 중간태동사로 '자신을 복종시키다,' '자신을 굴복시키다'라는 뜻이다. 종들은 "범사에," 곧 '모든 일에 있어서'(엡 5:24) 자기의 주인들에게 스스로를 굴복시켜서 주인을 기쁘게 해야 한다. 주인을 만족하게 만들어주어야 한다. 모든 일에 있어서 복종한다고 해서 거짓된 일까지 순종해야 한다는 뜻은 아니다. "우리 구주 하나님의 교훈을 빛나게 해야" 하기 때문이다(다음 절). 하나님의 말씀을 빛나게 하지 못하는 것에 대해서는 복종할 필요가 없다. 그리고 소극적으로는 "거슬러 말하지 말라"고 부탁한다. '의도적으로 말대꾸하지 말라'는 것이다. 바울은 믿는 노예들의 주인을 향한 저항을 금하고 있다. 바울이 노예 해방 운동을 시도하지 않고 주인들 앞에 노예들의 순종만을 강요한 것은 오늘의 표준으로 보면 납득이 가지 않는다. 그러나 바울은 노예들을 참된 그리스도인으로 만들려 했다. 영적으로 자유인이 되게 하는 것이다. 영적으로 자유인이 되면 결국은 육적으로도 언젠가는 자유인이 된다(요삼 1:2). 노예들이 먼저 참된 크리스천이 되면 주인들도 하나님과 또 하나님의 교훈에 대해 호감을 가지게 되며(다음 절), 나아가 사회가 개혁되는 것이다. 내부 개혁은 외부 개혁을 가져오는 법이다.

딛 2:10. 떼어 먹지 말고 오직 선한 충성을 다하게 하라 이는 범사에 우리 구주 하나님의 교훈을 빛나게 하려 함이라.

종들은 둘째, 윗사람의 것을 "떼어먹지 말아야" 한다. "떼어먹다"(νοσφιζο-μένους)라는 말은 현재중간태 분사로 '자기 자신을 위하여 계속해서 떼어먹다' 는 뜻으로 주인의 것을 끊임없이 몰래 훔치는 것을 말한다. 바울은 믿는 노예들이 주인들의 것을 몰래 훔쳐서는 안 된다고 말한다. 오늘날 신자들 중에서 남을 속이는 사람들이 있다. 그런 사람들은 아직 독실하게 믿는 사람들이라고 말하기 어렵다. 하나님은 그런 사람들의 악습이 끊어지기를 기대하신다.

그리고 바울은 종들에게 "오직 선한 충성을 다하게 하라"(ἀλλὰ πᾶσαν πίστιν ἐνδεικνυμένους ἀγαθήν)고 부탁한다. 개역판 성경에 빠진 "모든"(πᾶσαν)이란 말을 넣어 번역하면 "오직 모든 선한 신실함을 나타내게 하라"가 된다. "다하게 하라"(ἐνδεικνυμένους)는 현재분사로 '나타나게 하다,' '외적인 증거를 보이다'라는 뜻이다. 노예들로 하여금 모든 참된 신실함을 나타나게 하라는 것이다. 모든 점에서 주인에게 신실함을 입증해 보이라는 말이다. 오늘 성도들은 세상 모든 사람들에게 기독교인들의 신실함을 보여야 한다. 사람이 신실하면 못 산다는 생각은 망할 생각이다. 신실하면 하나님께서 복을 주신다는 것을 알아야 할 것이다. 이렇게 신실함을 보여야 할 이유는 "하나님의 교훈"을 빛나게 해야 하기 때문이다(마 5:16; 빌 2:15). 우리는 이 땅에서 하나님의 말씀을 빛나게 하는 일만을 전심해야 한다.

V. 하나님의 은혜가 나타나 양육하심 2:11-15

바울은 디도에게 여러 유형의 성도들을 바르게 교훈하라고 부탁한(1-10절) 다음 이제는 참 양육자 되시는 하나님의 은혜가 나타나 성도들을 양육하신다는 것을 기억시킨다(11-15절).

딛 2:11. 모든 사람에게 구원을 주시는 하나님의 은혜가 나타나.

본 절 초두의 이유접속사(γὰρ – 왜냐하면)는 앞에 나온 말들(1-10절)과 본
절 이하가 관계가 있음을 말해준다. 곧 모든 유형의 성도들이 바르게 살 수
있는(1-10절) 이유는 "모든 사람에게 구원을 주시는 하나님의 은혜가 나타나
우리를 양육하시기"(11-14절) 때문이라는 것이다(3:4-5; 롬 5:15; 벧전 5:12).
사람의 힘만으로 아무 것도 되는 일이 없고 하나님의 은혜가 나타날 때 모든
일이 가능하다는 것이다.

　　"모든 사람에게 구원을 주신다"는 말은 고금동서 천하 만민이 다 구원을
받는다는 말이 아니라 믿는 사람은 누구든지 인종차별 없이 모든 사람이 구원을
받는다는 뜻이다(눅 3:6; 요 1:9; 딤전 2:4). 하나님은 인종을 차별하시지 않고
믿는 사람들에게 구원을 베푸신다(요 3:16). "하나님의 은혜가 나타났다"는
말은 14절에서 재설(再說)된다. 곧 "그(예수님)가 우리를 대신하여 자신을 주신
것"을 지칭한다(요 1:16-17; 롬 3:24). 예수님께서 우리를 대신하여 죽으신
것이 하나님의 최고의 은혜다.

**딛 2:12. 우리를 양육하시되 경건치 않은 것과 이 세상 정욕을 다 버리고 근신함과
의로움과 경건함으로 이 세상에 살고.**
바울은 본 절과 다음 절에서 "하나님의 은혜가 나타나"(11절) "우리(바울 자신
과 그레데 섬 교회의 성도들)를 양육하시는" 것을 세 가지로 설명한다. 여기
"양육한다"(παιδεύουσα)는 말은 '훈련시킨다'는 뜻이다. 하나님의 은혜가
우리를 세 가지로 훈련시키신다. 첫째, 소극적인 측면으로 "경건치 않은 것(눅
1:75; 롬 6:19; 엡 1:4; 골 1:22; 살전 4:7)과 이 세상 정욕을 다 버리게"(벧전
4:2; 요일 2:16) 하신다. "경건치 않은 것"은 '불신앙적인 것과 우상숭배 등'을
지칭하고, 또 "세상 정욕"이란 '세상의 쾌락, 탐심, 음욕, 명예욕, 이기심 등'을

지칭한다. 하나님의 은혜는 이 모든 것들을 버리게 만드신다. 그리스도를 통하여 주시는 하나님의 은혜를 많이 받을 때 세상의 더러움에서 탈출하게 된다. 둘째, 적극적인 측면으로 "근신함과 의로움과 경건함으로 이 세상에 살게" 하신다. "근신함"이란 자신을 잘 통제하는 것을 말하고, "의로움"은 대인관계를 바르게 하는 것을 말하며, "경건함"이란 하나님을 잘 경외하는 것을 지칭한다. 그리스도를 통하여 주시는 하나님의 은혜를 받을 때 우리는 자신을 통제할 수가 있고, 인간관계를 바르게 할 수 있으며, 또한 하나님을 경외하는 삶을 살아갈 수 있다. 그런데 바울은 우리가 아무리 큰 은혜를 받아도 "이 세상에 사는" 것이지 천국에 사는 것은 아니라고 말한다. 곧 이 세상은 우리의 훈련장이라는 것이다. 우리는 이 세상을 향락의 장소로 알아서는 안 된다.

딛 2:13. 복스러운 소망과 우리의 크신 하나님 구주 예수 그리스도의 영광이 나타나심을 기다리게 하셨으니.

셋째(첫째, 둘째는 12절에 있음), 하나님의 은혜가 나타나 우리로 하여금 "복스러운 소망과 우리의 크신 하나님 구주 예수 그리스도의 영광이 나타나심을 기다리게 하셨다." "복스러운 소망"이란 '영생의 소망'을 지칭한다(1:2; 3:7; 행 24:15; 골 1:5, 23). 하나님의 은혜를 크게 받으면 영생의 소망을 기다리게 된다. 또 하나님의 은혜가 나타나 "우리의 크신 하나님 구주 예수 그리스도의 영광이 나타나심(골 3:4; 딤후 4:1, 8; 벧전 1:7; 요일 3:2)을 기다리게 하셨다는 것"이다(행 1:11; 고전 1:7; 빌 3:20; 히 9:28; 벧후 3:12). 곧 '예수 그리스도의 영광의 재림을 기다리게 하신 것'이다. 영생의 소망이나 그리스도의 재림 소망이나 똑같은 것이다. 영생의 소망은 그리스도의 재림의 날에 온전히 이루어지기 때문이다.

그런데 "우리의 크신 하나님 구주 예수 그리스도"란 말이 하나님과 그리스
도를 지칭한 것이냐 아니면 그리스도 한분을 지칭한 것이냐에 대해서는 논란이
있다. 문맥으로 보아 그리스도 한분을 지칭하는 것으로 보아야 할 것이다.
본 절이 그리스도의 재림을 말하고 있기 때문에, 문법적으로 그리스도 한분을
지칭하는 것으로 보아야 한다. 그리고 또 "우리의 크신 하나님 구주"(τοῦ
μεγάλου θεοῦ καὶ σωτῆρος ἡμῶν)라는 말 앞에 정관사가 있어서 이 말
전체가 "예수 그리스도"(Ἰησοῦ Χριστοῦ)라는 말을 수식하고 있기 때문이다.
예수님은 "우리의 크신 하나님"이시라는 것이 성경의 증언이다(10절; 요
20:28). 우리는 은혜를 크게 받아 영생의 소망과 그리스도의 영광의 재림을
기다리며 살아야 한다.

딛 2:14. 그가 우리를 대신하여 자신을 주심은 모든 불법에서 우리를 구속하시고
우리를 깨끗하게 하사 선한 일에 열심하는 친 백성이 되게 하려 하심이니라.
바울은 앞에서 재림하실 예수 그리스도를 말하고(13절) 본 절에서는 "그(그리스
도)가 우리를 대신하여 자신을 주신" 분이라고 말한다(고후 5:14-15; 갈 1:4;
2:20; 엡 5:2; 딤전 2:6). 앞으로 재림하실 그리스도는 과거에 우리를 위해
죽으신 분이다. 그리스도께서 우리를 위해 자신을 주신 목적은 두 가지다.
첫째, 소극적으로는 "모든 불법에서 우리를 구속하시기" 위해서다(시 130:8).
"불법"(ἀνομίας)이란 말은 '법을 파괴한 것,' '죄악'을 뜻한다(요일 3:4). 또
"구속하셨다"(λυτρώσηται)는 말은 부정(단순)과거 중간태로 '몸값을 치르고
되찾다,' '속전을 지불하고 빼내다,' '해방시키다'라는 뜻이다. 예수님은 십자가
에서 죽으심으로 우리를 모든 죄로부터 빼내셨다(롬 5:8-11). 둘째는 적극적으
로 "우리를 깨끗하게 하사 선한 일에 열심하는 친 백성이 되게 하기 위함이었

다"(삼하 7:23-24). 예수님은 우리를 모든 죄로부터 빼내 오실 뿐 아니라 또 "깨끗하게 하셨다"(히 9:14). "깨끗하게 하사"(καθαρίση)라는 말은 부정(단순) 과거시제로 단호하게 일회적으로 피와 성령으로 깨끗하게 하셨다는 것이다(엡 5:26; 히 9:14; 요일 1:7, 9). 예수님의 십자가의 피 흘리심은 반복되는 것이 아니라 한번으로 영원한 효과를 나타나게 하신 것이다. 그러므로 누구든지 예수님을 믿기만 하면 단번에 깨끗함에 이른다(히 9:24-28). 그리고 "선한 일에 열심을 내는 친 백성이 되게 하셨다"(3:8; 엡 2:10). "친 백성"(출 15:16; 19:5; 신 7:6; 14:2; 26:18; 벧전 2:9)이란 '특별한 소유'라는 뜻이다. 성도들은 예수님의 십자가의 대속의 효력으로 그리스도의 특별한 소유, 특별한 존재가 되었다(벧전 2:9). 이렇게 그리스도의 특별한 소유가 되게 하신 이유는 선한 일을 열심히 하는 사람들이 되게 하시려는 것이다. 우리는 오직 하나님의 영광을 위해서 살아야 한다(고전 10:31).

딛 2:15. 너는 이것을 말하고 권면하며 모든 권위로 책망하여 누구에게든지 업신여김을 받지 말라.

바울은 이제 결론적으로 "이것," 곧 '바울이 말한 교훈들'을 말할 사람들에게는 말하고 또 권면할 사람들에게는 권면하고(딤후 4:2), 또 책망할 사람들에게는 책망하라고 말한다. 또 어떤 경우에는 한 사람을 향하여 "먼저 진리를 말하고, 다음으로 그것에 비춰 잘못된 것이나 부족한 일에 권면하고, 그래도 되지 않을 때에는 책망하는 것이다."[3] 말하고 권면하며 책망하는 일을 할 때 "모든 권위"를 가지고 하라는 것이다. 그리스도께서 주신 권위를 가지고 단호히 권하고 책망하라는 것이다. 먼저 자신이 교훈대로 살뿐 아니라 다른 성도들에게

3) 이상근, 『살전-디도』, 신약주해, p. 332.

그리스도께서 주신 권위를 가지고 일을 할 때 "누구에게든지 업신여김을 받지 말아야" 한다는 것이다(딤전 4:12). 오늘도 교역자가 하나님의 말씀을 가감 없이 가르치면 업신여김을 받지 않게 된다. 이유는 하나님께서 권위를 주시고 또 함께해주시기 때문이다.

제3장

성도가 사회생활을 어떻게 할 것인가

VI. 성도가 사회생활을 어떻게 할 것인가 3:1-8

바울은 교회 안에서 각층의 교우들을 어떻게 대해야 할지를 말한(2:1-15) 다음 이제는 교회 밖의 사람들을 어떻게 대해야 할지를 말한다(1-11절). 먼저 권세 잡은 자들을 어떻게 대할 것인가를 말하고(1절), 믿지 않는 세상 사람들을 어떻게 대해야 할지를 교훈한다(2-8절).

딛 3:1. 너는 저희로 하여금 정사와 권세 잡은 자들에게 복종하며 순종하며 모든 선한 일 행하기를 예비하게 하며.

바울은 디도에게 교우들로 하여금 권세 잡은 자들을 어떻게 대해야 할지를 교훈한다. "정사와 권세 잡은 자들"은 하나님께서 성도들의 육신생활을 위하여 세워주신 하나님의 심부름꾼들이다(롬 13:4). 교회의 교역자들은 성도들의 영적인 삶을 위하여 하나님께서 세워주신 심부름꾼들이고, 세상의 통치자들은 성도들의 육신생활을 돌보도록 세워주신 심부름꾼들이다.

바울은 세상의 권세를 잡은 자들에게 "복종하며 순종하라"고 말한다(롬 13:1-7; 벧전 2:13). 세상 권세자들의 권세는 하나님께서 사람들의 육신생활을 돌보라는 뜻으로 주신 권세이므로 성도들은 그들의 통치에 복종해야 한다는 것이다. "복종하며(ύποτάσσεσθαι) 순종하라(πειθαρχεῖν)"고 반복한 것은 강조를 위한 표현으로 반드시 복종하라는 말이다. 그러나 하나님의 뜻을 거역하는 일까지 복종해서는 안 된다는 것이 성경의 증언이다(행 4:19; 5:29).

그리고 바울은 성도들에게 "모든 선한 일 행하기를 예비하게 하라"고 부탁한다(골 1:10; 딤후 2:21; 히 13:21). 성도들은 권세 잡은 자들에게 복종할 뿐 아니라 자원하여 모든 선행을 행할 준비를 하고 있어야 한다(롬 13:3). 그리고 성도들은 권세 잡은 자들에게뿐 아니라 일반 사회인들에게도 모든 선을 행할 준비를 하고 있어야 한다. 모든 선한 일은 그 어떤 한 쪽에게만 국한할 것이 아니다. 혹자는 본문의 "모든 선한 일 행하기를 예비하게 하며"란 말이 권세 잡은 자가 행하는 일로 해석하나 바울은 이 부탁을 성도들에게 주었기에 성도들이 정권을 향하여 선을 행하고 또 일반 사회 사람들을 향해서 선한 일을 행하는 것으로 보아야 할 것이다.

딛 3:2. 아무도 훼방하지 말며 다투지 말며 관용하며 범사에 온유함을 모든 사람에게 나타낼 것을 기억하게 하라.

사회생활을 할 때 "아무도 훼방하지 말라"고 말한다(엡 4:31). "훼방한다"(βλασφημεῖν)는 말은 '비방하다,' '중상모략하다'라는 뜻으로 신자는 세상의 불신자들을 향하여 '욕'을 하지 말아야 한다(벧전 2:23). 그리고 어떤 경우에도 "다투지" 말아야 한다(딤전 6:4; 딤후 2:24-25). 그리고 또 성도들은 불신자들과의 관계에서 "관용해야 한다"(빌 4:5). 성도는 널리 '용납하고 양보하는 삶을 살아야 한다'(창 13:8). 용서하고 양보하면 하나님께서 채워주신다(창 13:14-18). 성도들은 사회생활에서 "범사에 온유함을 모든 사람에게 나타내야" 한다(엡 4:2; 골 3:12). 성도는 항상 성도나 불신자를 향하여 겸손하고 친절을 다해야 한다. 비록 우리 성도들을 향하여 찌르는 듯한 행동을 보여도 여전히 부드러운 태도를 보여야 한다. 예수님은 항상 온유하셨고(마 11:29), 모세도 온유하였으며(민 12:3), 다윗도 온유하였고(삼하 16:11), 바울도 온유하였다(딤후 4:16). 우리는 우리의 힘으로 온유하지 못하고 성령의 충만함 중에 온유할 수 있음을 알아야 한다(갈 5:23). 우리가 사람을 향하여 온유하게 대할 때 사람을 얻게 되고 또 전도의 문도 열린다(마 5:5).

딛 3:3. 우리도 전에는 어리석은 자요 순종치 아니한 자요 속은 자요 각색 정욕과 행락에 종노릇한 자요 악독과 투기로 지낸 자요 가증스러운 자요 피차 미워한 자이었으나.

본 절 초두의 이유접속사(γάρ – 왜냐하면)는 성도가 불신자들을 널리 받아드려야 하는 이유를 밝힌다. 바울과 디도 그리고 그레데 섬의 성도들은 과거에 그레데 섬의 불신자들처럼 죄인들이었으므로 그들을 널리 받아들여야 한다(고전 6:11; 엡 2:1; 골 1:21; 3:7; 벧전 4:3). 우리의 과거를 생각하고 불신자들과 다투지 말고 양보하며 온유하게 대해야 한다. 바울은 자신의 과거의 형편을 7가지로 묘사하고 있다. 첫째, "어리석은 자(ἀνόητοι)"였다. 이것은 '지각이 없는 자,' '무식한 자'였다는 말이다(시 14:1; 딤전 6:9). 하나님을 모르면 모두 무식쟁이들일 수밖에 없다(고전 2:14). 둘째, "순종치 아니한 자"였다. 이것은 '하나님과 말씀에 대한 불순종'을 의미한다. 셋째, "속은 자"였다. 이것은 하나님을 모르던 때에 마귀와 세상철학과 지식에 속은 것을 뜻한다. 하나님을 모르는 사람들은 모두 속으며 살고 있는 것이다. 넷째, "각색 정욕과 행락에 종노릇한 자"였다. 이것은 각종 쾌락과 즐기기에 매였던 자라는 것이다(롬 2:26). 오늘도 많은 사람들은 세상 즐기기에만 전념하고 있다. 다섯째, "악독과 투기로 지낸 자"였다. "악독"(κακία)은 사람의 마음속에 자리 잡은 '악 자체' 를 뜻한다(행 8:22; 롬 1:29; 약 1:21). 투기(φθόνῳ)란 남이 잘 되는 것을 싫어하는 '지독한 시기심'을 지칭한다(롬 1:29; 갈 5:21; 딤전 6:4). 여섯째, "가증스러운 자"였다. 사람들에게 혐오감을 주는 자였다는 것이다(딛 1;16). 하나님을 믿지 않는 사람들은 다른 사람들에게 혐오감을 느끼게 한다. 많은 죄를 지으며 또한 특별히 이기적인 삶을 살기 때문에 다른 사람들이 싫어하게 된다. 일곱째, "피차 미워한 자"였다. 믿지 않는 사람들은 겉으로는 웃음을 띠어도 속으로는 서로 미움이 가득 차 있다. 부모가 자식을 사랑하는 것을 제외하고는 대체적으로 서로 미워하며 살아간다.

딛 3:4. 우리 구주 하나님의 자비와 사람 사랑하심을 나타내실 때에.
성도들이 세상의 불신자들을 온유하게 대해야 할 또 하나의 이유가 본 절에서부터 7절까지 계속된다. 우리도 그 사람들과 똑같은 사람들이었는데 하나님의 사랑으로 구원을 받았으니 그들을 온유하게 대해야 한다.

바울은 하나님을 묘사할 때 "우리 구주 하나님"이라고 말한다(딤전 2:3). "구주"란 말은 6절의 예수님에게도 붙여진다(딛 1:4; 2:13). 하나님은 우리의 구원을 계획하셔서 그의 "자비와 사람 사랑하심을 나타내실 때에" 예수님을 이 땅에 속죄양으로 보내셔서 우리의 구원을 이루셨다. 그래서 하나님에게도 이 칭호가 붙여졌고 예수님에게도 붙여졌다. "자비"(χρηστότης)란 '미덕' 혹은 '친절'이란 뜻이고(롬 2:4; 11:22; 고후 6:6; 갈 5:22; 엡 2:7; 골 3:12),

"사람 사랑하심"(φιλανθρωπία)이란 말은 '인간애,' '박애'를 뜻한다(행 28:2). "나타내실"(ἐπεφάνη)이란 말은 부정(단순)과거 수동태로 '나타나게 된,' '계시된'이란 뜻으로 그리스도의 강림을 뜻한다. 하나님은 그의 자비와 인간애를 발휘하셔서 그의 독생자를 이 땅에 보내셨다.

딛 3:5. 우리를 구원하시되 우리의 행한바 의로운 행위로 말미암지 아니하고 오직 그의 긍휼하심을 좇아 중생의 씻음과 성령의 새롭게 하심으로 하셨나니.

하나님은 "우리를 구원하시되 우리의 행한바 의로운 행위로 말미암지 아니하고 오직 그의 긍휼하심을 좇아" 하셨다. 하나님께서 우리를 구원하신 것은 "우리의 행한바 의로운 행위"를 보시고 하신 것이 아니고(롬 3:20-24; 9:11; 11:6; 갈 2:16-17; 엡 2:8-9; 딤후 1:9), 오직 "하나님의 긍휼하심"을 근거로 하셨다(눅 10:37; 롬 11:6). "하나님의 긍휼하심"에 따라 구원하셨다는 것이다. "긍휼하심"이란 말은 4절에 말한바 "자비와 사람 사랑하심"을 지칭한다(롬 3:21; 갈 2:16; 엡 2:4-10).

본 절에 처음으로 나오는 "구원하시되"(ἔσωσεν)라는 말은 부정(단순)과거로 하나님께서 이미 과거에 우리를 구원하셨다는 뜻이다. 하나님께서 우리를 구원하신 경로는 첫째, "중생의 씻음"으로 하셨다(요 3:3, 5; 엡 5:26; 벧전 3:21). "중생"(παλιγγενεσίας)이란 '새로운 탄생,' '쇄신'이란 뜻으로 '영적인 생명을 받음,' '신령한 생명을 받음,' '영원한 생명을 받는 것'을 뜻한다(요 1:13; 3:3, 5-8; 고후 5:17; 갈 6:15; 벧전 1:23; 요일 2:29). "씻음"(λουτροῦ)이란 '목욕,' '목욕재계,' '씻기'라는 뜻으로(엡 5:26) 단순한 물세례를 지칭하는 것이 아니라 중생한 자가 받는 '영적인 씻음'을 뜻한다.[4] 둘째, "성령의 새롭게

---

4) "씻음"이란 말에 대해서는 많은 해석이 가해졌다. 1) '대야,' 2) '침수,' 3) '물세례,' 4) '중생자체,'

하심으로 하셨다"(롬 12:2; 엡 5:26-27). "성령의 새롭게 하심"이란 '성령께서 하시는 사역으로 중생한 성도를 영적으로 새롭게 만드는 것'을 뜻한다. 성도가 중생하자마자 성령께서는 즉각적으로 성화를 시작하시며(positional sanctification) 또한 성도의 일생을 두고 계속해서 성화해 나가신다(progressive sanctification). 그런데 혹자는 "중생"과 "성령의 새롭게 하심"을 동일한 사건으로 말하기도 하나 이 두 사건은 서로 다른 것이다. "중생"은 영원한 생명을 받아서 새 사람이 되는 것을 뜻하고 "성령으로 새롭게 하심"은 성령의 사역으로 성화하는 것을 지칭한다. "의롭다하심을 얻게 하신 것"이나 "영생의 소망 중에 후사가 되게 하신 것"은 7절에서 설명할 것이다.

딛 3:6. 성령을 우리 구주 예수 그리스도로 말미암아 우리에게 풍성히 부어 주사.

바울은 바로 앞 절 끝에 말한 "성령"이란 말을 받아 그 성령님은 하나님께서 그리스도를 통하여 풍성히 부어주신 것이라고 말한다. 곧 "성령을 우리 구주 예수 그리스도로 말미암아 우리에게 풍성히 부어 주셨다"고 말한다(욜 2:28; 요 1:16; 행 2:33; 10:45; 롬 5:5). 하나님은 성령을 "우리 구주 예수 그리스도로 말미암아"(διὰ Ἰησοῦ Χριστοῦ τοῦ σωτῆρος ἡμῶν) 부어주셨다는 것이다. 곧 '그리스도를 통하여,' '그리스도를 중재자로 하여'(요 7:38, 39; 14:16; 15:26; 행 2:33) "우리에게 풍성히 부어주셨다." "풍성히"란 말은 "성령을 부어주심으로 해서 생기는 영적인 은사들이 풍성하게 공급될 것을 가리키는

---

5) '영혼을 죄로부터 씻는다는 하나의 상징,' 6) '영적인 씻음'(Hendriksen). 바울은 "중생"을 '영적인 씻음'으로 보기도 했다. 그러니까 "중생"이나 "성령의 새롭게 하심"이나 영적인 씻음임에는 틀림없지만 "중생"은 '새로운 영적인 생명의 탄생'이란 차원에서의 씻음이고 "성령의 새롭게 하심"은 '성령으로 말미암은 성화'라는 뜻에서의 씻음이라고 할 수 있다.

말이다."5) 또 "부어 주사"(ἐξέχεεν)란 말은 부정(단순)과거 능동태로 이미 과거 오순절에 성령을 부어주신 것을 가리키는 말이다(행 2:17-18, 33). 하나님은 그리스도를 통하여 성도들에게 성령을 풍성히 부어주셔서 중생을 주셨고, 또 중생한 성도들의 심령을 새롭게 해주셨다.

딛 3:7. 우리로 저의 은혜를 힘입어 의롭다 하심을 얻어 영생의 소망을 따라 후사가 되게 하려 하심이라.

본 절 초두의 목적을 말해주는 접속사(ἵνα - "위하여")는 본 절의 내용이 앞 절의 성령 내려주심의 결과임을 밝히고 있다. 하나님께서 성령을 내려주셨기에 성도들이 "의롭다 하심을 얻어(2:11; 롬 3:24; 갈 2:16) 영생의 소망을 따라(1:2) 후사가" 되었다는 것이다. 바울이 앞에서(5절) 말하던 하나님의 구원의 경로는 셋째, "우리로 저의 은혜를 힘입어 의롭다 하심을 얻게" 하셨다는 것이다. '우리로 하여금 하나님의 은혜를 힘입어 의롭다 하심을 얻게' 하셨다. "의롭다 하심을 얻어"(δικαιωθέντες)라는 말은 부정(단순)과거 수동태분사로 '이미 의롭다고 선언되었다'는 뜻으로 전적으로 하나님의 은혜에 의한 것이라는 것이다. 넷째, "영생의 소망을 가지게 하시고 후사가 되게 하여서" 구원을 이룩하신다는 것이다(롬 8:23-24). 성령은 우리로 하여금 하나님의 은혜를 입게 하셔서 영생의 소망을 가지게 하시고(1:2), 그리스도와 함께 상속자가 되게 하신다(갈 4:4-7).

바울은 그런데 교회의 성도들에게 그런데 섬의 불신자들을 관용하며 온유하게 대할 것을 부탁하는 중에 대단한 교리를 말한다. 우리가 불신자들을 관용하고 온유해야 할 이유는 크다는 것이다. 우리도 역시 과거에 그들과 마찬가지로

---

5) 윌리암 헨드릭슨, 『목회서신』, 헨드릭슨 성경주석, p. 521.

죄인들이었다가 하나님의 은혜로 중생했고 의롭다함을 얻었으며 영생의 소망 중에 그리스도와 함께 상속자가 된 것이다. 우리는 하나님의 은혜를 찬양할 뿐 사회의 불신자들을 멸시해서는 안 된다.

딛 3:8. 이 말이 미쁘도다. 원컨대 네가 이 여러 것에 대하여 굳세게 말하라 이는 하나님을 믿는 자들로 하여금 조심하여 선한 일을 힘쓰게 하려 함이라 이것은 아름다우며 사람들에게 유익하니라.

바울은 "이 말이 미쁘다"고 말한다(1:9; 딤전 1:15; 3:1; 4:9; 딤후 2:11). 곧 '바울이 4-7절에 말한바 하나님의 복음이 신실하다'는 것이다. 다시 말해 '믿을만한 말이라'는 것이다. 그리고 바울은 "원컨대 네가 이 여러 것에 대하여 굳세게 말하라"고 부탁한다. "여러 것"이란 4-7절에 나온 여러 가지 사항을 지칭한다. 곧 하나님의 자비와 사람 사랑(4절), 하나님의 긍휼하심과 중생의 씻음 그리고 성령의 새롭게 하심(5절), 영생의 소망과 우리가 상속자가 된 것 등(7절)을 지칭한다. 바울은 디도를 향하여 그런 것들을 "굳세게 말하라"고 말한다. "굳세게 말하라"($\delta\iota\alpha\beta\epsilon\beta\alpha\iota o\hat{\upsilon}\sigma\theta\alpha\iota$)는 '강력하게 말하라,' '확신 있게 말하라'는 뜻이다(딤전 1:7). 그런데 섬에는 이단자들이 많았으므로 더욱 힘 있게 말해서 성도들로 하여금 확신 있게 서게 해야 한다는 것이다. 오늘도 교역자는 성령의 능력을 받아 힘 있게 전해야 한다.

그러면 바울은 무슨 목적으로 복음을 굳세게 말하도록 디도에게 부탁했는 가. 그것은 "하나님을 믿는 자들로 하여금 조심하여 선한 일을 힘쓰게 하기" 위해서다. 하나님을 믿는 성도들로 하여금 "조심하여," 곧 '가볍게 처신하지 말고 사려 깊게 처신하여' 선한 일을 "힘쓰게 하기" 위해서라는 것이다(2:14). "힘쓰게 하다"($\pi\rho o\hat{\iota}\sigma\tau\alpha\sigma\theta\alpha\iota$)는 중간태 동사로 '단호하게 수행하다,' '열심히 수행하다라는 뜻이다. 교역자가 하나님의 복음을 힘 있게 증명해야 할 이유는 성도들로 하여금 생각 깊이 선한 일을 열심히 수행하도록 하기 위해서라는 것이다.6) 교역자가 하나님의 사랑으로 구원받는다는 복음을 힘 있게 전하면, 복음을 들은 사람은 선한 일을 하게 되어 있는 것이다. 교역자는 사람들에게 선한 일 자체를 권하는 것보다는 그리스도의 사랑을 힘 있게 전해서 선한 일을 하게 해야 할 것이다.

바울은 "이것(ταῦτα – these things)," 곧 '선을 행하는 것'은 "아름다우며 사람들에게 유익하다"고 말한다. '선을 행하는 것'이 "아름답다"고 말할 수 있는 이유는 선행이 복음의 열매이기 때문이다(약 2:14-26). 그리고 성도들이 '선을 행하는 것'이 "사람들에게 유익하다"고 했는데 신자들은 말할 것도 없이 불신자들에게까지 유익하다는 것이다. 선을 행하는 것이 불신자들에게까지 "유익하다"고 할 수 있는 이유는 신자들이 선을 행하는 것을 보고 불신자들이 혜택을 받을 뿐 아니라 더욱이 하나님께서 신자들과 함께 하시는 것을 볼 수 있기 때문이다. 혹자는 "이것"이란 말이 4-7절에 언급된 하나님의 구속 사역이라고 말하기도 하며, 혹자는 바울이 이제까지 디도에게 말한 모든 권면(교리)이라고 주장하기도 하나 설득력이 약하다. 이유는 1) 4-7절의 복음에 대해서 바울은 이미 "이 말이 미쁘도다"라고 말을 했는데 또 다시 "아름다우며 사람들

---

6) 존 스토트는 말하기를 "선한 일이란 표현은 목회서신에 열네 번 등장한다. 바울은 이 주제에서 다섯 가지를 강조하는 것 같다. 첫째 그리스도께서 죽으신 목적은 바로 선한 일에 열심인 자신의 친 백성을 만들기 위해 그들을 정결케 하는 것이었다(딛 2:14). 둘째, 선한 일은 결코 구원의 근거가 될 수 없다(딛 2:5; 딤후 1:9). 그러나 그것은 구원의 본질적인 증거다(딛 3:8, 14). 셋째, 따라서 모든 그리스도인은 선한 일을 하도록 '구비되고 준비되어' 있어야 한다 …. 넷째, 목회사역 자체가 선한 일이기 때문에 모든 그리스도인 지도자는 자신이 하는 선한 일에서 뛰어나야 한다 …. 다섯째, 다른 무엇보다도 선한 일이야말로 복음을 장식하고 외인들에게 그것을 권장하는 역할을 한다(딛 2:9-10)." 존 스토트, 디모데전서. 디도서강해, BST, 김현회 옮김, (서울: 한국기독학생회출판부, 1998), p. 288.

에게 유익하니라"고 말할 필요가 없기 때문이다. 2) 4-7절의 복음이 세상 사람들에게 꼭 유익하다고 말할 수 없기 때문이다. 세상의 불신자들은 복음 자체를 유익이라고 생각하지 않고 아무런 매력이 없는 것으로 생각할 수도 있는 것이다. 3) 9절의 대구를 보면 이단자들과의 다툼은 "무익한 것이요 헛된 것이라"고 말한 것을 보면 본 절의 "이것은 아름다우며 사람들에게 유익하니라"는 말씀도 역시 앞에 말한 "선한 알"을 지칭하는 것으로 보아야 할 것이다. 다시 말해 악행과 선행을 대조한 것으로 보아야 할 것이다. 그러므로 우리 본문에 말한 "이것," 곧 '이것들'은 바로 앞에 언급된 '선행들'(good works)이라고 보는 것이 옳을 것이다. 선행은 복음의 열매이니 참으로 아름다운 것이며 또한 세상의 불신자들에게까지도 여러모로 유익한 것이다.

VII. 이단자를 어떻게 대할 것인가 3:9-11

바울은 본 서신 마지막 부분에서 이단자 문제를 다시 말하고 있다. 이단자들과 심하게 다툴 것이 아니라 한두 번 훈계하고 거리를 두라고 권한다.

딛 3:9. 그러나 어리석은 변론과 족보 이야기와 분쟁과 율법에 대한 다툼을 피하라 이것은 무익한 것이요 헛된 것이니라.
복음(4-7절)을 힘 있게 말해서 사람들이 선한 일을 힘쓰게 하는 것과는 대조적으로 바울은 "어리석은 변론과 족보 이야기와 분쟁과 율법에 대한 다툼을 피하라. 이것은 무익한 것이요 헛된 것이라"고 말한다(1:14; 딤전 1:3-7; 6:3-5; 딤후 2:23; 딛 1:9-10). "어리석은 변론"이란 성경에 없는 내용을 가지고 변론하는 것과 신앙생활에 무익한 변론을 말한다. 그리고 "족보 이야기"는 조상들의 족보를 새로 짜서 자신들의 가족과 연결 지어 자신들의 가족이 우월하다는 것을 드러내는 이야기를 지칭한다. 이에 대해서는 딤전 1:4의 "끝없는 족보"에 대한 주해를 참조하라. "분쟁과 율법에 대한 다툼"이란 하나님께서 율법을 주신 근본정신을 떠난 안식일 준수, 할례준수, 정결례 등을 놓고 서로 다투는 일을 지칭한다. 오늘도 이런 다툼이 교회 안에 존재한다. 바울은 유대주의자들과의 헛된 논쟁을 "피하라"고 권한다. "피하라"(περιίστασο)는 말은 미완료 중간태 동사로 '계속해서 멀리 서있으라'는 뜻이다. 다시 말해 '거리를 두고 있으라'는 말이다. 이단자들과 다툼을 피해야 할 이유는 "이것은 무익한 것이요 헛된 것이기" 때문이다(딤후 2:14). 다툼은 신앙과 덕에 아무 유익을 주지 못하고 허탈감을 준다.

딛 3:10. 이단에 속한 사람을 한두 번 훈계한 후에 멀리 하라.

바울은 디도에게 이단에 속한 사람들을 취급하는 법을 가르친다. "이단7)에 속한 사람"이란 '정통 교리와 다른 견해들을 지지하는 무리들'을 지칭하는데 그레데 섬의 유대주의자들을 가리킨다. 바울은 족보 이야기를 하며 또한 율법에 대한 다툼을 일삼는 유대주의자들(9절)을 "한두 번 훈계한 후에 멀리하라"고 부탁한다(마 18:15-17; 고후 13:2). 먼저 "한두 번 훈계하라"는 것이다. 이단 교리를 버리고 정통 교리를 받아드리도록 권고하라는 것이다. 다음, 훈계를 받아드리지 않는 사람에 대해서는 "멀리하라"고 말한다(마 18:17; 롬 16:17; 살후 3:6, 14; 딤후 3:5; 요이 1:10). "멀리하라"는 말은 앞 절(9절)에서 말한바와

---

7) "이단"이란 말은 '도당, 당파, 파벌을 만들거나 양성하는 사람'을 지칭한다. 본 절에서는 사도의 바른 교훈을 거부하고 자신이 만든 어떤 교리를 가지고 분파를 만드는 사람과 그 추종자들을 가리키는데 바울 사도 시대에는 영지주의 이단이 대표적인 이단이었다.

같이 '거리를 두라'는 뜻이다. 멀리하는 방법으로는 교제를 끊는 것과 심한 경우 출교하는 것까지를 포함할 수 있다(Calvin).

딛 3:11. 이러한 사람은 네가 아는 바와 같이 부패하여서 스스로 정죄한 자로서 죄를 짓느니라.

바울은 디도가 아는 바와 같이 이단자는 "부패하여서 스스로 정죄한 자로서 죄를 짓는다"고 말한다. 첫째, 이단자는 "부패했다." "부패했다"(ἐξέστραπται)는 말은 완료시상 수동태로 '이미 타락해서 지금까지 타락한 상태에 있다,' '이미 변태되어 변태된 상태에 있다'는 뜻이다. 부패한 이단자는 부패한 지 오래되어 도무지 회생의 가능성이 없다는 것이다. 그리고 둘째, "스스로 정죄한 자"다. "스스로 정죄한 자"(αὐτοκατάκριτος)란 말은 '양심을 거슬러 의도적으로 죄를 짓는 자'라는 뜻으로 정통 교리가 옳은 줄 알면서도 거부하고 이단 교리를 따르는 것을 지칭하는 말이다(히 10:26-27). 셋째, "죄를 짓는다." "죄를 짓는다"(ἁμαρτάνει)는 말은 현재시상으로 '계속해서 죄를 짓는다'는 뜻이다. 이단자들은 돌아올 수 없는 강을 건넌 사람들로서 양심의 소리를 어기고 계속해서 죄를 짓는 자들이다. 바울이 이렇게 이단자의 상태에 대해서 말하는 이유는 10절에서 말한 바와 같이 디도로 하여금 이단자 처리를 잘 하라는 뜻으로 한 것이다.

VIII. 끝맺는 말 3:12-15

바울은 편지를 마감하면서 디도를 향하여 빨리 오라고 부탁하고 또 몇 가지 지시를 한다. 그리고 문안 인사를 하고 축도하고 편지를 끝낸다. 12-14절은 개인적인 부탁이고, 15절은 문안과 축도다.

딛 3:12. 내가 아데마나 두기고를 네게 보내리니 그 때에 네가 급히 니고볼리로 내게 오라 내가 거기서 과동하기로 작정하였노라.

"아데마"라는 사람에 대해서는 성경에 더 알려진 것이 없고, 다만 전승에 의하면 루스드라(행 14:8)의 초대 감독이었다고 전해진다(Scott). 그리고 "두기고"에 대해서는 성경에서 많이 말하고 있다. 두기고(Tychicus)는 아시아 출신으로 바울이 신임한 제자였다(행 20:4; 딤후 4:12). 바울은 두기고를 "사랑받는 형제요 신실한 일꾼이요 주 안에서 함께 된 종"이라고 말하고 있다(골 4:7). 또한 두기고는 바울의 1차 투옥 때 바울이 쓴 에베소서, 골로새서, 빌레몬서를 교회에 전달하기도 했다(엡 6:21-22; 골 4:7-8). 바울이 아데마나 두기고 중 한 사람을 그레데에 있는 디도에게 보내는 이유는 아마도 디도를 바울에게 오게 하면 그레데 교회를 비우게 되어서 대신 그 교회를 돌보게 하기 위한 것으로 보인다. 당시는 교회에서 교역자들을 청빙한 것이 아니라 선교사가 파송했다.

바울은 두 사람 중에 하나가 그레데에 도착하면 "그 때에 네가 급히 니고볼리로 내게 오라"고 말한다. 바울은 한 시(時)도 그레데 교회를 비우기를 원치 않았다. 그레데 섬에 있는 이단자들 때문이었다. 유대주의자들은 집요하게 교회를 파고들어 교회를 소란케 했으므로 정통교리를 말하는 교역자가 필요했던 것이다. "니고볼리"라는 도시는 '그리스의 에피루스(Epirus)의 서남쪽 갑(岬)에 위치한 빅토리 시티(Victory Cities) 중 가장 유명한 곳을 가리키는 듯하다.[8]

---

8) 윌리암 헨드릭슨, 『목회서신』, 헨드릭슨 성경주석, p. 528.

바울이 디도를 니고볼리로 급히 오라고 한 이유는 "내(바울)가 거기서 과동하기로 작정하였기" 때문이라는 것이다. 니고볼리는 겨울을 지내기에 좋은 곳이었고 피차 도착하기에 좋은 지점이었기에 그 곳에서 만나자고 한 것이다. 더욱이 니고볼리는 달마디아 선교의 요충 지대였기에 그곳을 정하여 선교계획을 의론한 것으로 보인다(딤후 4:10). 주의 종들은 항상 하나님 중심, 선교 중심으로 움직여야 한다.

딛 3:13. 교법사 세나와 및 아볼로를 급히 먼저 보내어 저희로 궁핍함이 없게 하고.

바울은 교법사 세나와 아볼로 두 사람의 손에 편지를 들려 그레데로 보내면서 디도에게 부탁하기를 이 두 사람을 물질적으로 잘 대우하여 자기에게 급히 보내달라고 부탁한다. 본문에 "세나"라는 사람의 이름이 비록 헬라 식 이름이라고 해도 그가 아볼로와 함께 복음 사역을 위하여 봉사하는 것을 감안할 때 유대인일 가능성이 크다(바울과 아볼로도 헬라 식 이름을 가졌음에도 유대인들이었다). 그는 "교법사"(νομικòν)로 '구약 율법을 해석하는 율법사'였다. "아볼로"는 성경에 능한 학자였고 아가야와 고린도에서 하나님의 도를 가르쳤던 교사였다(행 18:24-28; 19:1; 고전 1:12; 3:4-6; 4:6; 16:12). 바울은 디도에게 부탁하기를 두 사람을 "급히 먼저 보내어 저희(두 사람)로 궁핍함이 없게 해"달라고 한다. 그레데 교회가 두 사람의 전도여행을 위하여 책임지고 궁핍함이 없게 해서 급히 보내달라는 것이다. 초대 교회는 순회전도자들의 생활을 책임졌다(롬 15:24; 고전 16:6; 고후 1:16; 요삼 1:5-8).

딛 3:14. 또 우리 사람들도 열매 없는 자가 되지 않게 하기 위하여 필요한

것을 예비하는 좋은 일에 힘쓰기를 배우게 하라.

바울은 그레데 교회의 교우들도 결실 없는 사람들이 되지 않게 하기 위하여 교역자들을 돕기 위한 재정준비를 힘쓰는 일을 배우게 하라고 디도에게 부탁한다. "우리 사람들도"란 말은 '그레데 교회의 교우들도'란 뜻이다. 바울은 그레데 교회의 교우들을 남이라고 생각지 않고 "우리 사람들"이라고 말한다. 오늘도 그리스도를 주님으로 믿는 사람들은 모두 "우리 사람들"이다. 바울은 그레데 교회의 교우들이 "열매 없는 자가 되지 않아야"한다고 말한다(롬 15:28; 빌 1:11; 4:17; 골 1:10; 벧후 1:8). 곧 '결실 없는 사람들이 되지 않아야 한다는 말이다. '복을 받지 못하는 사람들이 되지 않아야' 한다는 것이다.

바울은 복을 받지 못하는 사람들이 되지 않기 위해서 "필요한 것을 예비하는 좋은 일에 힘쓰기를 배우게 하라"고 말한다(8절). 곧 '교역자들에게 필요한 재정을 준비하는 일에 힘쓰기를 배우도록 지도하라'라는 것이다. 순회전도자들의 재정을 디도 혼자 준비해서 충당할 것이 아니라 교우들 전체가 준비하는 일에 힘을 써서 충당하는 일을 배워야 한다는 것이다. 그렇게 하면 모든 교우들이 복을 받는다는 것이다. 전도자들을 도우면 전도에 동참 하는 것이고 또 복도 받게 되는 것이다. 오늘 교회 안에는 전도자들을 흠잡는 일에는 열심이지만 돕는 일에는 별로 열심 하지 않는 성도들이 있다는 것은 불행한 일이다.

딛 3:15. 나와 함께 있는 자가 다 네게 문안하니 믿음 안에서 우리를 사랑하는 자들에게 너도 문안하라. 은혜가 너희 무리에게 있을지어다.

바울은 작별 인사를 세 가지로 하고 있다. 하나는, "나와 함께 있는 자가 다 네게 문안한다"고 말한다. "나와 함께 있는 자"는 바울의 동역자들인데 이름이 거명되지 않은 것을 보면 유명한 사람은 아니었던 것으로 보인다.

또 하나는, "믿음 안에서 우리를 사랑하는 자들에게 너도 문안하라"는 것이다. 그레데에 있는 사람들로서 그리스도를 믿고 있으며 또 바울과 그 동역 자들을 사랑하는 사람들에게 디도가 문안 인사를 전해야 한다는 것이다. 디도를 시켜서 일일이 문안 인사를 해야 하는 사람들이 누구인지 이름이 없다. 로마서에 보면 바울의 문안의 대상자의 이름이 26명이나 거론되었다. 그러나 디도서에서는 그저 "우리를 사랑하는 자들에게 너도 문안하라"고 말하고 있을 뿐이다. 편지마다 특징이 있음을 볼 수 있다. 그리고 마지막 세 번째로는, "은혜가 너희 무리에게 있을지어다"라고 말한다. '은혜가 디도 개인에게만 아니라 교우들 전체에 있기를 기원'한다. 그리스도를 통하여 내리는 하나님의 은혜가 모든 교우들에게 있어야 한다는 것이다. 이 은혜가 있을 때 평강도 따라오게 마련이다. 우리는 우리 개인에게와 다른 성도들 위에 은혜가 임하기를 기원해야 한다.

―디도서 주해 끝

목회서신 주해
－ 데살로니가전 후서, 디모데전 후서, 디도서

2007년 3월 1일 1판 1쇄 발행 (기독교연합신문사)
2024년 8월 30일 2판 1쇄 발행

지은이 | 김수홍
발행인 | 박순자
펴낸곳 | 도서출판 언약
주 소 | 수원시 영통구 중부대로 271번길 27-9, 102동 1303호
전 화 | 031-212-9727
E-mail | kidoeuisaram@naver.com
등록번호 | 제374-2014-000006호

  정가 21,000원

ISBN : 979-11-89277-00-0 (94230)(세트)
ISBN : 979-11-89277-25-3 (94230)